辽宁省“九五”社科规划重点项目
教育部“211工程”“十五”科研项目

清代东北边疆的满族

（1644—1840）

张杰　张丹卉　著

辽宁民族出版社

图书在版编目（CIP）数据

清代东北边疆的满族（1644—1840）/ 张杰，张丹卉著. —沈阳：辽宁民族出版社，2003. 12（2013 .5重印）
ISBN 978-7-80644-865-6

Ⅰ. 清… Ⅱ. ①张… ②张… Ⅲ. 满族 — 民族历史 — 东北地区 — 清代 Ⅳ. K282.1

中国版本图书馆CIP数据核字（2003）第115097号

清代东北边疆的满族

QINGDAI DONGBEI BIANJIANG DE MANZU

出版发行者：辽宁民族出版社
地　　址：沈阳市和平区十一纬路25号　邮编：110003
印 刷 者：沈阳市第三印刷厂
幅面尺寸：145mm×210mm
印　　张：15.25
字　　数：380千字
插　　页：8
印　　数：2001-3500
出版时间：2003年12月第1版
印刷时间：2013年5月第2次印刷
责任编辑：吴昕阳　李　璜
封面设计：杜　江
责任校对：陈文本

标准书号：ISBN 978-7-80644-865-6
定　　价：38.00元

法律顾问：陈　光

http://www.lnmzcbs.com
举报电话：024-23284336
联系电话：024-23284340
发行电话：024-23284335

张杰，1954年5月生于辽宁省丹东市。1978年考入辽宁大学历史系，1982-1985年先后获辽宁大学学士学位、硕士学位并留校任教。2000年毕业于中国人民大学清史研究所，获历史学博士学位。2004年8月～2005年8月留学韩国，为国立汉城（首尔）大学高级研究学者。现任辽宁大学历史文化学院教授，兼任辽宁大学清史研究所所长，辽宁大学学术带头人，国家教育部“211工程”辽宁大学“东北边疆与民族”课题首席专家。主要著作有《乾隆帝》、《1644年中国社会大震荡》、《满蒙联姻》、《辽河流域宗教文化》、《清代科举家族》等。此外，从1982年起，先后公开发表清史、满族史、东北边疆史地与中韩关系史学术论文60余篇。1998年当选为中国史学界第六次代表大会特邀代表，2003年被沈阳市委、市政府命名为“沈阳市优秀专家”。

张丹卉 满族，1964年9月生于辽宁省北宁市。1988年毕业于辽宁大学历史系，获学士学位。现任辽宁大学历史文化学院副教授、硕士生导师。多年来从事“满族史”、“满语”的教学和科研工作。主要论文有《论满族文化先驱—巴克什》、《关于满族形成的若干问题的考辨》、《论明清之际东北边疆城镇的衰落》等20余篇，先后发表在《史学集刊》、《中国边疆史地研究》、《社会科学战线》等学术刊物上。此外，参与了《满族文化史》、《满族大辞典》等多部学术著作的撰写工作。

⊥ 明末东海瓦尔喀部蜚优城遗址

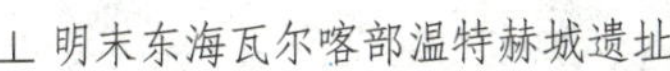
⊥ 明末东海瓦尔喀部温特赫城遗址

⊥ 东北八旗兵在雅克萨战役中使用的大炮

⊥ 清代黑龙江将军驻地瑷珲新城遗址

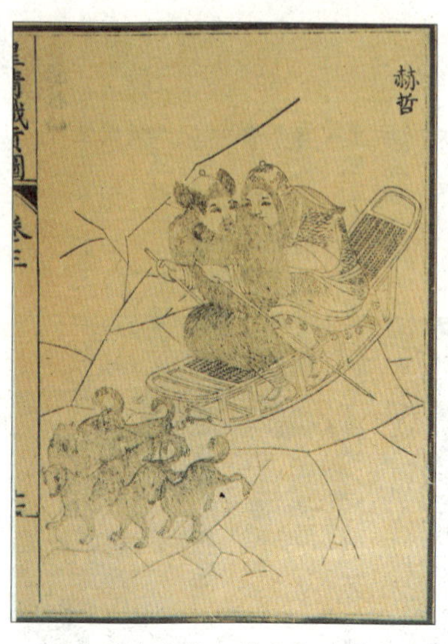

⊥ 雪中乘坐狗拉爬犁出行的赫哲人

⊥ 清代东北驿道交通线路图

⊥ 清代瑷珲八旗驻防营房

⊥ 清代拉林副都统衙门旧址

⊥清代凤凰城边门附近的大片旗地

⊥道光皇帝表彰已故东北八旗兵之妻所立的牌坊

⊥齐齐哈尔满族退休干部杨宪龙先生珍藏家谱

⊥清代黑龙江地区驿站旧址

⊥ 大红彩绣女夹袍

⊥ 荷包

⊥ 满族家庭保存的祖宗匣及香座

⊥ 满族祭祀时使用的索绳，又称“子孙绳”

目　录

第五章 开垦旗地

第六章 奉调出征

第七章 巡查边界

第八章 善待流人

第九章　招徕流民

第十章　满语满文

第十一章　日常生活

第十二章　风俗时尚

第十三章　礼仪节庆

绪　论

东北是清朝的发祥地，满族的故乡。我出生于辽宁省丹东市，这里是中国满族人口最集中的地区之一。辽宁省有八个满族自治县，其中四个县：凤城（县级市）、宽甸、岫岩、桓仁，曾先后隶属丹东市管辖。在我幼年的记忆中，50 年代末期，曾经看过“跳大神”，记得有一位刘姓邻居是“二神”。事后，老是觉得他和普通人没有什么不同，因此很想知道他为什么能当上“二神”？周围有些人家从来不吃狗肉，过年时也与我家风俗有所不同。还有一位邻居说：他们祖先本来是山东人，来到东北后变成“旗人”，入旗目的是为了得到土地耕种。1978 年恢复高考，我考上了辽宁大学历史系，在课堂上听徐恒晋老师讲授满族史后，才知道原来这些乡邻都是满族，由此萌发了研究身边这些事情的愿望。

1982 年，我考取本校硕士研究生，师从李燕光、徐恒晋先生，一边读书学习，一边参加国家哲学社会科学“六五”规划项目：《满族通史》的撰写工作，至今 23 年矣。两位业师均已驾鹤西去，我也是年逾半百的华发之人，人生如白驹过隙，遥想当年往事，恍然就在昨日，不觉感而慨之！

自从 1958 年辽宁大学成立清史研究室（所）起，就开始了对满族的研究。《辽宁大学清史所简介》一文中说：“当年李燕光、孙文良、郑川水、鄂世镛等人就与中央民族学院王钟翰、傅乐焕等先生共同开展全国满族社会历史调查工作，也使辽宁大学的清史研究形成与满族研究并重的特色。"① 这一段由我执笔的文字，虽然讲的是辽宁大学的满族研究与清史研究的互动作用，也在某种程度上反映了中国的满族研究在清史研究领域中的领先地位。例如，1979 年，中国人民大学清史研究所编《清史论文选集》第一辑，共计收录论文 19 篇，其中多数属于满族研究，郑天挺、王钟翰、莫东寅、李燕光诸先生的论文，论述所及皆为入关前的满族，王钟翰先生被当代学人誉为清史学界泰斗，在论文集中载有 3 篇文章，内容全部是满族研究。② 刘大年、商鸿逵先生所写论康熙帝之文，亦应归入满族研究范畴。满族研究在清史研究中的重要性，由此展现出来。20 世纪 80 年代，辽宁大学李燕光师、孙文良师先后主持撰写的《满族通史》（辽宁民族出版社 1991 年）和《满族大辞典》（辽宁大学出版社 1990 年），进一步推动了满族研究的深入发展。

根据《20 世纪世界满学著作提要》一书统计，目前已经出版的满族研究著作、文献、论文集达 606 种，若加上该书的"补充参考存目"又 252 种，总计为 858 种，包括遗漏之作，当在千种以上。满学研究呈现出一派繁荣景象。然而，细读这 858 种满学著作书目介绍，尽管其中不乏鸿篇佳作，也存在大量重复题材，例如，选题过多集中于清朝皇帝、满族风情、萨满祭祀、宫廷史话之类。且不说充斥其中的会议论文集。约略统计，仅仅记述清朝皇帝的有 64 种，其中有关康熙帝的又占 14 种③，这些传记是否应属于严格意义上的"满学"著作，乃系仁者见仁、智者见智

① 见《清史研究》，1999 年第 3 期。

② 王钟翰先生论文题目分别为："明代女真人的分布"；"满族在努尔哈齐时代的社会经济形态"；"皇太极时代满族向封建制的过渡"。载《清史论文选集》第 1 辑，中国人民大学出版社 1979 年版。

③ 详见阎崇年主编：《20 世纪世界满学著作提要》，民族出版社 2003 年版。

的问题，此处不拟予以讨论。简而言之，目前在满学研究领域中，既缺乏对满族进行总体研究的著作，又少见对满族进行区域研究的力作问世。

1644 年清政权迁都北京之后，清代的满族大体可以划分为东北满族、北京满族和驻防满族三大部分。金启孮先生著有《北京郊区的满族》（内蒙古大学出版社，1989 年）和《北京城区的满族》（辽宁民族出版社，1998 年）两书，关于驻防满族，则相继有定宜庄女士的《清代八旗驻防制度研究》（天津古籍出版社，1992 年）和韩国任桂淳女士的《清代八旗驻防兴衰史》（三联书店，1993 年）出版。关于清代东北地区满族的研究，其重要性自不待言，迄今为止，竟未见一部学术著作出版。故本书的撰写，是名副其实的拓荒和填补空白之作。

那么，截止到 1840 年鸦片战争之前，清代东北满族与北京满族有何不同？东北驻防旗人与其他地方的驻防旗人区别何在？在清代统一多民族国家的巩固和不断发展的进程中，东北满族的历史地位如何？科学解释这些满族研究中的重大课题，全面阐述东北满族的伟大贡献，正是本书的写作旨趣所在。在清初驱逐沙俄侵略军战争中，以满族为主体的东北八旗作为清军主力，在反击战中起到了决定性的作用。1644 年，八旗军队主力连同百万满族群众“从龙入关”，东北地区陷入“沃野千里，有土无人”的被动局面，致使沙俄侵略者趁机侵入黑龙江流域。关于这一重大历史事件及其因果关系，戴逸先生著《一六八九年的中俄尼布楚条约》中论述甚详。① 我们以此为据并通过大量史实，有力驳斥了以往学术界流行的清朝初年“封禁东北”说，试问，清政府面临如此严峻的“内忧外患”，怎么可能做出封禁东北的决策？倘

① 戴逸：《一六八九年的中俄尼布楚条约》。原书题名为“北京师范大学清史研究小组”，书中《编者说明》中有“本书主要由戴逸同志执笔撰写”句，见人民出版社 1977 年版。

若清政府实行封禁东北的话，又怎能取得驱逐沙俄侵略军的伟大胜利！与此相反，清政府在经济上采取的是开放东北的辽东招民政策，鼓励汉族饥民到关外耕种旗地，汉族人若能够带领百户居民来到关外，还可以当上知县官。由此促使盛京地区耕种面积不断扩大，保证了反击沙俄的军粮供应。在军事上，清政府将东北边疆各少数民族组成“新满洲”八旗，解决了反击沙俄战争所亟需的兵源问题。首任宁古塔昂邦章京沙尔虎达和黑龙江将军萨布素，前者在入关前即战斗在黑龙江流域，后者则是土生土长的东北满族人。沙尔虎达、巴海父子率领八旗兵和各族群众，经过多次艰苦的战斗，击溃了侵入松花江流域的沙俄侵略军，遏止了侵略者的南下势头。萨布素带领八旗兵在黑龙江两岸筑城运粮，于雅克萨战役中英勇奋战，终将沙俄侵略者赶出黑龙江流域。反击沙俄的战斗，是近代中国人民反对西方殖民主义侵略所取得的第一次胜利，东北满族所立下的丰功伟业将永垂青史。本书的第一章和第二章的基本内容如上。

《中俄尼布楚条约》签订之后，清政府继续实施“招新满洲”编入八旗政策，使新满洲构成东北满族的主体。顺治末年，开原以北地区仅宁古塔城驻防八旗兵 430 人，雍正末年，吉林和黑龙江地区驻防八旗兵近 2 万人；康熙十七年（1678），一次迁移盛京地区的新满洲人口计 11 180 人。这些在雍正朝官修《八旗通志初集》中尚写成“新满洲兵”“苦雅拉兵”“席北兵”和“卦尔察兵”，到乾隆末年所修《盛京通志》时，则一律视为“满洲马兵”。① 这些满族共同体的新成员连同他们的家属，根据东北国防的需要，驻守战略要地。八旗官兵和满族群众到达指定驻地后，他们冒严寒顶酷暑，上自将军、副都统，下至普通兵丁，入山伐木，就地取土，在几乎完全白手起家的情况下，修建起城防、公

---

① 详见张杰：《清初招抚新满洲述略》，载《清史研究》1994 年第 1 期。

廨、营房、居屋。在这些驻防城之间，又设立驿站相连接，从而组成十分完备的防御体系，极大地巩固了东北国防，而且密切了各地区的联系，为整个东北地区的开发，奠定了基础。日本满史会编写的《满洲开发四十年》，把1905年以前的东北说成是不毛之地，称“当时的满洲，是名副其实的塞北荒原”①，这种提法，明显歪曲了历史事实。东北满族所修筑的盛京、牛庄、宁古塔、吉林乌喇、齐齐哈尔等城，远在1705年以前，就已经发展成为著名的商业城市。具体详情，可见本书的第三章和第四章。

从康熙中叶开始，清朝进入了长达百余年的“康乾盛世”，东北满族一手拿箭，一手扶犁，既是康熙盛世的建设者，又是康熙盛世的守护者。以往关于清前期东北经济开发的论著中，都或多或少地夸大外来流人和流民的作用，视而不见满族在东北开发中的主力军作用。康雍乾时期，东北满族开垦了上千万亩的旗地，其数量超过民地不知多少倍，使盛京（今辽宁）地区成为东北粮仓，大批粮食调往关内。本书特别引用普通八旗兵尚贤家族的八代记载，有力证明了满族人在生产中的直接作用。鸦片战争之前，东北国防完全由八旗兵守卫，他们年复一年，日复一日地巡逻在高高的兴安岭和长白山上、广阔的东海之滨和图们江、鸭绿江畔。此外，他们作为八旗的最精锐部队还无数次地奉调出征，建功业于天山南北，洒热血于西南边陲，几乎参加了在边疆地区的所有战役，成为清军克敌取胜的突击队和生力军，涌现出塔尔岱、海兰察等一大批名将。东北满族以其付出的巨大牺牲，换来了康熙盛世社会经济的繁荣，如果没有东北满族踊跃参战，乾隆帝的“十全武功”就无从谈起。本书的第五章至第七章，着重阐述了东北满族在经济建设、保卫祖国领土和巩固多民族统一国家发展中的历史作用。

在清政权统一新疆之前，东北地区为罪犯流放之地。近人谢

---

① 见该书《序言》，东北沦陷十四年史辽宁编写组译，1988年印本。

国桢先生之《清初东北流人考》（载《明末清初的学风》，人民出版社，1982年）、李兴盛先生之《东北流人史》（黑龙江人民出版社，1991年），对流人在东北开发中的作用，给予了充分肯定。清初由于反击沙俄侵略的军事需要，大批流人被编入官庄、台站、水师营中，为清军获胜提供了重要的后勤保证，其中不少人后来成为满族的一部分。在当时关内汉族文人的眼里，流人一旦被发配到东北极边之地，立刻面临着生不如死的悲惨命运。而从遗存到今天的汉族流人著作、文集中，字里行间处处流露出东北满族对他们的信任和关怀。以著名流人吴兆骞为例，宁古塔驻防八旗将领为他妥善安置了住房和家属，他不仅受到八旗官员和满族群众的尊重，还成为将军巴海的座上客，常年的塞外生活使他对东北边疆产生了深深的眷恋之情。吴兆骞写下了许多诗歌，记述他与八旗将领的友谊，歌颂东北的壮丽山河。乾隆五年（1740），清政府错误地推行东北封禁政策，阻止关内流民前往东北垦荒种地。但是，满族地方官员不仅不执行封禁令，而且还以流民聚族相安，难以驱赶为由，将他们安插到州、县落户，取得合法的居住身份。乾隆一朝，被清史学术界公认为东北实施封禁最严厉时期，而据时人阿桂等修《盛京通志》统计，自1741－1781的40年间，奉天府的民人口数增加了三倍之多。广大满族群众热心招徕外来流民，除了他们古朴的民风之外，更由于东北满族承担着沉重的兵役负担使然，满族地主也趁机吸纳流民为其垦荒致富。乾隆时期，盛京地区清查出的民佃旗地就有12万晌之多，按照那时的生产力推算，每个男丁耕种10晌地，12万晌地就需要上万人耕种。民佃旗地只占汉民耕种旗地很少的一部分，而满族地主利用汉人佣工开垦的旗余地则有30多万晌，所容留的汉族农民数量之多，于此可见。本书的第八第九两章，分别以“善待流人”和“招徕流民”为题，客观叙述了东北满族团结流人和流民，共同开发东北的奋斗历程。

满族是一个善于学习、努力进取的民族，而在东北满族文化教育发展中尤其明显。以往学者们的论述，往往过多强调满族文化上的汉化趋势，完全忽略了在东北地区少数民族文化上的满族化趋势。从清代早期文献记载来看，满族有正规的学校教育，始于努尔哈赤攻占沈阳、辽阳地区之后①，主要采取翻译汉族典籍的形式进行学习。1644 年八旗主力随同顺治帝入关之后，东北满族的学校教育被迫中断。清政府在《中俄尼布楚条约》签订后，为了培养管理东北边疆地区的人才，陆续在盛京、吉林和黑龙江将军辖区建立起供八旗子弟读书的满文学校。鸦片战争之前，盛京地区的八旗学校，由于当地满族人参加科举的需要，既学满文，也学汉文。吉林、黑龙江地区的八旗学校则专门学习满文，因此被称为“满学”和“满官学”。这些满文学校的出现，不仅为满族同时也为东北其他少数民族提供了受教育的机会，为达斡尔、赫哲、索伦（鄂温克）、锡伯等民族培养了第一批知识分子。东北边疆满文学校的发展，除了满足清政权对管理边疆地区的人才需要之外，还将满语文的使用扩大到其他少数民族之中，延长了满语文的使用时间，特别在吉林和黑龙江地区出现了满语文的繁荣，连原来使用汉语文的汉军、使用蒙古语的蒙古八旗，也都纳入了满文化系统。本书第十章以“满语满文”为题，分别叙述了盛京、吉林和黑龙江地区满文学校的不同学习内容以及特点，尤其是这些满文学校对东北满族区域文化形成、发展和繁荣的巨大推动作用。

本书的最后四章，全方位多角度地再现了清代东北满族的社会生活。广阔富饶的东北大地，平原一望无际，江河奔腾不息，山高林密，气候严寒。分布在东北各驻防城及其周围村屯的满族

---

① 《重译满文老档》，第 24 卷，天命六年七月，汗在十一日下达的文书：“钟堆、博布黑、萨哈连、吴巴泰、雅兴噶、阔贝、扎海、洪岱，选为这八旗师傅的八巴克什。对在你们之下的徒弟和入学的儿童们，能认真地教书，使之通文理，这就是功。”辽宁大学历史系 1979 年印本。此段文字，是目前所能见到的满族正规学校教育的最早记录。

人，“性直朴，习礼让，务农敦本，以国语骑射为先，兵挽八力，枪有准头，骁勇闻天下”①。尽管他们的生产方式已经以农耕为生，但是在农闲之余，依然在山林间打猎行围，在江河中撒网捕鱼，保持着尚武的骑射传统。便于马上狩猎的箭衣旗袍，有利于抵御漫长冬季严寒的火炕，展示出东北满族在日常生活中不畏艰苦的创造精神。在流放到东北的汉族文人的笔下，满族是一个具有古朴道德风范的民族，他们尊重有文化的知识分子，无偿为外来客人提供食宿，路不拾遗，夜不闭户，以斤斤计较为耻。良好的民族风俗，固然与东北人口稀少的自然状况有关，更是满族人正直、质朴、宽厚、善良的美德使然。满族人向来尊重老人，讲究礼仪，不仅普通人对待族中、家中的年长者如是，就是对待流放到当地的汉族文人也如是，“八旗之居宁古塔者，多良而醇，率不轻与汉人交。见士大夫出，骑必下，行必让道，老不荷戈者，则拜而伏，过始起”②。宁古塔满族人待汉族文人礼节之隆，由此可见。东北满族的精神生活是十分丰富的，他们崇拜天、地、山、川，相信“万物有灵”，笃信萨满教，每当重大节日，都要举行祭神活动。他们祭祀的对象无所不在，保护祖先的神鹊，驱逐害虫的田苗神，为后代求福的佛托妈妈，汉族的关公关云长，蒙古族的画像神，外来的印度佛祖，让一切神灵保佑他们幸福平安，反映了满族人民对未来生活的美好向往。

张杰初稿于2004年2月23日

订正于2005年11月1日

① （清）萨英额：《吉林外记》卷8，《风俗》，吉林文史出版社1986年版。

② （清）方拱乾：《绝域纪略》，载（清）王锡祺辑：《小方壶斋舆地丛钞》第1帙，第343页，光绪二十三年（1897）上海著易堂铅印本。

“合（辽）河东、河西边海以观之，黄沙满目，一望荒凉，傥有奸贼暴发，海寇突至，猝难捍御，此外患之可虑者。……合河东、河西腹里以观之，荒城废堡，败瓦颓垣，沃野千里，有土无人，全无可恃，此内忧之甚者。”

——奉天府尹张尚贤疏言“盛京形势”

第一章　内忧外患

一、百万满族“从龙入关”

鼎湖当日弃人间，破敌收京下玉关。
恸哭六军俱缟素，冲冠一怒为红颜。

清初诗人吴伟业的这首《圆圆曲》，借助他本人“江左三大家”的盛誉得以广为流传。可是，后人却错误地把文学作品当作正史看待，致使清朝在1644年获得的具有里程碑意义的胜利，落在了出卖民族和国家的可耻败类、明朝平西伯吴三桂的头上。似乎没有吴三桂主动“勾结”，清政权就不可能入主中原。

1644年，十几万八旗兵与其家属随同顺治皇帝“从龙入关”，是影响中国近300年历史的重大事件，自1616年满族在关外建立起清（金）政权后，历经28年艰苦奋斗才换来的必然结果。

1583年，建州部首领努尔哈赤起兵时，只有他祖父和父亲留下的13副盔甲，跟随他出征的士兵不过30人，其力量是何等的弱小！

1619年，努尔哈赤经由萨尔浒大战，击败明朝10万大军，实现了满族的统一之后，八旗的总兵力仍未超过数万之众。当时站在明朝一边的蒙古林丹汗，在给努尔哈赤的一封信中，以挑衅的口气宣称："统四十万众蒙古国主巴图鲁成吉思汗，问水滨三万人满洲国主英明皇帝安宁无恙耶?"① 林丹汗还凭借其强大的军事优势，在信中公开阻止努尔哈赤攻占明朝的广宁城（今辽宁省北宁市）。

然而，历史是在运动中不断发展变化的。努尔哈赤、皇太极父子两人，依靠满族内部的团结，八旗兵的骁勇善战，以及实行正确的民族政策，在山海关外逐渐建立起巩固的满、蒙、汉联合政权。崇德七年（1642）六月，皇太极在辽西地区取得松（山）锦（州）大战的胜利后，致书明朝崇祯皇帝说："予缵承皇考太祖皇帝之业，嗣位以来，蒙天眷佑。自东北海滨迄西北海滨，其间使犬、使鹿之邦，及产黑狐、黑貂之地，不事耕种、渔猎为生之俗，厄鲁特部落，以至斡难河源，远迩诸国，在在臣服。蒙古大元及朝鲜国，悉入版图。"② 这段文字充分证明，皇太极不仅完成了东北的统一，而且为清朝入关夺取全国政权奠定了基础。

满族自17世纪崛起于辽东山区以来，其领袖努尔哈赤、皇太极都把攻入山海关，夺取全中国最高统治权作为清（金）政权的既定目标。天命七年（1622）正月，努尔哈赤率八旗兵攻占广宁时，"乃移兵欲进山海（关）"③。由于明朝辽东经略熊廷弼将沿途屯堡房屋焚烧一空，八旗大军难以取得后勤给养，努尔哈赤审时度势，进兵至中后所（今辽宁省绥中县）主动撤回。皇太极曾形象地将明朝譬喻为一棵大树，"取燕京如伐大树，须先从两旁斫削，则大树自仆"④。所以在他统治期间，八旗兵先后五次绕

---

① 《清太祖高皇帝实录》卷6，第32页。

② 《清太宗实录》卷61，第3页。

③ 《清太祖武皇帝实录》卷4，《清入关前史料选辑》第1辑，第373页，中国人民大学出版社1984年版。

④ 《清太宗实录》卷62，第14－15页。

道辽西蒙古地区入关，史称“入口之役”。八旗兵在历次进入关内作战中，攻城夺地而不守，志在掠夺关内人口财物，动摇明朝这棵大树的根基。特别是皇太极通过松、锦大战，消灭了明军的精锐部队，俘虏其主帅洪承畴，从而取得了对明朝的战略优势。令人遗憾的是，皇太极突然暴逝，挥师入关夺取中原的夙愿只能由他的继承人们来实现了。

顺治元年（1644）之初，以摄政王多尔衮为首的满族贵族，就在积极地进行清军入关的准备。当李自成率领的大顺军攻占北京城、崇祯帝吊死煤山的消息传到盛京（今辽宁省沈阳市）时，内秘书院大学士范文程立即上书多尔衮，提出清政权应该抓住这千载难逢的大好机会，迅速挥师入关，与李自成争夺最高统治权。根据清代文献记载，范文程上书的时间是在四月初四，而仅仅在三天之后，清政权就决定出兵，行动如此之迅速，恰恰是多年精心谋划所致。这从现存的《大清国皇帝致书于西据明地之诸帅书稿》① 中可以得到令人信服的证据。

四月初九，清朝睿亲王多尔衮、豫郡王多铎、武英郡王阿济格、恭顺王孔有德、怀顺王耿仲明、智顺王尚可喜，及罗洛宏、尼堪等八旗将领，“统领满洲、蒙古兵三之二，及汉军恭顺等三王、续顺公兵，声炮启行”②。按照目前清史学界比较一致的意见，清军入关前总兵力约有 20 万人，据此可知，此次出兵入关人数应在 14 万人以上，摆出了破釜沉舟的决战态势。多尔衮率领清军出发后，仍然选择了避开山海关，绕道辽西蒙古地区入关的传统路线。

---

① 《明清史料》丙编第一本，第 89 页，记载“书稿”全文为：“朕与公等山河远隔，但闻战胜攻取之名，不能悉知称号，故书中不及，幸毋以此而介意也。兹者致书，欲与诸公协谋同力，并取中原，倘混一区宇，富贵共之矣，不知尊意如何耳。惟速驰书，使倾怀以告，是诚至愿也。”上海商务印书馆 1936 年版。

② 《清世祖实录》卷 4，第 9 页。

四月十五日，当清军行至翁后（今辽宁省阜新蒙古族自治县境内）时，碰到明朝山海关守将吴三桂派来求援的使者。多尔衮立即命令清军停止前进，经过与范文程、洪承畴等谋士紧急磋商，决定接受吴三桂的请兵要求，立即转道向山海关前进。四月二十日，多尔衮得知李自成大顺军到达山海关的消息，下令清军不准休息，昼夜兼程前进。清军连续行军200里，于四月二十一日晚上及时赶到山海关城外。此时，吴三桂的军队大部分已被李自成击溃，他被迫向清军称臣投降，接受多尔衮的统一指挥。

四月二十二日，清、吴联军与大顺军爆发了山海关大战，双方参战的军队都在10万人以上。开战前狂风大作，尘土飞扬，咫尺莫辨。大顺军自北山横亘至海列阵，准备同吴三桂的军队展开决战，并不知道战场形势发生的新变化，多尔衮则充分利用了这一点，命令吴三桂先率他属下的军队出战。最初，双方杀得难解难分，然而，大顺军毕竟数量上多于吴军，逐渐占了上风。正当吴军呈现出溃败之势，多尔衮抓住时机，下令精锐的满洲八旗全线出击。史载："闯贼（李自成）见白旗兵在吴三桂阵后，万马驰腾，不可止，麾后军竞进，有僧告曰：'白旗者东兵，不可当也。'闯贼下岗去，战贼见缨帽，惊呼大溃，自蹂死无算。"① 大顺军的战斗力，本来就不敌八旗兵，何况八旗兵又是以养精蓄锐之师突然袭击疲惫之军，其胜利是不可避免的。

山海关之战的胜利，打开了清军夺取全国政权的大门。正如多尔衮在战前告诫满族王公时所说："此兵不可轻击，须各努力，破此，大业成矣。"② 山海关之战的重大意义确实如此。战后，大顺军在八旗兵的追击下，不得不主动撤离北京及其周围地区。

五月初二，多尔衮率领八旗兵进入北京城，向城内人民公开

---

① （清）戴笠、吴殳：《怀陵流寇始终录》卷18，第341页，辽沈书社1983年点校本。

② 《清世祖实录》卷4，第17页。

宣布："本朝定鼎燕京"①，即清朝将以北京为首都，逐步确立起对全中国的统治。六月，多尔衮和满族王公大臣经过慎重讨论，做出了顺治帝迁都北京的决策。迁都之举，是涉及国家政权长治久安的头等大事，往往需要几年甚至十几年的时间来修筑新的都城。历史上金海陵王完颜亮修建中都城，元世祖忽必烈修建大都城，莫不如此。例如，明成祖朱棣修建北京城，就用了 18 年之久。而多尔衮从进入北京到决定迁都，只有一个多月时间，这是因为自八旗兵入城以来，北京城内一再流言蜂起，以至北京市民在得知顺治帝迁都的消息后，仍然不能平息这些谣传。城内有人散布说："九月内圣驾至京，东兵俱来，放抢三日，尽杀老壮，止存孩赤等语。"② 在严峻的现实迫使下，多尔衮加快了顺治帝迁都的步伐。

八月二十日，顺治帝一行从盛京启程，九月十八日到达通州，受到多尔衮率领前往接驾的诸王大臣们的欢迎。次日，顺治帝在多尔衮等人陪同下，自正阳门进入原来的明朝皇宫。

十月初一清晨，顺治帝出城前往天坛祭天。其祝文曰："告天即位，仍用大清国号，顺治纪元，率由初制。"③ 祭天仪式结束后，顺治帝回到皇宫，接受百官朝贺。从此，清朝就以北京为首都，开始了对全中国的统治。

由于大批满族人随同清政权迁都北京，造成了东北地区沃野千里有土无人的荒凉局面，那么，1644 年前后，满族到底有多少人"从龙入关"？这是一个需要详细论述的问题。

清朝官方文献宣称："今皇上（即顺治帝）携带将士家口，不下亿万。"④这个数字根本不能作为证据，那时满族人别说没有"亿万"人，连上千万也绝对没有。现将目前所能找到的相关史

---

① 《清世祖实录》卷 5，第 2 页。

②④ 《清世祖实录》卷 8，第 2 页。

③ 《清世祖实录》卷 9，第 4 页。

料，列举其中比较可信的五条，引之如下。

其一，清朝官方档案的记载。顺治元年七月十九日：“盛京库使萨比图所携文书曰：皇上前来后，每牛录各出五名披甲，携家眷前来，每旗再出一名副都统、小章京各十名，于九月初派来。”七月二十日：“前曾咨行内大臣何洛会曰：每牛录可携十户家眷前来，每牛录出一名披甲，每旗出二名章京，每翼出一名梅勒章京，与皇上一同前来。今萨比图来文与前来文不同。现拟按原来文每牛录可携十户，于每牛录出一名披甲数额之外，再增派四名，每旗二名章京数额之外，再增派八名，以及各一名副都统，于九月初派出。其随皇上先行者，凡原跟随福晋之妇人及固山额真之妻、纛章京之妻、梅勒章京之妻等，有马驼者，即可一同携带，若乘牛车而前往者，则可与十户家眷一同前来。”① 档案中所记主要是三件事：一是随同皇上前来的官兵人数，每牛录5名；二是家眷，准许每牛录携带10户家眷；三是迁移人口的顺序，皇上及其他官员的家眷于八月先出发，每牛录派出的官兵和10户家眷，于九月初前往北京。这样的安排是避免途中产生拥挤混乱。

其二，朝鲜方面的记载。皇太极称帝之后，亲随大军征服朝鲜，并将朝鲜国王的两个儿子押往盛京作为人质。顺治帝迁都时，这些朝鲜人质也随同移居北京。据后来归国的朝鲜世子属下官员回忆说：他们八月二十二日渡过辽河，“（顺治）帝行在前，诸王、八高山（指八旗旗主）及其家属辎重继之，弥满道路，两宫之行最在于后，寸寸前进”②。那时从盛京到北京全程为1500里左右，顺治帝几乎用了近一个月时间。这条史料告诉人们，路上全是迁移的行人和装备，是导致速度缓慢的主要原因。

---

① 中国第一历史档案馆：《清初内国史院满文档案译编》（中），第50页，光明日报出版社1989年版。

② ［朝鲜］《李朝仁祖实录》卷45，第46页，中国科学院科学出版社1957年版。

其三，来自日本方面的记载。当年有13名日本商人也从盛京前往北京，而且他们几乎与搬家的满族人一路同行。他们回国后讲述自己的见闻，被辑成《韃靼漂流记》一书，其中有"在这三十五天当中，往北京搬家的韃靼（满族）人，络绎不绝"① 的记载。据该书所附《韃靼漂流记年表》说："九月二十五日左右，国田兵右卫门等人从沈阳出发去北京。十一月五日左右，国田兵右卫门等人有的走了35天，有的走了40天到达北京。"这条史料说明，这些日本商人是在顺治帝已经进入北京后才出发的，可知在清政权移都北京后，关外的满族人仍然源源不断地迁往北京。

其四，两年后的朝鲜文献记载。顺治三年（1646）二月，朝鲜冬至使李基祚回国后报告说：清朝正在向南方增调援军，"沈阳农民皆令移居北京，自关内至广宁十余日程，男女扶携，车毂相击"②。说明顺治帝迁居北京两年半后，满族人还在陆续往北京迁移。

其五，顺治初年在北京城及其周围地区不断地圈占旗地。顺治元年十二月二十三日（1645年1月20日），顺治帝谕户部："凡近京各州县民人无主荒田，及明国皇亲、驸马、公、侯、伯、太监等，死于寇乱者，无主荒地甚多，尔部可概行清查。若本主尚存，或本主已死而子弟存者，量口给与；其余田地，尽行分给东来诸王、勋臣、兵丁人等。"是为第一次圈地。顺治二年（1645）九月十六日，顺治帝再次谕户部："河间、滦州、遵化等府州县，凡无主之地，查明给与八旗下耕种，其故明公、侯、伯、驸马、皇亲、太监地，酌照家口给发外，余给八旗。"是为第二次圈地。顺治四年（1647）正月初九日，户部奏请："应于

---

① 《汉译韃靼漂流记》，第60页，该书第51页又载："这段路程，有的走了三十五天，有的走了四十天。那正是甲申年（1644）的十月。"辽宁大学历史系1979年印本。

② ［朝鲜］《李朝仁祖实录》卷47，第15页，中国科学院科学出版社1957年版。

近京府州县内，不论有主无主地土，拨换去年所圈薄地，并给今年东来满洲。”是为第三次圈地。这三次大规模圈地，仅分给八旗官兵和壮丁的一般旗地，总计达 2 335 481 晌（垧，下同），合计为 140 128 顷。①

根据以上五条史料，我们认为：顺治元年至二年间，满族“从龙入关”的总人数，前后合计应有上百万人之多。

这上百万满族人，是分四次进入关内的。首先是多尔衮率领八旗主力 14 万人，接着是顺治帝所率后宫眷属及八旗王公贵族家属，第三次是普通八旗官兵的家属，最后是耕种旗地的广大壮丁与家属。清朝入关后，圈占分给八旗官兵的旗地，即多达 2 335 481 晌。若按照每个壮丁给地 5 晌的规定，则壮丁数应在 40 万人之上，连同其家属则不止百万人。

康熙时，旗人金德瑛所著《旗军志》中说：“一壮丁予田三十亩，以其所入为马刍菽之费。一兵有三壮丁，将不下十壮丁。”② 这里若按照“一兵有三壮丁”来推算，那么多尔衮率领入关的 14 万八旗兵，就有壮丁 42 万人。所以即使最保守的估计，因清政权入关而迁居北京的满族人口，至少在百万人之上。

二、清入关前对黑龙江各族的统一

自古以来，黑龙江一直是中国的内河，直到明朝，始终处于中国中央政府的有效管辖之内。明朝于黑龙江下游亨滚河特林地方竖立的永宁寺碑，就是最好的历史见证。清朝入关以前，经过努尔哈赤、皇太极父子两代人的经营，基本统一了黑龙江流域，

① 李燕光等主编：《满族通史》，第 295－296 页，辽宁民族出版社 1991 年版。

② （清）金德纯：《旗军志》，第 3 页，载《辽海丛书》（四），辽沈书社 1985 年版。

从而为后来反击沙俄侵略的胜利奠定了基础。

为了叙述问题的方便，首先应当弄清楚黑龙江流域的地理概念。黑龙江分南、北两源。南源额尔古纳河出内蒙古自治区大兴安岭西坡；北源石勒喀河（上源鄂嫩河）出蒙古国北部肯特山东麓。两水在今内蒙古自治区东北端的恩和哈达附近汇合后称黑龙江。沿途接纳结雅河（清代称精奇里江）、松花江、乌苏里江等支流，注入鞑靼海峡。通常将黑龙江上源至黑河镇（今黑龙江省黑河市）段称为上游，黑河镇至乌苏里江口段称为中游，以下至河口段为下游。黑龙江全长4370公里，整个流域面积184.3万平方公里。①

明朝末年，黑龙江流域的主要居民，是满族的前身女真人，以及与满族关系密切的索伦各部（即今天中国境内的鄂温克、达斡尔、鄂伦春等族）。具体而言，黑龙江南岸的松花江流域，居住着海西女真和建州女真，努尔哈赤所在的建州部，原居地就在今天黑龙江省依兰县。在吉林省长白山麓，乌苏里江流域以东直到黑龙江入海口，包括库页岛在内的沿海岛屿，居住着东海女真三部（瓦尔喀、虎尔哈、窝集部）。黑龙江北岸的精奇里江流域，是索伦各部的居住区。

目前，中国清史学术界通常把东海三部的所在地，称为黑龙江中下游地区，而把索伦诸部的居住地，称为黑龙江中上游地区。为了避免不必要的歧义，本书也采取这种习惯说法。

努尔哈赤在黑龙江流域的军事活动，首先是在东海三部居住的黑龙江中下游地区展开的。在东海三部之中，努尔哈赤又对瓦尔喀部用兵最早。万历二十六年（1598）正月，努尔哈赤“命长子台吉褚英、幼弟台吉巴雅喇与扎尔固齐噶盖、费英东，统兵一千，征安褚拉库路。星驰而往，取屯寨二十余，所属人民尽招徕

① 《辞海》下册，第5847页，1999年版。

之"①。清末编纂《吉林通志》的作者评论此次战役说："（鸭绿江、讷殷河、珠舍里）三部横亘长白山阴，故未平扈伦（即海西）四部以前，能径通东海瓦尔喀界，由此道也。"② 据此可知，努尔哈赤在统一满族的进程中，首先征服了长白山南部的鸭绿江等三部，并且打通了出兵瓦尔喀部的道路。

努尔哈赤用兵瓦尔喀部的军事行动，遭到了来自强大的乌喇部的干预。当时，瓦尔喀部受扈伦四部中的乌喇部所控制。万历三十五年（1607）正月，瓦尔喀部蜚悠城长策穆特黑，到赫图阿拉城（今属辽宁省新宾满族自治县）求见努尔哈赤，表示不堪乌喇贝勒布占泰的虐待，愿意举家来附。努尔哈赤派贝勒舒尔哈齐、长子褚英、次子代善和八旗将领费英东、扈尔汉率兵3000人，至蜚悠城迁徙其众500户。舒尔哈齐等人在返回途中，受到乌喇贝勒布占泰所率上万人的阻截，褚英和代善率军发起冲锋，大败乌喇军。努尔哈赤建立大金政权后，虽然多次对瓦尔喀部用兵，但出兵人数都未超过3000人。

皇太极时期，继续对瓦尔喀部用兵。例如，天聪五年（1631）二月，大臣孟阿图出征瓦尔喀，俘获男子1219人，妇女1284人，幼丁603人，以及人参、貂皮等大量财物。再如，天聪九年（1635）三月，出征瓦尔喀的八旗将领霸奇兰、萨穆什喀，派部下白奇及兵部启心郎额色黑、伊木布奏报："收服编户壮丁二千四百八十有三，人口共七千三百有二。所有牲畜：马八百五十六，牛五百四十三，驴八。又俘获妇女幼稚一百十六人，马二十四，牛十七，及貂皮、狼皮、狐皮、猞狸狲皮并水獭、骚鼠、青鼠、白兔等皮三千一百四十有奇，皮裘十五领。"另一路出征瓦尔喀部的八旗将领吴巴海、荆古尔代，也从宁古塔派人赴盛京

① 《清太祖高皇帝实录》卷2，第21页。

② （清）长顺修：《吉林通志》卷12，第18页，吉林文史出版社1986年版。

报捷称："收抚壮丁五百六十人、妇女五百口、幼稚九十口，又俘获妇女六十六口、马六十匹、牛百头，貂、猞狸狲、虎、狐并水獭、青鼠、黄鼠等皮六百六十有奇。"① 这是皇太极时期派兵出征瓦尔喀俘获人口财物较多的一次战役。崇德二年（1637）七月，皇太极称帝后，命令喀凯等23位八旗将领，率兵1200人分四路进军瓦尔喀部。至第二年四月，据喀凯等人奏报，共俘获男子692人，妇女557人，幼稚200人。②

从万历三十五年（1607）起，到万历四十三年（1615）为止，努尔哈赤先后五次用兵，基本上征服了东海渥集部。万历三十五年五月，由努尔哈赤幼弟巴雅喇同额亦都、费英东和扈尔汉，率八旗兵1000人，往征东海渥集部，取赫席黑、俄漠和苏鲁、佛讷赫托克索三路，俘2000人而还，是为第一次用兵。万历三十七年十二月，由扈尔汉率兵1000人，往征东海渥集部所属滹野路，收2000户而还，是为第二次用兵。万历三十八年十一月，由额亦都率兵1000人，往征东海渥集部之那木都鲁、绥分、宁古塔、尼马察四路，俘万余人而还，是为第三次用兵。万历三十九年七月，由努尔哈赤第七子阿巴泰与费英东、安费扬古，率兵1000人往征东海渥集部之乌尔古宸、木伦二路，此次俘获人数史书无记载，是为第四次用兵。万历四十三年十一月，努尔哈赤派兵2000人，出征东海渥集部东额黑库伦，八旗兵到达顾纳喀库伦城下时，"招之不服，遂布阵鸣螺，越壕三层，毁其栅，攻克其城，阵斩八百人，俘获万人，收抚其居民，编户口五百，乃班师"③。皇太极时期没有出征渥集部的记录，由此证明努尔哈赤时该部已经完全归附。

天命四年（1619），努尔哈赤派八旗将领穆哈连率兵"至东

---

① 《清太宗实录》卷23，第7－8页。

② 《清太宗实录》卷41，第22页。

③ 上述五次战役详见《清太祖高皇帝实录》卷3，第12、16、17页；卷4，第18页。

海虎尔哈部，收所遗居民千户、丁壮二千以还”，是为用兵虎尔哈部之始。天命十年（1625）八月，努尔哈赤派侍卫博尔晋等带兵2000人，“征东海南路虎尔哈部，降其五百户而归”①。

皇太极即位后，集中精力用兵于瓦尔喀部，将其征服之后，才转向虎尔哈部。崇德五年（1640）五月，“户部启心郎布丹等至自盛京，奏征虎尔哈捷音”，计获男子336人，归降男子149人，共485人。在被俘虏的人中，“内有捕海豹人二百四十三人”②，可证此次出征的虎尔哈部，仍然是东海虎尔哈部。崇德七年九月，皇太极再次用兵虎尔哈部，三个月后，“往征松阿里江（松花江）虎尔哈部落沙尔虎达”等遣人奏报，招降喀尔喀木等10屯人民，计男子妇女幼儿1458人。③ 至此，基本完成了对东海三部的统一。

在统一东海三部的过程中，宁古塔八旗驻防起了重要作用。为了保证统一东海三部战争的顺利进行，天命十年（1625），正式设宁古塔驻防，镶蓝旗人兴佳为第一任驻防佐领，“戴珠瑚，正蓝旗人，天聪元年，以昂邦章京驻防。吴把哈把图鲁，正黄旗人，天聪五年，以昂邦章京驻防”④。文中的“吴把哈”，在《清太宗实录》中写作“吴巴海”，他驻防宁古塔时期，曾多次带兵出征。崇德元年（1636）六月，吴巴海因为“善于用兵，由一等甲喇章京升为三等梅勒章京”⑤。第二年六月，皇太极又亲自表彰吴巴海：“驻防东边宁古塔六年之久，并无过犯，嘉乃尽职。故由三等梅勒章京超擢三等昂邦章京。”⑥ 后来在对索伦部的统一

---

① 《清太祖高皇帝实录》卷6，第18页；卷9，第13页。

② 《清太宗实录》卷51，第33页。

③ 《清太宗实录》卷63，第34－35页。

④ 乾隆元年修：《盛京通志》卷20，第90页，咸丰二年（1852）重刊本。

⑤ 《清太宗实录》卷30，第12页。

⑥ 《清太宗实录》卷36，第4页。

战争中，宁古塔驻军也发挥了巨大的作用。

清朝对居住在黑龙江中上游地区的索伦部的统一，主要是在皇太极时期完成的。

早在天命元年（1616）七月，努尔哈赤就派扈尔汉和安费扬古统兵2000人，进取黑龙江中游（黑龙江及松花江会合处）的萨哈连部，“取河南、河北诸寨，凡三十有六”。据扈尔汉等人报告称：八旗兵“驻营黑龙江南岸之佛多罗衮寨。黑龙江及松噶里乌喇河，俱于每岁九月结冰。是日，我众见黑龙江他处未冰，独我营对岸水广二里许，横结冰桥一道，约广六十步，将士皆惊曰：观此冰桥，乃天助我也。众忻然引兵以渡，遂取萨哈连部内十一寨”①。这是八旗兵最早到达黑龙江南、北两岸的准确记录。

日本学者阿南惟敬认为：“天聪八年清太宗征服虎尔哈，是清朝对黑龙江的最初用兵，这比俄国的玻雅科夫出现在黑龙江早了约十年。”② 这种提法，固然是想表明清朝早于俄国到达黑龙江地区，但在时间上是严重错误的。从上述历史事实可知，“清朝对黑龙江的最初用兵”并不是阿南惟敬所说的天聪八年（1634），而是天命元年（1616）已经开始。沙俄侵略者玻雅科夫入侵中国黑龙江流域，是在崇德八年（1643）。如此算来，八旗兵出现在黑龙江两岸的时间，比沙俄的玻雅科夫不是“早了约十年”，而是27年之久。

天聪元年（1627）十一月，皇太极即汗位之初年，有黑龙江地方“萨哈尔察部落六十人来朝，贡貂、狐、猞猁狲皮”③。他们的这种友好表示，促使皇太极对黑龙江中上游地区采取招抚政策。他本着自古女真是一家的事实，从历史上的渊源关系，把形成在辽东山区的满族，同黑龙江流域的各民族紧密联系起来。皇

---

① 《清太祖高皇帝实录》卷5，第7页。

② ［日］阿南惟敬：《清の太宗の黑龙江ぃてつに》，转引自孙文良等著《清太宗全传》，第260页，吉林文史出版社1993年版。

③ 《清太宗实录》卷3，第38页。

太极派人到黑龙江地区，向当地各族人民宣传："尔之先世，本皆我一国之人，载籍甚明，尔等向未之知。"[①] 凡是黑龙江流域来朝贡的各部落首领，皇太极都亲自接待、宴请，善言劝慰，开导他们归顺。

积极的招抚政策，产生了热烈的反响。天聪五年（1631）六月，"黑龙江地方伊扎纳、萨克提、伽期纳、俄力喀、康柱等五头目来朝"；七月，又有"黑龙江地方虎尔哈部落托恩科、羌图礼、恰克莫、插球四头目来朝，贡貂、狐、猞狸狲等皮"[②]。随着双方关系的日益亲密，由朝贡而形成的贸易关系不断扩大。例如，天聪七年十一月，萨哈尔察部落酋长费杨古和满代率领 46 人来朝，献给皇太极貂皮 1769 张，得到赏赐的布匹有 2630 匹。[③] 天聪八年五月，索伦部首领巴尔达奇率领 44 人前来朝贡，敬献貂皮 1818 张。[④] 巴尔达奇是达斡尔人，居住在黑龙江上游精奇里江畔的多科屯，他对清政权十分忠诚，受到皇太极的宠信，把宗室的女儿嫁给了他，使他成为清政权的额驸。

皇太极与巴尔达奇联姻后，等于在黑龙江中上游地区得到可靠的盟友，出征的时机已经成熟。天聪八年十二月十一日（1635 年 1 月 28 日），皇太极下令梅勒章京霸奇兰、甲喇章京萨穆什喀统率章京 41 员、八旗兵 2500 人，征讨黑龙江上游的虎尔哈部。临行前，皇太极特意告诫霸奇兰等人："此地人民，语音与我国同，携之而来，皆可以为我用。"[⑤]由于有虎尔哈部向导引路，八旗兵进展顺利，在没有发生激烈战斗情况下，获得巨大胜利。第二年初春，霸奇兰派人疾驰盛京报捷：收服壮丁 2483 人，人口 7302 人，俘获妇女幼儿 116 人。获马 856 匹、牛 543 头，各种珍

①⑤ 《清太宗实录》卷 21，第 14 页。

② 《清太宗实录》卷 9，第 9、11 页。

③ 《清太宗实录》卷 16，第 11 页。

④ 《清太宗实录》卷 18，第 20 页。

贵毛皮3140余张。[①] 这是皇太极第一次对黑龙江上游用兵，由于从前招抚工作的成功，所以战争进行得非常顺利。

崇德四年（1639）十一月，皇太极对索伦部长博穆博果尔采取了大规模军事行动。当时索伦部居住在黑龙江上游的精奇里江流域，他们主要从事狩猎捕鱼，还兼营少量牛马畜牧业。前面讲到，索伦部是鄂温克、达斡尔及鄂伦春诸部的总称，其中以鄂温克部人数最多，有几个大的氏族：杜拉尔、敖拉、墨尔迪勒、布喇穆、涂克冬、纳哈他等，并且沿黑龙江中游北岸与达斡尔各部杂居，建立了不少木城和村屯。索伦部的木城有雅克萨城、阿萨津城、铎陈城、乌库尔城、多金城、乌鲁穆丹城；村庄有海伦屯、杜喇尔屯。这些木城和村落周围环以壕沟和土墙，也用木栅栏围起。有些城还设有塔楼和城门。各村屯之间有着密切关系，统一形成索伦部。每个村屯都以氏族为单位，有自己的酋长。作为索伦部长的博穆博果尔，"住在精奇里江与黑龙江汇合处附近的乌鲁穆丹城（乌鲁穆丹是鄂温克语，'河的尽头'之意）。他一次可以调动五六千人的武装队伍，是索伦部中势力较雄厚的一个大酋长"[②]。博穆博果尔以前到盛京朝见过皇太极，后来自恃力量强大，不再向皇太极朝贡。拒绝朝贡就是不承认清朝的统治，这当然是皇太极不能允许的，因此成为皇太极出兵的根本原因。

清军征讨博穆博果尔之役，是统一黑龙江流域最激烈的一次。清军主将索海、萨穆什喀从盛京出发，经过长途跋涉，到达黑龙江南岸的忽麻里河（即今呼玛尔河，作者注）地方。然后，索海和萨穆什喀分兵渡过黑龙江后，又用了40天的时间，才抵达索伦部的住地。博穆博果尔事先对清军的到来有所准备，因此，其属下铎陈、阿撒津、雅克萨、多金四木城人，拒绝了清军

---

① 《清太宗实录》卷23，第7－8页。

② 内蒙古自治区编辑组：《鄂温克族社会历史调查》，第14－15页，内蒙古人民出版社1986年版。

的招抚，清军经过艰苦奋战，先后攻克雅克萨城和兀库尔城。当清军进攻铎陈城时，博穆博果尔带领索伦兵6000人前来助战。面对这种形势，清军主动后撤，主将索海率领八旗兵在前队设伏，萨穆什喀掩护辎重殿后，结果博穆博果尔中了清军埋伏，除死伤不计外，光被生擒的有400人。清军击败博穆博果尔的增援后，乘胜攻下铎陈、阿撒津、多金等城，博穆博果尔率余党逃跑。

崇德五年（1640）三月，索海、萨穆什喀派人向皇太极报捷，共俘获男子2254人，妇女幼稚4450人，貂、猞猁狲、狐、虎、狼、水獭、青鼠等皮共3100多张。清军打败博穆博果尔后，他属下的果博尔屯等七屯之人，归附了忠于清朝的额驸巴尔达奇，巴尔达奇告诉清军："逃者亦必来归，无劳再举耳。"① 事情果然如巴尔达奇所预料，博穆博果尔再也没有能力发动叛乱，但皇太极并没有放过他，而是继续派兵追击博穆博果尔，终于将其活捉，并于崇德六年（1641）正月将他押送至盛京。②

博穆博果尔的被擒获，标志着清朝统治在黑龙江流域的最后确立。崇德七年（1642）六月，皇太极致书明朝崇祯帝，宣布他已经征服了"自东北海滨迄西北海滨"③ 的广阔地区，其中"东北海滨"，指的是黑龙江下游入海处的鄂库次克海；"西北海滨"，指的是黑龙江上游西部的贝加尔湖，包括了整个黑龙江流域。

崇德八年（1643）八月，皇太极去世，年仅六岁的福临即位，是为顺治帝，由其叔父多尔衮和济尔哈朗辅政。顺治帝即位不久，就命令梅勒章京俄罗塞臣、甲喇章京沙尔虎达等将领，率军出征黑龙江。顺治元年（1644）五月"初五日，梅勒章京俄罗塞臣、巴都理率兵往征黑龙江，带回新满洲一千零七十四

---

① 《清太宗实录》卷51，第10页。

② 《清太宗实录》卷54，第9页。

③ 《清太宗实录》卷61，第3页。

口。……甲喇章京沙尔虎达出征东省，带回新满洲八百五十口”①。此时由于清军主力入关，因而停止了在黑龙江地区的军事行动，不久，清政权也迁都北京。这种政治、军事局面，就给沙俄侵略东北造成可乘之机。

三、沙俄入侵黑龙江流域

清政权迁都北京后，以盛京城作为留都，又称作陪都，而将整个东北地区称为“盛京统部”。今天一讲到东北，人们马上就会想到辽宁、吉林、黑龙江三省，恐怕很少有人知道“盛京统部”这一地理概念。根据嘉庆《大清一统志》卷57记载，清代盛京统部以盛京城为中心，具体管辖范围如下：

> 东至海四千三百余里，西至山海关直隶永平府界七百九十里，南至海七百三十余里，北踰蒙古科尔沁地至黑龙江外兴安岭界五千一百余里，东南至锡赫特山朝鲜界二千九百余里，西南至海八百余里，东北至海四千余里，西北至蒙古土默特界六百九十余里。

由上述可知，清代的盛京统部是由盛京、吉林、黑龙江三将军辖区，以及内属蒙古哲里木盟十旗之地所组成，比现在东北三省的总面积要大得多。例如，黑龙江将军辖区北逾外兴安岭，吉林将军辖区包括库页岛在内，盛京将军辖区有科尔沁蒙旗之地。

清军主力入关之初，以内大臣何洛会为盛京总管，阿哈尼堪为左翼梅勒章京，邵儋为右翼梅勒章京，统领83佐领八旗兵驻

① 中国第一历史档案馆：《清初内国史院满文档案译编》（中），第15页，光明日报出版社1989年版。

防盛京。后来由于剿灭南明政权和李自成、张献忠农民军的战争需要，留守东北八旗兵的大部分被调往关内，包括何洛会本人在内。顺治十七年（1660）时，守卫东北地区的八旗兵只有1500余人，其中驻防盛京城720人，兴京城（今属辽宁省新宾满族自治县）50人，牛庄城（今属辽宁省海城市）50人，盖州城96人，凤凰城（今辽宁省凤城市）150人，广宁城28人，宁古塔城（今黑龙江省宁安市）430人①，总计1524人。

众所周知，鸦片战争以前，盛京统部管辖的东北地区的土地面积，总计有两百多万平方公里。顺治末年，清军驻防东北总兵力只有1524人，加上官员和铁匠，合计不超过1600人，平均每1万平方公里驻军还不到10个人。其中1000多人又驻守在盛京城周围地区。辽阔的黑龙江流域的驻军更少，仅宁古塔城有430人。于是，沙俄乘清军主力南下、中国东北边防空虚之机，派侵略军侵入黑龙江流域。

俄国在清初被称为“罗刹”，也写作“鄂罗斯”，原系欧洲国家，其疆界在乌拉尔山以西，和中国远不接壤。16世纪中叶，俄国建立沙皇专制统治后，开始对外扩张。俄国农奴主、大商人为掠夺土地和西伯利亚的珍贵毛皮，推动沙皇政府发动了一系列的军事冒险和侵略战争。16世纪末，俄军越过乌拉尔山东侵，明万历四十七年（1619），在叶尼塞河中游建立叶尼塞斯克城。接着，俄军一路征服、掠夺当地居民，势力很快到达了勒拿河流域。俄国的远征军征服了勒拿河流域的雅库特人，并于皇太极天聪六年（1632）在勒拿河畔修建雅库次克城。从此，俄国人才与中国相邻。

此后，俄国人以叶尼塞斯克城和雅库次克城为主要据点，开始了对我国黑龙江流域的入侵。

---

①（清）鄂尔泰等修：《八旗通志初集》卷27，此处数字根据该书第1册第518－528页统计，东北师范大学出版社1985年版。

崇德八年（1643）七月，雅库次克城督军彼得·戈洛文听到有关黑龙江流域土地富饶，盛产紫貂，山中蕴藏银矿等传闻，便派遣他的文书官瓦西里·波雅尔科夫（又译玻雅科夫）率领远征队，侵入黑龙江流域。据俄国历史文献记载：波雅尔科夫侵略军有“新招募的军役人员一百一十二名，游民中的猎人十五名，通译二名和铁匠一名从雅库次克出发。他们配备着发射半磅重炮弹的铁炮一门，炮弹一百发和准备给军役人员使用的火药和铅弹各八普特十六磅，用以迫使不肯归顺的土地降服”①。所以波雅尔科夫侵略军的所作所为，是受到了沙皇政府的全力支持的。

当年冬天，波雅尔科夫一伙越过外兴安岭，侵入中国黑龙江上游的支流结雅河（即精奇里江）流域。他们抓住达斡尔酋长多普狄·肯丘拉耶夫作为人质，向他询问关于结雅河和石勒喀河以及流入这两条河的支流情况，这些河畔居住着什么人，他们向谁交纳贡赋，结雅河和石勒喀河畔是否产银、有无铜矿、铅矿、染绸缎的蓝染料。这个达斡尔酋长告诉他们：结雅河和石勒喀河畔既不产银、也没有铜矿、铅矿和染绸缎的蓝染料。他们那里的银器、绸缎、铜器和锡器是用貂皮从汗（指清朝统治者）那里购买的。汗住在汗国，其城池是用圆木造的，城池附近有土墙。他们使用弓箭和火器，有许多炮，汗的名字叫鲍尔鲍依。对不向汗纳贡，也不同他交易的达斡尔人，他派其部众到结雅河和石勒喀河进行征讨。每年征战两三次，每次来时人烟滚滚，约有两三千人之众。肯丘拉耶夫酋长说的这些情况，大致与前面所讲的皇太极时期对黑龙江流域的管辖相符合。

尽管波雅尔科夫已经了解到达斡尔人向鲍尔鲍依汗纳税的情况，仍然强迫达斡尔人向他们缴纳实物税。黑龙江的冬天异常寒

---

①［俄国］《历史文献补编》第3卷，第12件。转引自刘民生等编《十七世纪沙俄侵略黑龙江流域史料》，第19–20页，黑龙江教育出版社1992年版。

冷，波雅尔科夫在乌穆列堪河上建立了一座冬营，由于粮秣不足，他们开始抢劫达斡尔人。波雅尔科夫派遣由尤什卡带领的一支70人的远征军，到达斡尔酋长多西和科尔帕的城堡，企图向他们骗取粮食。当他们的阴谋被识破后，双方发生了一场激战，俄国人说达斡尔人：

> 神不知鬼不觉地集合起来，从寨里和地道里袭击尤什卡等一伙，许多人进行了出击，许多骑手从田野奔袭而来，进行了一场鏖战。在鏖战中有十名军役人员身受重伤，不能离寨逃走，呻吟寨下，苟全性命。科尔帕酋长被打死了，另一名酋长多西打死了看管他的一名军役人员逃回自己的堡寨。其余的所有军役人员也都受了伤，被围困在寨前的一座帐篷里，受困三天，到了第四天夜，才从寨子附近逃脱，退往乌穆列堪河瓦西里处。①

由于达斡尔人缺少火器，尤什卡一伙才避免了全部被歼的命运，他丢下9具侵略者的尸体，狼狈逃跑。当他们回到出发前的营地时，波雅尔科夫冷漠地问道："你们是否带回来卤获物?"他从尤什卡嘴里得到的回答是："不用说带回来卤获物，连自己的东西也失掉了。"②这就是沙俄侵略者与中国达斡尔居民第一次交战的结果。

在达斡尔人的顽强抵抗下，波雅尔科夫侵略军抢不到粮食，眼看营地中的贮粮即将用光，波雅尔科夫"平白无故地殴打、折磨军役人员，抢夺他们的粮食，把他们赶出城堡，并且命令他们

①② ［俄国］《历史文献补编》第3卷，第12件。转引自刘民生等编《十七世纪沙俄侵略黑龙江流域史料》，第29－30页，黑龙江教育出版社1992年版。

去吃被打死的异族人，共吃了约五十人。”有40名侵略军死于饥饿，剩下的人“开始挖草根充饥”。波雅尔科夫又下令“放火将草地烧光，以便抬高自己储存的粮食价格”。在他的逼迫下，有25名侵略军为了寻找粮食，以伊列伊卡为首，“乘木底船顺流而下，走了三昼夜，便返棹回航，在离瓦西里还有半日路程的地方，停下来过夜。许多久切尔人集合在一起，偷袭了伊列伊卡及其同伙，将其全部（25人）打死，只有两人死里逃生。一名是军役人员潘克拉什卡·米特罗法诺夫，另一名是猎人卢奇卡·伊凡诺夫。”①

波雅尔科夫一伙于1646年6月22日回到雅库次克，向督军汇报搜集的情报并建议说：“派三百余人，前往结雅河、石勒喀河和瓦西里·波雅尔科夫带领军役人员到过的土地，征收实物税和使新土地归附沙皇陛下的崇高统治之下，使之永世为奴，并在这些土地上修筑设防的堡寨：在西林穆迪河河口，在最初遇到的种地的达斡尔人中间，在达斡尔酋长多西驻地，建一小堡，留下五十人左右驻守。在种地的达斡尔人居住的另一地方，在结雅河畔的达斡尔酋长巴尔达齐驻地，可以建一小堡，并构筑工事。在这一小堡里，留下五十个人驻守。在种地人居住的第三个地方，在结雅河畔的久切尔人中间，建一小堡，也留下五十个人驻守。……这于君主将大有裨益，因为这些土地上人烟稠密，有粮有貂，各种兽类极多，盛产粮食，河里鱼类成群，皇家军役人员在那里将无缺粮之虞。”②

俄国大商人、土地经营者叶罗菲·哈巴罗夫，从波雅尔科夫那里得知黑龙江流域的富庶之后，激起了这个投机家的贪婪欲望。他于1649年3月16日晋见新任雅库次克督军弗兰次别克夫，

①② ［俄国］《历史文献补编》第3卷，第12件。转引自刘民生等编《十七世纪沙俄侵略黑龙江流域史料》，第31、35、38页，黑龙江教育出版社1992年版。

要求自费招募“志愿人员”150名，前往黑龙江流域征讨达斡尔人，使之归顺沙皇的统治，希望能得到政府的支持。雅库次克督军弗兰次别科夫立即予以全力资助，发给哈巴罗夫大量武器弹药。但是，哈巴罗夫始终未能招募到他所说的150人，最后带着好不容易凑集的70人上路了。

顺治七年（1650）夏天，哈巴罗夫匪帮侵入中国黑龙江流域。由于侵略者人数较少，他们到达达斡尔人驻地后，采取欺骗手段对拉夫凯酋长说：他们“是商人，是来此做生意的，并给他们带来许多礼物”。然而，拉夫凯识破了这种诡计，通过翻译对他们说：“你骗谁？我们对你们这些哥萨克很清楚；你们来以前，我们这里曾经来过一个名叫伊凡什卡·叶尔菲莫夫·克瓦什宁的哥萨克，他向我们讲过你们，说你们来了五百人，而在你们之后，还要来许多人。你们想要把我们全部打死，想要抢走我们的财产，掳走我们的妻子儿女；正因为如此，他拉夫凯才带领兄弟、本族女婿及乌卢斯人众四散奔逃。”据后来雅库次克督军弗兰次别克夫给沙皇奏文中说，哈巴罗夫侵略军遭到了拉夫凯酋长属下达斡尔人的主动进攻，“达斡尔人不允许他们靠近该城池，并出城袭击，在该地与他们接仗。从中午直战到晚上。据称，这一仗达斡尔人死伤惨重，叶罗菲所部仅有二十余人受伤，且无一人致命”①。

哈巴罗夫侵略军不断遭到中国各族人民的反抗，深感力量不足，于是他将50人留在拉夫凯酋长的城堡里，自己返回雅库次克。哈巴罗夫向督军弗兰次别克夫竭力鼓吹黑龙江流域的富饶，希望沙皇能派出更多的军队前去占领。由于沙皇政府那时没有能力派出太多的军队，弗兰次别克夫只是给他补充了21名军役人

---

① ［俄国］《历史文献补编》第8卷，第72件；《历史文献》第4卷，第31件。转引自刘民生等编《十七世纪沙俄侵略黑龙江流域史料》，第56、64页，黑龙江教育出版社1992年版。

员和117名猎手，哈巴罗夫带着增援的侵略军，在第二年初夏再次侵入黑龙江流域，对当地居民进行残暴的烧杀劫掠。

哈巴罗夫的侵略队伍扩大之后，乘船沿着黑龙江四处掳掠。当他们来到达斡尔酋长桂古达尔驻地时，发生了一场激烈的战斗。侵略者包围了达斡尔人的城堡，用大炮威胁他们向沙皇交纳实物税。酋长桂古达尔回答侵略者说："我们向博格达皇帝沙姆沙汗纳贡，你们来要什么实物税？等我们把自己的最后一个孩子扔掉以后，再给你们纳税吧！"①

见达斡尔人不肯屈服，哈巴罗夫下令推出大炮，向该城的塔楼猛烈轰击，同时沙俄侵略军还使用小型武器、无来复线的火枪和火绳枪向城里射击。达斡尔人则用弓箭进行还击，连哈巴罗夫也承认受到了极其顽强的抵抗，他后来在向雅库次克督军的报告中说："达斡尔人拈弓从城头向我们射箭。乱箭从城里纷纷向我们飞来。达斡尔人从城头射向我们的箭，落在田野里，好像田地里长满了庄稼一般。"②

然而，尽管达斡尔人如此英勇，他们使用的原始弓箭还是阻挡不住侵略军的大炮和来复枪。在沙俄侵略军的进攻中，有214个达斡尔人被打死，城中的达斡尔人试图突围，由于敌人的火器严密封锁，只有15人从城中跑出去，其余被围困在城里的所有达斡尔人，经过一整夜的激战，被侵略军从四面八方挤压到城里的一个角落中。野蛮的侵略者对城内的达斡尔人进行了惨绝人寰的大屠杀，他们骑在马上，"将达斡尔人'一个一个地'砍死了"③。

哈巴罗夫在战后供认：在这场大屠杀中，共打死427名达斡尔大人和儿童，加上攻城中被打死的达斡尔大人和儿童，总共

---

①②③　［俄国］《历史文献补编》第8卷，第102件；《历史文献》第4卷，第31件。转引自刘民生等编《十七世纪沙俄侵略黑龙江流域史料》，第80－81页，黑龙江教育出版社1992年版。

661 名。老人和妇女成为侵略者的俘虏，“计有年老和年轻的妇女以及少女共二百四十三人，小俘虏，计有儿童一百一十八人。我们还俘虏了达斡尔人的马匹，大小共计二百三十七匹。此外，还虏获了一百一十三头羊”①。就是说，在沙俄侵略者制造的这场灭绝人性的大灾难中，总共有 1022 人的达斡尔部落被彻底摧毁了，所有的壮年男子包括儿童被杀死，剩下的妇女和幼儿则全部被侵略者掳走，精奇里江畔一个上千人的村落就这样消失了。

美丽富饶的黑龙江流域，陷入哈巴罗夫属下的这些恶魔之中。沙俄侵略者沿途杀人抢劫，捣毁当地索伦人、达斡尔人和赫哲人的村寨。为了躲避这些“吃人”的野兽，黑龙江沿岸居民四处逃散，田地荒芜无人耕种，往日欣欣向荣的村庄变成一片废墟。

顺治八年（1651）秋天，哈巴罗夫一伙窜入赫哲人居住的乌扎拉村，在这里修筑了一座城堡。关于乌扎拉村的具体位置，据清末东北地方官员曹廷杰经过实地调查后记载：“由伯利（今俄国境内哈巴罗夫斯克）东北行俄里二百七十里，……（黑龙江）对面北岸为玻兰侯温，出口处有山产银，华人呼银山，其处银矿甚富。……银山下有乌札拉地方名，顺治九年，驻防宁古塔章京海色率所部击罗刹，战于乌扎拉村，当即其处。”②

乌扎拉村的赫哲人在抵抗侵略者失败后，到宁古塔向驻防八旗官员报告了沙俄入侵的消息：“来了俄国人，并将我们整个地区破坏无遗，砍伐殆尽，并将我们的妻子儿女俘虏而去。我们集合全部久切尔人前去抵抗他们，攻打城池，他们人数并不多，但

---

① ［俄国］《历史文献补编》第 8 卷，第 102 件。转引自刘民生等编《十七世纪沙俄侵略黑龙江流域史料》，第 81 页，黑龙江教育出版社 1992 年版。

② 详见曹廷杰撰：《西伯利（亚）东偏纪要》，第 26 页，载《辽海丛书》（四），辽沈书社 1985 年版。又，戴逸：《一六八九年的中俄尼布楚条约》，第 67 页作“乌苏里江口以下六百多里赫哲族居住的乌扎拉村”。

是我们差点被全部打死。我们抵抗不住他们，因此请大人保护我们。假如大人不来保护我们，我们就得向他们缴纳实物税。”①

清政府接到宁古塔驻军关于沙俄入侵的情报后，命令八旗兵以武力将侵略者驱逐出境。顺治九年（1652）春天，宁古塔驻防章京海色，奉命率领八旗兵前往黑龙江下游的乌扎拉村进行清剿，附近的赫哲人民也纷纷前来助战。海色率领八旗兵经过长途行军到达乌扎拉村，将哈巴罗夫一伙包围起来，并立即发起了进攻。

据战后哈巴罗夫写给雅库次克督军的报告说：“他们博格达人从上到下将我们的城垣打塌了三处。博格达皇帝的将军亦失涅在他们的博格达大军中向全军喊道：‘不要火烧，也不要砍杀哥萨克，要活捉他们。’”②沙俄侵略者利用了海色在指挥上的这个严重错误，知道他们的生命不会遇到危险，便凭借武器上的优势，纷纷冲出城堡，有恃无恐地向八旗兵拼命扫射，八旗兵和参战的赫哲群众损失惨重，海色被迫率领军民撤出战斗。

这次战斗中，沙俄侵略者被打死 10 人，打伤 78 人。试想一下，如果不是海色愚蠢地下令活捉敌人的话，侵略者的死亡数字必将会大大增加！

乌扎拉村之战，清军虽未获得胜利，但是给沙俄侵略者以迎头痛击，体现了中国各族人民抵抗外来侵略的不怕牺牲精神。更为重要的是，由于宁古塔八旗兵在乌扎拉村反击战中的失利，引起了清政府对东北边疆形势的密切关注。顺治十年（1653）五月，清政府任命沙尔虎达为镇守宁古塔昂邦章京。从此，东北边疆各族人民抗击沙俄的形势，开始发生根本性的转变。

---

①②　［俄国］《历史文献补编》第 8 卷，第 102 件。转引自刘民生等编《十七世纪沙俄侵略黑龙江流域史料》，第 91－93 页，黑龙江教育出版社 1992 版。

“罗刹扰我黑龙江、松花江一带三十余年，其所窃据，距我朝发祥之地甚近，不速加剪除，恐边徼之民不获安息。朕亲政之后，即留意于此，细访其土地形胜、道里远近及人物性情，以故酌定天时、地利，运饷用兵机宜，不徇众见，决意命将出师，深入挞伐。”

——康熙帝上谕

第二章　驱逐沙俄

一、沙尔虎达出关抗敌

顺治初年，守卫中国东北地区的八旗兵，主要分布在盛京以及周围兴京、牛庄、盖州、凤凰城、广宁五城，今天辽宁省开原市以北的辽阔大地，唯有宁古塔设有八旗驻防。

据乾隆元年修《盛京通志》记载：“兴佳，镶蓝旗人，天命十年，以佐领驻防。”是为宁古塔八旗驻防之始。天聪元年（1627），皇太极为了统一东海虎尔哈部战争的需要，改为昂邦章京驻防。清政权入关后，驻守宁古塔的八旗官员是章京海色，“镶蓝旗人，顺治四年，以佐领驻防”①。海色率领的130名八旗兵，管理着黑龙江、松花江和乌苏里江流域的广阔国土。

顺治九年（1652），宁古塔章京海色指挥八旗兵在乌扎拉村

① 乾隆元年修：《盛京通志》卷20，第90页，咸丰二年（1852）重刊本。

与俄军作战中失利。① 黑龙江流域的各族人民遭受沙俄侵略者的掳掠烧杀、迫切希望得到强大祖国增援和保护的消息，以最快的速度传到了北京。黑龙江是满族的故乡，清政府岂能对当地人民坐视不救？尽管清军在江南的战事十分紧张，清政府仍然决定派兵支援黑龙江各族人民的抗俄斗争。顺治九年（1652）七月，清政府派骁勇善战的梅勒章京沙尔虎达，甲喇章京海塔、尼噶礼，统兵驻防宁古塔。第二年五月，升任沙尔虎达为宁古塔昂邦章京，率梅勒章京两员、满洲兵430名镇守。

宁古塔昂邦章京的设立，是清政府在东北地区的重大战略部署。东北地区由此形成两个行政区，原来盛京昂邦章京统辖全境，如今改为与宁古塔昂邦章京分治。设立宁古塔昂邦章京的直接目的，就是抗击沙俄的入侵，巩固东北边防。后来的事实证明，清政府任命沙尔虎达的决定极其英明果断，沙尔虎达确实是最合适的人选！

沙尔虎达，满洲镶蓝旗人，姓瓜尔佳氏，其家族世居胡尔海（即虎尔哈）地方。沙尔虎达生于明万历二十七年（1599），天命十年（1625），随其父桂勒赫归附努尔哈赤。沙尔虎达在归附后参加的第一次战斗，就是出征东海瓦尔喀部，因功授备御（佐领）②。从此，他深受努尔哈赤、皇太极的信任，成为清开国时期著名的八旗将领。

清军入关前，沙尔虎达参加了许多著名战役。例如，天聪元年（1627），皇太极攻打锦州之役，天聪五年的大凌河城之役等。崇德二年（1637），沙尔虎达因功升任议政大臣。第二年，他与前锋统领吴拜率兵80人至红山口，与明兵发生遭遇战，“斩裨将

---

① 《清世祖实录》卷68，第24页记载为：“驻防宁古塔章京海塞遣捕牲翼长希福等率兵往黑龙江，与罗刹战，败绩。海塞伏诛，希福革去翼长，鞭一百，仍令留在宁古塔。”

② （清）鄂尔泰等修：《八旗通志初集》卷167，东北师范大学出版社1985年版；（清）长顺修：《吉林通志》卷92，吉林文史出版社1980年版。

二，击走罗文峪骑兵五百，夺其纛，获马五十，又歼密云步兵百余”①。由于沙尔虎达在这些战役中，并不是统兵主将，因此取得的战果有限。他在入关前的主要功绩，突出表现在对黑龙江流域的统一战争中。

天聪八年（1634），皇太极派霸奇兰与萨穆什喀统领章京41员、八旗兵2500人，征讨黑龙江中上游的虎尔哈部。此役获得了巨大胜利，有36员章京被晋升世职，沙尔虎达在其中排名第五。崇德七年（1642）九月，沙尔虎达成为领兵统帅，奉命出征松阿里江（即松花江）虎尔哈部落。两个多月后，沙尔虎达遣人报捷：“喀尔喀木、遮克特库、塔土库、福提希、俄尔浑、洼齐奇、库巴查喇、额提奇、萨里、尼野尔北十屯人民，俱已招降，计男子妇女幼稚共一千四百五十八名口。”② 顺治元年（1644）正月，时已升任甲喇章京的沙尔虎达，再次受命统率官兵出征黑龙江虎尔哈部落，此役历时五个多月，所获男子妇女1956人，“分隶八旗”③。由于沙尔虎达世代居住在虎尔哈部，熟悉当地风土人情和地理形势，这是他统兵作战接连得胜的重要原因。

顺治元年（1644），沙尔虎达随多尔衮所率八旗主力进入山海关，追击李自成大顺军至陕西。第二年，他从贝勒博洛取江宁（今江苏省南京市），进军杭州，作战英勇，论功晋一等世职。顺治四年，沙尔虎达升任副都统，驻守山东东昌府，镇压当地丁维岳等人组织的抗清武装。顺治五年，沙尔虎达率部征讨江西明将金声桓叛军，又因军功升任护军统领，列议政大臣。顺治六年，直隶（今河北省）河间府出现反清起义，沙尔虎达前往剿抚并用，将起义的民众解散。顺治七年，沙尔虎达调回本旗（镶蓝旗）任副都统，晋升男爵。

---

① （清）鄂尔泰等修：《八旗通志初集》卷167，《沙尔虎达》，东北师范大学出版社1985年版。

② 《清太宗实录》卷63，第34－35页。

③ 《清世祖实录》卷5，第12页。

沙尔虎达在战场上并非一帆风顺，也经历过严重的挫折。他在崇德二年（1637），就因战功卓著列为议政大臣。但是，连年征战的胜利，使沙尔虎达产生骄傲情绪，以致在参加松、锦会战时受到严厉处分。战前，皇太极曾告诫他："尔素日行不逮言。今番如遇敌自杏山遁去，尔等于西台横截大路，尾踪追击，勿容进城。"然而，沙尔虎达并没有奉命行事，致使不少明兵退入城内。事后，他向皇太极表示："杀之，惟有一死；宥之，当效力疆场。"① 皇太极将他免去职务，以观后效。沙尔虎达后来果然吸取教训，戴罪立功，逐渐成为一名有勇有谋的战将。当清政府在考虑派往宁古塔的将领时，沙尔虎达当地人的背景，多年战争磨练的经历，以及在黑龙江立下的战功与地方影响，使他成为最合适的人选。

清代宁古塔先后建有旧城、新城两座，而沙尔虎达任昂邦章京前后八年，直到逝世，其主要活动都在宁古塔旧城，这是应当讲清楚的一个重要问题。

宁古塔旧城原址，位于今黑龙江省海林县旧街乡古城村西，海浪河（另一说为柳河）中游南岸，有关文献多将旧城写作木城，顺治末年，因江南科场案被流放到该地的方拱乾在《绝域纪略》中说："树短柴栅，环三里，辟四门，而命之曰城。"朝鲜文献记载宁古塔："木城颇小，城内外仅三百家。"② 流放在当地的汉人张缙彦在《宁古塔山水纪》中，把旧城称作石城，而且有详细记载：

> 城方二里，垒石成垣，城内居民，寥寥数家，东西各一门，以通往来，大帅公署在焉。……其形势，三面

① （清）长顺修：《吉林通志》卷92，《沙尔虎达》，吉林文史出版社1986年版。

② ［朝鲜］《李朝孝宗实录》卷14，第22页，中国科学院科学出版社1957年版。

> 皆山，北面阻河，河多异石，水势急而奔驶，其流有声，源出长白山。混同江支派三四，环城而东，宁古塔而下，复合。又数折而入海。①

据新版的《宁古塔山水纪·前言》：张缙彦，河南新乡人，崇祯进士，累官为兵部尚书，清兵入关后，投降清军任工部侍郎。顺治十七年（1660），他因刻印《无声集》，被定为煽惑人心罪，革职流放宁古塔。张缙彦晚年致力于研究宁古塔周围的山水地名，而且老死其地。他记载的宁古塔石城，四周只有二里，“东西各一门”，较方拱乾“环三里，辟四门”的木城，要更为原始可信。

宁古塔昂邦章京沙尔虎达管辖的地区，南至盛京开原，北抵外兴安岭，西到额尔古纳河流域，东达黑龙江下游入海口、包括库页岛在内的辽阔地域。他这个“大帅”就是在如此简陋的石城里，开始了经略边疆、抗击沙俄的艰苦斗争。

沙尔虎达上任后，首先加强与在当地居住的赫哲族联系。宁古塔东部自虎尔哈河（牡丹江）起，至乌扎拉地方止，居住着22个赫哲人部落，这些部落在天命四年（1619）时，就与清（金）政权确立了隶属关系。其中葛宜克勒氏族头目索索库，由打牲人丁推举为总部长，皇太极时，“特遣派钦差招抚往盛京，贡进貂皮人参，朝见时，深蒙嘉奖，封以固伦达之职，并尚主及锡以仪仗、旗帜、鞍辔、朱轮车等物”。一部分赫哲人还被编入八旗，随同清军入关打仗。后来因赫哲兵在山东染上天花，清政府将其余未出天花的赫哲士兵调回宁古塔地区居住，由索索库的孙子阔哩哈管辖。沙尔虎达赴任后，即向清政府提出：阔哩哈管辖的赫哲人丁，按年进贡，劳绩殊甚，朝廷应予嘉奖。清政府采纳沙尔

① （清）张缙彦：《宁古塔山水纪》，《石城》条，黑龙江人民出版社1984年版。

虎达的建议，分别赏以骑都尉、世管佐领等职务。由沙尔虎达安排他们居住在宁古塔城周围，由户部“发给籽种口粮，屯田耕种”①。于是，沙尔虎达得到了一支由赫哲族组成的生力军，极大地增强了抗击沙俄的军事力量。

接着，沙尔虎达凭借他在黑龙江流域的威望，对宁古塔周边各族进行招抚。在黑龙江下游乌苏里江流域以及入海口和库页岛地区，分散居住着赫哲、费雅喀、奇勒尔、恰克拉和库页等部落。为了躲避侵入黑龙江流域的沙俄侵略军，当地居民四处逃散，流离失所，人心惶恐不安。当他们得知清政府派沙尔虎达到达宁古塔后，各族部落头人纷纷前来请求保护。

沙尔虎达通过来归附的这些部落头人，让他们带着宁古塔驻守八旗官兵，到各地进行招抚。例如，顺治十年（1653）三月，格克勒姓头目库力甘额夫等人到宁古塔，沙尔虎达吩咐库力甘额夫，再多找些身强力壮的人带路，“从黑振（即赫哲族）至赵儿果乐处使狗地方招抚，若不归顺，你们说沙尔虎达等在宁固（古）塔”②。不久，库力甘额夫等人带回十姓头目，到宁古塔贡貂皮，得到清政府赏赐的蟒缎、披领、无皮帽子、皮靴、梳栊等物。

沙尔虎达将宁古塔周边各族团结在一起，并在他们的积极配合下，率领八旗兵对沙俄侵略军进行反击。沙尔哈达在任八年期间，亲自策划并指挥了三次反击沙俄入侵者的战斗。由于他精心组织而且亲临前线参战，八旗兵士气高昂，每一次都得胜而归。

顺治十一年（1654）六月，俄国侵略军头目斯捷潘诺夫，带领370名哥萨克乘船沿黑龙江下行，一路抢劫粮食，并且闯入松花江。沙尔虎达率领300名八旗兵、300名赫哲族战士，以及前

---

① 以上引文见民国《宁安县志》卷4，《人物》氏族条，1924年铅印本。

② 中国第一历史档案馆编：《清代中俄关系档案史料选编》上册，第7页，中华书局1981年版。

来助战的朝鲜鸟枪兵100名，“择占江边地势最高处结阵”，令朝鲜兵“依蔽而放炮”①。斯捷潘诺夫见势不妙，带领残兵败将逃之夭夭。

顺治十二年（1655）二月，俄军头目斯捷潘诺夫又在呼玛尔河口（今黑龙江呼玛县境内）的险崖上筑起一座城堡，取名“库玛拉堡”，作为在黑龙江的侵略据点。清朝方面得知后，派明安达礼率八旗兵，“攻其城，颇有斩获，旋以饷匮班师”。后来康熙帝总结说，“向者尚书明安达礼轻进，至粮饷不继”②，指的就是这次战役，也是唯一不是沙尔虎达指挥的战役。

顺治十四年（1657）初，在库玛拉之战中受到清军重创、处于绝境中的斯捷潘诺夫为寻找粮食，再一次溯松花江而上，至尚坚乌黑地方。“尚坚”为满语，汉意“白”；“乌黑”亦满语，汉意“山”，合之即“白色的山崖”。沙尔虎达接到报告后，率领八旗兵奔袭，击败俄军。顺治帝得到沙尔虎达胜利的捷报，十分高兴，特赐蟒衣、貂帽、鞍马、腰刀、缎布，以示嘉奖。

顺治十五年（1658）六月，斯捷潘诺夫带领500余名哥萨克，又一次闯入松花江抢劫粮食。此时沙尔虎达已经为消灭斯捷潘诺夫一伙做了精心准备，他专门制造了44艘大船，以防止俄军再次从水上逃走。同时，顺治帝敕谕朝鲜国王：“今罗刹犯我边境，扰害生民，应行征剿，兹发满兵前往，需用善使鸟枪手二百名，王即照数简发。”③由朝鲜方面派出前往宁古塔，配合清军作战。沙尔虎达率宁古塔驻军和朝鲜鸟枪手，在松花江和牡丹江汇合处（今黑龙江省依兰县）包围了俄军，打死和活捉270名俄军，侵略军头目斯捷潘诺夫也被击毙，可耻地葬身松花江中。

这是清朝抗击沙俄侵略以来，取得的第一次重大胜利，也是

---

① ［朝鲜］《李朝孝宗实录》卷14，第22页，中国科学院科学出版社1957年版。

② 《清圣祖实录》卷121，第9－14页。

③ 《清世祖实录》卷115，第8页。

沙尔虎达一生戎马生涯的圆满结局。顺治十六年（1659）正月，沙尔虎达在宁古塔病故，终年61岁。

沙尔虎达逝世的消息传到北京，顺治帝给予他极高的评价："昂邦章京沙尔虎达防守有年，人心咸服，今已长逝。其子巴海，素著敏慎，堪胜此任。着即代其父为昂邦章京，前往驻防。"沙尔虎达的灵柩到达北京时，顺治帝专门派内大臣爱星阿、侍郎宁古里两人，携带茶酒前往祭奠。①

顺治十七年（1660）七月，沙尔虎达之子、继任宁古塔昂邦章京巴海，率八旗兵乘船溯松花江搜索沙俄侵略军，来到黑龙江与松花江汇合处。在前方侦察的八旗兵报告，在费牙喀部落西界发现俄军，巴海随即同副都统尼哈里、海塔等领兵前进至"使犬地方"，即赫哲人居住地，事先埋伏兵船于两岸。当俄军乘船到来时，埋伏在两岸兵船上的八旗兵立即发动进攻，沙俄侵略军弃船登陆，落荒逃走。据战后巴海向清政府报告：此次战役"斩首六十余级，淹死者甚众。获妇女四十七口，并火炮、盔甲、器械等物。招抚费牙喀部落一十五村，一百二十余户"②。这是清军继消灭斯捷潘诺夫之后所取得的又一次重大胜利。

俄国侵略军经此重创之后，再也未敢进入松花江流域。而清朝方面，因为顺治帝的去世也停止了军事行动。

二、增设府州县招民开垦

康熙帝即位时，年龄只有八岁，由索尼等四大臣辅政。当时清朝已经消灭了南明永历政权，统一了整个中国大陆。但是由于

① （清）鄂尔泰等修：《八旗通志初集》卷167，《沙尔虎达》，东北师范大学出版社1985年版。

② 《清世祖实录》卷138，第16页。

康熙帝年幼，清政府将主要精力用在巩固统治上面，在东北南部地区原有奉天府和辽阳、海城二县的基础上，继续增设府州县，鼓励汉人出关，进一步恢复盛京地区的农业生产，以加强抗击沙俄侵略的经济基础。

康熙元年（1662），清政府改锦州为锦县，这是清朝在辽西地区正式建立的第一个民治机构，而且也是自明代以来辽西地区的第一个民治机构。锦州所在的辽西走廊地区，是关内民人出山海关后必经之路。顺治末年，奉天府尹张尚贤就向清廷建议："河西锦州、广宁、宁远地方，有佐领一员协管，或属永平，或属奉天，其间流民甚多，入籍甚少，应改为州县，收募为民。"① 锦县的设立，为就近安置出关民人提供了极大的便利。

康熙二年（1663），清政府再次颁布辽东招民令："辽东招民百名者，不必考试，俱以知县录用。"

康熙四年，清政府又做出新规定："招民百家者，不分年份、次序，以知县先选。"

康熙二年、四年的两次招民令，与顺治十二年（1655）的招民令相比较，最重要的区别就是简化授官的程序。顺治十二年规定："辽东招民百名者，考试身、言、书、判，分为三等，除授知县。如不能通晓文艺，咨送兵部除授武职。"② 如今不论任何人，只要能招民百名出关，不经过考试就可以直接做官，而且一律授以知县这样的实缺。因此在康熙初年，出关汉民人数得以迅速增加。

康熙三年（1664），清政府在辽河东部地区增设盖平、承德（治所在今沈阳市）、铁岭、开原四县，升辽阳县为州。同年，在辽西锦县所属明广宁卫之地，设立广宁府，附设广宁县，又于明

---

① 《清圣祖实录》卷5，第17页。

② 有关康熙朝招民令的引文，详见张杰：《清代辽东半岛的农业开发》，载《社会科学辑刊》1992年第4期。

宁远卫之地，设立宁远州。后来将广宁府治所移至锦州，改称锦州府。

辽东招民垦荒始于顺治十年（1653），但是，效果并不理想。盛京地区仅有奉天一府，下辖辽阳、海城两县，如今一下子就新设了七个州县，并在辽西地区设立广宁府，仅从府、州、县设立的数量上就可以看出，康熙二年的招民令颁布后取得的成效，较顺治年间要大得多。

关外新设立的州县，吸引了大批关内民人前来落户。例如：民国《绥中县志》卷7："康熙三年招民垦田令下，汉族迁徙日繁，或经商落户，或流寓入籍，统计大数，山东、直隶居多，山西、河南，又其次也。"民国《铁岭县志》卷2："县令胡药婴广为招徕，燕、齐、豫、晋之民，源源归之。"开原设县的当年，"奉新例招民一千四百户，改流徙入籍者五百户"①。若按照每户有5口人计算，开原设县当年，就有民户1900余户，近万人编入户籍。从这些现存东北地方志的记载中，可以看出康熙三年新设州县在招民出关中起的重要作用。

清初关外地广人稀，各州县官都想方设法为出关民人创造生产条件。例如，地方官给远来民人划拨土地，发给口粮、种子和农具，使他们安心从事农业生产。海城、牛庄、盖州、熊岳等地方民人众多，一度曾出现民多地少的问题，当地官员除将荒地、房基地酌量拨给民人外，还努力争取并得到清政府批准，将移居边外蒙古人遗下的熟地和马厂荒地交给民人垦种。凤凰城城守尉吴尔庆为安置来自关内的民人，将凤凰城边门移至山南15里，通过拓展柳条边外土地的办法，保证外来民人有充足的土地开垦。自然条件稍差一些的辽北地区，地方官员的工作更深入细致，凡属招徕新民，于城中每丁给地2绳，于野每丁给地5绳，

① 民国《开原县志》卷3，第7－8页，1917年铅印本。

计25亩，永为民业。①

然而，到康熙六年（1667）时，清政府的招民令突然发生了变化，由招民百名“以知县先选”，改为“咨部停止先选，仍论年份、次序选授”。第二年七月，“罢招民授官之例”。《大清会典》和《盛京通志》均写作康熙七年“罢招民授官之例”，唯有《清圣祖实录》写作康熙六年，详见下面具体叙述。

本来，前述康熙二年、康熙四年乃至康熙六年的招民授官法令，有力地驳斥了顺治朝封禁东北说之谬误（具体论述见本书第九章）。可是，康熙六年（一说为七年），由于清政府废止招民授官，似乎又让主张清初封禁东北的学者找到了新的史料根据。

台湾学者较早提出康熙朝封禁东北说：“康熙七年，清廷突然废止了行之有年的辽东招垦令，开始消极地限制汉人移垦。从此，东三省进入长达210年的所谓‘封禁阶段’。”②

张博泉先生所著《东北地方史稿》中，将清政府停止招民授官与修筑柳条边联系在一起：“随着关内人民流入东北的人数不断增多，清政府于康熙七年废除辽东招垦令，并禁止汉人向东北流入，同时筑柳条边加以封禁。”③ 张先生还在书中提出三点封禁原因：一是为保护“满族之本习”；二是为把东北作为八旗官兵养生之地；三是为保护少数满族贵族统治者独占东北特产的特权与利益。

实际上，无论人们怎样分析解读康熙六年的法令原文，除了停止招民授官外，并没有任何禁止民人出关之规定，更没有出现任何“保护满族权益”的字样。当时满族风俗淳朴，不用加以保

---

① 详见张杰：《清前期汉民出关开发三辽述论》，载《辽宁大学学报》1992年第3期。

② 赵中孚：《东三省的移民问题》。转引自王戎笙《台港清史研究文摘》，第429页，辽宁人民出版社1988年版。

③ 见张博泉：《东北地方史稿》，第415页，吉林大学出版社1985年版。

护，来到东北盛京地区的汉人，相对来讲不是过多而是太少，何况八旗兵有大量荒地可以开垦。至于满族贵族的特权和利益，不管招民与否，一向由清朝皇室独占，即使满族人也不得染指。因此，清政府只是停止招民授官，并没有宣布封禁东北。

清政府为什么要废除招民授官例？这才是需要学者们认真研究并给予回答的问题！

其实若认真加以研究，原因并不复杂，目的就是防止“招民授官例”产生的弊端。由于辽东招民开垦，授官条件过于优厚，早在顺治十四年（1657），吏科给事中王益朋就提出过反对意见。他说：“皇上亲政，加意根本，悬爵招民，权宜鼓舞。究竟所招不多，生聚无几，开垦未广，名器徒轻。”① 王益朋看到的是“悬爵招民”，造成名器徒轻有碍吏治的问题。而清政府之所以这样做，考虑的则是“开垦未广”，留都盛京根本不固的大计。两者相比较，王益朋就显得有些短视了。况且顺治朝“所招不多”的主要原因，是大陆上抗清斗争还在激烈进行，整个社会动荡不安，招民大批出关的条件尚未成熟，所以王益朋的建议没有被采纳。

康熙元年（1662），永历政权覆亡，大陆抗清斗争基本结束，正是在这种政治背景下，清政府在辽东继续“悬爵招民”，而且取得了比较显著的成效。据顺治十八年（1661）统计，奉天府所辖人丁计 5557 丁，至康熙七年（1668），奉天府尹所辖人丁数已达 16 643 丁②，短短七年之间，人丁数字比顺治末年就增加了两倍。在这种招民大量出关的情况下，悬爵招民已经失去了其必要性，何况又出现一些问题，引起不少官员的反对。

康熙六年（1667）七月，工科给事中李宗孔指出：“各官选

① 席裕福等辑：《皇朝政典类纂》卷 13，第 3 页，台湾文海出版社 1982 年版。

② 乾隆元年修：《盛京通志》卷 23，第 3 – 5 页，咸丰二年（1852）重刊本。

补，俱按年份轮授，独招民百家送盛京者，选授知县超于各项之前。臣思此辈，骤得七品正印职衔，光荣已极，岂在急于受任。请以后招民应授之官，照各项年份，循次录用。上（康熙帝）是之，随谕吏部，罢招民授官之例。"① 接下来，又有都察院左都御史王熙反对说：

> 近例招民百家，优授知县，夫县令宰治百里，抚绥众民，关系匪轻。倘有不肖之辈，授以此职，则百姓之累无穷。况招百家送至盛京，往来之赀，非数千金不足。不惜数千金，而得一县令，则借资为市，其心可知。即希图谋利，其一邑之民，安危又可知。臣愚以为：嗣后招民百家之人，应给予闲散官名色顶戴、牌匾旌奖，勿授以理民之职任。②

王熙身为都察院最高长官，他的奏疏对朝廷影响颇大。康熙帝考虑到因招民授官例引起的“借资为市”“希图谋利”等弊端，所以才取消了招民授官例。

必须强调的是，康熙六年被罢除的只是“招民授官例”，招民开垦令仍在继续执行。据乾隆元年修《盛京通志》卷 23 统计：康熙七年（1668），奉天府属承德等六州县，新增人丁 2643 丁；锦州府属三州县，新增人丁 3917 丁。康熙八年，承德、铁岭、海城、盖平、开原五县，新增人丁 860 丁；锦州、宁远州、广宁县，新增人丁 330 丁。康熙九年，承、铁、开、盖四县，新增人丁 1792 丁；锦县、广宁新增人丁 776 丁。康熙十年，承、辽、铁、盖、开五州县，新增人丁 2397 丁；锦、宁、广新增人丁 561 丁。康熙十一年，承、铁、开、盖四县，新增人丁 170 丁，锦

---

① 《清圣祖实录》卷 23，第 3 页。

② （清）钱仪吉：《碑传集》卷 12，《王熙传》，中华书局 1993 年版。

县、宁远新增人丁321丁。康熙十二年，承德等六州县新增人丁594丁，锦、宁、广新增人丁1310丁。

从康熙七年到十二年，在短短六年时间内，关外人丁数字就增长了15 681人。《盛京通志》的作者记录下这些新增加人丁的数字，是作为地方官的政绩来表彰的。假如此时东北处在封禁时期，人们不禁要问，这些数字难道不成了地方官执行封禁令不利的罪状吗？

盛京地区由于招民继续大量出关，出现与当地满族争夺土地的矛盾。康熙十九年（1680），清政府在盛京地区丈量土地，划定旗界内地4 605 380晌，民界内地878 725晌（一晌约合6亩）。清政府下令："凡新来之民，在民界内安插，缘边次第垦种。其原在旗界内居民，有愿移民界内垦种者，有仍愿在旗界内垦种原地者，听从其便。至旗人、民人力不能开垦荒甸，又复霸占者，严查治罪。"① 从这则资料来看，旗界内并非全是旗地，原居住在旗界内的民人，可以照旧垦种，划分旗、民地界的用意，除减少争夺土地的矛盾外，更重要的是保证那些"新来之民"出关后，有足够的土地耕种。

康熙二十二年（1683），清福建水师提督施琅率军消灭了台湾郑氏政权，完成了中国的统一。第二年，清政府宣布开放海禁，恢复中断的海上贸易，促进了盛京地区农业经济的进一步发展。当时人王一元说："辽左海禁既弛，百货云集。海艘自闽中开洋，十余日即抵牛庄，一切海货，有更贱于江浙者。"② 开放海禁之后，关内海船运入盛京地区的除了各省生产的日用品外，还运去了东北开发最宝贵的劳动力。

盛京南部辽东半岛地区，与山东胶州半岛仅一海之隔，走海

---

① （清）蒋廷锡等：《古今图书集成》卷54，《戎政典》，台湾鼎文书局1977年版。

② （清）王一元：《辽左见闻录》不分卷，北京图书馆藏手抄本。

路成为胶东农民前往关外垦荒的便捷方式："奉天南滨大海，金（州）、复（州）、盖（州）与登（州）、莱（州）对岸，故各属皆为山东人所据。"① 雍正四年（1726），清政府在盛京南部沿海地区增设复州厅，雍正十一年，又将厅改为复州（今辽宁省瓦房店市），雍正十二年，增设宁海县（今大连市金州区）。复州和宁海县的设立，就是渡海山东民人迅速增加的结果。

雍正朝的东北地区，仍然是招民大批出关的时期。尤其应当引起注意的是，雍正四年（1726），清政府"于吉林乌拉设永吉州，宁古塔设泰宁县，伯都讷设长宁县，俱隶奉天府"②。说明出关民人开始进入吉林（宁古塔）将军辖区，已经突破了辽东招民开垦令的范围限制，而且这些州县的设立，进一步表明清政府支持民人进入吉林地区开垦。

严格意义上的东北封禁，是从乾隆五年（1740）四月开始的。从清政府颁布的封禁令来看，其核心内容有二：一是"山海关出入之人，必宜严禁"，今后凡携眷移居关外之人，无论远近，不准放出；二是"奉天空闲地亩，宜专令旗人垦种"，荒闲余地也全归满族所有，禁止民人开垦。③ 详见本书第九章。

三、康熙帝亲临松花江前线

康熙十年（1671）九月，年方18岁的康熙帝，以"寰宇一统，躬诣太祖、太宗山陵展祭，行告成礼"④ 的名义，前往东北拜谒祖陵，布置反击沙俄侵略的准备工作。康熙帝此次谒陵，前

① （清）博明希哲：《凤城琐录》，第3页，载《辽海丛书》（一），辽沈书社1985年版。

② 嘉庆《大清一统志》卷57，第4页，上海商务印书馆1934年版。

③ 《清高宗实录》卷115，第19、21页。

④ 《清圣祖实录》卷36，第17页。

后历时约两个月左右，除了祭祀祖陵外，还接见奉天将军与宁古塔将军，向他们了解情况，根据具体形势，分别部署任务。

康熙帝在盛京城内专门召见奉天将军阿穆尔图、副都统叶尔素、鄂泰等人说："此方人民淳朴，狱讼事简，无甚难理，尔等膺荷委任，惟抚戢军民，爱养招徕。满、汉人民，悉赖农业，须多方劝谕，开垦耕种，俾各遂生计，以副朕眷念发祥重地之意。"①从这番话来看，康熙帝布置给奉天将军的任务主要有三：

第一是"抚戢军民"，保证盛京地方有发展经济的良好社会环境。

第二是"爱养招徕"，要继续把招徕关内民人出关开垦作为地方大事来办，对来到当地的民人要给予照顾爱护。

第三是"开垦耕种"，满族和汉族都依靠农业生活，如果他们能安居乐业，盛京发祥重地就可以得到巩固。

由此可见，康熙帝交给奉天将军阿穆尔图的任务，就是招徕百姓，发展生产，稳定社会，使盛京地区成为抗击沙俄的后勤供应基地。说到此处，可知康熙帝要求将军阿穆尔图"爱养招徕"的谕旨，再次证明了"康熙七年封禁东北"说的错误。

康熙帝在谒陵期间，还从盛京城北上，抵达爱新地方驻跸。康熙帝在这里接见前来接驾的宁古塔将军巴海，向他了解宁古塔及瓦尔喀、虎尔哈人民风俗。宁古塔地处抗击沙俄前线，故康熙帝交给巴海的任务，与阿穆尔图完全不同。康熙帝告诫巴海：

> 朕向闻尔贤能，今侍朕左右，朕益知尔矣。飞牙喀、黑折（指赫哲族）虽服，然其性暴戾，当善为防之，尤须广布教化，多方训迪，以副朕怀远至意。罗刹（即沙俄）虽云投诚，尤当加意防御，操练士马，整备

① 《清圣祖实录》卷36，第21－22页。

器械，毋坠狡计。①

从康熙帝的话中可知，将军巴海身负双重使命：第一是要团结宁古塔地区的各少数民族，对他们进行约束教化，使他们成为忠于清政府的可靠力量；第二是防备狡猾的沙俄侵略者，加强八旗兵训练，整顿武器装备，警惕随时出现的敌情。

康熙帝在巡视东北期间，还做了一些政策调整，以缓和社会矛盾。例如，他命令随同巡视的刑部官员：奉天府、宁古塔等处罪犯除犯十恶不赦罪外，不论已经结案、还是仍未结案的罪犯，一律减轻处罚；对于被流放在当地的犯人，全部从宽予以释放。

清初，东北是清政府发遣流放罪犯之地。但其中有一些人，实际并不是什么罪犯，而是因为政治斗争或科场案件，受到清政府迫害的官员和汉族文人。他们被流放到荒凉的宁古塔，过着十分不幸的生活。康熙帝发布的赦免令，使他们重新获得了自由，成为“塞外散人”（著名流人吴兆骞语），减少了他们对清政府的抵触情绪。其中有不少人后来被编入水师营，成为东北八旗的一部分，在反击沙俄的斗争中做出了贡献。

康熙帝谒陵返回北京后，东北地区抗击沙俄的形势发生了可喜的变化。盛京地区出关民人源源而来，满族和汉族人民辛勤垦荒，社会经济持续发展。宁古塔将军巴海招抚周围边民取得重大进展，赫哲族墨尔哲勒姓头人主动请求内迁。巴海将这些赫哲人迁至宁古塔周围地区，编成40个佐领，称为“新满洲”，使东北八旗兵力总人数增加了一倍以上，彻底驱逐沙俄侵略军的条件基本成熟。

然而就在此时，清朝平西王吴三桂在云南发动叛乱，史称“三藩之乱”，使反击沙俄侵略的战争被迫推迟。清政府在平定三藩之乱过程中，将东北八旗兵大批调入关内。例如，康熙十四年

---

① 《清圣祖实录》卷37，第3页。

(1675) 初，清政府紧急抽调盛京八旗兵1000人进入北京防守，不久，又从吉林乌喇城（今吉林省吉林市）再调兵1000人进京。东北八旗进入关内，很快被调往江南各地作战。例如，江宁城乌喇、盛京兵1000人，被派往江西作战；北京城内盛京兵1500人，前往河南作战。东北八旗主力入关后，盛京城无兵可守，便从宁古塔调兵保卫盛京，而宁古塔已经没有多少八旗兵可调，只好"调永陵、凤凰城、盖州、牛庄、东京兵守盛京"①。

东北国防再次空虚，使沙俄利用"三藩之乱"之机，再次扩大对中国的侵略。康熙四年（1665）冬，俄国侵略军就窜入黑龙江流域，扩建雅克萨城，修建殖民据点，加快非法移民步伐，抢掠我国索伦、赫哲、费雅喀、奇勒尔等族人民的财产人口。康熙十五年（1676），沙俄派尼果赖使团来到中国，康熙帝接见了尼果赖，"贻书察罕汗，令管束罗刹，毋扰边陲"②，表示希望通过谈判解决中俄边界问题。但尼果赖出使的主要目的是搜集中国情报，以配合沙俄在东北的侵略。就在尼果赖到达北京的这一年，沙皇命令把叶尼塞斯克以东地方（除雅库次克督军区以外）划归叶尼塞斯克督军统治，以便集中权力，统一指挥对中国的军事侵略。俄国侵略军分别以尼布楚和雅克萨为据点，倾巢而出，分路推进，一路向东南，出没于精奇里江及其各支流上；一路向南，窜扰额尔古纳河一带。③ 沙俄侵略军的铁蹄又一次践踏在中国东北的黑龙江流域。

康熙二十年（1681），经过长达八年之久的战争，清政府终于平定了三藩之乱。次年二月，康熙帝再次以祭谒祖陵为名，出关巡视东北。

康熙帝在公开宣布前往东北之前，为此行做了精心安排。他

---

① 《清圣祖实录》卷54，第8页。

② 《清史稿》卷153，《邦交一・俄罗斯》。

③ 戴逸：《一六八九年的中俄尼布楚条约》，第148页，人民出版社1977年版。

密谕奉天将军安珠护，秘密派遣副都统穆泰及精干官员，将自兴京通往宁古塔将军属下吉林乌喇城的道路，详细查看并绘成地图，选派熟悉地理的官员送往北京。此举表明，康熙帝出关表面上是去祭祖，真正目的是部署反击沙俄侵略。所以他才要亲临宁古塔将军驻地吉林乌喇城，以便规划下一步的具体行动。

二月二十三日，康熙帝出山海关，三月初四到达盛京，恭谒清太祖福陵、清太宗昭陵。三月十一日，康熙帝首次到达兴京祭祀永陵，实现了他上次未能完成的祭谒祖陵宏愿。

康熙帝一行谒陵队伍离开永陵，开始前往吉林乌喇的路程。他在给太皇太后（即孝庄太后）的信中说："敬想祖宗开疆非易，臣至此甚难，故欲躬率诸王、贝勒、大臣、蒙古等，周行边境，亲加抚绥，兼以畋猎讲武。"① 康熙帝说到达兴京的路途"甚难"，指的是沿途行人稀少，行程艰险。而前往吉林乌喇的路上之荒凉程度，更是超出了康熙帝的预料。对此，随行的文人高士奇有非常生动的叙述：

> 行万山中，春雪初融，地多泥淖，马蹄跋涉，登顿为难。时见千嶂崆峪，屹立天际，涧底寒冰，春深未解。唐人所谓"只今河畔冰开日，正是长安花落时"也。老古洞在悬崖下，洞口如户，可容二人。内为石室，壁石隐然有垆瓶状。西通十余步，东可里许，复露天光，有如悬镜。前有河流，乱石多具鸟兽虫鱼之形。旧为老虎洞，近易今名。驻跸曾家寨。②

行程尽管如此险峻，康熙帝不仅毫不在意，而且兴致勃勃。

---

① 《清圣祖实录》卷101，第22页。

② （清）高士奇：《扈从东巡日录》卷下，第2－3页，载《辽海丛书》（一），辽沈书社1985年出版。

他在路上带领八旗官兵行围打猎，仅杀死的老虎就有20只之多，“老虎洞”的地名，果然名副其实。

随同康熙帝的外国传教士、比利时人南怀仁则另有一番记载：

> 道路一直伸向东方，道路的近旁，左手即北侧，平行的是相当崇峻的山岳，如同锁钥一般，紧迫着直到千里之外的东方尽头。由北京到辽东州的入口处，二百九十里间，道路平坦。经过辽东州内的四百里之间，我们走的全是高低不平的丘陵和山岳，上下山很耗费时间。旅程的最后一段（指进入宁古塔将军辖区），都是巍峨的峻岭和深陡的溪谷，有的是需二三日才能穿过的荒凉平野，走了五百里才到达目的地乌喇，和鞑靼人称为松嘎里，汉人称为松花的一条河流，这是我们旅行的终点地方。①

康熙帝在行军路上度过了29岁生日，于三月二十五日到达吉林乌喇城，将军巴海早已率官兵等候于此。康熙帝在巴海陪同下，泛舟松花江上，面对滔滔江水，不由激情满怀，随口吟成一首《松花江放船歌》，诗曰：

> 松花江，江水清，夜来雨过春涛生。
> 浪花叠锦绣縠明，采帆画鹢随风轻。
> 箫韶小奏中流鸣，苍岩翠壁两岸横。
> 浮云耀日何晶晶，乘流直下蛟龙惊。
> 连樯接舰屯江城，貔貅健甲皆锐精。

---

① ［比利时］南怀仁：《鞑靼旅行记》中译本，见杜文凯编《清代西人见闻录》，第71－72页，中国人民大学出版社1985版。

旌旄映水翻朱缨，我来观俗非问兵。
松花江，江水清，浩浩瀚瀚冲波行，
云霞万里开澄泓。①

孔子曰“诗言志”，康熙帝的这首《松花江放船歌》，抒发的正是他欲统率八旗“貔貅健甲”乘流直下，驱逐沙俄侵略军于国门之外的伟大抱负。诗中所谓“我来观俗非问兵”，意在缓和在松花江游船上的紧张气氛，既然已经“连樯接舰屯江城”，标志着与沙俄侵略军之间的决战即将到来。

康熙帝回到北京城后，立即派八旗副都统郎谈等将领以捕鹿为名，前往黑龙江上游的雅克萨周围地区，侦察沙俄军队的守城情形。郎谈等人出发前，康熙帝亲自向他们部署了此行的具体任务。

康熙帝首先叮嘱郎谈：这次侦察任务极其重大，因此必须有足够的兵力随行，除从北京派往的参领、侍卫、护军外，他还下令科尔沁蒙古王公毕力克图率蒙古兵100人、宁古塔副都统萨布素等率八旗兵80人陪同郎谈前往侦察。

康熙帝还说：侦察队伍到达黑龙江上游的达斡尔、索伦人居住区后，可以公开宣称前来捕鹿，以迷惑沙俄军。然后，郎谈应率部沿着黑龙江边行围，一直进至雅克萨城下，勘测城内居址形势。

康熙帝告诫郎谈：由于此行清军人数较多，估计沙俄军不敢出城与清军开战，但万一沙俄军向清军开火挑衅，则尽可能避免冲突，宁可主动撤回。

最后，康熙帝脱下自己身上穿的白狐皮裘，赐给郎谈，这一异乎寻常的举动，使郎谈立刻意识到了他此行身上的千钧重任。

---

① 《清圣祖御制文一集》卷36，第15页，文渊阁本《四库全书》，台湾商务印书馆1986年版。

郎谈遵照康熙帝的安排，当年（1682）八月率部下从北京出发，十二月，完成侦察任务返回。他回到北京后，根据所掌握的情况，向康熙帝“上平罗刹之策”，提出“雅克萨可下，罗刹可平”，详细内容有以下五条：

其一，清军前往雅克萨沿途地理形势。从当时清军驻地瑷珲出发，郎谈一行围猎而行，至雅克萨城共用16天。沿途地形虽无险山，而林木丛杂，冰坚沙硬。对清军来说，冬天大雪埋路，无法前进；夏天雨水过后，淤泥阻路，除轻装疾行外，重装备有运输困难。郎谈所部从雅克萨返回时走水路，乘船沿黑龙江顺流而下，15日至瑷珲。从瑷珲至雅克萨，水路无险阻之患，将来清军应逆流而上，而且两岸地形可以拉纤缆前进，重装备可以从水路直接运往前线。

其二，清军进攻雅克萨应当水陆并举。从瑷珲至黑龙江、松花江汇合处，乘马约半个月可以到达，从两江汇流处至雅克萨城，乘马约一个月路程，乘船逆流而上，约三个月才能到达。虽然乘船所需时间长，但所有军饷和重火器，可以用船运至雅克萨。

其三，攻克雅克萨必须用红衣大炮。以前清军在乌查拉（即乌扎拉）和呼马立（库玛拉）作战失利，原因就是没有攻城火炮。欲攻下雅克萨城，非红衣大炮不可破，有红衣大炮20门，就能够保证获胜。等来年春天冰未融化之时，预先将红衣大炮运至吉林乌喇松花江口岸。

其四，加紧修造战船。黑龙江有大船40艘，小船26艘，大船逆水行驶迟缓，可载粮船后行。若配合陆上部队作战，大船不便，应当再造小船56艘。

其五，出兵所需军粮，请候旨裁定。①

---

① （清）鄂尔泰等修：《八旗通志初集》卷153，《郎谈传》，东北师范大学出版社1985年版。

郎谈在奏疏中还讲到了用兵人数："攻取罗刹甚易，发兵三千足矣。"他得出的这个结论，与康熙帝事先的估计基本一致。[①]而在此时，东北驻防八旗兵已经接近万人，地处抗俄前线的宁古塔和吉林乌喇两城，驻防满洲八旗兵超过3000人，完全具备了彻底驱逐沙俄侵略军的条件。康熙帝因此决定，派宁古塔将军巴海、副都统萨布素，统兵前往黑龙江中游地区，建立木城，与沙俄侵略军形成针锋相对之势，待时机成熟后，向雅克萨发动总攻。

四、萨布素出任黑龙江将军

康熙二十二年（1683）十月，面对即将到来的雅克萨之战，以及确保取得战争的胜利，康熙帝任命宁古塔副都统萨布素为黑龙江将军。这样，清朝在东北的军政建置正式形成奉天、宁古塔、黑龙江三将军辖区。而新设立的黑龙江将军辖区，地处抗击沙俄的最前线。

萨布素，姓富察氏，其家族世居今天吉林地区的约克通鄂城。萨布素的始祖充舜是一个具有传奇色彩的英雄人物，据说他力大无比，能徒手与野兽搏斗。一次，充舜在山林中猎获了一头麋鹿，有札喇尔氏五人想从他手中抢走这头麋鹿。充舜不想与他们动手争斗，于是说道：谁能用手把它拖走，就送给他这头麋鹿。这5个人轮流来试，没有一个人能拉动它。这时充舜手握麋鹿角，拖着这头麋鹿一连翻越三座大山，五人大惊道："此必傅茶（即富察）氏所谓充舜者也。由是名益著，归附者日众，为之分田授室，人给牛种，而立之约束。于是所居成邑，遂世为约克

---

① 《清圣祖实录》卷106，第23页。

通鄂城长。”①

努尔哈赤兴起于辽东山区后，萨布素的曾祖父哈木都和祖父哈尔苏前来归附，后来迁移到盛京居住。清兵入关，萨布素父亲随哈纳受命率领八旗兵驻防宁古塔。因此，萨布素与其他满族高级将领相比，没有“从龙入关”的荣耀。例如，第一任宁古塔将军沙尔虎达，是入关后又奉命回到宁古塔驻防，沙尔虎达之子巴海也是从北京派回宁古塔的。而萨布素是土生土长的东北满族人，始终没有离开养育他的白山黑水。

萨布素为人沉着勇敢，喜好议论用兵谋略，尤其是擅长利用山川地形。他曾经说过：“用兵要因地形布阵，下围棋靠棋盘布阵，用兵不知地形，就像下棋不认识棋盘一样。”因此，他对宁古塔周围的地理环境，关隘险阻，道里远近，都做过仔细调查，取得了第一手的资料。

顺治年间，萨布素由领催授骁骑校，康熙七年（1668）因功升任佐领，后迁为协领。康熙十六年，清朝派内大臣觉罗武默纳，侍卫费耀色、塞护礼、索鼐等人到东北祭祀长白山。武默纳一行于当年六月到达吉林乌喇城，在当地没有找到去长白山的向导，于是将军巴海向武默纳推荐了精通地理的萨布素。

萨布素从宁古塔赶回吉林乌喇，率领随行的200名士兵，携带三个月的粮食，沿着温德亨河出发。七天后，萨布素至卓隆鄂河，改为乘船前进，他们由斡努呼河逆流而行两天，到达佛多和河，然后顺流而下，抵讷殷上岸。陆地上是莽莽林海，无路可走，萨布素率士兵伐树开路30余里，登上一座高峰后望见片片白光，大约有百里路程，这就是满族人心目中的神山——长白山。萨布素派士兵把这个消息告诉了在他后面的武默纳，武默纳所率人员原来与萨布素保持一天的距离，两支队伍于是合在一起

① （清）陈仪：《萨布素传》。转引自（清）长顺修：《吉林通志》卷104，《萨布素传》，吉林文史出版社1986年版。

前进。萨布素率领士兵继续在前面砍树开路，两天之后，终于到了人间仙境长白山。武默纳返回北京后，向康熙帝讲述当时情形说：

> 云雾塞径，恍惚间闻鹤鸣六七声。寻声疾走，因得鹿蹊，密林丛翳，进至山麓，跪诵敕旨毕，云雾忽开，有路半山石砌若平台，五峰环拱，南一峰稍下如门，山水左流为松花江，右流为大小讷殷河，中潭不流者三十余里。由潭边陟山五十余丈，香树纷郁，黄花灿烂，遍地积雪，即向所望见片片白光也。萨布素曰："此地人迹罕到，不宜久留"遂叩拜而返。至山麓，有群鹿自山奔坠，时伫立视者七人，鹿适介其七。萨布素谓武默纳曰："此山灵所赠也！"命从者携之以行，不数十步，回首瞻望，已云雾弥山矣。①

康熙帝听完武默讷的报告，对长白山更加心驰神往，于是下令册封长白山山神，在吉林乌喇城西南九里的温德亨山上修建长白山神庙，每年春秋两次派官员祭祀。萨布素本人因为率领士兵探路有功，升为宁古塔副都统。

康熙十五年（1676），宁古塔将军巴海移驻吉林乌喇城，宁古塔城变为副都统驻防。吉林乌喇原为满族人狩猎之地，清初在当地设打牲乌拉，专门供应清朝皇室所需各种猎物。顺治十五年（1658），为防御沙俄侵略，沙尔虎达在松花江边修造战船，设立船厂，故名船厂。巴海移驻后，改称满语"吉林乌喇"，译成汉语即"沿江"二字。② 吉林乌喇城位于宁古塔西南方向590里，

---

① 《清史列传》卷10，《萨布素》，中华书局1987年版。

② （清）萨英额：《吉林外记》卷2，《疆域形胜》，吉林文史出版社1986年版。

巴海把宁古塔将军衙署移驻于此，等于将抗击沙俄的前线阵地后撤了590里。

康熙帝到吉林乌喇视察时，发现了这个严重的问题。所以他返回北京后，提出从宁古塔派兵，在黑龙江（即旧瑷珲城）、呼玛尔两地建立木城的计划，但遭到巴海的反对。巴海声称：黑龙江、呼玛尔两地，距离雅克萨城过远，又驻兵两处，势分道阻，不利于防御俄军，实际上反对长期戍守黑龙江。康熙帝鉴于巴海存在畏难思想，便让他留守吉林乌喇城，命令宁古塔副都统萨布素、瓦礼祜领兵前往黑龙江，组织士兵筑城屯田，做长久打算。

萨布素带领八旗兵到达黑龙江后，在拟定作战计划上，又与将军巴海出现严重分歧。康熙帝为了集中指挥权，决定设立黑龙江战区，萨布素被任命为第一任黑龙江将军。

萨布素受命之后，立即着手在黑龙江东岸修筑木城，即瑷珲城，作为将军驻地和前线清军大本营。康熙二十三年（1684），萨布素因为瑷珲城位于江东，来往公文诸多不便，乃于黑龙江西岸另筑一城，移将军衙门于此。据清代文献记载，当时曾派副都统穆泰率盛京兵600人携带筑城器具，来黑龙江帮助筑城，穆泰所率盛京兵修的是新瑷珲城（今黑龙江省黑河市南70里爱辉乡）。新瑷珲城因为曾经是黑龙江将军驻守之地，在清代一直被称为黑龙江城。江东旧城则称为旧瑷珲或瑷珲城，设城守尉驻守，相距新瑷珲城12里。康熙二十九年（1690），清政府将瑷珲城守尉移驻墨尔根，旧瑷珲城遂无八旗兵驻守。但原来住在江东地方的八旗兵丁家属，仍然留在当地居住，后来发展成为著名的江东六十四屯，清朝末年，居住江东旧瑷珲地方的满族有7000余人。

瑷珲城和黑龙江城夹江而立，如同两个高大魁梧的士兵，宣告清军已经在黑龙江上布置好营垒，反击沙俄侵略者的战斗即将开始。东北清军从此进入临战状态，并为此加紧进行各方面的准备工作。

首先，解决军粮供应。兵马未动，粮草先行，自古以来，莫不如此，而在即将到来的雅克萨之战，保证充足的粮食供应，对清军能否获胜尤其重要。

清代以前，东北南部的辽河流域始终是粮食生产基地。经过顺治、康熙两朝的大力招民开垦，当地的粮食生产已经恢复到明代的水平，完全能够满足反击沙俄的军事需要。然而，如何把粮食运到黑龙江流域的八旗兵驻地，可以说是前所未有的难题。从陆路运输，行程有数千里之遥，即使用车载马驮，未等到达目的地，运夫和牲畜就把大部分粮食吃光了，而且人工成本太高。走水路运输尚无先例，但必须而且只能依靠水路运输。从辽河将粮食运至松花江，再经松花江进入黑龙江，从黑龙江逆流而上至雅克萨，这是唯一可行的方案。

康熙二十二年（1683）二月，康熙帝下令内务府营造司郎中佛宝、户部侍郎宜昌阿等人，在瀛台（今北京中南海内）和通州分别用船装上粮食，进行水上运输试验。康熙帝还命令盛京刑部侍郎噶尔图、防守协领殷达浑等人，“相视可达混同江道，绘图进呈”。噶尔图等人乘小船自辽河中游至开原，试验辽河河水的深浅。宁古塔副都统瓦礼祜等人自易屯口至易屯门、伊尔门河（又作易屯河，今吉林省伊通河）口，检验水势。随后，噶尔图奏报：辽河可行三丈之船；瓦礼祜奏报：易屯河可行三丈五尺之船。

清政府决定：设立储备粮仓四处，“内地设于巨流河之开城（开原县），边外设于邓子村，乌喇设于易屯门及易屯口。农隙之时，运米贮于开城仓内，以春秋二季舟运至邓子村交卸。自邓子村至易屯门百里无水路，车运至易屯门仓内，由易屯河舟运出易屯口，竟达混同江”①。

① （清）伊把汉等修：《盛京通志》卷11，《关梁志·船舰》，康熙二十三年（1684）刊本。

运送粮食的船只和水手，全部由东北地方自己动手解决。康熙二十二年，在辽河和伊通河各造船100艘，以北京瀛台试验白剪油船样式为标准，每船载米60石。粮食运至黑龙江和松花江合流处后，用大船80艘接运，每船载米200石。这80艘运粮大船，当年造50艘，第二年造30艘。运送粮食的运丁和水手，由盛京地方派满洲八旗兵300人，奉天府所属州县水手600人，共计900人。州县水手每名月给银1两，并免其丁赋。伊通河及混同江水手，均由宁古塔将军分派。黑龙江上大粮船80艘，“每船设运丁十五人，共需一千二百人，除萨布素处所发水手一百五十人外，再派乌喇八旗猎户六百九十，宁古塔兵三百六十，选才能协领等官，督运黑龙江”①。建造运输军粮的船只总计为280艘，动员的水手达2700人，除州县600人外，其他2100人全都为满族。他们从康熙二十二年起，连续向黑龙江前线运送粮食。

其次，修造战船。前往黑龙江前线运输粮食的船只，有大船80艘。然而，这些大船主要是运载粮食和重武器，逆水行驶时，还需要纤夫在两岸拉纤而行，根本不能用来配合陆上部队作战。故郎谈在“平罗刹之策”中，建议再造小船56艘，专门用于战场上使用。康熙帝很重视这个建议，命令户部尚书伊桑阿带领良匠，前往宁古塔修造战船，“前投诚入旗林兴珠等系福建人，今着彼前往演习，庶有裨益”②。

第三，安设驿站。萨布素修筑瑷珲和黑龙江两城之后，如何保障宁古塔将军与黑龙江将军之间的通讯联络，成为当务之急。清政府决定：自黑龙江城至吉林乌喇城，沿途设置10个驿站，每站驿夫20人，遇有紧急情况，乘蒙古马疾驰报告，寻常事宜，则循十驿而行。康熙二十三年（1684）二月，户部郎中包奇、兵部郎中能特和理藩院郎中额尔塞，奉命前往吉林乌喇安设驿站。

---

① 《清圣祖实录》卷113，第5页。

② 《清圣祖实录》卷106，第17页。

他们出发前，康熙帝亲自接见并且强调说："此乃创立驿站之地，关系紧要，尔等会同彼处将军、副都统，询明熟识地方之人，详加确议安设。"① 包奇等人赴东北后，经过仔细丈量，从吉林乌喇城至黑龙江城有1340里，由于路途遥远，原来计划的10个驿站改为19驿，驿站人夫由20人减为10人。

第四，调兵遣将。按照康熙帝最初的设想，由黑龙江将军萨布素指挥雅克萨之战。萨布素长期戍守宁古塔，熟悉地理民情，又曾经亲赴雅克萨侦察，知己知彼，本来是合适人选，康熙帝任命他为黑龙江将军，即寓有此意。然而，萨布素也有致命弱点，他没有指挥过大的战役，战争经验明显不足，在黑龙江将军任内一年有余，却一再贻误战机，不得不引咎上疏请罪。康熙二十三年（1684）七月，康熙帝考虑到进攻雅克萨关系重大，下令八旗都统瓦山等人前往黑龙江，会同萨布素议定清军出兵日期。瓦山到达黑龙江后，与萨布素联合上疏，请求于第二年四月底，以东北八旗兵为主力，水陆同时进军雅克萨。

康熙帝对进攻雅克萨的计划表示满意，又选派善于水战的福建藤牌兵400人，由何佑、林兴珠率领前往东北前线助战。此外，盛京八旗兵500人被派往黑龙江城，帮助开赴前线打仗的黑龙江八旗兵守城种地。副都统马喇等人所饲养的大批军马，事先预备于嫩江岸边的齐齐哈尔屯，以保证战场上清军有充足的马匹使用。康熙帝还下令：蒙古科尔沁十旗按规定进贡的牛、羊等牲畜，不必送到北京，全部改送黑龙江前线部队。

总而言之，所有的战前准备都已经完成，一场大战即将打响。

① 《清圣祖实录》卷114，第15页。

五、清军取得雅克萨全胜

尽管当时清政府并不完全熟悉国际交往事务，但是却按照今天的国际关系惯例，进行了一系列的外交努力，希望避免中俄两国之间的战争，用和平方式解决沙俄侵略中国领土问题。

康熙二十二年（1683）九月，康熙帝谕令清朝理藩院尚书阿穆瑚琅行文俄国外交机构：“鄂罗斯罗刹等，无端犯我索伦边疆，扰害虞人，肆行抢掠，屡匿根特木尔等逃人，过恶日甚。……前次所差彼使尼过来（即尼果赖），亦经晓谕，但罗刹尚执迷不悟，反遣其部下人于飞牙喀、奇勒尔等处，肆行焚杀。……若改前过，将根特木尔等逃人送来，急回本地，则两相无事，于彼为益不浅。倘犹执迷不悟，留我边疆，彼时必致天讨，难免诛罚。”①但俄国方面对清政府的严正警告置之不理，反而加紧对雅克萨城进行增援，准备与清朝进行武力对抗。

康熙二十四年（1685）四月，康熙帝任命一等公彭春为清军统帅，与副都统郎谈、班达里沙，侍卫官保，黑龙江将军萨布素，率领清军3000人，前往进攻沙俄军盘踞的雅克萨城。

清军在行军途中，接到黑龙江副都统马喇报告的最新敌情。副都统马喇于正月二十八日，派属下打虎儿（即达斡尔）人头目倍勒尔率30余人，往雅克萨城北捉拿俘虏。三月初五，倍勒尔等人生擒俄军7人返回，“据生擒罗刹葛瓦力喇等云，去岁雅克萨城内，设立重木，中实以土，闻大兵至额苏里，即遣人各处求援。援兵千人，今年二月前队已至，后队未来。……雅克萨兵众不满千人，后增发者未知其数”②。如果沙俄增援部队全部到达雅

① 《清圣祖实录》卷112，第5页。

② 《清圣祖实录》卷120，第19－20页。

克萨，清军作战的后果将不堪设想。所以清军一开始就抓住了战机，从而奠定了战场的胜利。

五月二十日，清军前进至杭屋莫地方，先派俄军俘虏往雅克萨劝降。二十二日，清军大部队抵雅克萨城下，再次晓谕守城俄军缴械投降，保证其生命安全。而俄军自认为城堡已被加固，又得到援军，因此出言不逊，拒不投降，于是清军做攻城前的准备。

五月二十四日早晨，清军首先打败了黑龙江上游来援的俄军，击毙30余人。晚上，清军发起总进攻。

清军采取四路合围攻势：八旗副都统雅钦、营门校尉胡布诺等人，率八旗兵在城南设挡牌土垄，施放弓箭，佯作攻城；副都统温代、护军统领瓦哈纳、汉军提督刘兆奇等在南路清军配合下，暗中将红衣大炮树立于城北，发炮轰击城内；护军参领博里秋、营门校尉乌沙、绿旗左都督何悠等，于东西两翼施放神威将军炮，协助攻城。副都统雅齐纳、镇守打虎儿提督白克，将清军战船驶入城东南，准备歼灭水上来援敌军。

双方经过一昼夜激战，守城俄军遭受沉痛打击，清军又在城下三面堆起木柴，声称要进行火攻。俄军守城头目额里克舍（今译作托尔布津）遂利用清军的宽大政策，向清军投降。清军遵守诺言，由副都统班达里沙、温代用船将俄军600人送到额尔古纳河口。还有45名俄军连同家属，表示愿意留在中国，成为后来八旗中的俄罗斯佐领。第一次雅克萨之战，以清军的胜利和俄军的投降宣告结束。清军从雅克萨城中救出被掳索伦男妇160余人，彭春指挥清军焚毁雅克萨城中房屋，割取城周围所种庄稼，然后撤回吉林乌喇休整。

康熙帝接到前线捷报，高兴地对大臣们说："破四十年盘距之俄罗斯于数日之间，获雅克萨之城，克奏厥绩。"①如果从沙俄

---

①（清）鄂尔泰等修：《八旗通志初集》卷153，《郎谈传》，东北师范大学出版社1985年版。

侵入黑龙江流域算起，正好有40多年。

清军获胜后，康熙帝头脑还算比较清醒，要求清军加强黑龙江地区防御。他下令在瑷珲城设副都统一员，驻防八旗兵500人，于墨尔根（今黑龙江省嫩江县）地方筑城，令黑龙江将军萨布素率兵驻防。同时设立从吉林乌喇城经墨尔根城，直到瑷珲城的驿站。

然而，雅克萨的战争并没有真正结束。背信弃义的沙俄军队在清军远撤之后，被清军释放的额里克舍率500俄军又回到雅克萨，在旧址上用土块重新筑城，较从前木城更加坚固，并囤积大批粮食，准备与清军做持久战。

康熙二十五年（1686）二月，清政府命令黑龙江将军萨布素速修战船，统领吉林乌喇和宁古塔官兵2000人，赶赴黑龙江城，做进攻雅克萨的准备。康熙帝又命令副都统郎谈、班达里沙和官保，与建义侯林兴珠带八旗汉军内福建藤牌兵400人，前往黑龙江前线助战。是年五月初三，清军约2500人从黑龙江城起程，六月初一到达雅克萨城外，清军水师先占领了黑龙江上游有利地形。

六月初四，第二次雅克萨战役打响。郎谈率主力清军趁夜晚在城北建立炮兵阵地，用红衣大炮向城中猛烈轰击，城南清军在炮火掩护下发起攻击，沙俄军冒险出城，利用武器优势，用火枪阻击清军，战斗进行得异常激烈。清代文献描述说：

> 初九日，郎谈复以夜领兵抵江滨，逼城下垒。贼于城上以铳炮护其地，我师以炮矢仰攻一夜，筑垒成，伏守兵三处而还。初十日，敌乘大雾来争土阜，我伏兵起而击败之。十二日，敌复乘雾出争，又击败之。郎谈谓众将云："若不断其水道，则持久难为力。"因率副都统班达里沙，进兵直抵贼城，掘长堑，立土垒以困之。于是敌急，又恐失水道，鏖战四昼夜，击死酋长厄克里

> 什（即额里克舍）。堑垒乃成，设兵严守。七月初八日，敌众出城，来夺城北炮台，被守兵击败，生擒二人。罗刹自此败后，不复出战。①

沙俄侵略军守城指挥官额里克舍被击毙后，其余俄军曾试图弃城突围，被清军击回。在清军的围困下，城中原来800多名俄军仅剩下66人（《郎谈传》作20余人）。正当清军胜利在即之时，沙俄外交使团来到北京，请求谈判解决边界争端。清朝同意谈判，主动从雅克萨撤军。

康熙二十八年（1689），中俄双方签订《中俄尼布楚条约》六条，划分了两国东段边境。条约明确规定：中俄两国以格尔必齐河、大兴安岭和额尔古纳河为界。清政府在谈判中做出了重大让步，将原属中国的尼布楚以西至贝加尔湖的领土让给了俄国，以换取俄军撤出雅克萨，俄国并拆毁雅克萨城和迁移额尔古纳河南岸的全部据点。②

清朝取得雅克萨战役的胜利，与俄国签订了《中俄尼布楚条约》，这是中国近代史上的重大事件。雅克萨战役是中国近代反击外来侵略战争中取得的第一次重大胜利，《中俄尼布楚条约》是中国近代外交史上同西方国家签订的第一个平等条约。以满族为主的东北各族人民，终于取得了反击沙俄侵略的彻底胜利，开始进入新的历史发展时期。

---

① （清）鄂尔泰等修：《八旗通志初集》卷153，《郎谈传》，东北师范大学出版社1985年版。

② 中俄谈判详情见戴逸：《一六八九年的中俄尼布楚条约》一书有关章节，人民出版社1977年版。

“经制之兵，号八部落，亦号八围，亦号新满洲。曰满洲、曰汉军、曰索伦、曰达呼尔、曰俄伦春、曰毕喇尔、曰巴尔虎、曰鄂勒特，杂处其间。”

——（清）徐宗亮：《黑龙江述略》卷5

第三章　编新满洲

一、库雅喇人、赫哲人

满族是以明末女真各部为主体，吸收东北其他民族成员，于17世纪初形成的新的民族共同体。到皇太极继承汗位之后，这个新的民族共同体中，包括了“新附之蒙古、汉人、瓦尔喀、虎尔哈、卦尔察以及旧满洲、汉人、蒙古”① 等民族成分，因此称呼比较混乱，“无知之人，往往称为诸申”②。所以在天聪九年（1635）十月，皇太极下令废除哈达、乌喇、叶赫、辉发等名称，正式定族名为“满洲”，今天通称为满族。

“新满洲”的名称，出现在皇太极定“满洲”族名之后。例如，皇太极崇德年间用兵黑龙江流域，曾把当地部分索伦、达斡尔和赫哲人编入满洲八旗，通称为“新满洲”，《清太宗实录》中多

---

① 《清太宗实录》卷17，第13页。

② 《清太宗实录》卷25，第29页。

有记载。①

康熙初年，清政府为了解决反击沙俄侵略的兵源，仍然采取皇太极时期行之有效的办法，把东北各少数民族编入八旗，称为“新满洲兵”。《中俄尼布楚条约》签订后，清政府继续增加东北八旗驻防地区，新设驻防城的兵源，主要来自宁古塔和黑龙江地区各少数民族，招新满洲入旗的过程，一直持续到雍正年间。

清初招新满洲编入八旗，是东北满族发展的重大事件，新满洲的人口遍布包括盛京城在内的各驻防城，成为东北驻防八旗兵的主体，迄今为止，除王钟翰先生对此问题有所涉及外②，几乎未见其他有价值的研究成果。

不了解新满洲，就无法解读东北满族，更不可能说清楚东北满族与关内满族之间的差别。

清初在东北最先编入八旗的新满洲，是居住在宁古塔以东的库雅喇人和赫哲人。东北土著满族人萨英额在《吉林外记》卷3中记载如下：

> 满洲有“佛”、“伊彻”之分。国语（满语）旧曰“佛”，新曰“伊彻”。国朝定鼎之前编入旗者，为佛满

① 《清太宗实录》卷36，第19页：“赐征朝鲜时归附新满洲巴图鲁麻福塔、叶辰及其妻、并部下人众衣帽、靴带等物有差。”事在崇德二年（1637）。《清太宗实录》卷41，第22页：“东征所获瓦尔喀新满洲男子六百九十二名，妇人五百五十七口，幼稚二百口，赐伊等衣服、居室、器用、耕牛、牲畜等物俱全。”事在崇德三年。《清太宗实录》卷49，第7－8页：“尔等此行，或十八牛录新满洲，或添补缺额牛录之新满洲，各固山额真、梅勒章京、甲喇章京、牛录章京，详加查阅，视其有兄弟及殷实者令从征。”事见崇德四年征索伦部。《清太宗实录》卷53，第13页：“先是，索海、萨穆什喀携来新满洲男子二千七百五十一名，妇女三千九百八十九口，编入八旗。”事在崇德五年。

② 王钟翰：《佛满洲与伊彻满洲的区别问题》，载《清史新考》，第48－50页，辽宁大学出版社1990年版。

> 洲。佛满洲内有贝国恩、布特哈之分，贝国恩国语“户”也，布特哈“虞猎”也。国初协领、佐领由京补放，子孙遗居立户于此，谓之贝国恩。旧在白山一带虞猎为生者，谓之布特哈。伊彻满洲内又有“库雅喇”之分。库雅喇非一部一姓，有即以库雅喇为姓者，有库雅喇人而别姓者，其居多在宁古塔以东，定鼎后入旗。伊彻满洲居三姓、乌苏哩东西，入旗又在库雅喇以后。①

此段文献的主要价值，是区分了“库雅喇”和“伊彻满洲”入旗的时间先后，故王钟翰先生在《佛满洲与伊彻满洲的区别问题》中曾加以引用，且将此作为区分“佛满洲与伊彻满洲”的主要依据之一。

然而，萨英额写这段话的本意是想说明佛（旧）满洲与伊彻（新）满洲的区别，而实际上并没有解释清楚不说，而且还前后自相矛盾。例如，他在该书中说：“惟正黄旗有一佛满洲布特哈、世袭佐领色布青额。查档，其始祖岱山，于康熙十三年率族众投进宁古塔，恩赏世袭佐领。”②岱山于康熙十三年（1674）入旗，就不能视为佛满洲，而应当属于“定鼎后入旗”的新满洲。

对于“新满洲”的界定，不仅萨英额没有弄明白，在他以后纂修的《吉林通志》一书中，也笼统地说：“其顺治、康熙年间，续有招抚壮丁，编佐领隶旗籍者，则以新满洲名之”③。根据现存清代文献，顺治末年，东北地区始有新满洲编旗之事。而清政府大规模招新满洲入旗，是从康熙元年（1662）开始的。

康熙元年（1662），清政府将宁古塔昂邦章京改称镇守宁古塔等处将军，并正式颁布了《招新满洲令》。这个法令《清实录》等

---

①② （清）萨英额：《吉林外记》卷3，《满洲 蒙古 汉军》，吉林文史出版社1986年版。

③ （清）长顺修：《吉林通志》卷51，第3页，吉林文史出版社1986年版。

官书及东北历史文献皆不载，唯见于《古今图书集成》，书中全文如下：

> 自宁古塔出兵，招新满洲一百户者，准给头等军功；八十户者，准给二等军功；六十户者，准给三等军功；四十户者，准给四等军功；二十户者，准给五等军功。如不系出兵遣人招抚、及自行投来者，俱不准。①

由此可见，清政府下令从宁古塔出兵招抚新满洲，库雅喇人如前述萨英额所说，“因居多在宁古塔以东”，成为最早披甲入旗的新满洲成员。

库雅喇人，清代文献中又写作“库雅拉”“苦雅拉”“库尔喀”“库尔喀气”等。天聪元年（1627）七月，“库尔喀部落九人来朝，贡海豹皮”②。从此以后，库雅喇人来盛京城纳贡不断，而且他们的贡品有一特点，就是海豹皮。例如，崇德年间，“库尔喀部落加哈禅等来贡海豹皮，赐宴，赏衣帽、缎布等物有差”③。这个特点说明，居住在宁古塔以东的库雅喇人，居住地邻近沿海地区。

清朝初年，今吉林省吉林市、黑龙江省牡丹江市以东，直抵珲春河东岸沿海地区，南与朝鲜接界，皆库雅拉等所居。顺治十年(1653)，宁古塔驻防八旗兵为430人。以后宁古塔的驻军不断增加，其中相当一部分，就是新编入满洲八旗的库雅喇人。据《八旗通志》卷27记载：顺治十八年，宁古塔增兵500名；康熙三年(1664)，增兵66名；十年，拨兵700名，移驻船厂。船厂即吉林乌喇，由此证明，宁古塔新增加的八旗兵，都是当地的库雅喇人。吉林乌喇设防当年，除从宁古塔调来700名库雅喇人外，后来又从

① （清）蒋廷锡等：《古今图书集成》卷54，《戎政典》，台湾鼎文书局1977年版。

② 《清太宗实录》卷5，第18页。

③ 《清太宗实录》卷58，第22-23页。

本地“增设苦雅拉兵六百名”①，两者相加，吉林乌喇城的库雅喇兵就有1300人。

除吉林乌喇城外，珲春（今吉林省珲春市）驻防的八旗兵，也是新编入旗的库雅喇人。康熙五十三年（1714），宁古塔将军觉罗孟俄洛上疏清政府，请将三姓（今黑龙江省依兰县）及珲春的库雅喇编为6个佐领，添设协领2员，佐领、防御、骁骑校各6员，以加强对东部沿海的管辖。第二年，清政府正式设立珲春驻防，“以捕獭之库尔喀兵一百五十名，充珲春额兵”②。库尔喀即库雅喇人，他们被编入满洲八旗后，通称为“库雅喇满洲”③。

赫哲人在努尔哈赤时期，就与金（清）政权建立了友好关系。天命三年（1618）二月，“上（努尔哈赤）闻已附之使犬路、诺洛路、石拉忻路路长四十人，率其妻子并部众百余户来归。上命以马百匹及廪饩诸物迎之。是月始至，路长各授官有差，其众俱给奴仆、牛马、田庐、衣服、器具，无室者并给以妻。”④赫哲人在东北以“使犬”为其突出的民族特点，由此可知，赫哲人在努尔哈赤时期就参加了满洲八旗。

清初的赫哲人居住地，主要在今黑龙江省依兰县以东，松花江和乌苏里江两岸。在清代有关东北文献中，赫哲人被写成“黑津”“墨尔哲勒”“呼儿喀”“黑斤”“非牙哈”等名称，因为他们以鱼皮为衣，又总称为“鱼皮韃子”。

---

①（清）鄂尔泰等修：《八旗通志初集》卷27，《吉林乌喇》条，东北师范大学出版社1985年版。

②（清）长顺修：《吉林通志》卷50，第31页，吉林文史出版社1986年版；（清）鄂尔泰等修：《八旗通志初集》卷27。《浑春》条中，将库雅喇人写作“库尔哈齐”：“康熙五十四年，初设驻防。将库尔哈齐一百五十名，充补兵丁。”东北师范大学出版社1985年版。

③（清）西清：《黑龙江外记》卷3，第1页，光绪二十年（1894）刊本。

④《清太祖高皇帝实录》卷5，第9－10页。

据近代学者凌纯声先生研究，明末清初的赫哲族人数很多，分布极广。他从民族学的认识上提出："在松花江的赫哲属东海虎尔哈部；在乌苏里江的，属东海渥集部；在黑龙江的，属东海萨哈连部。……赫哲在明清之交，虽为满洲所招降，然仍保持其政治的独立，未编入旗籍。每年只到三姓进贡貂皮，惟自此以后，赫哲与满洲交通日繁，而关于他们的居处与文化，亦渐有较详的记载。……到了清光绪八年（1882），满清始将赫哲编入旗籍，设协领以统之。后设富克锦巡检。在今戛尔当屯，尚有协领衙署的遗址。"① 他在这段文字中所讲的清初"未编入旗籍"的赫哲人，在康熙时已有相当人数被编入八旗，成为新满洲的重要组成部分。雍正时继续编赫哲人入旗。正如凌先生所说，赫哲人加入八旗的过程，持续到清朝光绪年间。

顺治十年（1653），沙尔虎达出任宁古塔昂邦章京后，与周围赫哲人建立起贸易关系。流人张缙彦在当时看到："鱼皮、黑斤等夷，或数百里，或千余里，其来互市也，则貂皮、鹿角、人参、黄狐、白兔等。居民以沈阳之布易之，往往有微息。"② 这种贸易关系后来发展成以贡貂制度为代表的隶属关系，即每年五月，呼儿喀、黑斤、非牙哈三处赫哲人，乘船到宁古塔城南关外泊船进貂，然后，领取清政府赐给的袍、帽、靴、袜等物。由于双方关系的密切，赫哲人曾参加沙尔虎达组织的反击沙俄战斗，但在顺治朝并没有被编入八旗。

清政府《招新满洲令》宣布后，首任宁古塔将军巴海积极展开对赫哲人的招抚，并很快收到了成效。康熙九年（1670），吴苏礼乌喇（即乌苏里江）的瓜尔察部族请求内迁，将军巴海遣协领布朗阿护送他们，途中有骁骑昂吴等拒命，杀八旗兵 3 人，射伤布朗

① 凌纯声：《松花江下游的赫哲族》，第 56－57 页，上海文艺出版社 1990 年版。

② 见（清）张缙彦：《宁古塔山水纪》，《石城》条，黑龙江人民出版社 1984 年版。

阿。时任佐领的萨布素主动请求前往，力战败之，追击甚众，俘其子女，昂吴本人逃走，被吴苏礼乌喇人擒送交给清军，萨布素论功升为协领。

康熙十二年（1673），世居松花江下游诺罗河、乌苏里江和穆楞河等地区的赫哲族，在墨尔哲勒氏头人带领下请求内迁。将军巴海派副都统安珠瑚将这些赫哲人安置在宁古塔和吉林乌喇城附近，共编成40个佐领，“以扎努喀、布克托及诸族属任之，分辖其众，号为新满洲”①。是年十一月，巴海还率领这些新满洲佐领到北京，受到康熙皇帝的接见，赏赐给扎努喀、布克托等人衣帽、鞍马等物。

民国《宁安县志》对这些新满洲佐领有比较详细的记载：卧密部族陶姓族长投车，康熙十三年（1674），率其族人来归，编入宁古塔满洲正蓝旗，赏予世管佐领；以阿木达乡长科勒德，孟姓，于清康熙十三年率族人来归，编入宁古塔满洲正红旗，赏予世管佐领；卧金处人瑚哈图，何叶氏噶珊达，清定鼎之初，率领兄弟子侄人等101丁，捕打貂皮入贡清帝，在三姓瓦丹原籍地方来归，“于康熙十三年，（清政府）念其笃志忠贞，编入满洲镶蓝旗，初授佐领，准予世袭”②。

康熙十五年（1676），宁古塔副都统萨布素奉将军巴海命令，“徙东地新满洲于宁古塔”。时有王钦部人不愿迁移，图谋暗中潜逃。萨布素率兵走小道绕出其东，断绝退路，遂顺利将王钦部人200余户迁移至宁古塔。当时，前后迁移到宁古塔的赫哲各部共有2000余户，将军巴海移驻吉林乌喇后，由萨布素留守，“抚安之，筑室均田，皆手为经画，俾各遵所愿，新至如归焉。……十六年，诺罗西喇心等处新满洲三百户，以徙至，公抚安之如前”③。

---

① （清）阿桂等纂修：《盛京通志》卷57，第3页，1917年铅印本。

② 民国《宁安县志》卷4，第72－73页，1924年铅印本。

③ （清）陈仪：《萨布素传》，载（清）长顺修《吉林通志》卷104，《萨布素传》附载，吉林文史出版社1986年版。

康熙二十二年（1683），清政府设置黑龙江将军之前，据不完全统计：赫哲人编入八旗的，在宁古塔城有290人，在吉林乌喇城有1221人，由宁古塔迁居盛京城的有967人，清代文献通常记载为“伊彻满洲佐领”或“新满洲佐领”①。此外，还有一部分编入八旗的赫哲人被移驻北京。

库雅喇和赫哲族人被编入八旗后，成为反击沙俄的主力军。清军参加两次雅克萨战役共3000人，其中主要是来自宁古塔和吉林乌喇两城的新满洲兵。

康熙五十三年（1714），清政府在宁古塔将军辖区增设三姓城驻防。据《清圣祖实录》记载：宁古塔将军孟俄洛奏请“将三姓及浑春之库雅拉人等编为六佐领，添设协领二员，佐领、防御、骁骑校各六员管辖”②。关于“浑春之库雅拉人”，上面讲到珲春驻防时已经有所述及，而在三姓地方编入八旗的是赫哲人。《八旗通志初集》卷27的作者，可能发现了《清圣祖实录》的错误，故对三姓城驻防八旗笼统写作“额设兵二百八十名”。清初，当地居住着么克勒、努雅勒、什哈理、舒穆禄四姓赫哲人，“因舒穆禄后入，故此城名曰三姓”③。设防当年，从四姓赫哲人中挑选200名披甲入旗，又从吉林乌喇城派协领一员，移驻旧满洲兵80人。

雍正九年（1732），清政府同意宁古塔将军常德的请求：“添设三姓地方副都统一员，佐领六员，防御四员、笔帖式二员、披甲八百名。”④ 这新增设的800名披甲，均来自当地赫哲人。第二年，宁古塔将军常德又在乌苏里、德克登基等处所居之八姓打牲人内，“挑兵一千名”，编为10佐领。⑤《盛京通志》记载雍正末年，三姓

---

① 详见乾隆元年修：《盛京通志》卷19，第22页，咸丰二年（1852）重刊本。

② 《清圣祖实录》卷258，第4页。

③ 民国《依兰县志》不分卷，《形胜门》，1930年铅印本。

④ 《清世宗实录》卷112，第28页。

⑤ 《清世宗实录》卷119，第9–10页。

城有“满洲马兵二千八百名”①，此处记载有误，实际是2080名，除从吉林乌喇调来的80名旧满洲兵外，其余2000名全部是由当地赫哲人组成的新满洲兵。

二、索伦人、达斡尔人、巴尔虎人

《中俄尼布楚条约》签订后，清政府为了巩固东北国防，重点加强黑龙江将军辖区八旗驻防，原来居住在黑龙江流域的索伦各部，陆续被编入满洲八旗，成为黑龙江“新满洲”的重要组成部分。

清代文献称：“黑龙江，索伦地。”② 对于这句话必须解释清楚，此处所说的“黑龙江”，与今天的黑龙江省无关，而是指黑龙江上源石勒喀河，向东南伸展直到精奇里江，即外兴安岭以南与黑龙江上游之间的广大地域，约占整个黑龙江以北的三分之一。这里的居民在明末被统称为索伦部，主要有索伦（鄂温克）、达斡尔和鄂伦春等三部分。前面已经讲到，索伦各部在皇太极时期即与清朝建立起密切关系，索伦部首领博穆博果尔、达斡尔部首领巴尔达齐，都曾受到皇太极的多次接见。皇太极两次用兵黑龙江流域，远征博穆博果尔所在的雅克萨城，均在黑龙江上游北岸地区。

清初，沙俄入侵黑龙江上游索伦人的居住地，大肆焚杀抢掠。清政府因八旗主力入关作战，将索伦人内迁到黑龙江南岸墨尔根、齐齐哈尔等地。生活在今天的鄂温克人中，还保留着清初内迁的一些传说，试举两例如下。

---

① 乾隆元年修：《盛京通志》卷19，第26页，咸丰二年（1852）重刊本。

② （清）西清：《黑龙江外记》卷3，第1页，光绪二十年（1894）刊本。

> 在很早以前，有很多人住在黑龙江发源地附近，一个叫“来墨尔根”的是这群人的酋长。后来，黑龙江附近的野兽没有了，来墨尔根就骑着枣红马，过黑龙江北岸去，他在山上发现一匹巨马，马上坐着一个巨人，马和人都是一个眼睛，巨人跟他要烟袋给他敬烟，来墨尔根刚想给他，不知为什么，自己的马惊跑起来！方向是往回跑，那个巨人就追他，他的马跑得快，过了江，来到南岸，来墨尔根对巨人说：“你有能力来比一比”，那人没过来。来墨尔根回到部落后，就对人们说：去江那边打猎有困难，还是到别处去吧。部落的人，有的不同意，来墨尔根说：谁愿意跟我走的，睡觉时头朝西南。第二天，他领着一部分愿意跟他走的人，往黑龙江的西南方向来了。

来墨尔根所遇到的“巨人”，在另一个传说中则变成了某个“国家”：

> 鄂温克人曾到达现在住的地方，也曾又回到黑龙江去。那儿有个国家不让他们去，又往回来，这时达斡尔人也跟来了。“达斡尔”，有跟来之意。结果达斡尔人先投降了罕王，鄂温克人到山上去未投降。后来罕王在奉天建立国家，请鄂温克人下山，罕王给他们起名叫“索伦”，即请来的人。①

上述两个传说，曲折地反映了索伦人被迫内迁，以及编入满洲八旗的过程。至于那个阻挠索伦人在黑龙江北部生活的“国家”，

---

① 据内蒙古自治区编辑组：《鄂温克族社会历史调查》，第 13 – 14 页，内蒙古人民出版社 1984 年版。

毫无疑问是侵略成性的沙皇俄国。传说中的“达斡尔人先投降了罕王”，也于史有据。康熙六年（1667），清政府同意理藩院的题请，把达斡尔部1100余人“编为十一佐领，设头目管辖”①。而索伦人编入八旗，则在达斡尔人之后。

索伦各部在清军进攻雅克萨战役中，发挥了很大作用。例如，黑龙江将军萨布素修筑瑷珲城时，索伦人曾接济清军牛羊等生活物资。索伦、达斡尔人还为参战部队牧放军马，供应军粮，提供夫役，侦察敌情，直接参战的达斡尔士兵就有500人。康熙帝在雅克萨战役中对清朝大臣们说：“索伦效力勤劳，传谕异日加恩，以示鼓励。”② 对索伦各部的贡献，给予了充分肯定。

索伦各部被大量编入满洲八旗，是在《中俄尼布楚条约》签订之后。康熙三十年（1691），康熙帝谕令：“齐七喀尔（齐齐哈尔）地方，以索伦、达呼里（达斡尔）之众，酌量令其披甲驻防，遣满洲兵二百人往彼教训之。伊等居址附近，亦心乐披甲。如此，则既无远途之苦，亦不致需用糗粮矣。”③ 根据这一谕旨，清政府将黑龙江将军辖区内的索伦人、达斡尔人和鄂伦春人编入满洲八旗管辖。在清前期，这些新满洲成员分布情况如下。

黑龙江驻防城（今黑龙江省黑河市爱辉区），设于康熙二十二年（1683）。当年黑龙江将军萨布素率领八旗满洲兵1000人，到达黑龙江东岸瑷辉地方筑城屯田，因交通不便，第二年又在右岸修筑黑龙江城。康熙二十九年（1690），黑龙江将军移驻墨尔根城，留副都统驻守此城。雍正末，黑龙江副都统辖有满洲佐领16员，索伦佐领、打虎儿（达斡尔，下同，作者注）佐领8员，汉军佐领2员，“属下领满洲马兵一千二百九名”④。“满洲马兵”实际上是由

---

① 《清圣祖实录》卷22，第17页。

② 《清圣祖实录》卷120，第16页。

③ （清）蒋廷锡等：《古今图书集成》卷56，《戎政典》，台湾鼎文书局1977年版。

④ （清）阿桂等纂修：《盛京通志》卷52，第5-7页，1917年铅印本。

索伦兵、打虎儿兵和吉林移驻的新满洲兵组成的。

墨尔根驻防城（今黑龙江省嫩江县），设于康熙二十五年（1686）。墨尔根城是由副都统博定率盛京兵修筑的，修城完毕后，清政府将盛京兵撤回，从当地打虎儿、索伦人中，挑选480人披甲驻防。乾隆中期，墨尔根副都统辖有索伦佐领、打虎儿佐领15员、汉军佐领2员，“属下领满洲马兵八百五十六名”①。这些清文献中的“满洲马兵”，全部是由索伦和打虎儿人组成的新满洲兵。

齐齐哈尔驻防城。康熙八年（1669），清政府在当地设索伦总管。康熙三十年（1691），清政府设齐齐哈尔城守尉，遵照康熙帝“齐七喀尔地方，以索伦、达呼里之众，酌量令其披甲”的谕旨，将居住该地的索伦、达呼里人1000人，编为16个佐领。② 康熙三十八年（1699），黑龙江将军移驻齐齐哈尔，并随迁相当数量士兵。乾隆时期，齐齐哈尔城驻防打虎儿16佐领、巴尔虎4佐领、汉军4佐领，“属下领满洲马兵二千九十名”③。这些“满洲马兵”，除了从吉林调来的200名新满洲兵外，则是由索伦、打虎儿和巴尔虎人组成的新满洲兵。

呼伦贝尔城驻防（今内蒙古自治区呼伦贝尔市），设于雍正十年（1732）。当年四月，黑龙江将军卓尔海向清政府建议：呼伦贝尔附近的济拉嘛泰河口处，地方辽阔，水草肥美，树木茂盛，可以种地筑城，“请拣选索伦、打虎儿、巴尔虎、鄂伦春之兵三千名”④，迁至呼伦贝尔驻防，编为满洲八旗，共50佐领。清政府同意卓尔海之请，设呼伦贝尔统领管辖，乾隆初，又改为副都统驻防。乾隆中，呼伦贝尔驻有隶属满洲八旗的索伦、巴尔虎各24佐

---

①③ （清）阿桂等纂修：《盛京通志》卷52，第5－7页，1917年铅印本。

② 《清朝文献通考》卷182，考6434－6435页，浙江古籍出版社2000年版。

④ 《清世宗实录》卷117，第11页。

领，兵960名，新巴尔虎兵960名，额鲁特兵80名。①

呼兰城驻防（今黑龙江省呼兰市），设于雍正十二年（1734）。呼兰驻防设城守尉1人，从齐齐哈尔城移驻满洲、索伦、打虎儿、汉军兵320人，从伯都讷移驻卦尔察兵180人，共计500名②，编成8个满洲佐领。

布特哈驻防（今内蒙古自治区布特哈旗），设于康熙三十年（1691），又设布特哈总管衙门。设满洲总管1员，索伦、达呼尔总管2员，初设索伦、达呼尔副总管8员，雍正五年（1727），增设满洲副总管8员，佐领96员，“旧设马兵一千八百名”③，主要由索伦和达呼尔人组成。

以上黑龙江6处驻防，索伦和达斡尔人被编入满洲八旗的有149个佐领。此外，齐齐哈尔和呼伦贝尔有巴尔虎30个佐领，其他的“满洲”佐领，也是从宁古塔和吉林乌喇调来的新满洲兵。由此可知，黑龙江八旗兵几乎全部由新满洲兵构成。

最后说一下巴尔虎人。巴尔虎又写作巴尔呼，原为漠北蒙古喀尔喀部人。康熙中，新疆蒙古准噶尔部首领噶尔丹兴起，利用喀尔喀蒙古内讧之机，统兵击败喀尔喀三部（土谢图、车臣、札萨克图），被打散的喀尔喀蒙古人，越过外兴安岭向南进入黑龙江地区，途中又遭受索伦人的抢掠。时任黑龙江将军的萨布素亲自率兵前往救援，“凡收喀尔喀千余，至齐齐哈尔，处以游牧之地，治索伦罪，夺所掠子女悉归之，而蒙古子女为鄂罗斯所掠者，亦赎归，亲党诸番落闻之，莫不感悦，有泣下者”④。萨布素将这些人安置在齐齐哈尔地区游牧，称为巴尔虎人。巴尔虎人除编入黑龙江各城八旗驻

① 《清朝文献通考》卷182，考6434－6435页，浙江古籍出版社2000年版。

② 《钦定八旗通志》卷35，第15－16页，台湾学生书局1970年版。

③ （清）阿桂等纂修：《盛京通志》卷52，第8－9页，1917年铅印本。

④ （清）陈仪：《萨布素传》，载（清）长顺修：《吉林通志》卷104，《萨布素传》附载，吉林文史出版社1986年版。

防外，还被大批迁移盛京地区，编入各城驻防八旗，详见表1。

表1 盛京八旗驻防各城巴尔虎人分布表

驻防城	编入八旗时间	人 数
盛京城	康熙三十年	镶黄旗55人
同上	康熙三十一年	正黄、正白旗各55人
开原城	康熙三十一年	55人
辽阳城	康熙三十年	55人
熊岳城	康熙三十一年	55人
金州城	康熙三十一年	55人
秀（岫）岩城	康熙三十一年	55人
凤凰城	康熙三十一年	55人
合 计		440人

资料出处：《八旗通志初集》卷27，盛京各驻防城。

三、席北人、卦尔察人

席北（今中国锡伯族），卦尔察两部之名，首见于万历二十一年（1593）。当年九月，叶赫贝勒布寨、纳林布禄，纠集哈达部、乌喇部、辉发部，蒙古科尔沁部，席北部、卦尔察部，满洲长白山所属朱舍里部、讷殷部，组成九部联军，分三路进攻努尔哈赤刚刚统一的建州部。九部联军共有三万人，其中科尔沁部及“席北部、卦尔察部兵万人”①。由此可见，席北、卦尔察两部，与满族和蒙古族有着密切关系，其势力又可与蒙古科尔沁部比肩而立。

皇太极于天聪九年（1635）十月，宣布把族名定为满洲时，曾

① 《清太祖高皇帝实录》卷2，第16页。

经专门提到席北："我国原有满洲、哈达、乌喇、叶赫、辉发等名，向者无知之人，往往称为诸申。夫诸申之号，乃席北超墨尔根之裔，实与我国无涉。"① 皇太极这段话，本意是在强调"诸申"之名与满洲无关，而是用来称呼席北部的。但是却从另一方面证明，席北人与满族关系密切，因为在《满文老档》中，有大量将满族人称为"诸申"的记载。例如，天命六年（1621），努尔哈赤在一次讲话中说："贝勒对诸申好，诸申对贝勒也好。汗知道国人的劳苦，贝勒知道诸申的劳苦，那么诸申和国人就是劳苦工作，也不会怨恨。"②

"席北""卦尔察"之名，清初常见于《清实录》中。例如，康熙九年（1670）四月，清理藩院遵旨议覆："席北、索伦、打虎儿、宁古塔、卦尔察等处者，给本院印文，照内地所乘驿马数，乘边外驿马。"③ 从这则史料中可以看出，席北、卦尔察两部的驻地，距离宁古塔城不是很远。

据萨英额在《吉林外记》卷3中说："锡伯（即席北）、瓜勒察（即卦尔察）则太祖时归服之遗，分属蒙古王公旗下。后投入旗，二项人最众。伯都讷本其旧部。故康熙三十一年，将吉林副都统移驻伯都讷。除吉林编设锡伯人等十六佐领外，伯都讷编设锡伯佐领三十，瓜勒察佐领十。至康熙三十八年（1699），伯都讷锡伯、瓜勒察移驻盛京，乃将佐领裁汰。今伯都讷所居锡伯，乃京王公包衣人，有包衣达管之，不入旗当差。至伯都讷瓜勒察旗人，相传圣祖巡幸吉林时，念其隶于蒙古，每户赏银八十两赎归入旗。档案殊无证据。"据此记载，锡伯人共编入八旗46佐领，卦尔察人编入八旗10佐领，合计为56佐领，后来大部分移居盛京。席北、卦尔察两部，既然是"太祖时归服之遗"，故与满族关系密切。

---

① 《清太宗实录》卷25，第29页。

② 《重译满文老档》（太祖朝）卷18，辽宁大学历史系1979年印本。

③ 《清圣祖实录》卷32，第23页。

关于席北、卦尔察人编入八旗的经过，《清圣祖实录》中有详细记载。康熙三十一年（1692），在清政府的授意下，蒙古科尔沁王公“将所属席北、卦尔察、打虎儿等一万四千四百五十八丁进献，内可以披甲当差者一万一千八百五十余名，分于上三旗安置”①，即被编入满洲八旗中的镶黄、正黄、正白三旗。这万余名壮丁按照清政府的安排，分别派驻齐齐哈尔、伯都讷、吉林乌喇三城驻防，参考其他文献具体说明如下：

齐齐哈尔驻防，席北、卦尔察、打虎儿共派驻3000丁。其中强壮者1000人编入八旗披甲为兵，余下2000人作为附丁，一同镇守齐齐哈尔。

伯都讷驻防（今吉林省松原市），设于康熙三十一年（1692）。设防当年从伯都讷附近的席北人中挑选1400人、卦尔察人中挑选600人，共2000人披甲入旗。康熙三十八年（1699），清政府调1400名席北兵移驻盛京各驻防城。康熙四十年（1701），增设蒙古兵100人。康熙五十二（1713）年，从吉林乌喇卦尔察人中，挑选400人披甲移驻伯都讷。雍正三年（1725），从伯都讷调兵100人移驻阿勒楚喀（今黑龙江省阿城市）。乾隆时期，伯都讷城驻防副都统1员，“属下领满洲兵一千名”②，全部是由卦尔察人组成的新满洲兵。

吉林乌喇驻防，设于康熙十年（1671）。最初八旗兵除少数旧满洲兵外，主要由库雅喇和赫哲人组成。康熙二十九年（1690），清政府调吉林乌喇城八旗兵800人移驻黑龙江，“随将旧满洲兵、新满洲兵、席北兵、汉军兵共八百名补足原数。三十一年，增席北兵一千名”③。这1000名“席北兵”就是从当年移居吉林乌喇的3000席北、卦尔察人中挑选的，以后席北兵16佐领移居盛京，卦

① 《清圣祖实录》卷155，第5页。

② （清）阿桂等纂修：《盛京通志》卷52，第3页，1917年铅印本。

③ （清）鄂尔泰等修：《八旗通志初集》卷27，《吉林乌喇》条，东北师范大学出版社1985年版。

尔察人陆续披甲入旗。乾隆时期，吉林乌喇城有“满洲兵二千五百六十七名，锡伯兵六十七名”①，其中绝大多数为库雅喇人、卦尔察人和赫哲人组成的新满洲兵。

清政府为顺利迁移这上万人丁和家属，还发给他们安置费。最初清政府议定，每丁赏银80两，如果不愿意一次领80两，可以每丁每年给银3两。后据理藩院报告说：“今查可以披甲之丁共一万一千八百五十余名，此内五千七百十九丁，情愿每年领银三两，其六千一百三十九丁，情愿领银八十两，其老病未及年岁者，按户各赏银八十两。”② 仅按文中6139丁，每人领银80两计算，清政府所花费的白银即达537 520两，招抚新满洲入旗之费用，于此可见一斑。

乾隆九年（1744），清朝官修的《八旗满洲氏族通谱》一书中，把这次编入八旗的上万席北、卦尔察、打虎儿人，称做“系康熙时自科尔沁撤回之人”③。

四、水手、壮丁、站丁

清朝入关后，在东北吉林和黑龙江将军辖区招抚各少数民族编入八旗，称他们为“新满洲”。从严格意义上来讲，“水手、壮丁、站丁”原为汉人，而且未编入满洲八旗，不应列入“新满洲”成员。然而，汉军是满族共同体的重要组成部分，这一点在海内外学术界已经形成共识。清初东北隶属汉军八旗系统的，主要是官庄种地的壮丁、驿站递送公文的站丁、守卫边台的台丁，以及水师营、鸟枪营兵。故东北吉林和黑龙江汉军虽然单独编旗，实际上也是新满洲的一部分。

---

① （清）阿桂等纂修：《盛京通志》卷52，第1－2页，1917年铅印本。

② 《清圣祖实录》卷155，第12－13页。

③ 见（清）弘昼等编：《八旗满洲氏族通谱》各卷，辽海出版社2002年版。

清代人徐宗亮称黑龙江八旗兵为“经制之兵，号八部落，亦号八围，亦号新满洲。曰满洲、曰汉军、曰索伦、曰达呼尔、曰俄伦春、曰毕喇尔、曰巴尔虎、曰鄂勒特，杂处其间”①。他将黑龙江汉军在“新满洲”八部落中的位置，列为第二，位居索伦之前，是符合实际情形的。民国《瑷珲县志》卷9《各族显宦》条，列举了清代当地八旗驻防中的著名人物，详见表2。

表2 清代瑷珲八旗各部著名人物表

旗属、氏族与任官	将军	副都统	协领	其他
满洲赫业等6氏族	1	6	4	记名副都统1
达呼尔多新等3氏族	1	2	2	
汉军袁氏等6氏族	4	4	3	参领3
合　计31人	6	12	9	4

根据表2，清代瑷珲八旗著名人物计31人，其中汉军为14人，约占总数的一半，而且担任东北最高军政官员，即驻防将军一职的多达4人，占总数的三分之二。据此可知，汉军在东北满族中的地位，与关内汉军有很大的不同。如果说，关内汉军旗人在满族中的地位居于蒙古旗人之后，而东北汉军则居于蒙古旗人之前。特别是黑龙江瑷珲满族中，更占有举足轻重的地位。出现这种情况，与汉军在满族共同体中所做的贡献有很大关系。

满人萨英额在《吉林外记》卷3中，对汉军入旗的经过记载极详细，故引之如下：

汉军之编入满洲镶黄、正白两旗者，皆为陈汉军，其后安置之新汉军，自国初即有十官庄、二十六驿站、

① （清）徐宗亮：《黑龙江述略》卷5，第1页，光绪十七年（1891）刊本。

> 二十七边台。官庄当种地、打桦皮差使，称曰“壮丁”。驿站当驰送文报差使，称曰“站丁”。边台当查边、设立栅壕差使，称曰“台丁”。皆另设官治之，非如满洲、蒙古，即于本旗本翼内拣选也。官庄、台、站三项设立年分，档案已失。顺治十五年造战船，康熙（二）十二年造运粮船，设立水手营，称曰“水手”。其官即于官庄、台站、水手之入会稽司者拣选。水手营入会稽司者，八百五十六户；官庄、台站无考。雍正十一年，拣选台站、水手营闲散，官庄打桦皮壮丁一千名，设立鸟枪营，与满洲、蒙古、陈汉军，一体当差。

萨英额还在该书中说：“吉林本满洲故里，蒙古、汉军错屯而居，亦皆习为国语。”① 由此可见，汉军编入八旗后，即已成为满族的一部分。

水师营水手

水师营编入汉军较早，在清初反击沙俄侵略中发挥了很大作用。顺治十五年（1658），宁古塔将军沙尔虎达在今天吉林市松花江中，“造战船，练水兵，尽选宁古之健儿充之。每一人帮丁一名，多至七八百名”②，是为吉林乌喇设立水师营之始。设立水师营的时间，清代东北文献记载是在顺治十八年（1661）。康熙三年（1664），设水师营总管 1 员，四品官 2 员，五品官 2 员，六品官 4 员，领催 12 人，水手正丁 250 名，匠役正丁 45 名。③ 正丁每人还有帮丁 1 名，帮丁并不充当水手运输打仗，而是交纳若干银两给正

---

① （清）萨英额：《吉林外记》卷3，《满洲 蒙古 汉军》，吉林文史出版社 1986 年版。

② （清）张缙彦：《宁古塔山水记》，《杂记》条，黑龙江人民出版社 1984 年版。

③ （清）长顺修：《吉林通志》卷 50，第 3 页：“顺治十八年，设吉林水师营，以迁移人充水手。”吉林文史出版社 1986 年版。

丁助役，故有此名。当时流放到宁古塔的吴兆骞曾面临充当水手之事，他在给友人的信中说，“甲辰（1664）春，幕府以老羌之警，治师东伐，令流人强壮者供役军中，文弱者岁以六金代役”①。吴兆骞就是通过交纳银子，才避免了充当水手。

康熙十三年（1674），吉林水师营总管移驻黑龙江苍头街。苍头街，满语曰“羌秃哩”，地处松花江、混同江与黑龙江三江汇合处，那时是沙俄侵略军的必经之地。由于清军水师战船停泊在吉林乌喇城，得知沙俄侵略军入侵消息，调集水师需要多日，当清军乘船赶到，则沙俄侵略军往往已经逃走，故宁古塔将军巴海移驻吉林乌喇城水师于此地。当时人张缙彦记述水师移驻的情形说：

> 兀喇舢舻衔尾而来，其水手、炮手、工匠及帮丁，凡驻兀喇者，皆携家而迁徙，徙水从路，各从其便。其地空阔饶腴，开荒布种，则收获倍于他处，但榛莽散漫，河渠纵横，污莱卑湿，多蚊虻狐鼠，故初至者难之。虽邻乌棘诸部，屯种者少，粮食甚艰，不得不借食宁古，故从陆去者，尚多留驻宁古，以为輂运之资。若幕府驻扎，自副统而下及甲喇、牛录，皆有公廨，各轮戍驻防，春去秋来以为常。②

康熙二十二年（1683），清军在黑龙江将军驻地修筑瑷珲城，水师营又从苍头街移驻于此。瑷珲水师营设四品官 1 员，五品官 2 员，六品官 2 员，委官领催 2 名，领催 6 名，水手 419 名。大船 16 艘，花船 12 艘，桨船 20 艘。

在雅克萨之战中，清军虽然没有与俄军发生激烈水战，但水师

---

① （清）吴兆骞：《秋笳集》杂著卷 8，《戊午二月十一日寄顾舍人书》，载《丛书集成初编》第 69 册，上海商务印书馆 1921 年版。

② （清）张缙彦：《域外集》，《苍头街移镇记》，黑龙江人民出版社 1984 年版。

营运来的红衣大炮在战斗中发挥了巨大威力。萨布素从宁古塔地方调拨汉军官兵170余人，携带神威等炮征讨沙俄侵略军。这些炮兵乘水师营战船，“至黑龙江上游雅克萨等处，罗刹败北，我兵报捷”。战后，萨克素将这些炮兵留在瑷珲驻守，“编旗置产为业，即便拨为正白、镶红汉军两佐，专理炮务”①。

瑷珲水师营一部分，后来随黑龙江将军移驻齐齐哈尔。留在瑷珲的水师营兵再没有参加战争，主要承担起军粮运输任务。嘉庆年间，黑龙江水师营分设四城：齐齐哈尔城领催7名，水手268名；墨尔根城领催1名，水手43名；黑龙江城领催8名，水手419名；呼兰城领催1名，水手39名。另外还有驻扎吉林乌喇造船的领催8名，水手300名。吉林水师营水手人数较少，有领催8名，摆渡领催2名，水手328名。②

官庄壮丁

官庄通常由10人组成，“一人为庄头，九人为庄丁。非种田即随打围烧炭，每人名下责粮十二石，草三百束，猪一百斤，炭一百斤，石灰三百斤，芦一百束。凡家中所有，悉为官物，衙门有公费，皆取办官庄”③。由此可见，官庄初设时，庄丁负担极重，后来随着壮丁的反抗逃亡，负担逐步减轻，改为以交纳粮食为主。

奉天地区官庄最多，遍布辽河流域各地，分别属于盛京户部和盛京内务府。

盛京户部有官庄126处，其中粮庄118处，棉花庄5处，盐庄3处。盛京户部下设官庄领催6名，拜唐阿领催1名。雍正八年（1731），户部将粮庄分为四等：头等粮庄庄头12名，每名交粮382

---

① 民国《瑷珲县志》卷2，《首建家庙敦族睦宗》，1920年铅印本。

② （清）西清：《黑龙江外记》卷3，第11－12页，光绪二十年（1894）刊本；（清）萨英额：《吉林外记》卷4，《兵额》，吉林文史出版社1986年版。

③ （清）吴桭臣：《宁古塔纪略》，载（清）王锡祺辑：《小方壶斋舆地丛钞》第1帙，第344页，光绪二十三年（1897）上海著易堂铅印本。

石；二等粮庄庄头 20 名，每名交粮 352 石；三等粮庄庄头 37 名，每名交粮 307 石；四等粮庄庄头49 名，每名交粮192 石。合计粮庄庄头118 名，每年应交粮食31 391 石，壮丁2251 名，承领官地289 980 亩零5 分。

盛京内务府官庄计 80 处，额设庄头 80 名，由会计司下设领催9 名管理。乾隆元年（1736），也将官庄分为四等：头等庄头，每名交粮 382 石；二等庄头，每名交粮 352 石；三等庄头，每名交粮307 石；四等庄头，每名交粮192 石。每年应交粮食合计23 922 石，壮丁 3834 名，庄头承领官地 711 161 亩 7 分。

盛京户部和内务府种粮庄丁合计为 6085 人，加上盐庄、碱庄、染料庄壮丁，包括匠役、蜜丁，总计达上万人。① 盛京户部和内务府官庄耕种土地接近 100 万亩，交纳粮食 55 000 余石。当时人说到官庄的作用："于是有各庄之设，皆内务府司之。而八旗子弟余力足以辟草莱，即分土课耕，不复取其锱铢之赋於，以恤行间，饱军实，广膏腴，厚积储。"② 清初为反击沙俄侵略，曾从辽河经松花江，将大批军粮运至黑龙江前线，这些粮食主要来自盛京内务府和户部粮庄。

清政府在吉林和黑龙江各驻防城设立官庄，主要是解决驻军的粮食问题。

吉林地区。吉林乌喇官庄 50 处，壮丁 500 名。宁古塔官庄 13 处，壮丁130 名。伯都讷官庄 6 处，壮丁 60 名。三姓官庄 15 处，壮丁 150 名。阿勒楚喀、拉林官庄 6 处，壮丁 60 名。吉林各官庄每个壮丁均种地12 晌，交仓石粮30 石，总计壮丁 900 名，种地10 800 晌，交粮 27 000 石。③

---

① （清）阿桂等纂修：《盛京通志》卷 38，第 6－9 页，1917 年铅印本。

② （清）伊把汉等修：《盛京通志》卷 5，《苑囿志》各庄条，康熙二十三年（1684）刊本。

③ （清）萨英额：《吉林外记》卷 7，《官庄》，吉林文史出版社 1986 年版。

黑龙江地区。齐齐哈尔官庄30处，壮丁300名，屯长30名，每庄给牛6头，每岁交细粮7500石。墨尔根官庄15处，壮丁150名，屯长15名，每庄给牛6头，每岁交细粮3750石。黑龙江官庄40处，壮丁400名，屯长40名，每庄给牛6头，每岁交细粮1万石。呼兰官庄51处，壮丁510名，屯长51名，每庄给牛六头，每岁交细粮12 750石。以上官庄共136处，额丁1360名，每岁共交细粮34 000石。①

官庄的庄头，一般是由汉军旗人担任。根据《辽宁省兴城县满族调查报告》，当地庄头的来源，绝大部分是明、清之际入旗的汉军。他们入旗以后，因为立有军功，清朝皇帝特赐以世袭管庄事务。例如，绥中县李再南的祖先，就是明末降清的民户，入旗以后，于康熙年间得到管理大粮庄的职务。石庄头的祖先，是明朝驻辽阳指挥使的后代，其家三世祖时，八旗兵攻占辽阳，石家被迫投降，以后，“随龙入关”有功，被赐世袭管庄事务。《石家谱书》记载：“清廷初定，将我祖拨入正黄旗为守御军，奉世祖命，随龙进京。既定鼎毕，将我祖等作御林军。四传至四祖时，独有用公于顺治年间，特旨着驻扎中后所，掌管皇庄大事务。”还有一部分庄头，原来是带地投充的民户，后来认领庄头的。康熙年间在锦州圈地设庄时，“三道沟胡绍堂之祖胡应东投充旗下，认领管庄事务”②。从康熙八年（1669）起，清朝统治者在锦州设立管庄衙门，并在每个庄园放一个庄头，各庄园必须在管庄衙门统一管理之下，每年按期完成奉差任务。

驿站站丁

据阿桂等纂修《盛京通志》卷33记载，盛京地区共有29处驿站，有驿马989匹；吉林地区共有36处驿站，其中大站有壮丁25

① （清）阿桂等纂修：《盛京通志》卷38，第24页，1917年铅印本。

② 此处据辽宁省编辑委员会编：《满族社会历史调查》，第207页改写，辽宁人民出版社1985年版。

-50名，小站有壮丁10-15名，总计壮丁850名，马850匹；黑龙江地区共有36处驿（台）站，其中26处驿站，有壮丁577名，另外10台站，设兵100名。盛京29站的壮丁数，也应与吉林与黑龙江地区大致相同。

驿站站丁大多数为三藩旧部。康熙二十一年（1682），清朝平定吴三桂、尚之信、耿精忠为首的“三藩之乱”后，把在战争中投降的三藩旧部安置到东北。据当时人王一元说：“逆藩家口充发关东者，络绎而来，数年始尽，皆发各庄头及站道当差。曾见两车夫，敝衣破帽，驱车于风雪中，相遇时，彼此称大老爷。询之，则一伪侍郎，一伪总兵也。”①

清朝末年，就曾经有人对水师营、官庄和驿站人员的旗籍问题提出质疑。

光绪十年（1884），黑龙江地区的满族人首次到北京参加乡试。他们到达北京后，其中来自水师营水手的后代李成章等两名生员，就因为不属于八旗编制，北京八旗官员因此拒绝保送这两人参加顺天府乡试。黑龙江水师营总管海昌将此事报告给将军文绪，请求想办法让他们参加考试。黑龙江将军文绪为此事上《黑龙江官庄、水师考生，请分别归入民籍、旗籍送考折》，其要点如下：第一，黑龙江水师营原系康熙年间由吉林随大军前来，于此立营驻防，专门管理船务。水师营虽然没有被编入八旗，但从前升任水师营内总管、四、五、六品官员，一向专程送往北京，由八旗衙门值年旗官员带领引见。其中有进入黑龙江将军衙门所属各司，效力贴写、练达公事者，也与八旗满、蒙、汉军一体升授文职。查奉天地方水师营人丁，原是招抚沿海海岛的汉人，编为镶黄、正黄、正白三旗，设有佐领、防御、骁骑校等官。故黑龙江水师营应与奉天水师营一样，享受八旗同等待遇，准许按照旗籍参加考试。第二，黑龙江官屯陈壮丁多为八旗子弟。黑龙江官庄陈壮丁，本是康熙二十七年

① （清）王一元：《辽左见闻录》不分卷，北京图书馆藏手抄本。

(1688) 由奉天官庄人丁内拨来。乾隆年间添设新壮丁，由流人子弟、另户旗丁及在军营中打仗效力放出的家奴组成。查奉天官庄原有两项人组成：隶属盛京户部六品官管下者，系镶黄旗汉军；隶属锦州副都统所管官庄衙门管下者，隶属于内务府汉军旗分，称为大粮庄头。这两种人都准许和八旗汉军一体考试。据此，黑龙江官屯陈壮丁系由奉天官庄拨来，无论现在何处，均属于有旗分之人，理应按照奉天庄丁同等看待。第三，请求按照奉天水师营、官庄旗分，将黑龙江水师营编为汉军镶黄、正黄、正白三旗，官屯壮丁编为汉军镶黄旗，将丁册分送北京八旗衙门存照，以备该士子进京乡试，该参领、佐领有所保结用。①

文绪的奏折归纳为一点，就是水师营、官庄壮丁虽未编旗，实际上在黑龙江早就与旗人同等看待，而且完全满族化了。民国《瑷珲县志》卷9，载有《水师营四、五、六品官表》，具体情况见表3。

表3 瑷珲水师营官员姓名

姓 名	四品官	五品官	六品官
徐姓	徐青、诺英阿		
郭姓	舒凌阿		库克吉布
张姓	明福	吉庆	
李姓			德春
陈姓	悦松额、扎禄布	乌尔恭额、扎清阿	
冯姓			色克通额
周姓		博广	
袁姓		阿勒锦布	庆祥

① 宣统《呼兰府志》卷12，文绪：《黑龙江官庄、水师考生，请分别归入民籍、旗籍送考折》，1915年铅印本。

若从表3中所载的15位水师营官员名字来看，除徐氏徐青一人会被认为是汉族人外，其他14人的名字，与满族人的名字完全相同。

乾隆年间，关内满族人已经开始汉化，在姓氏上冠以汉姓。许多著名的满族大姓，例如，那拉氏称郎氏，鄂尔泰姓西林觉罗氏，他的儿子叫鄂容安，侄子鄂昌、鄂宝等。而黑龙江瑷珲水师营则走向了满族化，当人们读到乌尔恭额、扎清阿、悦松额、扎禄布、色克通额这样的名字，谁能想到他们不是满族人呢！而且可以说，在他们心目中早就认为自己是满族人了。所以仅从他们为自己所起的名字上来看，把他们列入满族共同体的新成员，应该是没有争议的。

五、融合途径

较早注意到东北满族中有“老满洲”和“新满洲”区别的，是清代著名学者魏源。他认为东北驻防八旗中的老满洲与新满洲之间的差别，“犹史言生女真、（熟）女真也”①。中国历史上辽朝兴起后，将原来属于渤海政权管辖的一部分女真人迁移到东京辽阳府（今辽宁省辽阳市）南部，成为州县管辖下的民户，称他们为“熟女真”；那些仍然居住在长白山地区和黑龙江流域的女真人，则被称为“生女真”。至于女真人的“生”“熟”之分，是指这两部分女真人各处于不同的社会发展阶段。清初东北新满洲和老满洲之间的差异，大致如魏源所论。

例如，赫哲人在未编入满洲八旗之前，处于相当落后的社会发展阶段。清康熙时人高士奇《扈从东巡日录》卷下记载：

---

①（清）魏源：《圣武记》上册，卷1，《开国龙兴记一》，第12页，中华书局1984年版。

> 伊车满洲居混同江之东，地方二千余里，无君长统属，散处山谷间。其人勇悍，善骑射，喜渔猎，耐饥寒苦辛，骑上下崖壁如飞。每见野兽踪迹，蹑而求之，能得潜藏之所。又刳木为舟，长可丈余，形如梭子，呼为“威忽”，施两头桨，捕鱼江中，往来如驶。①

高士奇所讲的“伊车满洲”即赫哲人的生产和生活情况，可以说属于原始社会末期阶段。东北其他少数民族，例如，库雅喇人、索伦人、鄂伦春人、打虎儿人，席北人、卦尔察人，虽然社会发展处于氏族、部落时期，有了农业和畜牧业生产，但各部落互不相属，而且在文化上更为落后，都没有本族的文字。

雍正初，鄂尔泰主持纂修《八旗通志初集》。该书的一大特点就是对东北各驻防城中满洲八旗兵的来源，分别加以“旧满洲兵”“新满洲兵”“苦雅拉兵”“席北兵”“卦尔察兵”等字样，详细记载其人数。以吉林乌喇城八旗驻防为例：

> 康熙十年（1671），初设驻防，自宁古塔调来兵七百名。十六年，又增设苦雅拉兵六百名，增新满洲兵一千二百二十一名。二十年，拨往伊吞、黑尔苏、布尔图苏库巴力汉、巴阳俄佛洛四边门，共兵八十名。二十九年，拨往黑龙江驻防兵八百名。随将旧满洲兵、新满洲兵、席北兵、汉军兵共八百名补足原数。三十一年，增席北兵一千名，增喀尔喀巴尔虎兵四百名。②

这条史料详细记录了康熙十年至康熙三十一年间，吉林乌喇城

① （清）高士奇：《扈从东巡日录》卷下，第6页，载《辽海丛书》（一），辽沈书社1985年版。

② （清）鄂尔泰等修：《八旗通志初集》卷27，《吉林乌喇》条，东北师范大学出版社1985年版。

的兵力来源，除原有少数旧满洲兵外，绝大多数为库雅喇人、赫哲人（即文中新满洲兵）、席北人、喀尔喀部巴尔虎人组成的新满洲兵。文字的表述同时也说明，这些新满洲兵与旧满洲兵之间，当时还存在着一定的民族差异。而到了雍正末年，东北地方文献对吉林乌喇城八旗的记载，则一律写为“满洲马兵四千一百三十名”①。由此可知，经过几十年的共同生活，他们原来的差异逐渐消失，融合成为满族共同体的成员。

清代东北“佛满洲”和“伊彻满洲”的具体人数，目前还没有十分准确的史料进行统计。在前面曾经讲到顺治末年东北八旗兵人数只有1500余人，据此可以推论，新满洲兵在东北八旗中占据绝对多数。

接下来需要加以研究的是，新满洲兵及其家属到底通过哪些途径，逐渐融入满族社会中的。试作三点分析如下。

首先，披甲入旗，迁移定居。不论是库雅喇人、赫哲人，还是索伦人、鄂伦春人、打虎儿人，包括席北人、卦尔察人、巴尔虎人，他们以佐领为单位被编入满洲八旗后，几乎都有从原来居住地迁移到新的驻防城定居的经历。

例如，居住在宁古塔以东的库雅喇人，清代人萨英额说他们“定鼎后入旗”，他们迁移的时间也最早。顺治十八年（1661），宁古塔驻防八旗增兵500名，其中就有迁移到该城的库雅喇人。康熙十年（1671），吉林乌喇城设防，从宁古塔城调兵700名，基本上都是库雅喇人。康熙二十九年，清政府调吉林乌喇城800人驻防黑龙江，库雅喇人又在其中，黑龙江官员把他们称为“库雅喇满洲”②。

在一些清代文献中经常被写为“伊车满洲”的赫哲人，“居三

① 乾隆元年修：《盛京通志》卷19，第23页，咸丰二年（1852）重刊本。

② （清）西清：《黑龙江外记》卷3，第1页，光绪二十年（1894）刊本。

姓、乌苏里东西，入旗又在库雅拉以后”①。编入八旗的赫哲人迁移路程比库雅喇人更远，迁移的人数比库雅喇人更多。康熙十年(1671)，被迁到宁古塔的赫哲人有4700余丁。康熙十七年(1678)，赫哲人一次被迁移到盛京的有1131户，成年壮丁3531名，加上他们的眷属总计为11 180口。② 康熙二十九年（1690），清政府调宁古塔兵200人、吉林乌喇兵800人前往黑龙江，分驻齐齐哈尔、瑷珲两城。在这1000名八旗士兵中，除了一部分库雅喇人外，大多数是赫哲人。

东北新满洲兵中迁移人数最多的一次，当属康熙三十一年(1692）蒙古科尔沁王公向清政府进献的万余名席北、卦尔察和打虎儿壮丁。清政府将他们编入满洲上三旗后，将其中的3000丁移驻齐齐哈尔，2000丁移驻伯都讷，3000丁移驻吉林乌喇。若根据迁移盛京的赫哲人的情形来看，成年壮丁3531人，有家属11 180口，据此推算的话，科尔沁王公进献的万余名壮丁，加上他们的家属，至少应有三四万人之众。由于迁居人口数量多而距离又远，出现许多意想不到的困难。因此，清政府才对他们采取优待政策，每丁赏银80两，如果不愿意一次领80两的话，可以每丁每年领银3两。③ 从这次迁移费用中可以看出，在新满洲的迁移过程中，清政府投入了大量人力财力。

新披甲人迁移到各驻防城后，清政府还要在生活上给以妥善的安置。例如，康熙十七年（1678），上万名赫哲人迁移到盛京地区，清政府为了拨给他们土地耕种，在东起抚顺、西至宁远州老君屯，南自盖平县拦石、北至开原县的范围内丈量土地后，确定旗地465万余晌。清政府规定：“新满洲迁来，若拨种豆地，每晌给豆种一

---

① （清）萨英额：《吉林外记》卷3，《满洲 蒙古 汉军》，吉林文史出版社1986年版。

② （清）佚名：《盛京通鉴》卷3，第93页，《满蒙丛书》刊行会1921年版。

③ 《清圣祖实录》卷155，第12－13页。

金斗；拨种谷米、黏米、高粱地，每晌给各种六升。”① 使赫哲人到来后同其他八旗兵一样，除了领取饷银之外，还可以开垦旗地来维持生活。新满洲兵及其家属迁移到盛京各城，有关部门还“建官房安插之，每一家，给草房三楹”，使他们有房子可住，开始了定居生活。康熙时人王一元在当地看到：“义气（新）满洲妇女，多衣锦绣而足穿乌喇（兀拉），三五成群，入市贸易。”② 他们到达新的住地后，慢慢地融入新的环境中，从生产方式到生活习俗，都发生了彻底的变化。

其次，以老兵带新兵，教习“满洲礼法”。新满洲兵长期散居于山林之间，披甲入旗之初，没有经历过战争，也不懂军队纪律。清初宁古塔城是赫哲人最初迁移之地，流人子弟吴桭臣亲眼看到他们的情形是：

> 赐以官爵，亦不知贵。将军尝谓有爵者曰：“今已有官，须学官样，一体上衙门。”次日，有官者约同齐到，有戴笠者，有负叉袋者，有跣足者，见者无不大笑。将军命坐，即以叉袋垫地而坐。虽衣大红蟒袍，其叉袋仍负于背，不稍去，以便于买物也。③

如果不经过严格训练，这样的兵是不能上阵打仗的。康熙帝当时就指出，“乌喇、宁古塔兵未历征战，不谙行阵纪律”，并因此推迟清军进攻雅克萨城的时间。④ 针对这种情况，清政府采取以老满洲兵训练新满洲兵，以入旗时间早的新满洲兵帮助刚入旗的新满洲兵的滚动式办法，使他们在尽快的时间内变成一支英勇善战、纪律

---

① 《清圣祖实录》卷87，第18页。

② （清）王一元：《辽左闻见录》不分卷，北京图书馆藏手抄本。

③ （清）吴桭臣：《宁古塔纪略》，载（清）王锡祺辑：《小方壶斋舆地丛钞》第1帙，第346页，光绪二十三年（1897）上海著易堂铅印本。

④ 《清圣祖实录》卷109，第8页。

严明的八旗劲旅。

宁古塔八旗驻防设于天命十年（1625），是东北边疆地区设防最早，而且驻有较多老满洲兵的地方。于是，这里就成为训练新满洲兵的大本营，新满洲兵接受若干年训练后，被派往其他驻防城。例如，库雅喇人首先被迁至宁古塔，编成10个佐领。吉林乌喇城初设驻防时，就从宁古塔调去700名库雅喇兵，以后吉林乌喇又增设库雅喇兵600名，赫哲兵1221名。而从宁古塔调来的那700名库雅喇兵，就以老兵的身份训练这些新兵了。

前引萨英额《吉林外记》卷3中记载："惟正黄旗有一佛满洲布特哈世袭佐领色布青额，查档，其始祖岱山，于康熙十三年率族众投进宁古塔。"色布青额家族本来属于新满洲，但是他能在当地以"佛满洲"自居，也不是没有理由的。若与那些康熙二十八年（1689）以后，特别是康熙三十一年后加入吉林乌喇八旗的席北人、卦尔察人、打虎儿人来讲，色布青额家族在当地俨然属于老满洲了。而据《八旗通志初集》卷27《吉林乌喇》条载，当地在康熙五十二年增兵579名，二年（1715）后拨兵80名往三姓城驻防，随即补足。凡是先入旗之人，对后入旗人来讲，就是老满洲兵了。

康熙十三年（1674），新招抚的赫哲人被迁至宁古塔，编设佐领，接受军事训练。十七年（1678），清政府将他们迁移至盛京和北京时，曾有一些佐领不愿意搬迁。当时已经到达盛京的副都统布克韬特地赶回宁古塔，向这些人做宣传动员说："已经迁至盛京之人，出兵不行差遣。凡有事故，俱照宁古塔例，宽免五年，始行结案。"原先不肯迁移的佐领，听到有这些规定，"欣然欲迁"①。这个事件可以证明，康熙初年，清政府对刚编入八旗的新满洲曾给予一些特殊照顾，如暂时不出征打仗，即使违反军纪，在一定年限内，可以不予追究等。

---

①（清）蒋廷锡等：《古今图书集成》卷55，《戎政典》，台湾鼎文书局1977年版。

康熙三十年（1691），清政府增设齐齐哈尔驻防时，康熙帝即明确提出："齐七喀尔地方，以索伦、达呼里之众，酌量令其披甲驻防，遣满洲兵二百人，往彼教训之。"次年，清政府即向齐齐哈尔派去"满洲兵八十名"①。康熙五十三年，清政府设立珲春驻防，"将库尔哈齐一百五十名充补兵丁，又自宁古塔调来兵四十名"②。除了宁古塔八旗，设防较早的吉林乌喇、伯都讷等城，也有类似向外调兵驻防的记录。由此可知，很多派驻其他驻防城的老满洲兵，实际上多是入旗较早的新满洲兵。

编入满洲八旗的新满洲兵，世世代代在东北广阔森林中从事狩猎，"勇不畏死，一人便能杀虎"③。他们多以佐领为单位编入八旗，辅之若干年的军事训练后，便成为一支作战顽强，敢打硬仗、所向无敌的精锐部队。雅克萨战前，康熙帝和副都统郎谈都认为：以3000人就能打败沙俄侵略军，后来清军果然以3000人取得雅克萨战役的伟大胜利。而参加雅克萨战役的清军主力，正是宁古塔和吉林乌喇两城的新满洲兵。

鸦片战争以前，东北八旗兵，尤其是吉林、黑龙江八旗兵，作为清军的一支战略部队，每有重大战事必奉调出征，"往往以勇猛敢战，取翠翎珊顶及巴图鲁名号如寄，此海内所以称劲旅也"④。涌现出塔尔岱、海兰察等一批著名将领。

第三，建立满文学校，接受满族文化。天聪八年（1634），皇太极派八旗兵出征黑龙江时，特地晓谕霸奇兰等带兵将领说："此

① 光绪《大清会典事例》卷1127，第25页，台北新文丰出版公司1976年版。

② （清）鄂尔泰等修：《八旗通志初集》卷27，《浑春》条，东北师范大学出版社1985年版。

③ （清）吴桭臣：《宁古塔纪略》，载（清）王锡祺辑：《小方壶斋舆地丛钞》第1帙，第346页，光绪二十三年（1897）上海著易堂铅印本。

④ （清）西清：《黑龙江外记》卷3，第9页，光绪二十年（1894）刊本。

地人民，语音与我国同，携之而来，皆可以为我用。攻略时宜语之曰：尔之先世，本皆我国之人，载籍甚明，尔等向未之知，是以甘于自外。”① 皇太极的这番话非常重要，如果说黑龙江流域“本皆我国之人”，具有宣传色彩的话，而当地人民“语音与我国同”，则是千真万确的事实。

明末清初，居住在东北边疆地区的索伦人、达斡尔人、鄂伦春人、赫哲人、席北人，语言和满族基本相同，都属于阿尔泰语系——通古斯语支，这正是清政府称他们为“新满洲”，而将他们编入满洲八旗的前提条件。满族在16世纪末已经创制了满文，清朝入关后，满文成为主要官方文字。新编入八旗的各部族，全都没有自己的文字，而语言与满族相同，这就为他们学习满族文化奠定了基础。

清政府在东北各驻防城建立起八旗官学，让他们进入其中，学习“清文（满文）骑射”，尽快掌握满族文化。盛京八旗官学建立于康熙三十年（1691），吉林乌喇八旗官学建立于康熙三十二年，黑龙江八旗官学建立于康熙三十四年。黑龙江将军萨布素在奏疏中提出：“墨尔根地方两翼，应各立学，设教官一员。新满洲诸佐领下，每岁各选幼童一名，教习书义。”② 让新满洲兵的子弟从幼年开始，学习和使用满族文字。以后，宁古塔、珲春、齐齐哈尔、瑷珲等处，都设立了八旗官学。

清政府重视八旗官学的教化作用，特别强调学生必须掌握满文，乾隆八年（1743年），清政府派值年御史到东北巡察，规定八旗官学生“内有清文通顺、字画端楷者，准挨名记档”③，予以升迁。乾隆时期，东北八旗官学的学习内容，依地区而有所不同，盛京地区满、汉文并重，吉林、黑龙江则专学满文，故吉林八旗官学

---

① 《清太宗实录》卷21，第14页。

② 《清圣祖实录》卷166，第4页。

③ 《清高宗实录》卷195，第21－22页。

称为“满学”，而黑龙江称为“满官学”。

八旗官学的建立，不仅促进了新满洲的融合，而且还使吉林、黑龙江地区出现了满语文的繁荣。吉林本为满洲故里，“蒙古、汉军错屯而居，亦皆习为国语（满语）”①。黑龙江地区“满、蒙、汉八旗，水师营、官屯人丁，二百年来向读清书”②，文书档案直到光绪年间，全部用满文记载，就是寻常百姓使用的历书，当地人只购买满文历书，汉文历书根本没有销路。

晚清人徐宗亮在《黑龙江述略》中提出：黑龙江八旗兵“号八部落，亦号八围，亦号新满洲。曰满洲、曰汉军、曰索伦、曰达呼尔、曰俄伦春、曰毕喇尔、曰巴尔虎、曰鄂勒特，杂处其间”③。总而言之，清初招抚东北边疆各部族人，不论他是赫哲人、库雅喇人，还是索伦人、达斡尔人，凡是“编佐领，隶旗籍者，则以新满洲名之”④。这些新满洲兵移居各地，开始了新的定居生活。他们从老满洲兵那里学会了满洲礼法；他们的子弟在八旗官学中掌握了满文骑射。这样就使新满洲成员不仅被培养成骁勇善战的八旗兵，而且因其纳入满族文化系统，成为东北满族的重要组成部分。

最近，读到美国学者欧立德的一篇论文，其中讲道：“从 1635 年被定名的那个瞬间开始，‘满洲’就作为高度政治化了的民族名称而出现。”对于这个观点，我们不能完全同意，因为满族共同体的形成之后，需要有一个新的族名，来取代原来哈达、乌喇、叶赫等部落称呼，所以皇太极才统一命名为“满洲”，宣布废弃其他名

---

① （清）萨英额：《吉林外记》卷 3，《满洲 蒙古 汉军》，吉林文史出版社 1986 年版。

② 宣统《呼兰府志》卷 12，文绪：《黑龙江官庄、水师考生，请分别归入民籍、旗籍送考折》，1915 年版铅印本。

③ （清）徐宗亮：《黑龙江述略》卷 5，第 1 页，光绪十七年（1891）刊本。

④ （清）长顺修：《吉林通志》卷 51，第 3 页，吉林文史出版社 1986 年版。

称。但是他在文章中又说："随着时间的推移，居住在牛录里的成员被再度定义，满洲人成了旗人，反之旗人也等同于满洲人。"①实际上，仅仅有时间是完全不够的，还应包括共同的经济生活，共同的居住地区，共同的文化，而这些因素都与政治无关。

---

① ［美］欧立德：《清代满洲人的主体意识与满洲人的中国统治》，载《清史研究》2002 年第 4 期。

“自丙午夏四月，主帅与二副都统，身先士卒，支毳帐，考工程，……是以万家之邑，越丁未、戊申，甫三易星霜，而屋材器木，充牣其中。……若夫关以内京畿各省，修一城，建一堡，当费县官钱巨万，竭闾阎之力，罄千家之产矣。”

——（清）张缙彦：《宁古塔山水纪》

第四章　修驻防城

一、从佛阿拉到盛京城

今天东北许多重要城市的兴起，都与满族有着十分密切的关系。例如，盛京城是满族在明代沈阳卫的基础上扩建的。在东北的城镇发展历史中，辽阳曾经长期居于举足轻重的地位，天命十年（1625），努尔哈赤从辽阳迁都沈阳，这种情况才发生了彻底的变化。沈阳从此成为东北的政治、军事、经济、文化和交通中心，这是满族对东北城市发展的伟大贡献。日本某些学者把 1905 年以前的东北说成是不毛之地：“当时的满洲，是名副其实的塞北荒原。”① 这种提法完全违背了历史事实，东北满族在 17 世纪修建的许多八旗驻防城，其中的盛京城、吉林乌喇城、齐齐哈尔城，后来都发展成为著名的工商业城市。

满族兴起于 16 世纪末叶，满族的发展与筑城有很大关系。在冷兵器时代，一座坚固的土木城堡对一个民族的兴起和发展，

① ［日］满史会编著：《满洲开发四十年史·序言》，东北沦陷十四年史辽宁编写组译，1988 年印本。

往往起着极为重要的作用。努尔哈赤兴起后，先后修筑了佛阿拉城、赫图阿拉城、界藩城、萨尔浒城和东京城。这些今天仍然可见的古城遗址，不仅记录了满族兴起和发展的历史，而且也是当年八旗兵军事防御的重要手段。

万历十五年（1587），努尔哈赤修筑佛阿拉城（今辽宁省新宾满族自治县旧老城）。佛阿拉城周围 11 里 60 步，四面设城门，城内西向还建有小城，周围 2 里 112 步。佛阿拉“城内东有堂子，周围一里九十八步，城外有郭，自城北至城西南共九里九十步，亦有四门”①。佛阿拉城是努尔哈赤建立的第一个根据地，他在这里陆续统一了建州五部，打败叶赫部纠集的九部联军，征服长白山三部。早期满族文献记载当时的生活情况说：“本地所产，有明珠、人参、黑狐、玄狐、红狐、貂鼠、猞狸狲、虎、豹、海獭、水獭、青鼠、黄鼠等皮，以备国用。抚顺、清河、宽奠、叆阳，四处关口，互市交易，照例取赏。因此，满洲民殷国富。”②努尔哈赤在这里居住了 16 年后，迁居赫图阿拉。

万历三十一年（1603），努尔哈赤修筑赫图阿拉城（今辽宁省新宾满族自治县老城村），并于当年迁居于此。赫图阿拉城分内外两城，内城周围 5 里，南一门，东二门，北一门。外城是在两年后增筑的，外城周围 9 里，南三门，北三门，东二门，西一门。万历四十四年（1616），努尔哈赤在这里建立大金政权，赫图阿拉成为清朝在关外的第一个都城，皇太极天聪八年（1634）改称兴京。顺治五年（1648），“以赫图阿拉为创业之地，设城守尉等官守之”③。努尔哈赤在天命六年（1621）攻占辽沈地区后，迁都辽阳。

努尔哈赤在迁都辽阳之前，曾先后修筑界藩与萨尔浒两城。

① （清）阿桂等纂修：《盛京通志》卷 29，第 11 页，1917 年铅印本。

② 《清太祖武皇帝实录》卷 1，载《清人关前史料选辑》1917 年铅印本第 1 辑，第 312 页，中国人民大学出版社 1984 年版。

③ （清）阿桂等纂修：《盛京通志》卷 18，第 6 页，1917 年铅印本。

故有的学者有清朝“关外都城五迁”之说，其实这两座城只是临时的军事据点。界藩城今位于辽宁省抚顺市郊大伙房水库中的铁背山上，天命三年（1618），努尔哈赤攻下抚顺后，自赫图阿拉迁此，依山筑城。界藩城“周围一里，东一门。又一小城，周围一百八十步，西一门”。天命四年（1619），明、金（清）之间的萨尔浒大战，就发生在八旗兵修筑界藩城期间。战后第二年，努尔哈赤又修筑了萨尔浒城，“周围三里，南与东各一门，西南、西北各一门。外城周围七里，四面各一门”①。这两座城的规模都不及赫图阿拉，甚至比佛阿拉城还小，将它们说成是都城，显然是不合适的。

辽阳古称襄平，燕国设辽东郡，“襄平即辽东所治也”②。自汉代以来，直到明朝的两千余年间，辽阳在相当长的时间内，都是东北的政治、军事和文化中心，东北历史上的许多重大事件都与辽阳城有关。曹魏时，司马氏灭公孙渊，隋、唐两代攻打高丽（高句丽），其主战场皆在辽阳。辽、金两代设立五京，均以辽阳为东京，金海陵王完颜亮进攻南宋，东京留守完颜雍（即后来的金世宗）在辽阳起兵自立为帝，元代在东北设辽阳行省，明代设辽东都指挥使司，其治所都在辽阳城。所以努尔哈赤攻占辽阳后，最初也建都于此。

天命六年（1621），努尔哈赤迁都辽阳，次年在太子河东岸修筑东京城。当时，努尔哈赤舍弃辽阳旧城而另建新城，引起了属下贝勒大臣的强烈反对。他们认为，努尔哈赤数年间不断筑城，使满族军民不堪重负。努尔哈赤则耐心解释说：辽阳城大且破，年久失修，必另筑城郭，派兵坚守，才能解除后顾之忧。新修筑的东京城周长 6 里零 10 步，高 3 丈 5 尺，东、西广 280 丈，

① （清）阿桂等纂修：《盛京通志》卷 29，第 12、2 页，1917 年铅印本。

② （汉）班固：《汉书》卷 94 上，《匈奴传》附（唐）颜师古注，中华书局 1962 年版。

南、北袤262丈5尺。东京城有城门8座，“宫殿与城同时建”①。努尔哈赤在东京城内八角殿主持军国大政，后来迁都盛京，东京城设城守尉驻防。

天命十年（1625），努尔哈赤又迁都沈阳。由于东京城新筑不久，城内宫殿刚刚完工，八旗官兵的住房尚未齐备，因此诸王提出：“今欲迁移，恐食用不足，力役繁兴，民不堪苦矣。”尽管这些都是实际存在的困难，但努尔哈赤动员他们说：“沈阳四通八达之处，西征大明，从都儿鼻渡辽河，路直且近；北征蒙古，二三日可至；南征朝鲜，自清河路可进。沈阳浑河通苏苏河，于苏苏河源头伐木，顺流而下，材木不可胜用。出游打猎，山近兽多，且河中之利亦可兼收矣。”② 努尔哈赤高瞻远瞩，从军事进攻的战略角度，以及经济、交通上的特点，论述了沈阳的优势所在。努尔哈赤迁都沈阳后，考虑到诸王所说的具体情况，并没有大规模修筑城池。

天聪五年（1631），皇太极在明代沈阳旧城的基础上，加以重修增拓。新修的沈阳城城墙内外，皆为砖石所砌，高3丈5尺，厚1丈8尺，女墙7尺5寸，周围长度为9里332步，城墙上面有供士兵守卫的垛口651个，明楼8座，角楼4座。旧沈阳城门仅有4座，皇太极改为8座：“东向者，左曰抚近，右曰内治；南向者，左曰德盛，右曰天佑；西向者，左曰怀远，右曰外攘；北向者，右曰福胜，左曰地载。”③ 新修的护城河宽14丈5尺，周围长度为10里204步。沈阳城内还修有钟楼1座，位于福胜门内大街；鼓楼1座，位于地载门内大街。天聪八年，皇太极将沈阳城名改为盛京。

皇太极称帝前后，还仿照历史上汉族封建皇朝的京城制度，

---

① （清）阿桂等纂修：《盛京通志》卷18，第8页，1917年铅印本。

② 《清太祖武皇帝实录》卷4，载《清入关前史料选辑》第1辑，第382页，中国人民大学出版社1984年版。

③ （清）阿桂等纂修：《盛京通志》卷18，第1页，1917年铅印本。

修建了盛京皇宫及附属设施。主要有天坛、地坛、太庙等祭祀场所，内阁、六部、都察院、理藩院等衙门，其中最著名而又保存至今的是盛京皇宫。

盛京皇宫今称沈阳故宫，其建筑分为东、中、西三路布局。东路为大政殿和十王亭，反映了八旗制度的特点。大政殿呈八角形，坐北朝南，左右分别建有十王亭，是当年努尔哈赤与八旗旗主、加上左右翼王处理政务之地。清朝入关前，皇太极和福临的登基大典，也都是在这里举行的。中路称之为“大内宫阙”，前面正南处为大清门，门外东有文德坊，西有武功坊。中部为皇宫正殿崇政殿，原名笃恭殿，是皇太极接受朝贺和理政之处，殿前东为飞龙阁，西为翔凤阁。崇政殿北为凤凰楼，当时是沈阳城的最高建筑，登上此楼可以观看日出，被后人誉为“沈阳八景”之一。凤凰楼正北是清宁宫，是皇太极与中宫皇后博尔济吉特氏的寝宫。清宁宫东有衍庆宫、关雎宫，西有永福宫、麟趾宫。其中的永福宫是庄妃所住之宫，顺治帝出生的地方。西路的建筑主要有保存《四库全书》的文溯阁等，是清朝入关后陆续修建的。

盛京皇宫融合了满、蒙、汉、藏等多民族的建筑艺术，具有浓厚的地方特色，是满、汉两族文化的结晶。它因其特有的建筑风格、丰富的文物收藏和展品，目前已经被列入联合国世界文化遗产。

清朝在入关前，为了加强对明军毛文龙部和朝鲜的防御，还修筑了以下各城：

海州新城（今辽宁省海城市）。天命八年（1623），八旗兵在明朝海州卫旧城东南隅修建新城，新城周围长 2 里 176 步，增建城门 1 座。

在修筑海州新城的同年，八旗兵还于城西 40 里处修筑了牛庄城。牛庄城周围长度为 2 里 93 步，有城门 3 座，设掌印章京驻防。

此外，八旗兵还在海城西南 60 里处修筑耀州城，“周围二里三百步，南北二门。本朝初修筑，大将扬古利守此，曾败明将毛文龙兵”①。

以上三城，均修筑于努尔哈赤时期，其规模较小，主要是作为防御明军毛文龙部的军事据点。

岫岩等城修筑于天聪七年（1633）。当年三月，皇太极派遣贝勒济尔哈朗修筑岫岩城、贝勒阿巴泰修筑揽（兰）盘城、贝勒阿济格修筑通远堡城、贝勒杜度修筑碱场城，“分兵驻守。念筑城兵役劳苦，以羊犒之”②。岫岩城旧址，位于今辽宁省岫岩满族自治县县城所在地。通远堡城，位于今辽宁省凤城市通远堡镇。揽盘城又作兰盘城，位于凤凰城西 240 里，“周围一里十三步，南一门”；碱场城位于盛京城南 148 里，今辽宁省本溪满族自治县境内，城“周围一百十步，西南一门”③。这四城均沿明代辽东边墙东部修筑，最初是为了防御朝鲜，设八旗兵驻守，后来成为满族的聚居之地。

清政权入关后，以盛京城为留都。清代文献描述盛京周围地区的环境说：“形势崇高，水土深厚，长白（山）峙其东，医闾（医巫闾山）拱其西，巨流鸭绿（江）绕其前，混同（江）、黑水（黑龙江）萦其后。山川环卫，原隰沃朊，洵华实之上腴，天地之奥区也。”④ 优越的地理条件，使盛京城成为东北地区联结关内外的水陆交通要道，也是后来得以发展为东北中心城市的根本原因之一。

盛京地区所在的辽河流域，在明代时商品经济就很活跃。而长达 20 多年的明清战争使很多城市受到破坏，康熙初年，随同康熙帝到盛京谒陵的比利时传教士南怀仁叙述当时的情形说：“在辽东，村镇全已荒废。残垣断壁，瓦砾狼藉。废墟上所建的

①③ （清）阿桂等纂修：《盛京通志》卷 29，第 28、40、12 页，1917 年铅印本。

② 《清太宗实录》卷 13，第 23 页。

④ （清）阿桂等纂修：《盛京通志》卷 18，第 3 页，1917 年铅印本。

房屋，毫无秩序，有的是泥土夯筑，有的是石块堆砌，大多是草苫的，瓦顶的、木板圈房缘（椽）的极罕见到。”① 清政府采取鼓励民人出关开垦，设立府、州、县民治机构等措施，努力恢复盛京地区的社会经济，荒废的城镇被“陆续修葺”②，恢复了往昔的勃勃生机。

盛京城由于其特殊的地理位置，很快成为东北的商业中心。

首先，盛京城作为清朝留都，设有户、礼、兵、刑、工五部，分设侍郎、郎中、员外郎、主事、笔帖式等官，负责处理盛京地区财赋、朝祭礼仪、驿站传递、旗民交涉、修建工程等事务，实际上是清朝的另一个政治中心。清前期康熙、乾隆、嘉庆、道光诸帝，都曾多次前往盛京祭祖谒陵，每次有大批官兵随行，无疑给盛京地区带来巨大的商机。

其次，盛京城系盛京将军驻地，也是当时东北的军事中心和最大的八旗驻防城。康熙元年（1662），清政府将把留守盛京的昂邦章京晋升为镇守辽东等处将军，康熙四年（1665），改称为镇守奉天等处将军，乾隆十二年（1747），又改称为镇守盛京等处将军。故从本章起，为行文方便，一律统称为盛京将军。盛京将军衙署设于城内，属下机构有印务处，户、礼、兵、刑、工等司。乾隆末年，盛京城驻防八旗官员计副都统 1 员，协领 11 员，佐领 66 员，骁骑校 35 员，防御 34 员，笔帖式 11 员，外郎 6 员，委官 27 员。八旗步兵 1188 名，马兵 5280 名，铁匠 66 名，箭匠 61 名，养育兵 362 名。此外，还有门军校 8 名，库军校 20 名，看守御园领催 1 名、兵 9 名，看守皇寺兵 8 名，夜捕手 38 名。总计八旗官兵共 7232 人。③ 八旗官兵连同眷属，约有近 10 万之众，每月领取的饷银在十几万两以上，他们的日常生活必需品购买数

---

① ［比利时］南怀仁：《鞑靼旅行记》中译本，见杜文凯编《清代西人见闻录》第 72 页，中国人民大学出版社 1985 年版。

② （清）阿桂等纂修：《盛京通志》卷 30，第 33 页，1917 年铅印本。

③ 据（清）阿桂等纂修《盛京通志》卷 51 统计，1917 年铅印本。

量之大，是不难想象的。

第三，盛京城是奉天府尹公署所在地，清前期东北的民政中心。奉天府尹是东北最高民政长官，管辖奉天和锦州两府及其属下州县，一度还兼管宁古塔将军辖区的永吉州和长宁、泰宁二县。奉天府尹公署下设府丞、治中、理事通判等官。府丞管理学务，治中掌管钱粮、户婚及田土事宜，理事通判负责诉讼及礼仪等事。按照清政府规定："凡民人事务，属于锦州知府，仍统于奉天府尹。"① 与奉天府尹相关的这些政务，同时也增加了盛京城的人口与物资流动，相应促进了商业的发展。

第四，清政府对盛京城的改建，进一步完善了其城市功能。康熙十九年（1680），清政府下令修筑盛京城关墙，高7尺5寸，周围长度达32里48步，等于将原来盛京城的范围扩大了3倍以上。除增修关墙外，又在盛京城东南隅设置两座水栅，各十余丈宽，疏导沈水自城南流出。康熙三十二年（1693），盛京工部于城内街道开挖沟渠，使雨季形成的积水可以通过沟渠渗入地下。盛京城的8座城门楼、4座角楼及内外城垣都曾多次重修，城市环境更加适合商业活动。

康熙二十八年（1689），浙江山阴（今绍兴）人杨宾出关探亲。他路过盛京城时见到"城中有钟、鼓两楼，百货集其下"②。说明今天沈阳城中著名商业区，即从钟楼到鼓楼之间的中街，在那时已经初步形成。

康熙时居住在盛京的王一元说："盛京八关厢，以小西关、大北关为盛。盖从山海关至盛京者，皆由小西关，而大北关则开（原）、铁（岭）出边孔道也。"这段话反映了当时盛京城与关内地区和东北其他地区的贸易情况。王一元还讲到人参买卖："甲

---

① 《清朝文献通考》卷271，考7277页，浙江古籍出版社2000年版。

② （清）杨宾：《柳边纪略》卷1，第2页，载《辽海丛书》（一），辽沈书社1985年版。

子（1684）、乙丑（1685）间，刨参者皆满载而归，山禁亦稍弛，参价每斤止值数斤（金）。宁古塔、乌喇诸处，每荷而鬻诸市。以后山禁渐严，参亦渐贵，今且每参一两，值六、七金（实为银两，作者注）矣。”①

雍正帝即位之前，曾受命出关祭谒祖陵。他当上皇帝后，在上谕中训斥盛京将军等官员说：

> 迩来盛京诸事隳废，风俗日流日下。朕前祭陵时，见盛京城内，酒肆几近千家。平素但以演戏饮酒为事，稍有能干者，俱于人参内谋利。官员等亦不以公务为事，衙门内行走者甚少，其聚会往来，不过彼此相请，食祭肉嬉戏而已。司官竟有终年不一至衙门者，堂官亦置若罔闻。②

雍正帝的这番话，从侧面反映了盛京城商业的繁华。城内官员以演戏饮酒为事，说明了饮食业和娱乐业的发展。人参是东北出产的名贵药材，当地人称人参为“货”，又称为“根子”，肉红而大者叫做“红根”，半皮半肉者叫做“糙重”，空皮的称为“泡”，视泡之多寡，确定人参的成色。康熙中期，“足色者斤（宁古塔参以十八两为斤，奉天以十九两为斤，京师以南以二十两为斤，原注）十五两，八九色者斤十三两，六七色者斤九十两，对冲者六七两，泡三两。若一枝重两以上，则价倍；一枝重斤以上，则价十倍；成人形，则无价矣。相传康熙二年，得人形者一枝，重二十二两，献于朝，后绝不得。”③ 由于人参获利甚大，连官员们都参与其中谋利。盛京城内酒肆有近千家，说明前

① （清）王一元：《辽左见闻录》不分卷，北京图书馆藏手抄本。

② 《清世宗实录》卷31，第13－14页。

③ （清）杨宾：《柳边纪略》卷3，第7页，载《辽海丛书》（一），辽沈书社1985年版。

来经商的人数很多，反映了康熙末年城市经济的繁荣。

清代盛京城为朝鲜贡使往返北京必经之地。乾隆四十五年(1780)，朝鲜使团随员朴趾源路过盛京，对城中商业状况有较多记载，可补中国文献之不足。

朴趾源一行先到达辽阳，然后向盛京出发，快到盛京城时，遇见一个途中休息的商队。他在日记中写道："客商数百人卸担纳凉，或踞柳根脱衣摇扇，或啜茶饮酒，或沐发剃头，或骰牌，或猜拳。担中皆画瓷。更有以高粱秆去皮，结成小小楼阁之形，各置一枚响虫或鸣蝉，为十余担。或盆贮红虫绿藻，红虫浮动水面，微如虾卵，为供鱼儿食料。车三十余乘，皆满载石煤。卖酒、卖茶、卖饼果诸般饮食者，皆聚柳阴下，列椅而坐。"①

朝鲜使团一行先进入盛京外城，朴趾源立即发现："郭内民物之繁华，市肆之侈盛，十倍辽阳矣。"盛京内城的商业，更胜过外城。朴趾源描述说："通衢筑台，为三檐高楼。楼下出十字路，毂击肩磨，热闹如海。市廛夹道，彩阁雕窗，金扁（匾）碧榜，货宝财贿，充牣其中。坐市者皆面皮白净，衣帽鲜丽。"朴趾源信步走进一家酒肆，只见朱栏翠户，粉壁画栋，柜台上摆着一排酒坛，用红纸在上面写着各种酒名。酒肆内有五六十把上好交椅，二三十张桌子，还摆放花盆几十个，盆中秋海棠、红绣球正竞相怒放，环境十分优雅。朴趾源在酒肆中，与朝鲜同行人喝罢酒后，来到一个古董铺。铺子名称为"艺粟斋"，是几个秀才合伙开的。离开古董铺，朴趾源又进入一家新开的锦缎铺，名曰"歌商楼"，也是几个读书人开的。②

当天晚上，朴趾源到艺粟斋闲谈，了解到这些商人全都是外地人。商人田仕可，河北无终县人，家住山海关，与山西太原人杨登、河南大梁人费稚、河北卢龙人裴宽等，合伙于此开古董

①② ［朝鲜］朴趾源：《热河日记》，第35–38页，上海书店出版社1997年版。

铺。四川人穆春与同乡温伯高、李龟蒙三人，起初在江苏贩卖蜀锦，后来发现关外买卖好做，便出关到沈阳做蜀锦生意。他们还告诉朴趾源，盛京城的商业除供应本地人外，边外蒙古各部、宁古塔、吉林乌喇等地，也是很重要的市场。由此可见，在乾隆时期，盛京城就已经成为东北的商业中心了。

如果说盛京城是东北的陆路商业中心，那么牛庄城就是水路贸易中心口岸。清代牛庄城（今属辽宁省海城市）位于辽河、浑河、太子河汇流处，又称三岔口，因为战略位置重要，努尔哈赤时期，八旗兵即在此筑城设防。清政权入关后，最初东北仅留有六城八旗驻防，牛庄城即其一，其重要程度可知。

牛庄在明初曾是关内外海上运输的重要港口，当时主要用来运送军事物资。后来明政府在辽东地区大兴屯田，取消海运，牛庄港遂废。

康熙二十四年（1685），清政府开放海禁后，牛庄城因有八旗兵驻防，为商旅提供了安全保障，三岔口重新成为贸易口岸。康熙三十三年（1694），盛京地区粮食歉收，康熙帝亲自组织从山东、天津等地经海路向牛庄三岔口运粮，据盛京户部侍郎阿喇弥奏报："奉旨运山东省米石至三岔口，以济军民。今山东运来之粮，现由金州等处海岸经过，请将所运粮米酌量截留减价发卖。再，辽阳、秀岩、凤凰城三处之人，向来俱在牛庄买米，亦应照金州等处，将粮米截留，行文各该管官，令其到三岔河购买运去。"① 这段史料说明，牛庄城当时是盛京地区主要的粮食市场，辽阳、岫岩和凤凰城的八旗官兵都在此处购买粮食。

牛庄城附近的小姐庙后来取代牛庄，发展成为关内商人前来交易的主要市场。在东北地方文献中，牛庄小姐庙又被写作"萧姬庙"或"枭姬庙"，是清前期联结关内外的主要商港。小姐庙港位于"牛庄城北八里，里辽河（指与浑河合流的太子河）南

① 《清圣祖实录》卷162，第4页。

岸，村名亦曰小姐庙，盖前庙后村也”。那时福建商船离岸出发，十余天就能抵达牛庄，运来东北所需的各种生活日用品。乾隆时期，小姐庙港的海上贸易欣欣向荣。据当时人常云撰写的《重修牛庄小姐庙碑》载：“牛庄城北有巨川焉，聚艨艟、通商旅，西连津沽、南接齐鲁，吴、楚、闽、粤各省，悉扬帆而至。”鸦片战争之前，从海路来东北的商人乘坐商船，“皆由三汊河入港，至枭姬庙河口登陆，以牛庄为贸易市场，一时牛庄口岸名闻中外”①。

今天东北著名的大连、营口、丹东三港，地理条件比牛庄优越得多，而发展上要晚于牛庄许多年。其中主要原因就是当时没有八旗兵驻防，商人与货物安全无法得到保障，八旗修筑驻防城的作用于此可见。

二、宁古塔与吉林乌喇城

顺治十年（1653），清政府任命沙尔虎达为宁古塔昂邦章京。康熙元年（1662），宁古塔昂邦章京改称为镇守宁古塔等处将军，乾隆二十二年（1757），又改称吉林将军，故从本章起统称为吉林将军。第一任将军巴海，率领满族官兵修建了宁古塔新城，以后，又陆续修建了吉林乌喇、伯都讷、依兰哈喇、阿勒楚喀和珲春五城。这些驻防城既是清军反击沙俄的前哨阵地，守卫东北边疆的军事堡垒，又是东北最早的商业中心，各族人民的物资贸易市场，对东北边疆各族人民的经济交流起着极大的促进作用。

巴海在宁古塔修建新城，主要是为了解决旧城的水患。关于修筑宁古塔新城的原因，《吉林通志》卷 24 中有旧城“年久颓

---

① 以上引文均见张杰：《清代辽东半岛商港变迁考论》，载《东北地方史研究》1992 年第 2－3 期合刊。

坍”之说，其实这种说法并不确切。“年久颓坍”通常是土城常有的现象，清代各地城市莫不如此，多少年后都是在旧址上重修，没有必要从旧址迁移出去。何况宁古塔旧城又是石城①，远比那些土城、木城坚固。真正原因是由于宁古塔旧城北面临河，每当秋季，百川之水交集，呈现出汹涌澎湃之势，满、汉居民房屋被水淹没，只能乘船出入城中，因此饱受水灾之苦。

此外，宁古塔城原为佐领驻地，如今作为将军驻地，其规模就显得过于狭小。宁古塔旧城十分简陋，顺治朝流放于此的方拱乾在所著《绝域纪略》中，用调侃的语言描述说：“树短柴栅，绕三里，辟四门，而命之曰城。”言外之意是说，宁古塔城太小了，很难把它叫做“城”，连关内最差的县城也比它大得多。宁古塔成为将军驻地后，驻守的八旗兵不断增加，其地理条件的缺陷更加暴露出来。将军巴海继其父沙尔虎达之志，率领八旗兵将松花江流域的俄军驱逐出境，边防形势相对稳定，乃有修建宁古塔新城之举。

康熙五年（1666），将军巴海在旧城东南60里处，择地另建宁古塔新城（即今黑龙江省宁安市）。新城位于瑚尔哈河（牡丹江）北岸，四面皆山，地势高亢，从而彻底告别了水患。当年四月开始施工时，将军巴海试图仿照盛京城八旗驻防，修筑砖城为外城，内城为木城。后来由于经费不足，外城改为土城，四围土坯砌墙，内外细泥圬饰。方585丈，周长10里，基宽2尺，顶宽1尺8寸。东、西、南各一门，北面无门，西南临瑚尔哈河。内城为木城，松木为墙，中实以土，高2丈余，周长2里半，城门3座，东曰“德胜”，西曰“望阙”，南曰“迎熏”，因北面有将

① （清）阿桂等纂修：《盛京通志》卷31，第57页：“城西北五十里，海兰河南，石城高一丈余，周围一里，东西二门。城外边墙周围五里余，门四。国初时，一等子武巴海巴图鲁监造。”1917年铅印本。

军衙署，故不设门。①

八旗官兵和当地满族人民都参加了宁古塔新城的修建。将军巴海与两位副都统身先士卒，亲自参加修筑工程，“伐木结茅，不数月而比屋可数。城方八九里，辟四门，东、西、南、北，通衢道”。城内按照将军、副都统、佐领以至士兵、工匠职务高低，划分各自住地。流放当地的汉族官员文人，集中在城东郊居住。宁古塔新城始建于康熙五年（1666），“越丁未、戊申、甫三易星霜”，至康熙七年竣工，其建城费用全部出自当地军民。目睹这一修筑过程的汉族流人张缙彦感慨地写道：“若夫关以内京畿各省，修一城，建一堡，当费县官钱巨万，竭闾阎之力，罄千家之产矣。”② 况且当时宁古塔地处抗击沙俄前线，宁古塔八旗将士是在一边招抚新满洲，一面战斗的情况下，完成筑城任务的。

宁古塔新城竣工后，其地理形胜为南望长白山，北绕黑龙江，不仅成为东北边疆的又一军事重镇，还是盛京地区之外的政治、经济和文化中心。

宁古塔以东居住的赫哲等少数民族，每年到这里贡纳貂皮，领取赏赐物品。清政权确立的这种贡貂制度，既是一种政治隶属关系，又是一种经济贸易往来。最早前来宁古塔旧城贡貂的“鱼皮、黑斤等夷，或数百里，或千余里，其来互市也，则貂皮、鹿角、人参、黄狐、白兔等，居民以沈阳之布易之，往往有微息”③。宁古塔新城修筑完工后，逐渐发展成为周边各族人民物资交流中心，城中有东西大街，店铺林立，“人烟稠密，货物商客，

---

① （清）杨宾：《柳边纪略》卷1，第12页，载《辽海丛书》（一），辽沈书社1985年版。

② （清）张缙彦：《宁古塔山水记》，《新城》条，黑龙江人民出版社1984年版。

③ （清）张缙彦：《宁古塔山水记》，《石城》条，黑龙江人民出版社1984年版。

络绎不绝，居然有华夏风景"①。康熙中期，浙江山阴人杨宾前往宁古塔探望父亲杨越，滞留期间正逢春节，遂赋诗感怀，诗曰：

剪纸为灯号牡丹，西关爆竹似长安。
谁家年少黄金勒，醉里垂鞭处处看。②

短短四句诗，道出了东北边陲春节时的热闹景象，尽管此时宁古塔城已是千里冰封、万里雪飘的严冬，而西关燃放的声声爆竹，仿佛使作者以为是来到了繁华的京城。

杨宾在《柳边纪略》中，对宁古塔的貂皮贸易，有很多生动的描述。

当时居住在宁古塔东北部牡丹江、松花江、乌苏里江两岸，以及乌苏里江、松花江和黑龙江汇流处的赫哲人，因其社会发展阶段不同，分别被称为"剃发黑金"和"不剃发黑金"。所谓"黑金"之名，即指赫哲人猎取的貂皮。赫哲人不贵貂皮而贵羊皮，凡貂爪褂服对缝镶边处，必以黑羊皮一条装饰。在宁古塔的貂皮贸易中，以毛皮紫黑色、毛平而纹理细密者为上品，毛皮紫黑而纹理密者次之，毛皮紫黑而纹理粗疏、或者毛平色黄者又次之，毛皮白色的为下品。

康熙初年，满、汉商人与赫哲人交易貂皮，用一口铁锅可以换到装满整个锅的貂皮，后来赫哲人用一张貂皮就能换到两口铁锅了。最初商人用一匹马可以换取赫哲人的几十张貂皮，"今不过十貂而已，马良者乃十四五，亦不以上貂易也。上貂皆产鱼皮国，岁至宁古塔交易者二万余，而贡貂不与焉。宁古塔人得之，

① （清）吴桭臣：《宁古塔纪略》，载（清）王锡祺辑：《小方壶斋舆地丛钞》第1帙，第344页，光绪二十三年（1897）上海著易堂铅印本。

② 见（清）杨宾：《柳边纪略》卷5，第13页，载《辽海丛书》（一），辽沈书社1985年版。

七八月间售贩鬻京师者，岁以为常。"① 每年从事貂皮交易的人数达到两万多人，其贸易规模之大，所费资金之巨，商业之繁荣，不难想象。

流放到宁古塔的汉族文人，有不少靠从事商业谋生，如陈敬尹、周长卿利用自家资金开设店铺，钱德维没有资金，但替别人经商，每年可得佣金 30－40 两银子。

清初未设立黑龙江将军之前，宁古塔是清朝流放罪犯的极边之地。流放罪犯当中有不少是清朝官员和知识分子，由于政治斗争和科场案件牵连，被遣戍至这荒徼塞外之地。其中不乏一些著名文人，他们常常聚集在一起，写诗论文，游览周围山水风光。康熙四年（1665）夏，在原工部侍郎张缙彦的提议下，当地的一些文人组织"七子之会"，又称为"七谪会"。张缙彦、吴兆骞等七位流人定期集会，讨论文学诗歌，"分韵，月凡三集。穷愁中亦饶有佳况"②。它的存在，缓和了流放文人的常年乡愁，增长了对东北边疆的情感，使艰苦的充军生涯多了些诗情画意。同时，他们的文学活动及其作品，也因其作者具有的知名度流传到关内，加强了关内外的文化联系。

康熙十五年（1676），巴海把将军公署移驻吉林乌喇城，宁古塔改为副都统驻防。随着政治和军事中心的转移，宁古塔城的商业地位也被吉林乌喇城所取代。道光年间，宁古塔"城内无市廛，居民、铺商俱在东、西、南门外，惟东门外尤为丛集，居民均在南门半里许沿江一带"③。

"吉林乌喇"为满语的音译，故清代文献中还有"吉林乌拉"

---

① （清）杨宾：《柳边纪略》卷 3，第 8 页，载《辽海丛书》（一），辽沈书社 1985 年版。

② （清）吴兆骞：《秋笳集》杂著，卷 8，《戊午二月十一日寄顾舍人书》，《丛书集成初编》第 69 册，上海商务印书馆 1921 年版。

③ （清）萨英额：《吉林外记》卷 2，《城池》，吉林文史出版社 1986 年版。

“稽林乌拉”“鸡林乌拉”等多种写法，均为汉语“沿江”之意，在清代已经简写为吉林，失去了满语原意。本书一律写作“吉林乌喇”，以与同时存在的“乌拉城”相区别。

顺治十五年（1658），清政府在该地建造反击沙俄的战船，所以最早的地名叫做船厂，又叫小乌喇，明末的乌拉部所在地，则称为大乌喇。顺治十八年，清政府又于当地设立水师营，招募宁古塔流人及其子弟充当水手。康熙十年（1671），清政府移宁古塔副都统1人，率八旗兵700人移驻于此，因军民都沿松花江边居住，故得名“吉林乌喇”。两年之后，副都统安珠瑚率领八旗兵筑城，当年完工。

吉林乌喇城分内外两城。内城是木城，南临松花江，东、西、北三面，竖松木为城墙，中间添土，松木城墙高8尺，北面289步，东、西两面各250步，东、西、北各一门。内城外侧开凿护城河。外城是土城，东西北三面筑土为墙，共1451丈，基宽为5尺，顶宽2尺5寸，高1丈。南面倚江无墙。西1门，东2门，偏北为大东门，偏南为小东门。北2门，偏西为大北门，偏东为巴尔虎门。

康熙二十一年（1682），内阁学士高士奇随康熙帝视察吉林乌喇城，他在《扈从东巡日录》中描述说：“建木为城，倚江而居，所统新旧满洲兵二千名，并徙直隶各省流人数千户居此。修造战舰四十余艘，双帆楼橹，与京口战船类似。又有江船数十，亦具帆樯，日习水战，以备老羌。”① 在高士奇笔下的吉林乌喇城，完全是一座建在松花江边的军事堡垒。《中俄尼布楚条约》签订后，吉林乌喇城完全是另外一副景象，“中土流人千余家，西关百货凑集，旗亭戏馆，无一不有，亦边外一都会也”②。

---

① （清）高士奇：《扈从东巡日录》卷下，第6页，载《辽海丛书》（一），辽沈书社1985年版。

② （清）杨宾：《柳边纪略》卷1，第6页，载《辽海丛书》（一），辽沈书社1985年版。

雍正四年（1726），随着当地汉人的增多，清政府又在城内设永吉州，乾隆十二年（1747）改称吉林厅。吉林乌喇城内有五条商业大街①，由将军公署通大东门为河南街，通小东门为粮米行街，通大北门为北街，通西门为西街、大西街，吉林乌喇城渐由八旗驻防城变为满汉军民聚居之地。每街由吉林厅“挑放乡地各一，专管呈报军民命盗事件。城内街道俱用木板铺垫，按左右翼适中地界，均设有各旗堆拨，轮派官兵防守稽查”。铺商唯北街、西街最盛。到乾隆时，宁古塔和吉林乌喇两城，“工商佣作人等，不下三四万”②。大量人口涌入城内，商业繁华更胜往昔。

鸦片战争以前，人参和木材为吉林乌喇城的两大商品。外来的山东人非挖参为业，即砍木营生。人参交易市场称为“乌金行”，由揽头向官府领取参票，交给刨夫上山采挖。每年十月间，吉林将军、副都统监督参局官员、揽头挑选上交的人参，四等参和五等参装箱，派参局协领、佐领等进贡，称为“头帮参”。剩下的人参准许揽头、刨夫挂号出卖，来吉林购买人参的有苏州、山西商人，也有揽头、刨夫自己到苏州出售的。对于这些允许买卖的人参，将军当场过秤给票，专门派人送至山海关，称为“二帮参”。砍木材同样由官府放票，票头称为“木头老鸦”，木头砍下来过冬叫做“打冻”，乘冰雪运送至江口处谓之“赶洋总”③。

吉林乌喇盛产木材，不但盖房所用梁柱、檩木、炕沿、窗棂，包括街道围墙，全都使用木头修建。据满族出身的辽宁大学徐德源教授回忆：“吉林是木材的主要集散地，许多建筑都使用木材，最早的城墙就是用木材建造的，最早的江堤也是用木材建造的，民宅的院墙多用木板，叫做‘板樟子’，就连街路的外露

① （清）萨英额：《吉林外记》卷8，《粥厂》：“（将军富俊）于城隍庙设粥厂，劝谕五街铺商捐资。”吉林文史出版社1986年版。

② 《清高宗实录》卷356，第14页。

③ （清）萨英额：《吉林外记》卷8，《领票交参》《木有软硬》，吉林文史出版社1986年版。

式下水道（阳沟）也是用木材建造的。”① 徐教授出生于1927年，还曾亲眼见到木造江堤，吉林乌喇城之木材生意之兴旺，可以说整整持续了有清一代。吉林八旗官兵还修筑了其他驻防城，附带述之如下。

伯都讷城（今吉林省松原市），位于吉林乌喇城西北525里，旧名纳尔浑，又名新城，是清代满族官兵在吉林地区修建的第三座驻防城。伯都讷原是驿站之名，“康熙二十一年（1682）征罗刹，增修十站，以通齐齐哈尔、墨尔根两城，乃置伯都讷站”②。据说，伯都讷这一地名来自蒙古语，蒙古语称鹌鹑为“布都讷”，音转为伯都讷驿站的名字。康熙三十一年（1692），设立八旗驻防，第二年驻防八旗兵选择新址建城，“城砌土坯，高一丈二尺”③。因从前的伯都讷驿站仍在，故八旗兵将他们修筑的驻防城命名为“新城”。新城系土筑城墙，周长7.5里，四面有门，城墙外开挖7尺宽、9尺深的护城河。新城完工后，清政府移吉林副都统驻防于此。雍正时，清政府为了安置新来的汉人，在城内设长宁县管辖民人，乾隆初年废，嘉庆十五年（1810），又于城内设伯都讷厅。

乌拉城（今吉林省吉林市龙潭区乌拉街），位于吉林乌喇城北70里，又名打牲乌拉，系清朝内务府属下打牲乌拉总管驻地。高士奇曾路过此地，说：“虞村居人二千余户，皆八旗壮丁，夏取珠，秋取参，冬取貂皮以给公家及王府之用。男女耕作，终岁勤动，亦有充水手拿舟，渔户捕鱼，或入山采桦皮者。”④ 乌拉有新、旧两城，旧城是原乌拉部贝勒布占泰所居，周围15里，门

① 徐德源：《吉林旧事见闻》，第11页，个人保存本。

② 民国《扶余县乡土资料》，第1页，1937年打字本。

③ （清）长顺修：《吉林通志》卷24，第11页，吉林文史出版社1986年版。

④ （清）高士奇：《扈从东巡日录》卷下，第7页，载《辽海丛书》（一），辽沈书社1985年版。

4，内有小城，周围2里，东西2门，城内有土台，高8尺，周围100步。康熙四十二年（1703），当地官员因乌拉旧城有水患，于城东改建新城，筑土为墙，周围8里，基宽3尺，顶宽1尺8寸，高6尺5寸，东西南北各一门。①

三姓城（今黑龙江省依兰县），位于吉林城东北936里，康熙五十三年（1714）设八旗驻防。三姓城又名依兰哈喇，满文"依兰"，汉译为"三"，"哈喇"汉译为"姓"，合为"三姓"。三姓城修筑于设立八旗驻防的第二年，形式基本与伯都讷新城相同，土筑城墙周长5里，高7尺，城墙外开凿8尺宽、7尺深的护城河。

珲春城（今吉林省珲春市），位于吉林乌喇城东南1100里，康熙五十三年（1704）始设八旗驻防。珲春城周长仅1里，位于珲春河北岸，建筑年代不详，四面各有城门。

阿勒楚喀城（今黑龙江省阿城市），位于吉林乌喇城东北600里，雍正三年（1725）设立八旗驻防。原有旧城一座，周围2里，南北2门。雍正七年，八旗兵修筑木城一座，周围3里，高1丈3尺，城墙外凿有1丈宽8尺深的护城河。②

伯都讷等驻防城修筑之后，随着城市人口的增加，商业都有一定程度发展。例如，乌拉城"西门外，有向西及南北街市，商贾辐辏"；伯都讷"城内铺商，均在南街"；三姓城"惟西门外，街市甚盛"，阿勒楚喀城"惟西门外，商贾辐辏，街道俱系石板铺垫"③。尽管商业无法与宁古塔和吉林乌喇城相比，但都在近代发展成为新兴的商业城镇。

---

①（清）高士奇：《扈从东巡日录》卷下，第7页，载《辽海丛书》（一），辽沈书社1985年版。

②（清）阿桂等纂修：《盛京通志》卷31，第61页，1917年铅印本。

③（清）萨英额：《吉林外记》卷2，《城池》，吉林文史出版社1986年版。

三、黑龙江“建城永戍”

康熙二十一年（1682），康熙帝巡视东北回到北京后，从东北国防的长远建设考虑，做出了“在黑龙江建城永戍”① 的重大决定。康熙帝做出的这一战略决策，对中国统一多民族国家的发展具有深远的历史意义，它使清朝在东北的国防重心，由原来松花江流域的宁古塔城，前移至黑龙江中上游地区的瑷珲城。这样做的结果，不仅保证了清军在雅克萨战役中的胜利，而且使清朝在黑龙江流域的军事力量在战后得到空前的加强。

清军能够在雅克萨战役获胜，是直接与黑龙江建城驻守联系在一起的。康熙二十二年（1683），时任宁古塔副都统的萨布素，奉命带领上千名士兵前往黑龙江，在额苏里与呼玛尔之间适中之地建造木城，轮班驻守，相机进取。经过充分考虑，萨布素选择在黑龙江东岸修筑木城，城周长940步，有5座城门。② 修建木城完工后，在黑龙江东岸“因有水名瑷珲，故以得名”③。这是清军在黑龙江流域建造的第一座驻防城，也是唯一建在黑龙江东岸的一座驻防城。

修建瑷珲新城。新城建于康熙二十三年（1684），由副都统穆秦率盛京八旗兵修筑，有内外两城，皆为木城。内城植树木为城墙，中间添土夯实；高18尺，周长1030步，门4。外城西、南、北三面树木为郭，南1门，西、北各2门，东临黑龙江，周

---

① 《清圣祖实录》卷112，第7页。

② （清）阿桂等纂修：《盛京通志》卷32，第2－3页，1917年铅印本。

③ 民国《瑷珲县志》卷1，第1页：“瑷珲河在今俄人占据我六十四屯之中，全境内环峻岭，外襟大江，其势蜿蜒纡回，延袤八百多里，内多岗岭林峦，河流汊港，诚为沿边险要之地。”1920年铅印本。

长 10 里。新城与江东岸的瑷珲城相距 12 里，因为是将军官署所在地，故命名为黑龙江城，也称为新瑷珲城。萨布素后来将黑龙江将军衙门迁至墨尔根，再迁到齐齐哈尔城，黑龙江城改为副都统驻守，而其城名则始终未变。

清军获取第一次雅克萨战役的胜利后，康熙帝充分肯定了黑龙江建城驻兵的作用。他对庆贺捷报的群臣说："向者尚书明安达礼轻进，至粮饷不继，将军沙尔（虎）达、巴海等失计，半途而归，遂致罗刹骄恣，而索伦、奇勒尔、鄂罗春等心怀疑贰，朕询其失机情由，一一详计，今始奏功。"① 所以当雅克萨战役刚刚结束，作战的八旗兵回到吉林乌喇城休整时，康熙帝就下令在墨尔根地方筑城设兵，由萨布素及副都统一员驻扎于此。

康熙二十四年（1685）九月，八旗副都统博定奉康熙帝之命，率八旗兵修筑墨尔根城。墨尔根城于第二年竣工，因该城设计为黑龙江将军驻地，故规制与黑龙江城相似。墨尔根城同样为内、外两城，内城为木城，高 18 尺，周长 1030 步，城门 4 座，四隅筑有角楼，比黑龙江城更为壮观。墨尔根城外城为土城，这是与黑龙江城不同的地方，周长 10 里，东、西、南面各 1 门，北面 2 门。② 城名因城外临墨尔根河而得名。墨尔根城修筑完工，萨布素正在迁移官兵家属时，传来沙俄侵略军重踞雅克萨的消息。康熙帝命令萨布素停止迁移，立即统领吉林乌喇、宁古塔官兵赴黑龙江城，发起第二次雅克萨战役，当时墨尔根城仅留下副都统博定率 200 筑城八旗兵防守。直到《中俄尼布楚条约》签订之后，萨布素才把将军公署安置在墨尔根城。

齐齐哈尔城修筑于康熙三十年（1691），由索伦总管玛布岱监筑，两年之后竣工，城址即今黑龙江省齐齐哈尔市区。分内外

---

① 《清圣祖实录》卷 121，第 12 页。

② （清）阿桂等纂修：《盛京通志》卷 32，第 2－3 页，1917 年铅印本。

二城，“内城排木为重垣，实以土，具雉堞之观，四门皆有楼橹，方一千三十步，崇丈八尺。外郭因沙阜高下甃以土堡，方十里，东、南、北各一门，西二之，有大小西门之称”①。齐齐哈尔城是黑龙江将军萨布素在任期间建造的第四座驻防城，以后一直是黑龙江将军驻地。

萨布素修筑齐齐哈尔城是清代东北国防的一件大事，因为它造成黑龙江将军驻地的后移，即从黑龙江流域后移至嫩江流域，等于将抗俄前线从东北向西南后移800余里，因而遭到了后人的责备。其实修筑齐齐哈尔城的设想，最初是由索伦总管玛布岱提出来的。康熙三十年（1691），玛布岱代表管内齐齐哈尔等村佐领、骁骑校、小领催等人，向清朝理藩院呈请：

> 我等祖、父等自黑龙江来嫩江归顺圣主以来，四十余载，逢遇太平，散居六百余里，随意逸乐。今闻厄鲁特、喀尔喀相互征伐，若众巴尔呼等穷寇得知我等诸村散居而肆意侵扰，则欲保妻孥，亦非一时之所能收，且皇上之事，亦将难以适量采获。据此，我等情愿披甲，于我等住地附近，择一形势之地，筑城聚居。如有行动，则豁命致死效力，以报皇上恤养之恩等情。②

由于玛布岱的呈文过于简略，需要再进一步做些解释。索伦各部原来居住在黑龙江上游地区，顺治初年，沙俄侵略军侵入索伦部居住地，因为当时清军主力南下，无法调集兵力反击沙俄，只好将索伦各部内迁到嫩江流域，由宁古塔清军加以保护，故文中有“自黑龙江来嫩江归顺圣主，四十余载”之说。

---

① （清）西清：《黑龙江外记》卷2，第1页，光绪二十年（1894）刊本。

② 中国第一历史档案馆编译：《黑龙江将军衙门满文档案》，载《锡伯族档案史料》上册，第27页，辽宁民族出版社1989年版。

康熙四年（1665），清政府将索伦部编为29佐领，两年后，又将打虎儿人1100余口“照例酌量编为十一佐领，设头目管辖”①。康熙八年，清政府设立索伦总管，统一管理嫩江流域的索伦各部，总管驻地设在嫩江下游的卜魁村。据考，卜魁原系人名，是索伦、达斡尔的重要头人之一，曾任过索伦总管和副都统，按照当地的习惯，因此名地。②

索伦各部在嫩江流域“随意逸乐”的宁静生活，于40多年后受到了“巴尔呼等穷寇”的威胁。“巴尔呼”即蒙古巴尔虎部，当时新疆厄鲁特蒙古与漠北喀尔喀蒙古发生争战。战败的喀尔喀蒙古牧民大量逃亡到嫩江流域，其中巴尔虎部牧民就有3000多户，引起当地社会的动荡不安。

据萨布素向清政府奏报：“去岁，喀尔喀、巴尔呼等来齐齐哈尔地方之际，索伦、达斡尔等经逃散，嗣后，倘有此等事宜，则齐齐哈尔周围无城郭，绵延而居者相隔遥远，将难以收聚、保护。”此外，萨布素在给清政府的报告中，还详细论述了齐齐哈尔的战略地位：

> 松花江由南北流，嫩江由北南流，两江于图西吞地方汇合，经东省诸部所居之地，流入东北海。自乌拉吉林至此江口约五百里，嫩江至齐齐哈尔约五百里，齐齐哈尔至墨尔根约五百里。其中齐齐哈尔最为紧要形势之地，蒙古、锡伯、索伦、达斡尔等所居地界总汇于此，且距通达兴安岭北呼伦等地及尼布楚之道甚近，应于齐齐哈尔一带驻兵一队。再，松花江、嫩江汇合之处系水陆通衢，大渡所在，亦应驻兵一支。如此则齐齐哈尔、嫩江口皆以江为屏障，得其地利，兵马可赖腴田青草而

---

① 《清圣祖实录》卷22，第17页。

② 见夏家骏：《卜魁考释》，载《历史档案》1983年第4期。

强盛膘壮，驻守则极其坚固，出征则颇为英武，虽有紧急事宜，自墨尔根至此，相续彼此调遣，不致有误，且兴安岭以北若有战事，此一隅之师，亦可会同相机而行。①

这段史料出自《黑龙江将军衙门满文档案》，虽然引文较长，却极其重要。萨布素在说明齐齐哈尔战略地位的同时，还为他后来把将军衙门移驻此地提供了一个现实的答案。清政府完全采纳了萨布素的建议，决定于嫩江东岸卜奎驿站地方，丈量筑城处所，以达斡尔等人力动工修筑。

齐齐哈尔是清朝官书对该城的称呼，而当地人则称为“卜魁”或“卜奎”城。据说“卜魁”是满语音译，“魁”是满语“克伊”的切字，因有音无字，故以“魁”或“奎”代替。至于为什么有两个城名？清嘉庆时在该城任官的满族人西清解释说：“齐齐哈尔，屯名，在今城西南十余里，城所在号卜奎。相传始筑城，议在齐齐哈尔，既以中隔嫩汗江不便，改今地。故齐齐哈尔虽以名城，而卜奎实通称。”②

由此可知，最初城址选在嫩江西岸的齐齐哈尔村，因为中间隔着一条嫩江，与墨尔根、黑龙江两城联系不便，于是改在嫩江东岸的卜魁驿站筑城。所以齐齐哈尔是借用名，卜魁才是本地的原名。因此，清初流放到齐齐哈尔的汉族文人将他们的记述之书命名为《卜魁记略》，或《卜魁风土记》等，而不称齐齐哈尔，就是尊重了当地居民的习惯称呼。

黑龙江将军辖区内八旗驻防除了以上三城外，还有布特哈等四处。布特哈（今属内蒙古自治区布特哈旗）位于齐齐哈尔城北

---

① 中国第一历史档案馆编译：《黑龙江将军衙门满文档案》，载《锡伯族档案史料》上册，第29页，辽宁民族出版社1989年版。

② 见（清）西清《黑龙江外记》卷1，第1页，光绪二十年（1894）刊本。

160里，雍正六年（1728），增设总管等员分兵防御。呼伦贝尔（今内蒙古自治区呼伦贝尔市）位于齐齐哈尔城西北760里，乾隆时又写作“呼伦布雨尔”，雍正十年（1732）设统领，以副都统衔管理统领事，并添设总管等员分兵防御。博尔多（今属黑龙江省讷河县）位于齐齐哈尔城东北270余里，雍正十年，设副总管等员分兵防御。呼兰（今黑龙江省呼兰市）位于齐齐哈尔城东南817里，雍正十二年设城守尉驻防。上述四处“俱无城郭，但现在设兵驻防，与奉天之熊岳、牛庄，吉林之白都讷、阿勒楚喀，同为分防重地”①。

康熙三十八年（1699），黑龙江将军萨布素移驻齐齐哈尔，齐齐哈尔城遂成为黑龙江地区的商业中心。城内的商贩主要来自山西，他们开设的店铺以卖杂货居多，凡日常生活用品十分齐全。店铺里出售的香油、稻米都来自盛京，价格十分昂贵，当地有钱人家购买用来招待客人。黑龙江虽然不产棉花，但齐齐哈尔的店铺家家卖布，商家的布购自盛京，其实都是江南商船运来的“南货”，号为抽机布。贵重商品多来自北京，诸如绸缎之类。

鱼、木材、木耳是齐齐哈尔城的著名特产。

黑龙江、嫩江盛产各种鱼类，是齐齐哈尔城内最便宜的商品，参赞大臣、满族人爱星阿被发配齐齐哈尔时，以百钱购得两条鲤鱼，重十余斤，价格之便宜令人难以置信。所以每年到五月时，城内的八旗官兵家家到市场上大量买鱼，回家后剖开鱼肚，取出内脏，然后用绳子穿上串，晾在自家的屋顶上，叫做“晾鱼胚子”，一年到头都吃不完。当地满族人打鱼用的网特别大，经常一网鱼有成千上万尾之多，没有几十人帮忙很难拖出水面。故家里有能力单独织一张渔网的，就被视做富户。

木材不仅便宜，而且不用上山砍伐。每当黑龙江涨水季节，就会有大木头从上游顺流而下，当地人用大木头盖房子，小一些

① （清）阿桂等纂修：《盛京通志》卷32，第6页，1917年铅印本。

的取暖做饭，一年用不完。齐齐哈尔城居民使用木材，都是向布特哈八旗属下人购买的。他们把木材自北而南通过嫩江运下来，堆积在齐齐哈尔城西北市场上，嘉庆年间时，两人合抱粗的大木价格只有几钱银子。这个价格对关内人来说，是连想都不敢想的事情，但当地人说，和20年前相比，木材价钱已经涨了三倍。

木耳是滋补上品，齐齐哈尔满族人叫做“黑菜”，也叫“耳子”。黑龙江森林中的柞树枯死后，每当雨后木耳成片生长。第一场春雨过后，采木耳的人就进山了，在山里面搭窝棚居住，一直到秋天才返回，“岁无虑数千辈，皆齐齐哈尔流人也。布特哈惧其聚众滋事，驱逐之，然利之所在，终莫能禁”①。

在清代，每年五月草青时，由齐齐哈尔将军亲自参与的“楚勒罕”集市是一年中最重要的商品交易盛会。楚勒罕位于齐齐哈尔城北十余里处，除了齐齐哈尔城内的官兵和商贩外，满洲八旗属下的布特哈、呼伦贝尔官兵和周围的蒙古各部落，都远道赶来参加交易活动。当地人西清描述楚勒罕的热闹情形说：

> 城西北穹庐遍野，男女杂沓，布特哈所屯也。稍东为买卖街，列肆陈货皆席棚，牛马市于日中，羊群散于原野，有来自呼伦贝尔者，有来自蒙古诸部者，通谓之营子。说者谓在因沁屯时，营子之多十倍今日。布特哈男妇车马之盛，视往日亦殊过之，故其时集号殷富，官税亦赖以充。

在楚勒罕市场中出售的货物，以马、牛、羊为大宗商品。其中呼伦贝尔的马尤其著名。该马骨骼虽不高大，但耐力好，善驰骋，养马人剪掉马鬃作为标记，赶到楚勒罕集上出售，吉林一带

① （清）西清：《黑龙江外记》卷8，第8页，光绪二十年（1894）刊本。

八旗官兵皆来采买。本地人制造的陶制生活器皿，如杯、瓮、盎等，也都拿到市场上卖。像瓷器、铁器、绸缎等物品，则大多数来自吉林乌喇城。商贩在吉林用货船运载，从松花江经嫩江至齐齐哈尔城，停泊在城西镇江阁前，再用车运至楚勒罕市场上。

布特哈驻防八旗官兵是楚勒罕集市上的最大买主。布特哈八旗兵由索伦、达斡尔和鄂伦春人组成，他们平时以打牲为业。清政府对他们规定：凡身高 5 尺之人，每年交纳貂皮 1 张，于楚勒罕时，由黑龙江将军亲自验收合格，才发给他们一年的饷银，并允许他们售卖余下的貂皮。饷银和售卖貂皮所得，使布特哈人可以大事采购，“城中集上无男女，争买货物，为一岁之计”①。布特哈人的生活和生产资料，都来自齐齐哈尔的楚勒罕市场，“例如，鄂温克人狩猎用的火枪、火药，制大轮车的金属工具，都要从齐市交换中得来。他们开始种地并未使用过木犁，是用有铧子的犁，而铧子是从齐齐哈尔得到的，直到近年，鄂温克人的粮食，在很大程度上，都要从齐齐哈尔买来”②。

楚勒罕结束后，远道而来的商贾携带他们的货物，前往布特哈八旗驻地，继续进行交易。停泊在齐齐哈尔的吉林乌喇商船，则顺嫩江而上，向沿途经过的蒙古部落和打牲兵丁出售商品。嫩江岸边的墨尔根城通常是他们的终点站，直到秋天气候渐凉时，这些商船才由嫩江经松花江返回吉林乌喇城。

四、设驿立站形成交通线

东北各地设立的驿站，几乎是与修筑驻防城及反击沙俄侵略

① （清）西清：《黑龙江外记》卷 5，第 10 页，光绪二十年（1894）刊本。

② 内蒙古自治区编辑组：《鄂温克族社会历史调查》，第 82 页，内蒙古人民出版社 1986 年版。

同时进行的。康熙二十四年（1685）四月，当八旗兵前往雅克萨发起进攻之际，康熙帝谕令："凡奏报军机，自雅克萨至额苏里，经黑龙江前来，恐纡道迟延。令理藩院侍郎明爱于杜尔伯特、扎赖特派兵五百人，并索伦兵，酌自墨尔根至雅克萨设驿，奏报军机，庶免贻误。"① 据此，清政府设立驿站的本意是为了奏报军机大事，以保证反击沙俄侵略的胜利，更好地守卫祖国东北边疆。

清代东北地区的驿站是以将军驻地为中心，按照八旗驻防先后陆续设置起来的。遍布东北各个角落的驿站，将八旗各驻防城联结成为一个整体。驿站兵丁是东北满族的特殊组成部分。四通八达的驿站除了巩固国防作用之外，还逐渐成为东北各地的交通线，直接推动了东北的早期开发。

顺治年间，盛京将军辖区就形成三路 24 站：按照时间顺序，先是南至朝鲜的驿路，由盛京沿途 8 站至凤凰城，出柳条边越鸭绿江通往朝鲜；其次是西至山海关的驿路，由盛京沿途 13 站至山海关，入关后通往北京；最后是北至吉林乌喇（含宁古塔）的驿路，由盛京沿途 3 站至开原，出柳条边通往吉林。②

天聪七年（1633），皇太极曾派贝勒阿济格筑通远堡城。崇德二年（1637），朝鲜成为清朝的藩属国，朝鲜世子被押送盛京，作为清朝的人质。崇德三年（1638），皇太极移通远堡官兵驻守凤凰城，以加强与朝鲜的联系，盛京城南至朝鲜的驿路，当形成于清入关前。

从盛京城出发至朝鲜的驿路，沿途共设有 8 个驿站。盛京城南行 60 里至十里河站，70 里至迎水寺站入辽阳界，70 里至浪子山站，50 里至甜水站入凤凰城界，40 里至连山关站，50 里至通远堡站，60 里至雪里站，40 里至凤凰城站。至此计 8 站 440 里，

① 《清圣祖实录》卷 120，第 16 页。

② （清）伊把汉等修：《盛京通志》卷 12，第 1－2 页，康熙二十三年（1684）刊本。

出凤凰城为柳条边外封禁区，到中朝边界鸭绿江，还有120里路程。

从盛京城出发至山海关的驿路，因清政权入关而最后形成。盛京城西行60里至老边站，40里至巨流河站，70里至白旗堡站，50里至二道井站，50里至小黑山站，70里至广宁站，80里至十三山站，54里至小凌河站，54里至高桥站，62里至宁远站，62里至东关站，63里至凉水河站，75里至山海关站。总计13站780里。

从盛京城出发至吉林的驿路，形成于清政权入关后。盛京城北行70里为懿路站，再70里为高丽站，再北行75里为开原站。此3站计215里，北向出威远堡边门，经由蒙古地区进入吉林将军辖区。

清政权入关之前就在宁古塔设立八旗驻防，顺治年间，宁古塔升为昂邦章京驻地，当有通往盛京的驿站之设。顺治末年，清军在松花江中造战船，练水兵，并于康熙初年在江边修筑吉林乌喇城，设置从宁古塔通往吉林乌喇的驿路。据那时流放在宁古塔的张缙彦记载说：吉林乌喇城“人烟凑聚，去沈阳稍近，商货流通，近改驿道，移满汉章京各二人镇守，遂为宁古重地”①。此条史料证明，八旗兵修筑吉林乌喇城之前，宁古塔即有通向盛京城的驿站及驿道，而后将驿道改为宁古塔经吉林乌喇至盛京城。

康熙十五年（1676），宁古塔将军移驻吉林乌喇城后，即以该城小东门外尼什哈站为起点，形成三路38站：吉林乌喇城向东途径10站635里至宁古塔；吉林乌喇城向西途径8站555里至蒙古霍洛站通向盛京；吉林乌喇城向北至蒙古卡伦后分成两道，西北经10站525里至齐齐哈尔茂兴站，东北经10站722里至三

---

① 见（清）张缙彦：《宁古塔山水纪》，《杂纪》条，第31页，黑龙江人民出版社1984年版。

姓城。①

顺治十六年（1659），江南名士吴兆骞因科场案被流放宁古塔，他后来在给友人的信中回忆道：

> 弟以己亥（1659）夏出榆关，抵沈水之阳，海昌相公欲留弟共居一年，沈帅不许。濒行时，其令子子长赠我车马衣裘。六月二十一日渡松花江，时暑甚，因浴于江，遂得寒疾，着毡衣骑马，行大雨中，委顿欲绝。抵大乌稽，送吏以弟垂笃，特憩三日，同行者皆谓不起，忽梦准提而愈。七月十一至戍所。②

文中所说“大乌稽”，即高士奇《扈从东巡日录》中说的“大乌喇”，今天吉林省吉林市龙潭区乌拉街。当时吉林乌喇尚未筑城，所以吴兆骞在文中没有提到这座城市，自然也不存在从吉林乌喇到宁古塔的驿路。

据萨英额《吉林外记》卷3，东路首站是位于吉林乌喇城外10里松花江北岸的尼什哈站，以下依次为：90里额赫穆站，80里拉发站，60里退抟站，80里意气松站，40里额穆赫索罗站，80里他拉站，60里必尔罕站，60里沙兰站，80里为终到站宁古塔，位于该城东门外。

康熙二十年（1681）七月，吴兆骞经友人多方奔走，被赎还乡，其子吴桭臣在所著《宁古塔纪略》中，叙述了从宁古塔至吉林乌喇的驿站情况。

吴兆骞父子包括家属一行人，自九月二十日从宁古塔起程，将军巴海派拨什库1人、士兵8名护送，“拨驿车两辆、驿马两

① （清）萨英额：《吉林外记》卷3，《驿站》，吉林文史出版社1986年版。

② （清）吴兆骞：《秋笳集》杂著，卷8，《戊午年二月十一日寄顾舍人书》，载《丛书集成初编》第69册，上海商务印书馆1921年版。

匹及饮食等项，按驿供给更换”，吴氏在宁古塔的亲友送他们至沙岭（沙兰站），“第二站名鳖而汉鳖腊”（必尔罕站），第四站名昂邦多红，第五站名拉发（同名），第六站名厄黑木（额赫穆站），第七站名泥湿哈（尼什哈）。然后，吴氏全家行10里渡过松花江，到达吉林乌喇城。吴振臣所记驿站名称，除第四站昂邦多红外，与《吉林外记》卷3所记完全相同，这就再次证明，该驿路形成于修筑吉林乌喇城之后。

吉林乌喇城竣工后，形成通向盛京的西南驿路。萨英额《吉林外记》卷3所记驿站名称，与吴兆骞父子路过的驿站名称基本相同，括号为萨英额所记。吴氏一家自吉林乌喇城出发后，第一站名苏通（搜登），第二站名衣而门（伊勒门），第三站名双羊河（苏瓦延），第四站名一巴旦（伊巴丹），第五站名大孤山（同名），第六站名黑而素（黑尔苏），第七站名野黑（叶赫），第八站名棉花街（蒙古霍洛站）。由棉花街前行40里至威远堡，就进入盛京地区的驿路了。

吉林乌喇城向北的驿路，至蒙古卡伦后分成西北和东北两路：西北一路自吉林乌喇城起，由金珠鄂佛罗、舒兰、法特哈、登伊勒哲库至蒙古卡伦站分道，经盟温站、陶赉昭站、孙扎保站、浩色站、舍利站、伯都讷站，至齐齐哈尔茂兴站，除去中转站蒙古卡伦站，途中共经10个驿站到齐齐哈尔，行程计525里。东北一路自蒙古卡伦站起，经拉林多欢站、萨库里站、蜚克图站、色勒佛特库站、佛斯亨站、富拉珲站、崇古尔库站、鄂尔国木索站、妙嘎山站，至三姓城也是10站，行程计722里。①

查齐齐哈尔城竣工于康熙三十二年（1693），三姓城修筑于康熙五十四年（1714），这些驿站都是在康熙年间设置完成的。

黑龙江将军辖区至雍正年间形成四路35（台）站：齐齐哈尔

① （清）萨英额：《吉林外记》卷3，《驿站》，吉林文史出版社1986年版。

东北经墨尔根至黑龙江城共12站；齐齐哈尔西南至伯都讷共7站；齐齐哈尔东南至呼兰共6站；齐齐哈尔西经布特哈至呼伦贝尔共10（台）站。黑龙江的驿路，均以将军驻地齐齐哈尔城内布克依站为起点。①

齐齐哈尔城通向东北黑龙江城的驿路，60里至塔拉尔站，75里至宁年站，80里至拉哈站（入墨尔根城界），60里至博尔多站，43里至喀穆尼站，42里至伊拉喀站，70里至墨尔根站，75里至科洛尔站，76里至喀尔喀图站，85里至库穆楞站，35里至额叶尔站，78里至黑龙江站。过此32里，即抵达黑龙江城。以上共12站，康熙二十五年（1686）设，归墨尔根管站官所辖。

齐齐哈尔城通向西南伯都讷城的驿路，55里至特穆赫站，75里至温托珲站，75里至多鼐站，75里至塔勒哈站，67里至古鲁站，55里至乌兰诺尔站，45里至墨馨站。过此即为伯都讷界。以上7站，归墨馨站官所辖，康熙二十五年（1686）原设6站，雍正五年（1728），以古鲁至墨馨过远，增设乌兰诺尔站。

齐齐哈尔城通往东南呼兰城的驿路，由齐齐哈尔城行至乌兰诺尔站分道而东，100里至博尔济哈站，110里至察布齐勒站，100里至鄂多尔图站，75里至布拉克站，80里至扎喀和硕站，55里至呼兰站，过此30里即为呼兰城。以上6站为墨馨站官所辖。

齐齐哈尔城通往西部呼伦布雨尔（呼伦贝尔）的驿路，100里至锡尔特台，85里至噶齐克台，70里至蒙古乌尔楚克台，70里至额赫昂阿台，65里至巴林台，75里至雅尔博克托台，80里至和罗奇台，70里至乌苏里台，65里至札敦昂阿台，80里至济尔玛沁台。过此即为呼伦布雨尔界。以上10台初由齐齐哈尔、布特哈、呼伦布雨尔三处派兵值班，雍正十二年（1734），改由博尔多八旗兵内拨派，每站兵10名。

---

①（清）阿桂等纂修：《盛京通志》卷33，第23－25页，1917年铅印本。

东北各地的这些驿站隶属于驻防将军，因而属于八旗驻防的一部分。按照清代东北文献记载，对于驿站的管理办法是："设笔帖式，统于将军。"① 实际上，是由驻防将军委派专人管理。盛京将军委派管理驿站的官员称为"关防官"；吉林叫做"驿站监督"，具体分设西、北两路总站监督；黑龙江则干脆就叫"站官"，"本六品，有印"，后来一律改为八品官。每个驿站"设笔帖式一，拨什库一，庄头一，小头一。壮丁不为限，大抵业农贾。小头者，役于拨什库者也，庄头者，管壮丁者也，拨什库专司应付，笔帖式登记档案。以体统言之，笔帖式有印，若尊于拨什库，而派军马草料则不敢侵其权，是以一站之人，惟拨什库是畏"②。

驿站因为归东北各将军直接管辖，最初的站丁来自八旗各佐领。例如，吉林地区各驿站"领催、壮丁，系由旗内人派充"③，站丁全部由满族人充当。康熙二十年（1681）后，清政府将参与吴三桂叛乱的三藩官兵发遣东北，"当时由云南拨来八百四十户，分布边台，守边挑濠，驿站传递文书"④。因此，东北各个驿站的站丁除了满族人之外，三藩旧户占了很大比重。齐齐哈尔至呼伦贝尔10台站，由于地处国防前线，仍然归八旗兵守台。

驿站站丁人数与配置的马、牛数量，视具体情况而定。清初设立瑷珲城至吉林乌喇城的驿站，开始时计划每个驿站"驿夫五十人，遇有警急，乘蒙古马疾驰"⑤。这是在特殊的战争时期，所以人数较多，后来便减少到每个驿站20人，又减为每站10人。

①③ （清）长顺修：《吉林通志》卷57，第21页，吉林文史出版社1986年版。

② （清）杨宾：《柳边纪略》卷3，第14－15页，载《辽海丛书》(一)，辽沈书社1985年版。

④ 王树楠等纂：《奉天通志》卷167，第34页，东北文史丛书编辑委员会1983年版。

⑤ 《清圣祖实录》卷112，第7页。

盛京通往朝鲜的驿路，因为来往人员和公务不多，每站额设驿马13匹，其他两路事务繁多，每站均额设驿马50匹。吉林各路驿站，基本上按站丁人数配置马、牛数量。例如，吉林乌喇至盛京驿路8站，每站额设壮丁40名，马40匹，牛40头。黑龙江地区齐齐哈尔城至黑龙江城12站，每站额设壮丁26名，马20匹，牛30头；齐齐哈尔城至伯都讷城7站，每站额设壮丁26名，马26匹，牛27头；齐齐哈尔城至呼兰城6站，每站额设壮丁9名，马5匹，牛4头。①

驿站站丁除了传送军报公文外，在东北的经济开发中还起着重要作用。站丁在差务之余还开垦土地，饲养家畜，从事农业生产。有的站丁在驿站旁边开设旅店，招待过往商旅行人。在东北很多地方，驿站站丁及家属往往是当地最早的居民，并且成为外来流民的落脚之地，由此逐渐发展成为较大的村落。前面提到的伯都讷和齐齐哈尔两城，则都是由最初的驿站发展起来的。

康熙时期，到东北探亲的杨宾在《柳边纪略》卷3中，记载了当时的驿站情形："每站居人多者数百家，少者数十家。今爱浑将军尽拨壮丁为水手工匠，而山东、西流寓者，奉天将军又复驱之入关，存者不过十余家，而站废矣。"文中"爱浑将军"即黑龙江将军萨布素，由于他将驿站壮丁编入水师营，充当水手、工匠，使驿站周围的居民大量减少。而到了乾隆、嘉庆时期，东北各地的驿站又普遍发展起来。在十分偏僻的黑龙江地区，"上下站壮丁自为聚落，每站不下百十家，皆有官房待过客，私开旅店，间已有之。过此，则黄沙极目，白草蔽人，不至彼站，想闻鸡犬声不得"②。

现存光绪《墨尔根志》卷11，《驿站》条，记载了辖区内每

---

① 详见阿桂等纂修：《盛京通志》卷33，相关各驿站条，1917年铅印本。

② （清）西清：《黑龙江外记》卷2，第8－12页，光绪二十年（1894）刊本。

个驿站的居民户数，有5个驿站的居民都在百户之多，具体如下。

喀儿塔尔奚站，居民住户102家。此外，属于喀儿塔尔奚站的还有陷泥沟屯、杨树屯、西山后屯、二十里河屯、穆纳尔河屯，5屯住户合计148家。该驿站及周围5屯居民，总计为250家。

科落尔站，居民住户86家。此站外属8屯，住户计231家。该驿站居民包括外属8屯，总计为317家。

喀迷呢喀站，居民住户45家。此站外属2屯，住户计56家。该驿站及附近2屯居民，总计为101家。

薄尔多站，居民住户174家。此站外属3屯，住户240家。该驿站加上外属3屯居民，总计为314家。

拉哈站，居民住户169家。此站外属三屯，住户计295家。该驿站及其他3屯居民，总计为464家。

东北许多地方的驿站，是当地最早的中心村落，然后逐步向外辐射，形成新的居民村屯。清初颁布的辽东招民令，其中规定招民百户出关，可以实授知县。说明在地广人稀的东北，百户居民就可以设立一个县，而上述的5个驿站，最少的101户，最多的有464户，为以后民治机构的设立奠定了基础。

东北各驿站的壮丁人数，与居民住户数，以及户口人数，往往不成正常比例。例如，上述墨尔根地区的拉哈站，康熙二十五年（1686）驿站设立之初，仅有壮丁26名，至晚清200年间，以该站为中心的住户有464家，近乎当年壮丁数的18倍。

星罗棋布的驿站，由于经常有乘马的站丁穿梭其间，无形之中便为过往行人和商贾提供了安全保证。久而久之，站丁们常年奔跑其间的驿路，就成为联结东北各驻防城以及关内外的主要交通线。

清前期，从黑龙江将军驻地齐齐哈尔城，到首都北京有三条交通线。

第一条：从齐齐哈尔经伯都讷至吉林乌喇，再由吉林乌喇经盛京入山海关至北京，称为“进本线”，约3300余里。按照清代公文制度，地方军政大员向中央政府和皇帝报告例行公务，称为“题本”。黑龙江军政官员送交题本的路线长达3300里，与其内容性质有关。

第二条：由齐齐哈尔向西南经蒙古各部，从喜峰口长城进入北京，称为“递折路”，约2300余里。“折”指奏折，系地方大员直接向皇帝奏报的地方公私重要事件，黑龙江将军的“递折路”比“进本线”缩短1000余里，路程短是因为其内容性质重要所致。

第三条：从齐齐哈尔经蒙古郭尔罗斯草原，由法库边门入盛京地区，总计有800余里，“俗称八虎道”。“八虎”即“法库”之音变，该道为“商贩往来必由之路”①。

东北各地设立的驿站和驿路的开辟，基本上是在雅克萨战役前后完成的，广大满族群众承担了繁重的建设任务。雅克萨战前，康熙帝派郎中包奇前往黑龙江，设立通往吉林乌喇的驿站，共19驿，每个驿站设壮丁并拨什库30名，马20匹，牛30头。根据康熙帝的谕令：“壮丁，自盛京、宁古塔所辖各驿柳条边派出；马牛，令盛京户部照数采买送往。”②

近百个驿站在递送军报、官府公文，加强东北驻军与中央政府的联系，维护国家的统一等方面起了重要作用。除此之外，由四通八达的驿路组成的交通线，使东北的土特产，如人参、貂皮、烟草和杂粮等，沿着这些交通线运入关内，关内的生活日用品也源源不断运出关外。随着商贩而来的还有大批雇工流民，他们沿着驿路从南向北而行，经过每个驿站都会有人停留下来，加入到当地的居民之中，逐渐成为东北的土著。

---

①（清）西清：《黑龙江外记》卷2，第8－12页，光绪二十年（1894）刊本。

②《清圣祖实录》卷121，第22页。

"此方人民淳朴，狱讼事简，无甚难理，尔等膺荷委任，惟抚戢军民，爱养招徕。满、汉人民悉赖农业，须多方劝谕，开垦耕种，俾各遂生计，以副朕眷念发祥重地之意。"

——康熙帝谕将军阿穆尔图

第五章 开垦旗地

一、清初关外满族人口的增加

满族在入关之前，就已经完成了从狩猎经济向农业经济的转变。由于清政权入关，导致盛京地区满族人口大量减少，大片土地荒芜。清政府为了恢复盛京地区的农业生产，采取重新分配旗地，鼓励入关满族和辽民返回故里，以及辽东招民开垦等各种措施，促使盛京地区满族人口大量增加，从而为大面积开垦旗地创造了条件。

16世纪末年，满族崛起于辽东山区之时，农业生产已经有了很大的发展。天命四年（1619）三月，明、清（后金）双方爆发萨尔浒大战，此役明军一连三战皆北，将领死者三百余，丧师四万五千八百，马驼三万，还俘虏了数千名参战的朝鲜军人。据被俘关押在赫图阿拉的朝鲜人李民寏亲眼所见："自奴酋（指努尔哈赤）及诸子，下至卒胡，皆有奴婢（互相买卖，原注），农庄（将胡则多至五十余所，原注），奴婢耕作以输其主。军卒则但砺刀剑，无事于农亩者，无结卜之役，租税之收。土地肥饶，禾谷甚茂，旱田诸种，无不有之。”[①]从这条史料可知，居住在佛阿拉和赫图阿拉时期的满族，由于从“奴酋”（八旗将领）到“卒胡”（普通旗兵）都拥有奴仆，因此采取农庄形式从事农业生产，奴仆是那时农庄上的主要劳动力。

萨尔浒战后，努尔哈赤挟胜利之势攻下开原城，“杀数万人，公私廨舍俱烬”。不久，八旗兵又攻克铁岭，“杀官民二万人，焚卫所廨舍军资仓库，掠车马骡畜数万计”。天命六年（1621），努尔哈赤率领八旗兵攻下沈阳、辽阳，占领了辽河以东全部地区。镇江城（今属辽宁省丹东市振安区九连城乡）人民与明军毛文龙部里应外合，杀死守城的后金将领佟丰年等人。努尔哈赤派兵三万进行报复，“屠镇江，余民三万浮渡朝鲜梅（海）洋以免”。天命七年（1622）正月，努尔哈赤的兵锋指向辽河西部，攻陷明在辽西的军事重镇广宁城，明军出现无组织的大溃败，“自三岔河及（山海）关，弃甲仗如山，兵民入关者二百万”[②]。残酷的战争打乱了辽东地区的社会秩序，造成大量汉族人口死亡和逃往外地，昔日经济文化繁荣的辽东地区，在战争中变得一片荒凉。

努尔哈赤攻占辽沈地区后，将全体满族从辽东山区迁入以辽阳和沈阳为中心的辽东平原地区。当时，辽阳、沈阳周围地区存在大量荒地，新生的金（清）政权又经常面临粮食供应困难。因此，努尔哈赤于天命六年（1621）七月，颁布了“计丁授田”谕。[③] 努尔哈赤实施“计丁授田”的对象，既有八旗兵丁，也有奴仆壮丁。这种按人丁分配土地的目的，是为了将满族人民与土地结合起来，以保证兵源和军粮供应。以“计丁授田”为标志，

① ［朝鲜］李民寏：《建州闻见录》，第43页，辽宁大学历史系1978年印本。

② 以上引文未标注者均见（明）彭孙贻《山中闻见录》卷2、卷3，载于《清入关前史料选辑》第3辑，第15、17、35、40页，中国人民大学出版社1991年版。

③ 《重译满文老档》（太祖朝）卷24，辽宁大学历史系1979年印本。

农业生产开始成为满族经济生活的基本方式。

皇太极即位后，非常重视满族的农业生产。他在各种公开场合一再强调发展农业生产的重要性，专门指示各旗牛录额真："树艺之法，洼地当种粱稗，高田随地所宜种之，地瘠须加培壅，耕牛须善饲养。尔得一一严饬。如贫民无牛者，付有力之家代种，一切徭役，宜派有力者，勿得累及贫民。"① 这段史料说明，满族不仅普遍从事农业生产，而且已经出现了两极分化现象，贫民没有耕牛，甚至无法种地。

然而，由于清政权入关前的战争十分频繁，满族壮年男子连年征战，从事农业生产的虽然也有满族人，但多数是被掠夺来的汉族人。天聪七年（1633），皇太极在训斥汉官时，曾说到满人差徭比汉人多30余项，其中之一即为"每年耕种，以给新附之人"②。但满族从事农业生产的多是拥有耕牛的"有力之家"，使用奴仆在农庄里进行生产，例如，满洲正白旗人姚塔"有庄田二，在撒尔湖地方，离本牛录屯另住。被明兵犯境，掠去满洲一名、汉人二名、汉妇人三口、牛一头"。姚塔究竟是官员还是普通兵丁，这段史料并没有具体记载。但姚塔因为离开本牛录屯居住，致使劳动人手和耕牛被抢走，还受到"罚男妇六人，牛一头"③ 的处分，由此可见，他的庄田上有相当数量的种地汉人。

崇德六年（1641），都察院参政祖可法等人向皇太极建议四事：申严沽酒之禁，杜塞囤积之弊，疏浚河渠之路，请开捐粟之例。这四条都与农业生产有关，其中讲到严禁造酒时说，"本京及大小城堡庄屯计造酒米数，每日不下数百石"④。据此推算，若停止一年造酒，即可节约粮食几十万石。由此可知，关外时期满族的农业生产有了相当程度的发展，一般在正常年景下，粮食生

① 《清太宗实录》卷13，第4页。
② 《清太宗实录》卷17，第15页。
③ 《清太宗实录》卷20，第28页。
④ 《清太宗实录》卷58，第13页。

产能够做到自给有余。

清政权入关后，满族百万人口从龙入关，造成盛京地区大面积土地荒芜，农业生产一度出现严重萧条。在清朝统治者看来，盛京地区是“祖宗肇迹兴王之所”①，爱新觉罗皇族的肇、兴、景、显四祖陵和清太祖、清太宗的陵寝分布其中，同时又是清政权留都重地所在，因此恢复和促进盛京地区社会经济的繁荣，是清政权义不容辞的责任。在这种情况下，清政府采取各种措施，鼓励满族人民大力垦荒，尽快恢复农业生产。

首先，重新分配盛京旗地。顺治初年，清政府规定：对留守盛京的八旗兵分配土地，“缘边次第挨给。若不论疆界，挑选膏腴，徇情派拨者，佐领、领催分别罚责”②。即八旗兵以佐领为单位，在原明辽东边墙（缘边）范围内分配土地。同时又规定：“锦州、盖州各官庄屯，非由钦（指皇帝）赐者，概令退出”，另行分配。锦州地处辽西，盖州位居辽南，调整土地范围之大，可以想见。顺治五年（1648），清政府再次下令：“沙河以外、锦州以内，八旗官员家丁，每名拨给地六晌承种。”③八旗官员组织家丁设立庄屯从事生产，两黄旗官员庄屯位于沙河所，两白旗官员庄屯位于宁远，两红旗官员庄屯位于塔山，两蓝旗官员庄屯位于锦州。辽西地区的荒芜土地，被满族人民陆续开垦出来。

其次，鼓励关内满族返回盛京地区。顺治初年规定：凡是从北京回来的满族人员，若将原来在关内分配的圈地上缴户部，可以得到熟地耕种；未上缴户部的，分给草莱地（指抛荒时间不长的土地）5晌供其开垦；若家中还有余丁，经有关官员具结，也给予草莱地开垦。顺治八年（1651），清政府因为山海关外有大片荒地，号召满族出关开垦。康熙十二年（1673），清政府规定：

---

① 《清高宗实录》卷1011，第2页。

②③ （清）《八旗通志初集》卷18，《奉天规制》，东北师范大学出版社1985年版。

关内满族凡是愿意前往“盛京领地设庄护坟者，若将分内壮丁地退出，准拨熟地。不愿退出者，以荒地拨给”①。从这些规定来看，关内满族回到东北老家后，如果上交原来分配的圈地，可以在关外得到熟地耕种，即使不上交关内所分配的圈地，在关外也可以分到容易开垦的草莱地耕种。在如此优厚的条件下，有相当人数的满族返回了关外老家。

第三，号召当年因躲避战乱，逃入关内的辽人返回故土。顺治六年（1649），清政府发布顺治帝上谕曰：

> 关外辽人，有先年入关，在各省居住者，离坟墓，别乡井，历年已久，殊可悯念。著出示晓谕，凡系辽人，各写籍贯姓名，赴户部投递，听候察收，有愿入满洲旗内者，即入旗内。……有人材壮健，愿入行伍者，给与粮饷，照满洲一例恩养。其有愿还故乡者，听。②

这条谕令十分重要，因为它对以后盛京地区满族人口的增长，起了极大的作用。我们在下面有关内容中，还会谈到这一点。

第四，颁布辽东招民开垦令，设立民治机构安置出关汉民。顺治十年（1653），清政权在盛京地区设立辽阳府（顺治十四年改为奉天府）及辽阳、海城二县，同时发布辽东召民开垦令，“是年，定例辽东招民开垦，至百名者，文授知县，武授守备。六十名以上，文授州同、州判，武授千总。至五十名以上，文授县丞、主簿，武授百总。招民数多者，每百名加一级”③。尽管清

---

① （清）《八旗通志初集》卷18，《奉天规制》，东北师范大学出版社1985年版。

② 《清世祖实录》卷42，第9－10页。

③ 乾隆元年修：《盛京通志》卷23，第1－2页，咸丰二年（1852）重刊本。

政府采取破格授官和特殊优待的办法，鼓励关内汉族农民出关开垦，实际上并没有出现大批农民踊跃出关的情形。顺治十四年（1657），辽阳知府张尚贤上疏，请求改变招垦方法："去岁自春徂秋，招头绝迹。请敕部设法招徕，或此法难行，更有彼法可通。"① 这种情况说明，顺治朝的辽东招民开垦，并没有收到预期效果。据顺治十八年（1661）统计，奉天府所辖人丁，只有5557丁②。

顺治十八年五月，奉天府尹张尚贤在其奏疏中以辽河为界，概括了盛京地区面临的严峻形势：辽河以东地区，原来明代修筑的城堡不少，如今全都变成了荒土，仅奉天（沈阳市）、辽阳、海城三处，稍微还有些府城、县城的规模。其他如盖州、凤凰城、金州地方，老百姓不过数百人，铁岭、抚顺更可怜，只有从关内流放到当地的一些犯人。辽河以西地区，明代留下的城堡虽然比辽东多，但老百姓的人数却比辽东少。此外，宁远、锦州、广宁地方，百姓稍微多一点，而清政府在如此广阔的辽西地方只设八旗佐领一员，根本不可能进行有效的管理。张尚贤在奏疏的最后，用16个字作为结论："荒城废堡，败瓦颓垣，沃野千里，有土无人。"③ 这16个字生动地描绘了顺治朝盛京地区的凋敝景象。

这份论盛京形势的奏疏，历来受到研究清代东北史学者的重视，而且还把这个奏疏作为顺治朝招民开垦失败的根据。

但本书的意见与之不同，我们认为张尚贤在奏疏里所描述的，只是顺治朝辽东招民开垦的"部分情况"。为什么说是辽东招民的"部分情况"？因为张尚贤在奏疏中所讲的是奉天府所辖

---

① 王益朋：《全地利重根本疏》，载（清）贺长龄、魏源等编：《清经世文编》卷35，中华书局1992年版。

② 乾隆元年修：《盛京通志》卷23，第1－2页，咸丰二年（1852）重刊本。

③ 《清圣祖实录》卷2，第26页。

州、县内的情形。当时还有相当数量的汉族农民，并没有进入刚刚设立的地方州县，而是进入了满族人所居住的八旗各驻防城。

顺治十一年（1655）二月，“盛京猎户李百总，收养山海关内贫民四百余口，上（顺治帝）以其尚义可嘉，命赏衣服、鞍马，以示奖劝”①。根据这条史料的明确记载，这400多口关内贫民，肯定是被满族猎户李百总带到了关外，入了旗，否则按照辽东招民之授官规定，李百总若是汉人，就不仅是被赏给衣服、鞍马，而是立即升为知县，至少也可以当个守备之类。

是年（1655）六月，顺治帝因上皇太后徽号礼成，颁诏天下，其中有一条是：“饥民有愿赴辽东就食耕种者，山海关章京不得拦阻，所在章京及府州县官，随民愿往处所，拨与田地，酌给种粮，安插抚养，毋致失所。”② 饥民既然是到关外“就食耕种”，出路只能是给满族地主做佣工，否则就谈不上“就食”。文中的“章京”是八旗官员，出关饥民要想得到土地，入旗是主要途径，因为当时关外民治机构仅有一府二县，大大少于八旗驻防。出关饥民即使愿意前往辽阳、海城二县，也有实际困难，所以入旗是顺治朝出关汉民的主要去向。

上述情况，在尚未设立府县的辽西地区尤其突出。《辽宁省兴城县满族调查报告》中说：现在兴城6万多满族人中，属满洲旗者不过2000人左右。从整个锦州地区来看，满洲旗人亦不过占满族总人数的10%左右，在锦州专区20多万满族人中，汉军旗人占90%左右，他们编入旗籍的年代和原因各有不同。顺治、康熙之际，出关汉族加入满族的人数之多，于此可知。该调查报告的作者，将汉族入旗的主要途径分为以下四种：

其一，投充旗下。清军入关建立统治政权以后，原住此地的民户，大部分被迫投充入旗。例如，杨慎之的祖先原系山东登州

---

① 《清世祖实录》卷81，第8页

② 《清世祖实录》卷84，第21页。

府人，于明朝天启年间逃荒来此，到清朝顺治年间，投充旗下编入旗籍。李再南、范承路等人的祖先，也是在同样情况下被迫编入汉军旗的。

其二，降军入旗。明、清两军交战之际，投降清军的明军，一般情况下是编入汉军八旗。

其三，拨军垦荒。顺治、康熙之际，在关外土质肥沃的地方设庄园、放庄头，并从关内拨军来此进行开垦。拨来的汉人，一部分是平定三藩之乱以后，将其属下调拨来这里，编入庄内从事生产，大部分是从山东、直隶拨来的汉人。据李奎阁说："来到关外的汉人，入旗与否，听其自愿。"他们有的是入庄园，隶旗籍，有的是自己开荒种地，向民衙门交租，自始至终还是民户。

其四，匠户入籍。关外王公贵族所需要的生活用品，是由关内拨来一批手工业者，按照统治者需要进行生产。义县的汉军旗人，就有一部分是清初拨给固伦公主的72匠人之后代。①

顺治朝来到关外的汉人加入满族这一事实，虽然清代官方文献缺乏记载，但在今天满族人的家谱中，却留下了不少具体的记录。本溪满族马氏在《马氏族谱·序》中说："吾马氏原籍山东登州府栖霞县马家营居住。及后，于大清开国以来，吾始祖携眷远适异国不惮，顺治十三年，跋山涉水之劳。至于涉他邦，弗辞航海梯山之苦，辞故土，来至关东盛京城北八里洼子窑居住……当斯时也，乃入都京内务府正黄旗以当鱼差。"本溪满族《金氏宗谱》记载：金氏原籍山东省登州府蓬莱县，汉族人，自顺治十三年由山东移民来到沈阳北王世辉屯安家落户。后因分居，各立门户，有金荣、金华、金璋兄弟三人，迁至辽阳东太子河南大汤沟小市村落户居住，"随旗当差"，隶属于汉军正红旗。《金氏宗谱》还说，当时共有金、马、张、赵、李、景六户"在一府当

① 辽宁省编辑委员会编：《满族社会历史调查》，第204－205页，辽宁人民出版社1985年版。

差。在太子河捕鱼服务，进奉王府缴纳。后买红册土地叁佰壹拾贰亩”①。

康熙年间，清政府组织编纂盛京各县地方志，对人口的记载普遍偏少。例如，康熙《盖平县志》卷下：“县治新设，民多招徕，……今土著即寡，本业亦稀。”再如，康熙《开原县志》卷下，《户口》条：“因州县新设，户无旧籍，丁鲜原额，俱系招民，三年起科。”而康熙《铁岭县志》卷上竟说：“今上（康熙）三年，改铁岭县，固未有一民也。”②

这里必须强调的是，所谓铁岭县初设时“未有一民”，指的是铁岭县管辖下的汉族民人。出现这种情况并不奇怪，因为很多出关的汉族农民都入了旗，尽管新设的铁岭县没有人口管理，而当地属于“旗下”的满族人口，则在大量地增加。

康熙《铁岭县志》卷上《村落》条，对县里的村屯分别按属于“旗下”和“民人”来记载，而且对每一个村屯的名字、地理方位和与县城的距离都作了详细记录。这条材料弥足珍贵，对说明清初盛京地区满族与汉族的人口比例，有比较强的说服力，故将全文引之如下：

> 东果园，距城一里，旗下。熊管屯，距城十里，旗下。宿老屯，距城三十里，旗下。柴河堡，距城六十里，旗下。白子峪，距城七十五里，旗下。一面城，距城八十里，旗下。冷哥郎寨，距城九十五里，旗下。飞地里，距城百里，旗下。曾家寨，距城百里，旗下。黄旗寨，距城百一十里，旗下。蓝旗寨，距城百二十里，旗下。以上十一屯堡，系城东（全部属于满族，作者

① 详见李林等：《本溪县满族家谱研究》，第180、183页，辽宁民族出版社1988年版。

② 康熙《铁岭县志》卷上，第1页，载《辽海丛书》（二），辽沈书社1985年版。

注）。

南果园，距城一里，旗下。顾官屯，距城二十里，旗下。屠家楼，距城二十里，旗下。黍鸭子屯，距城二十里，旗下。张家楼，距城三十里，旗下。殷家屯，距城三十里，旗下。徐千户屯，距城三十五里，旗下。崔公堡，距城四十里，旗下。瓢酪屯，距城五十里，旗下。魏台衡（冲），距城五十里，旗下。花豹冲，距城五十里，旗下。山石小屯，距城五十里，旗下。抚安堡，距城五十五里，旗下。大甸子，距城六十里，旗下。牧牙正，距城六十里，旗下。高丽营，距城六十五里，旗下。当铺里，距城七十里，旗下。以上十七屯堡，系城东南（全部属于满族，作者注）。

八里庄，距城八里，民人。辽海屯，距城十五里，民人。站里，距城二十九里，旗下。范家屯，距城三十五里，民人。新屯，距城三十里，旗下。石出，距城四十三里，旗下。懿路，距城六十里，旗下、民人间居。以上七庄屯，系城南（满族、汉族各占一半，作者注）。

教场，距城二里，民人。三台子，距城十二里，民人。新星铺，距城十五里，旗下。曾十堡，距城二十里，旗下。老河湾，距城三十里，旗下。泛河，距城三十里，旗下。城南堡，距城三十三里，旗下。腰铺里，距城四十里，民人。土城子，距城三十五里，民人。阳和楼，距城三十五里，旗下。小猪儿山，距城四十里，旗下。大猪儿山，距城四十里，旗下。鹰手屯，距城四十里，旗下。宋家泡，距城四十五里，旗下。琐奈街，距城五十里，旗下。丁字泡，距城四十五里，旗下。康家屯，距城五十里，旗下。八里庄，距城五十二里，旗下。鲍家冈，距城六十里，旗下。小河口，距城七十里，旗下。以上二十庄屯，系城西南（属于满族16，汉族4，作者注）。

马逢沟，距城五里，民人。河西庄，距城七里，民人。红崖嘴，距城二十里，旗下。以上三庄屯，系城西（满族1，汉族2，作者注）。

柴河涯，距城三里，旗下。奚家庄，距城七里，旗下。贺家屯，距城二十里，旗下。营守堡，距城二十里，旗下。吴高丽屯，距城二十里，旗下。以上五庄屯，系城西北（全部属于满族，作者注）。

头台子，距城五里，民人。高丽屯，距城十里，旗下。平定铺，距城十五里，旗下。旧边门，距城十八里，旗下。三道铺，距城二十里，旗下。以上五庄屯，系城北（属于满族4，汉族1，作者注）。

递运所，距城五里，旗下。椴木岭，距城十五里，旗下。养猪沟，距城二十里，旗下。红草石，距城三十五里，旗下。以上四庄屯，系城东北（全部属于满族，作者注）。

综上所述，铁岭县城东部与东南部、南部与西南部、西部与西北部、北部与东北部8个方位，总共有自然村落72个，其中属于满族居住的村落有61个，属于汉族居住的村落有10个，满、汉杂居的1个。另外，据康熙《铁岭县志》卷下，《户口志》条记载，县属民人（即汉族）户数为1829，口数5329。平均每个村的人口为500余人。满族人口若据此推算，则当在3万左右。《铁岭县志》卷下，《丁粮》条还记载，民人丁数为2106名，垦地数为37 938亩。满族的开垦土地数字，若按村落数计算，则应在20万亩左右。顺治朝出关汉族加入满族的间接证据，还反映在盛京地区旗地的大量增加上，详见表4。

表4 顺治朝盛京旗地分布①

地区	数量	地区	数量
兴京	2441	牛庄	28 114
奉天附近	258 937	广宁	22 078
开原	11 667	义州	33 072
凤凰城	7590	锦州	29 938
盖平	16 274	山海关	26 856
南金州	5150	合计	442 097

旗地以日或晌为单位，若以每日为6亩地计算，44万日旗地合计为264万亩。按当时劳动力生产水平，一个壮丁耕种60亩，则需要四五万人以上。满族是不可能有如此众多劳动人手的。大量旗地的开垦者，就是新加入满族的关内汉人。

附带需要指出的是，这264万亩旗地，并不是当时开垦的全部旗地，从上面表4中可知，满族人数较多的铁岭，就没有记录在内。而据康熙《铁岭县志》卷上记载："世祖诞膺大命，混一区寓，从龙甲士率入京师，其留业于此者，各旗果户外，千百余家耳。"这些满族群众开垦的土地，数量一定相当可观。

二、盛京旗地成为东北粮仓

顺治年间，由于广大满族人民的辛勤劳动，因八旗兵入关而抛荒的"草莱地"被重新开垦出来。康熙初年，清政府继续推行辽东招民政策，并且取得了很大的成效，详情前面第二章已经有所交待，此处不再赘述。至康熙、雍正时期，在满、汉人民的辛

① 表4资料出处：乾隆元年修《盛京通志》卷24，咸丰二年（1852）重刊本。

勤耕耘下，盛京地区的旗地面积成倍增加，逐渐成为东北地区的粮仓。盛京旗地生产的粮食，不仅满足了反击沙俄的军事需要，而且被大量运往关内各省，成为清政府赈济北方各省灾区粮食的主要来源。

如果今天的人们要问，清代东北满族和关内地区的满族，尤其是与北京满族的最大区别是什么？答案是：东北地区的满族主要靠自己开荒种地为生，关内各地特别是北京的满族则依赖旗饷度日。关于这一点，可以从盛京旗地开垦的过程中得到证明。《辽宁省新宾县永陵乡外和睦村满族调查报告》中，记录了若干顺治年间满族群众开垦旗地的实例，引之如下：

> 姜姓和包姓。姜姓是满洲正红旗，属章嘉哈拉（满姓）；包姓是满洲正蓝旗，属吴舒哈拉（满姓）。他们两家是最早来到外和睦开垦荒山从事农耕的。姜、包二姓均祖居长白山，姜姓迁徙情况已不可考；包姓先是随努尔哈赤迁至辽阳，天聪年间，其祖先的第二代从辽阳迁居外和睦占山开荒。当时，此地还没有人家，是一片茂密的森林，大树有三抱粗。至包姓第四代包顶时，已开发土地38天（即日，6亩，时间约在顺治末年康熙初年，原注）。姜、包二姓均自称为占山户，当地人也这样称呼他们。
>
> 吴姓。吴姓是满洲镶白旗，属吴舒哈拉，永福牛录管下，也是随努尔哈赤从长白山迁来的。传说吴家祖先喜欢打鱼，常到外和睦苏子河打鱼，看见外和睦地方好，即从姚家山搬至此地。他们迁入后便开荒种地，到康熙年间已有红册地20多天。他们自称占山户，人们也这样传说。目前这村吴姓已有14户，都是同一祖先的宗支。这些户从来都是从事农耕的，在清代只有个别

人当兵差。①

康熙十年（1671），康熙帝首次出关谒陵盛京后告诫将军阿穆尔图，“满、汉人民悉赖农业，须多方劝谕，开垦耕种，俾各遂生计，以副朕眷念发祥重地之意。”② 由此可见，康熙帝把招徕满、汉人民开垦耕种，视为地方官的头等大事。

划分旗地、民地界限。随着出关满、汉人民的不断增多，出现了旗人与民人争夺土地的矛盾，当时民人想要开垦土地，旗人则加以阻拦。康熙十八年（1679），清政府在盛京地区东自抚顺起，西至宁远州老君屯，南至盖平县拦石起，北至开原县的范围内，组织地方官员丈量土地。除马厂、羊草等甸地外，实际丈出土地 5 484 155 晌，最后划分属于旗地的 4 605 380 晌，属于民地的 878 775 晌③。康熙十九年，户部又受命派官员前赴盛京，会同当地官员“将各处田地清丈明白，务令旗民咸利，设立边界，永安生业”④。由此形成的盛京旗、民土地界限，直到光绪初年才被取消。

从康熙时分配旗、民土地数字来看，旗地是民地的 5 倍有余，这里面除了对满族的照顾外，也反映了当时的实际人口状况。据康熙时人王一元说：“辽左本八旗地方，合九州县之民不及十之二三，故风俗化之，饮食相类者十七八。”⑤ 由此可知，当时满族人口占盛京地区总人口的 80% 左右，与其占有旗地数字大致相符。

---

① 辽宁省编辑委员会编：《满族社会历史调查》，第 34 页，辽宁人民出版社 1985 年版。

② 《清圣祖实录》卷 36，第 21－22 页。

③ 《清圣祖实录》卷 87，第 18 页。

④ （清）鄂尔泰等修：《八旗通志初集》卷 18，《奉天规制》，东北师范大学出版社 1985 年版。

⑤ （清）王一元：《辽左见闻录》不分卷，北京图书馆藏手抄本。

康熙年间，满族人口继续迁入盛京地区。比较大的人口迁移有两次：康熙十七年（1678），由赫哲人为主的新满洲兵31佐领从吉林乌喇城迁入盛京地区，计1131户，壮丁3531名，连同家眷共11 180口①；康熙二十五年（1686），清政府正式向盛京拨丁垦荒，将“锦州、凤凰城等八处荒地，分拨旗丁名下，给牛屯种。每一丁承种，七丁助给口粮、农器，共垦地二万四千六十五晌”②。对于这次拨丁垦荒，《八旗通志初集》卷18记载为：“锦州、凤凰城等八处荒地分拨旗丁、民丁，给牛屯垦。每十六丁内，二丁承种，余十四丁，助给口粮、农器。”后者比前者增加了“民丁”记载，可以理解为旗丁承种，民丁助耕。

满族人口的大量迁入，意味着盛京地区劳动力的增加，以及开垦旗地面积的扩大。康熙三十二年（1693），清政府决定向盛京旗地征收田赋，“每年地一晌，征豆一关东升，草一束”③。为了征收田赋的需要，又对盛京旗地进行清丈，其具体数字见表5。

表5中所列旗地数，按每日合6亩计算，总数为706.5万亩，这个数字与顺治朝的265万亩相比，增加了441.5万亩。这个数字远远超过明代辽东地区的垦田数字，满族人民对于盛京地区农业开发的贡献，于此可见。

雍正四年（1726），清政府决定再次对盛京旗地进行清丈。由于盛京旗地征收田赋，而各庄头大量隐占地亩，加上买卖旗地，旗民之间因产权易主，不断引起田赋纠纷，因此必须重新清丈土地。清丈的范围除了旗地、民地外，还包括皇庄捕牲人，盛

---

① （清）佚名：《盛京通鉴》卷3，第93页，《满蒙丛书》刊行会1921年版。

② 乾隆元年修：《盛京通志》卷24，第22－23页，咸丰二年（1852）重刊本。

③ （清）鄂尔泰等修：《八旗通志初集》卷18，《奉天规则》，东北师范大学出版社1985年版。

表 5 康熙中期盛京旗地分布①

分布地区	地亩数	分布地区	地亩数
奉天府	217 448 日 4 亩	金州	16 202 日 3 亩
兴京	62 784 日 2 亩	岫岩	12 223 日
辽阳	146 801 日	凤凰城	18 285 日
盖平	28 667 日	锦州府	113 154 日 3 亩
牛庄	58 804 日 2 亩	宁远	126 451 日 1 亩
开原	80 418 日	广宁	163 567 日 1 亩
熊岳	21 971 日 3 亩	义州	86 740 日 5 亩
复州	14 026 日 3 亩		
总 计	1 167 544 日 5 亩		

京三陵（永陵、福陵、昭陵）内佐领官兵，屯庄执事人，闲散人等，千丁，驿站、边台壮丁，户、礼、工三部屯庄官丁，僧道各项人等地亩。按照清政府规定：“将王以下至闲散宗室，盛京所有庄屯内管领、庄头、壮丁、捕牲人等姓名，居住村庄，查明系何王府之人，系何闲散宗室之人，行文八旗，分别造册，送奉天将军、盛京户部，以备查丈地亩之大臣，会同核对查丈。”② 然后，将查过地亩若干，输纳草豆若干，登记在红册内，称为红册地。雍正五年（1727），盛京地区旗人登记红册地情况如表 6。

① 据乾隆元年修：《盛京通志》卷 24，第 23 页统计，咸丰二年（1852）重刊本。

② （清）鄂尔泰等修：《八旗通志初集》卷 18，《奉天规制》，东北师范大学出版社 1985 年版。

表6　雍正朝盛京旗人红册地分布①

分布地区	地亩数	分布地区	地亩数
奉天府	362 715 日	金州	55 164　日 2 亩
兴京	116 240 日	岫岩	35 774　日 3 亩
辽阳	353 228 日	凤凰城	35 688　日 1 亩
盖平	74 518　日	锦州	183 332 日 5 亩
牛庄	140 897 日 5 亩	宁远	195 098 日 2 亩
开原	207 638 日 4 亩	广宁	376 064 日 1 亩
熊岳	56 721　日	义州	146 739 日 5 亩
复州	27 986　日		
总计	2 367 806 日 4 亩		

表6中所列旗地数，按每日合6亩计算，总数约为1420万亩，是顺治朝265万亩的5.36倍，是康熙中期706.5万亩的2.03倍。

盛京旗地的大量增加，与使用汉人佣工有一定关系，但主要原因是满族劳动力的增加，导致垦田面积的扩大。前面曾经提到，康熙十七年（1678），清政府调吉林乌喇城新满洲兵31佐领，连同家属上万人移驻盛京各城，最初拟给新满洲兵熟地耕种，由于需要量过大，改为组织新满洲兵丁家属开垦荒地。两年后，清政府派户部郎中鄂齐理前往盛京“踏勘满洲新开荒地”。鄂齐理回京报告说，新开荒地“计田万顷有奇”②，这“万顷有奇”即百余万亩土地，基本上都是新满洲兵及其家属开垦出来的。康熙三十一年（1692）、三十八年，又有属于满洲八旗系统

① 据乾隆元年修：《盛京通志》卷24，第24页统计，咸丰二年（1852）重刊本。

② 《清圣祖实录》卷91，第10－11页。

的蒙古巴尔虎佐领和锡伯31佐领先后移驻盛京地区，他们都加入到垦荒大军之中。这些新增加的劳动力，是盛京红册地快速增长的主要因素。相反的例子是，乾隆以后，汉族流民大量进入盛京地区，旗地数量并没有随之明显增长。

康熙中期以后，盛京地区由于旗地数量的成倍增加，逐渐成为清朝在关外的粮食生产基地。盛京地方粮食生产屡获丰收，粮食被大量调运外地，动辄数十万石的记录史不绝书。以下仅以雍正朝为例加以说明。

元年（1723）六月，雍正帝谕户部："京师人民聚集，食指浩繁，米粮储备不可不裕。近年盛京年岁丰收，米价亦贱，酌量动正项钱粮，采买数十万石，运送京师"，用作京城粮食储备。

三年（1725）六月，直隶（今河北省）粮食歉收，米价上涨。雍正帝谕令盛京将军："照去岁之例，将伊等地方粮十万石，由海运至天津新仓，交与该地方官收贮。再，若有自海运粮之商人，不必禁止，听其运至天津贸易，不许他往。"

四年（1726）四月，兵部侍郎杨汝谷因直隶粮价居高不下，向清政府提出："直隶州县存仓米谷，已皆发赈。请再运奉天米十万石至天津，分贮河间、保定两府适中之地备用。"此事得到雍正帝批准后，又海运粮食10万石至天津，与上年秋季相加，盛京地方一年内就有20万石余粮支援了直隶灾区。

七年（1729）九月，盛京将军向清廷报告，本年粮食大丰收，"小米一斗，价（银）三分；豆一斗，价一分二厘。伊古以来，所罕有也"。雍正帝得报，谕令地方官员：乘此丰收之时，前往盛京采购，以为储备之计。

八年（1730），山东发生严重水灾。雍正帝想到盛京地方连年丰收，各州县仓贮及官庄贮粮都非常充裕，而且又与山东省仅有一海之隔，海船顺风扬帆，一日就能到达。因此，他下令："趁此时北风之便，将奉天近海州县存储米粮，运送二十万石至山东海口，交与地方官。明年二三月间，照市价平粜于小民。"

清政府派出正白旗汉军都统祖秉衡、刑部右侍郎王朝恩前往盛京城，会同将军、奉天府尹，具体办理运米事宜。

九年（1731）二月，雍正帝谕内阁：“再令奉天将军等拨米二十万石，于五月内运至天津大沽口，天津总兵等接运至德州，交与山东巡抚，酌量分拨。”①

盛京地区气候干燥，有利于大批储存粮食。据清代文献记载：“关东内高土燥，康熙年间所收庄谷有窖收者，每窖贮谷千石，经二十年无红朽。”②“庄谷”显然是指内务府所属各种官庄生产的粮食，而与民地无关，内务府官庄是盛京旗地的组成部分。

清前期，盛京地区的旗地始终数倍于民地，据此，满族人民在盛京进行的农业生产，还有力地帮助了其他地区的人民群众。盛京地区储备的粮食除了大批地运送关内各省之外，东北地区的“蒙古、黑龙江、船厂等处，收成偶歉，亦赖接济”③。由此可见，盛京地区的粮食生产，已经成为维护清代北方社会稳定、巩固东北国防的重要战略物资。

三、吉林满族的辛勤开垦

清代吉林将军辖区设置于顺治十年（1653），最早称宁古塔昂邦章京。顺治十五年（1658），宁古塔昂邦章京沙尔虎达为反击沙俄侵略战争的需要，在松花江沿岸原明末乌拉部地区设立船厂，康熙初年修筑吉林乌喇城之后，巴海移将军驻地于此。

---

① 以上雍正朝引文均出自王树楠等纂：《奉天通志》卷31，第599、602－603、609－611页，东北文史丛书编辑委员会1983年版。

② （清）李桓辑：《国朝耆献类征初编》卷20，《尹泰传》，载周骏富辑：《清代传记丛刊》，台北明文书局1985年版。

③ 《清高宗实录》卷141，第14页。

清前期吉林将军管辖的区域十分广阔：“东至海三千余里，西至威远堡门五百九十五里开原县界，南至长白山一千三百余里其南朝鲜界，北至拉哈福阿色库地方六百余里蒙古界，东南至希喀塔山二千三百余里海界，西南至英额门七百余里奉天将军界，东北至合者飞牙喀三千余里海界，西北至黑儿苏门四百五十余里蒙古界。”①此外，吉林将军辖区东北部还包括乌第河以南黑龙江下游的全部地区，以及海中的库页岛和沿海其他岛屿。

清初，黑龙江将军未设立之前，宁古塔和吉林乌喇两城地处国防前线，保证粮食供应与反击沙俄的胜利密切相关。顺治年间，清军将领明安达礼率八旗兵向沙俄侵略军发动攻势，曾因粮饷不至半途而归。因此，康熙帝高度重视吉林地区八旗驻防的粮食生产，康熙二十一年（1682），他趁出关谒陵之机，亲自前往吉林乌喇城巡视。康熙帝回到北京后，专程派人谕令将军巴海等驻防将领说：“吉林乌喇，田地米粮甚为紧要，农事有误，关系非细，宜劝勉之，使勤耕种。朕轸念满洲人民生理，欲遣人专往，以驿递疲弊，故因笔帖式来奏，特谕。”② 前面讲到，清政府为保证雅克萨战役的胜利，从辽河经伊通河、松花江，向黑龙江大批运粮之事，粮食生产的重要性由此可见。

东北传统农业区在南部辽河流域，清代人称吉林乌喇“为满洲虞猎之地”③，反映了当地农业生产相对落后的实际情况。农业生产落后的原因与自然条件有很大关系。清初，宁古塔和吉林乌喇为流放罪犯之地，曾经亲临吉林乌喇的康熙帝深有感触地说：“流徙宁古塔、乌喇人犯，朕向者未悉其苦，今谒陵至彼，目击方知。此辈既无屋栖身，又无资力耕种，复重困于差徭。况南人脆弱，来此苦寒之地，风气凛冽，必至颠踣沟壑，远离乡土，音

① 乾隆元年修：《盛京通志》卷12，第18－19页，咸丰二年（1852）重刊本。

② 《清圣祖实录》卷102，第21页。

③ 见（清）萨英额：《吉林外记·叙》，吉林文史出版社1986年版。

信不通，殊可悯恻。虽若辈罪由自作，然发辽阳诸处安置，亦足以蔽其辜矣。”①

除了严寒的气候，吉林地区的物质生活条件也与关内差距很大。不仅身体脆弱的南方人难以适应地理环境，原来生长于东北的满族将领，入关后开始向往江南的繁华，出现了“南方各省，人人愿往，至宁古塔，则不愿者多”② 的现象。清初，出生于宁古塔的流人子弟吴桭臣，在《宁古塔纪略》一书中对当地气候作如下描述：

> 当我父初到时，其地寒苦。自春初至三月终，日夜大风，如雷鸣电激，尘埃蔽天，咫尺皆迷。七月中，有白鹅飞下，便不能复飞起，不数日即有浓霜。八月中，即下大雪。九月中，河尽冻。十月，地裂盈尺，雪才到地，即成坚冰，虽白日照灼不消。初至者必三袭裘，久居则重裘可御寒矣。至三月终，冰始解，草木尚未萌芽。

流放罪犯背井离乡，来到数千里外的边徼之地，固然不幸。但人们必须承认，其中大多数罪犯是“罪由自作”，例如，杀人、强奸等各种各样的刑事犯罪分子。当然，在这些流放罪犯中，也不乏一些受政治迫害的无辜文人，他们的遭遇在当时就得到人们的普遍同情，他们所留下的笔记诗文等著作，受到后人的极大关注，他们在当地从事的文化活动，至今还得到较高评价③。

然而，流放罪犯在东北地区终究是少数人口，其中有一少部

---

① 《清圣祖实录》卷102，第12－13页。

② 《清圣祖实录》卷112，第8－9页。

③ 例如，谢国桢《清初东北流人考》中说：“抚今思昔，我们不能不感想到清初无辜被罪，谪戍到东北去的流民，也可以说是东北的拓荒者。”，载《明末清初的学风》，第106页，人民出版社1982年版。

分人还有机会回到家乡。[1] 人们不禁要问：一向为研究者所忽视、甚至于漠视的当地土著居民，即世世代代居住在宁古塔和吉林乌喇的八旗官兵和满族群众，他们的日常生活又如何呢？

康熙帝说那些流放在当地的罪犯，“既无屋栖身，又无资力耕种，复重困于差徭”，其描述基本符合事实。但是，吉林八旗兵丁的生活状况，和这些流放罪犯相比则更为艰苦。康熙帝巡视吉林乌喇后，用“役重差繁，劳苦至极”这八个字，概括了当地八旗兵丁及其满族的实际情形。

如果说“役重差繁”，是指八旗兵丁的兵役负担的话，那么还有以下五种差役，则与军务根本无关：

第一，捕捉雏鹰。八旗兵丁每年农历三四月间，要上山捕取雏鹰。此时恰是农忙之时，正常的春耕生产受到极大影响。捕捉到雏鹰后，还要精心饲养，从春养到秋。

第二，八月放鹰。雏鹰喂养长大后，还要进行放飞训练，才能具有捕猎能力，然后派人送往京城。放鹰正当秋收之时，八旗兵要收割庄稼，就训练不出好鹰，陷入两难困境。

第三，寻觅山鸡。八旗兵丁每于冬寒之时，奉命入山寻觅山鸡，致使人马劳顿。

第四，围猎捕兽。围猎有助于保持八旗兵的战斗力，但过多则无益于军旅而成为负担。当时八旗兵丁冬月行大围，腊月底行年围，春夏季节也经常行围。

---

① 见于（清）王一元《辽左见闻录》中记载还乡的有8人：李裳，广西人，戍宁古塔，丙子（1696）援捐马例放还；金铉，宛平人，戍奉天，丙子援捐马例放还。已入都矣，以出兵坐台贻误，复遣戍。己卯（1699），复援河工例，准归籍；李观光，山东人，戍奉天，丙子援捐马例放还；李燧升，鄞县人，戍铁岭。后从戍所归籍；陈易，溧阳人，戍奉天，丙子援捐马例放还；孙旸，常熟人，戍奉天，后援修城例放还；丁澎，杭州人，戍奉天，后援修城例放还；顾永年，杭州人，戍奉天，丙子援捐马例放还。北京图书馆藏手抄本。

第五，捕打鲟鳇等鱼。

以上五项，康熙帝认为纯属“无益差徭”，下令立即予以革除。

康熙帝颇有感慨地告诫吉林八旗官员：“此后，将军以下，拨什库以上，应念官兵远居边境，无市贸易，身冒严寒，往采山木，妻子汲水操作，备极艰辛，时加怜悯。”尽管康熙帝体谅八旗兵丁家属“劳苦至极”的困境，取消了一些不合理的差役，但是，八旗兵丁仍然还有“搬取新满洲，采取造房并船只桅木等项，及侦探巡逻等差”。康熙帝认为这些差役：“俱系军务，乃驻防官兵专责，不可宽假，应照常行。”① 所以，八旗兵丁承担的差役，仍然十分沉重。

在既要出征打仗，又要承担繁重差役的形势下，吉林八旗官兵克服极其不利的自然条件，开垦荒地辛勤耕种，用自己的劳动汗水浇灌出丰收的庄稼。他们开垦出大片旗地，解决了日常生活所需。对吉林满族开荒种地的情况，流放当地的汉族文人在其著述中多有记载。

在宁古塔地区，农业是最重要的生产部门，不论八旗将领还是普通士兵，“皆仰给农亩而食，是并耕也”。农产品是主要的交易商品，“不用金银钱贝，但以粟易，重民食也”②。由于地广人稀，有大片的荒地可以任意开垦，“地贵开荒，一岁锄之，荒也，再岁则熟，三、四、五岁则腴，六、七岁则弃之而别锄矣”③。说明清初吉林满族人的农业生产还处于十分粗放的状态，并不懂得施肥和精耕细作等生产技术。

流人张缙彦在《宁古塔山水记》中，记录了当地一些满族村屯的垦荒情况：

---

① 《清圣祖实录》卷102，第21页。

② （清）张缙彦：《域外集》，《宁古风俗论》。

③ （清）方拱乾：《绝域纪略》，载（清）王锡祺辑：《小方壶斋舆地丛钞》第1帙，第346页，光绪二十三年（1897）上海著易堂铅印本。

沙岭地广民稀，其壤肥美，其俗醇朴而近古，其生畜蕃庶，种植者收获倍于他处，故为宁古乐土焉。屯临大河，源自长白，流为混同江。……其水多鱼，土人耕种之暇，以网罟为生，往往赴宁古市卖得利。

（马流河）广阔三五里，水势平衍，中流多大石森列，遥望如牛马饮河。……地皆沃壤，种植者倍获其息，近置官屯四处，遂为西南大聚。耨于原，稼可登，猎于山，鲜可食，钓于渊，鳞可举，是以居人侈称焉。

宁古村落之大者，莫过牡丹、交罗。牡丹当辽沈大道，交罗则倚山带河以为固。交罗，满音赵姓也，盖因族氏以为屯。……环村皆平壤高腴之田，五谷咸宜，每多获，倍于他处。近屯多园圃，蔬菜肥美，每于城市中贸易，足食于民矣。河中多鱼，居人下长钩，举巨网，亦得水利焉。迤南有水淀茂草，畜牧者便之。西北则石河、腰罗等屯，联络棋布，洵新城肩背也。①

上述引文中提到了沙岭、马流河、牡丹、交罗、石河、腰罗等6个满族村屯，地皆沃壤，五谷咸宜，水草丰美，适于畜牧，河中多鱼，山林有兽。但是这些自然富源，没有人类的生产活动之前，是没有任何意义的。土地再肥沃，没有人来播种，也永远不会长出庄稼。

在满族人民的辛勤耕耘下，宁古塔地区才“有粟，有稗子，有铃铛麦，有大麦”。他们也种植小麦，因为气候和生产技术的原因，小麦往往不能成熟收获。满族群众的日常食物以小米为

① （清）张缙彦：《宁古塔山水纪》，第22、23、27－28页，黑龙江人民出版社1984年版。

主，“稗则贵者食之”①。

除了满族群众开垦荒地之外，清政府还在吉林各驻防城设置官庄，由八旗部分官兵组织流人、遣犯进行农业生产。例如，清初宁古塔地方的官庄由 10 人组成，“一人为庄头，九人为庄丁，非种田即随打围烧炭。每人名下责粮十二石，草三百束，猪一百斤，炭一百斤，石灰三百斤，芦一百束。凡家中有，悉为官物。衙门有公费，皆取办官庄”②。由于缺少地方税收，没有办公费用，官庄一度成为八旗驻防城的主要经费来源。

驻防八旗官员俸饷收入较高，也采取庄田形式经营农业。清初，宁古塔地区仍保留农奴制的残余，奴仆在生产中占有相当重要地位。流人方拱乾在《绝域纪略》中记载：“最重力仆健妇，尽一室人争奉之。若大家，则择一人为庄头，司一屯之事，群仆惟所指使。炕四时无断薪，薪在五十里外。五更饭牛，日暮乃返。采薪之仆，尤司一家之命，于群众更异数焉。”方拱乾在文中所说的“大家”，即指当地的八旗各级官员。

中俄《尼布楚条约》签订之后，清政府在吉林将军辖区内增设伯都讷、三姓、珲春和阿勒楚喀八旗驻防。由于吉林八旗和盛京八旗不同，兵丁种地不交田赋，官庄生产仍然是军粮储备的主要来源。吉林乌喇、宁古塔、伯都讷、三姓、阿勒楚喀（包括拉林）5 城官庄，总计 85 所，每名壮丁种地 12 晌，交仓粮 30 石，合计种地 10 200 晌，交纳仓谷 25 500 石。

随着驻防八旗官兵和满族人口的增长，他们开垦的旗地逐渐取代官庄，在吉林农业生产中居于主导地位。到雍正十三年(1735)，根据《八旗通志初集》卷 21 统计，吉林将军辖区各驻防城的旗地与官庄地数字，详见表 7：

---

① （清）方拱乾：《绝域纪略》，载（清）王锡祺辑：《小方壶斋舆地丛钞》第 1 帙，第 342 页，光绪二十三年（1897）上海著易堂铅印本。

② （清）吴桭臣：《宁古塔纪略》，载（清）王锡祺辑：《小方壶斋舆地丛钞》第 1 帙，第 344 页，光绪二十三年（1897）上海著易堂铅印本。

表 7　雍正末年吉林地区旗地与官庄地对比

驻防城	八旗官兵开垦地	官庄开垦地
吉林乌喇	41 549 晌	4 201 晌
宁古塔	43 498 晌	5 557 晌
浑(珲)春	8 894 晌	无官庄
三姓	12 926 晌	无官庄土地数
伯都讷	18 530 晌	372 晌
阿勒楚喀	4 908 晌	无官庄土地数
合　计	13 0305 晌	10 130 晌

从表 7 中所列数字可知，吉林乌喇、宁古塔、珲春、三姓、伯都讷、阿勒楚喀六城旗地，合计总数为 130 305 晌（日），官庄土地总数只有 1 万余晌，旗地约为官庄的 13 倍。

乾隆以后，吉林地区的旗地持续增长，据萨英额《吉林外记》卷 7《旗田》记载，将从雍正朝到道光朝的旗地增长数列表 8 如下：

表 8　吉林地区雍正朝与道光朝旗地对比

驻防城	雍正朝旗地	道光朝旗地
吉林乌喇	41 549 晌	95 134 晌
宁古塔	43 498 晌	65 290 晌
浑春	8894 晌	12 050 晌
三姓	12 926 晌	8116 晌
伯都讷	18 530 晌	69 011 晌
阿勒楚喀、拉林	4908 晌	36 278 晌
乌拉	未统计	40 330 晌
吉林水手营地	未统计	2226 晌
各驿站地	未统计	49 997 晌
四边门地	未统计	26 652 晌
合　计	130 305 晌	405 084 晌

从表8中可以看出，雍正朝以后的100年间，吉林旗地总数由原来的130 305晌，增加为道光朝的405 084晌，这个数字恰好是雍正朝的3倍。按1晌合6亩计算，吉林旗地总数超过240万亩。

实际上，道光朝吉林旗地面积远不止405 084晌。据乾隆晚年阿桂等纂修《盛京通志》记载，那时吉林旗地总数为405 092晌①，这个数字与萨英额《吉林外记》所载仅有8晌之差。将两种文献对比，除乌拉旗地为40 338晌，其余数字全部相同，由此证明，萨英额的吉林旗地数字，完全抄自乾隆晚年的《盛京通志》。所以道光朝吉林旗地的真实数字肯定要多一些。与此同时，吉林官庄土地几乎没有任何增加，仍然是10 200晌，旗地数是官庄的40倍。

吉林地区的旗地开垦规模大大低于盛京地区，除了自然条件差之外，还与旗地缺少汉族佣工有关。现存清代档案记载，“溯维国初，宁古塔所属各城，惟我旗人聚族而居”②。到了雍正年间，人口分布情况仍然如此，“吉林在雍正时，理事官皆隶奉天府，地方民人无多，增除不定，非道光以后渐至入籍民户多于旗户情形可比”③。加上乾隆五年（1740）开始的东北封禁，限制汉人前往吉林地区佣工种地，所以直到道光朝以后，吉林汉族才开始多于满族。吉林旗地虽然少于盛京，却主要是满族群众开垦出来的。

吉林驻防满族兵丁每月只有二两俸饷，而且没有俸米。俸饷

---

①（清）阿桂等纂修：《盛京通志》卷38，第22－23页，1917年铅印本。

②③　光绪四年九月初九日《吉林将军铭安奏变通吉林地方官制增设府厅州县折》，光绪九年二月二十六日《吉林将军铭安奏为吉林宁古塔伯都讷三城应征丁粮拟请摊入地粮征收折》，见吉林省档案馆、吉林省社会科学院历史所：《清代吉林档案史料选编》（上谕奏折），第59、261页，1981年印本。

不足，还要负担繁重的兵役和差役，使许多满族士兵过着穷苦的生活。乾隆六年（1741），吉林将军鄂弥达等官员向清政府奏报："吉林乌拉满兵三千余户，穷苦者一千一百八十五户，甚穷苦者六百七十八户。"① 两项合计为1763户，说明超过半数以上的满族兵丁家庭处于贫困状态。众所周知，吉林乌喇城的地理条件在各驻防城中是最好的，故这个数字很有代表性。

满族兵丁及其家属为了维持日常生活，除了种地之外，还要上山狩猎以增加收入。《吉林外记》卷8《风俗》条中，对各驻防城的满族人均有描述：

> 吉林乌喇满族人"性直朴，习礼让，务农敦本。以国语、骑射为先，兵挽八力，枪有准头，骁勇闻天下"。
>
> 乌拉（今吉林市龙潭区乌拉街）的满族"尚勤俭，明礼让。总管衙门管下人，采捕优长；协领管下人，精于骑射"。
>
> 宁古塔满族"尚淳实，耕作之余，尤好射猎"。
>
> 珲春地方"旧无丁民，亦无外来民户，（满族）皆熟国语，捕打海参、海菜为生，少耕作。春夏秋冬，射猎无虚日，尤娴于枪"。
>
> 伯都讷满族"风气醇古，人朴厚，好骑射，常于马上掷木棒捕野兔、山猫，百发百中"。
>
> 三姓满族人"好直爽，喜骑射，枪技娴习"。
>
> 阿勒楚喀满族"尚耕钓，素称鱼米之乡。习礼让，娴骑射，务本而不逐末"。
>
> 拉林满族"淳朴相尚，务农之余，熟娴骑射"。
>
> 双城堡地方"习尚勤俭，旗丁熟娴耕作，地利大

① 《清高宗实录》卷155，第21页。

兴”。

根据以上叙述，清前期吉林旗地开垦较少，除了自然条件差、汉族佣工少外，还有三点重要原因：其一，仍然从事狩猎业。吉林满族虽然“务农敦本”，以农业生产为主，但狩猎生产仍然占有相当重要的位置。他们在务农之余上山打猎，猎获的野兽是他们在商品交换中的主要产品，也是家庭收入的重要来源。其二，缺乏商品意识。吉林满族“务本而不逐末”，进行粮食生产而不从事销售，加上远离关内市场，外销又有运输困难，因此长期处于自给自足的状态。其三，差役和兵役负担沉重。仅以差役为例，康熙帝说吉林兵丁“役重差繁”，在清前期并没有多少实质性改变。其中一个很重要的原因，就是清朝皇室所需要的东北特产，各种飞禽走兽、山珍海味，基本上都来自吉林将军辖区。吉林将军每年向清廷进贡的各种土特产品，可以说无所不有，不仅在品种上达百种之多，而且每一种都数量巨大。例如，进贡的貂鼠皮有 2582 张，御用紫桦皮有 1400 张。每年清朝皇帝过生日这一项，吉林进贡的礼品就有 92 种。① 这些进贡物产，每一种都要耗费极大的代价才能得到。

四、黑龙江满族的艰苦创业

设立黑龙江将军辖区之前，清政府就把在当地生产粮食，放

① 具体物品有：虎、熊等走兽类 12 种，元狐皮、水獭皮等皮毛类 10 种，海参、白肚鳟鱼肉丁等水产类 11 种，小黄米等米面类 7 种，豆面剪子股饽饽等食品类 12 种，野鸡蛋、葡萄、杜李等山货果品类 13 种，山韭菜、贯众菜等野菜类 11 种，还有倭刀、倭刀皮、雕鹳翎、晒干鹿尾、晒干鹿舌、鹿后腿肉。详见《吉林志略》下卷，第 233 – 234 页，吉林文史出版社 1986 年版。

在与反击沙俄侵略同等重要的位置。康熙二十一年（1682）十二月，清政府决定派兵进驻黑龙江，建立木城，要求“我兵一至，即行耕种，不致匮乏”。康熙帝还特地强调说：“黑龙江兵食所关，最为重要，必当谋恒足之道。”① 他鼓励八旗官兵种地垦荒，争取做到粮食自给自足，以便在黑龙江流域长期与沙俄侵略者对峙。第二年十月，萨布素被任命为黑龙江将军，带领满族官兵修筑瑷珲和黑龙江两城，并在这两座驻防城周围，开垦出黑龙江最早的旗地。

康熙二十四年（1685），当萨布素率领黑龙江官兵进攻雅克萨时，清政府专门从盛京派出八旗兵 500 人，协助黑龙江官兵守城种地，又派户部官员前往督理开垦事宜。盛京八旗兵当年在黑龙江瑷珲周围开垦出旗地 1500 余晌；次年，驻守墨尔根城的达虎里、索伦官兵，开垦旗地 1660 晌。被派往黑龙江督理种地的户部郎中博奇，由于“所监种田地，较诸处收获为多，足供驿站人役之口粮，又积贮其余谷”②，因而得到康熙帝的表彰。

《中俄尼布楚条约》签订后，黑龙江将军的管辖范围得以确定下来，“自齐齐哈尔城计里，东至野里白赫河二千二百余里宁古塔界，西至喀尔喀九百余里彻陈罕界，南至松花江五百里宁古塔界，北至外兴安岭三千三百余里鄂罗丝界”③。黑龙江将军驻地几经迁移，最后确定在齐齐哈尔城，下辖墨尔根、黑龙江（瑷珲）、呼伦贝尔、布特哈、呼兰五城。

黑龙江地区位于东北的最北端，自然条件比吉林地区更为恶劣，被清代人称为“极边苦寒之地”。嘉庆时，在齐齐哈尔城任官的满族人西清，对黑龙江的严寒气候作如下记述：

---

① 《清圣祖实录》卷 106，第 24 页；卷 119，第 13 页。

② 《清圣祖实录》卷 128，第 12 页。

③ 乾隆元年修：《盛京通志》卷 12，第 21 页，咸丰二年（1852）铅印本。

> 境内呼兰特暖，黑龙江、呼伦贝尔至寒。齐齐哈尔昔亦有冻堕耳鼻事，今殊不然，岂中土人聚，地气亦稍迁欤。然连年服棉衣，夜不辍衾，盛暑间一烧炕。冬日唾抵地，辄如凌，节节断。厩马冰塞鼻如球，鸡犬不近炕，多冻死，不过较暖于黑龙江、呼伦贝尔而已。①

西清文中所说的“冬日唾抵地，辄如凌，节节断”，夏天还要穿棉衣，睡热炕，已经是八旗兵驻防百余年后的生活情况。康熙年间，初设八旗驻防时气候条件之严酷，可想而知。所以康熙帝特别强调要自力更生解决军粮问题，因为没有充足的粮食供应，清军根本无法在当地驻守下去。

由于冬季气候漫长而寒冷，粮食生产所需的无霜期又短，加上驻军基本为新满洲兵，缺少农业生产经验，因此，黑龙江设防之初，清政府主要采取设立官庄的办法，开垦耕种，储备军粮。

康熙二十六年（1687）十月，康熙帝正式决定设立黑龙江官庄。他谕令大学士等官员：“黑龙江官兵口粮，关系至重，屡次转运米数并黑龙江、墨尔根续所接种米数，宜加察明。自盛京等处广运米石，以为久远裨益之计，此皆当周详区画。……如蔡毓荣等巨富之人，并殷实之家，概予口粮，殊觉未当。彼处汉军，皆著察出，披甲当差。游手无事之人，可分设官庄，广开田亩，以为恒产。”② 根据这条史料可知，黑龙江八旗兵最早的粮食供应，主要来自盛京地区转运，加上当地瑷珲和墨尔根两城生产的粮食。然而，从盛京经辽河、松花江，长途转运军粮至黑龙江，毕竟只是战争时期的临时行为。所以，康熙帝提出设立官庄大力开垦，以储备粮食为久远之计。康熙帝提到的蔡毓荣，原任云贵

---

① （清）西清：《黑龙江外记》卷1，第5页，光绪二十年（1894）刊本。

② 《清圣祖实录》卷131，第12页。

总督，由于隐藏吴三桂逆党，被革职充军黑龙江，因其富有家产，被任命管理最早设立的官庄。

黑龙江设立官庄之初，第二次雅克萨战役还没有结束，官庄壮丁多由流放罪犯组成。康熙三十九年（1700），黑龙江官庄多年歉收，不能按规定交纳官粮，致使八旗兵丁糊口无资，将军萨布素只好以旧存仓米发给兵丁。康熙帝以萨布素“徇私捏报屯粮，浮支仓谷”，罢免其黑龙江将军职务。① 萨布素为一代抗俄名将，却因此受到严厉的处分，清政府对官庄生产和粮食储备的重视程度，于此可知。

康熙末年，黑龙江官庄连年丰收，粮食储备大量增加。据流放当地的安徽桐城人方式济在《龙沙纪略》中记载：“卜魁（齐齐哈尔）、艾浑（瑷珲）官庄各二十，墨尔根官庄十一。庄二十夫，夫输谷十石，草五百束，岁欠则计分以减。今贮仓者，卜魁积十二万石，墨尔根、艾浑各三万石。卜魁初立城，值岁饥，将军沙纳海尽发仓谷以赈。”②说明在正常情况下，黑龙江地区已经做到粮食自给有余。方式济还十分肯定黑龙江官庄的作用，“窃见国家立官庄，给牛种，一兵卒之力，岁纳粮十石。则地固非瘠而力亦可用。今流人之赏旗者，且倍于兵，依而行之，则岁征粮不啻万计。而桀骜之辈，使皆敛手归农，又策之至善者。守土者宜亦计及此也”③。

乾隆年间，黑龙江将军所属官庄，由康熙时的51所增加到136所。具体为：齐齐哈尔官庄30所，壮丁300名，屯长30名，每岁交细粮7500石；墨尔根官庄15所，壮丁150名，屯长15名，每岁交细粮3750石；黑龙江官庄40所，壮丁400名，屯长

---

① （清）长顺修：《吉林通志》卷104，《萨布素》，吉林文史出版社1986年版。

②③ （清）方式济：《龙沙纪略》，载（清）王锡祺辑：《小方壶斋舆地丛钞》第1帙，第373－376页，光绪二十三年（1897）上海著易堂铅印本。

40 名，每岁交细粮 1 万石；呼兰官庄 51 所，壮丁 510 名，屯长 51 名，每岁交细粮 12 750 石。以上每庄均给牛 6 头，“总计官庄一百三十六处，额丁一千三百六十名，每岁共交细粮三万四千石”①。

过去有一种说法，认为黑龙江地方的官庄，“壮丁、奴仆在当地生产中还占有一定地位。显然在这里人身依附关系比内地强烈得多，正是边远地区残存的落后生产关系”②。但这种现象主要反映的是康熙朝的情况，至乾隆朝，官庄的主要生产者虽然仍以壮丁称之，而其身份地位同自耕农民完全一样了。下面以呼兰官庄为例加以说明。

前面讲到满族人西清说，黑龙江“境内呼兰特暖”，除了气候之外，呼兰河流域还土质肥沃，是最适宜农作的地方。乾隆二年（1737），清政府正式在当地设立官庄，由盛京将军于八旗开户人内挑选善于种田的壮丁 400 名，携带家属前往呼兰开垦。

这 400 壮丁由盛京迁移时，每丁发给碾磨银 5 两，其家属每人发给整备行装银 2 两，沿途按人数发给口粮，调拨驿站车辆送至吉林，再由吉林将军调拨运粮船，仍给口粮送至呼兰。他们到达呼兰后，每壮丁 1 名拨给土地 60 亩，给盖草房 2 间，每 10 丁合编 1 庄，共设官庄 40 所。每 10 庄设领催 1 名进行管理，总共设领催 4 名。对于壮丁及其家属的生产和生活，清政府都做了精心安排。壮丁每开垦土地 6 亩，发给种子 2 斗。每庄给牛 6 头，如有倒毙，可以动用库储牛价银买补。

由于呼兰驻防八旗兵丁各自有土地耕种，在官庄壮丁未到达之前，不能事先帮助他们开垦荒地。所以清政府又决定：每个官庄除定额给牛 6 头外，再多给耕牛 2 头，令壮丁自己全力开垦。

① （清）阿桂等纂修：《盛京通志》卷 38，第 24 页，1917 年铅印本。

② 见李燕光等主编：《满族通史》，第 353 页，辽宁民族出版社 1991 年版。

每一头牛，月给牛料粮1石2斗，牛料粮给两个月为止。这400名壮丁初至呼兰时，每丁还发给冬夏衣帽，其家属成人每月给粮2斗4升9合，幼年者减半，其家属口粮发给一年后停止。按照规定，每个壮丁允许开垦土地60亩，每年应交纳粗细粮30石。第一年免输，第二年交半，第三年全纳。①

从以上记载来看，黑龙江的官庄生产并不具有农奴性质。壮丁的迁移完全由国家负责经费，拨给房屋、土地、种子，耕牛，发给衣帽、粮食等生活用品，说明官庄是类似军事屯田性质的生产组织。从事生产的壮丁为八旗开户人，本身就是摆脱奴仆身份的一家之主，故有“开户”之称。他们由盛京迁移到黑龙江呼兰地方，更与原来的主人彻底脱离了关系，所以生产积极性高，劳动效率显著。因此四年以后，又有增设官庄之事。

乾隆六年（1741），清朝户部因为呼兰官庄粮食丰收，而且地方土地辽阔，可设官庄之处很多，于是决定从以前设立官庄的闲丁138名中，选择50名，增设官庄5所，拨地开垦。每名仍然给地60亩，及牛种、器具、口粮并每年应纳粮数，均照乾隆二年之例办理。但此次增设官庄的壮丁为本地闲丁，不是从其他地方移居来的，故每丁虽然也给草房2间，采取每间给银4两5钱的办法，让他们自己建造房屋，其余88名闲丁，“备补各庄空缺”②。

乾隆七年（1742），清朝户部再次提出：呼兰附近温德亨山并都尔图地方，土性肥饶，水草佳美，“应将盛京将军查送愿垦官地开户人内，选能种地壮丁五十名，增设官庄五所，拨地开垦。其资送及拨给田房牛种、器具、衣帽、口粮并应纳粮数，均照（乾隆）二年之例”③。加上前一年增设官庄5所，已有10所

① 宣统《呼兰府志》卷12，《议覆呼兰设立官庄折》，1915年铅印本。

②③ 宣统《呼兰府志》卷12，《议覆呼兰增设官庄五所折》《议覆呼兰再增官庄五所折》，1915年铅印本。

增设官庄，也增设领催1名进行管理。

至道光五年（1825），呼兰官庄有壮丁510名，他们最初均为盛京移拨旗丁，故称为旧官屯壮丁。当年，黑龙江将军又奏请添设壮丁390名，由呼兰本城闲丁顶补，是为新官屯壮丁，仍旧"十丁设庄头一名，十户为一屯，官为置井一、碾磨一，每丁给牛一头、犁具全"①。据此，呼兰新旧官屯壮丁合计为900名，每名拨地60亩，总计开垦耕地54 000亩。以每丁岁输谷子额22仓石计算，旧壮丁岁交额粮11 228仓石，新壮丁岁交额粮4 180仓石，合计15 408仓石。

黑龙江官庄生产粮食，主要目的是储备军粮。嘉庆二十三年（1818），黑龙江将军特依顺保请求裁减黑龙江城官庄壮丁，遭到户部的反对。嘉庆帝谕军机大臣说："黑龙江城官庄四十座，岁交粮石，以备兵丁接济口粮等项之用，特依顺保率以兵丁疲乏为词，请裁减官庄十座，计每岁积省牛具等银不过一百四十余两，而少收额粮至二千二百石，若各官庄纷纷效尤，必致有妨储备。"② 这段话是对官庄作用的权威解释，官庄储备粮食是"接济"八旗兵丁，并不是供应军粮。

乾隆年间，黑龙江各驻防城满族官兵连同家属，人口至少有十万之众，按照每个壮丁种地10晌计算，1360名壮丁（呼兰除外）耕种庄田13 600晌，上交粮食不过3万多石。所以八旗官兵日常的粮食需求，还是要靠自己开垦旗地来解决。

康熙二十四年（1685），清军发起雅克萨战役之时，康熙帝就强调要八旗兵一边作战，一边种田。他专门委派户部官员前往瑷珲城督理种地事宜，并且告诫说："所云早熟之谷，即内地春麦，今我兵亦多种春麦及大麦、油麦于陨霜之前，六月皆可收

① 宣统《呼兰府志》卷3，《官屯地考》，1915年铅印本。

②《清仁宗实录》卷352，第3－4页。

获，则不以出师之故，致旷一年耕作矣。”① 在康熙帝看来，即使在打仗的情况下，八旗兵也不能耽误种田。康熙二十九年（1690），黑龙江将军萨布素移驻墨尔根，据他向清政府奏报：索伦总管安珠瑚在墨尔根开垦官田 2000 余晌，“今官兵移驻墨尔根，请即以此项成熟之田，分给耕种”②。由此可见，《中俄尼布楚条约》签订后，黑龙江八旗兵就转向农业生产，一面种地，一面戍边。

黑龙江地区“地气早寒，秋霜损稼”③，当地满族生产的粮食作物都为早熟品种，并因各城的气候和土壤条件而有所不同。康熙末年，流放于当地的方式济对农业生产记述说：瑷珲城周围土地膏腴，出产小米、黍、大小麦。墨尔根土质稍逊于瑷珲，出产糜、穬麦，即燕麦，因其果实下垂如铃，又名铃铛麦。齐齐哈尔土地最为贫瘠，唯产糜，糜似小米而黄，即稷也，“夏秋间以未脱者入釜，浅汤熟炽，暴以烈日，焙以炕火，砻而炊之，香软可食”。此外瑷珲、墨尔根和齐齐哈尔都出产荞麦，“甘香如雪，宜糕饼，中土所未得有”④。

黑龙江将军萨布素移驻齐齐哈尔之初，八旗官兵的主食为铃铛麦，但产量过低，一斗仅出米 3 升。由于当地不生产糜，其价格比稻米还贵。但不到十年时间，满族人就掌握了种糜的生产技术，后来铃铛麦均从墨尔根运来，用以饲养牛马。人们只是偶尔用铃铛麦做粥，颇香滑可口。稻米是黑龙江最珍贵的食物，商贩自盛京运来，用以招待宾客，本地人只能在生病时品尝一下而已。

---

① 《清圣祖实录》卷 119，第 6 页。

② 《清圣祖实录》卷 149，第 5 页。

③ （清）长顺修：《吉林通志》卷 104，《萨布素》，吉林文史出版社 1989 年版。

④ （清）方式济：《龙沙纪略》，载（清）王锡祺辑：《小方壶斋舆地丛钞》第 1 帙，第 376 页，光绪二十三年（1897）上海著易堂铅印本。

雍正十三年（1735），黑龙江将军辖区内旗地合计为113 902日（晌），另有八旗官兵、水手、拜唐阿等承种公田8801日。[①]至乾隆晚期，齐齐哈尔城旗地计72 371日，墨尔根城旗地计20 602日，黑龙江城旗地计36 961日，布特哈城旗地计22 100日，呼兰城旗地计20 685日，五城旗地总计172 719日。[②]。每日以6亩计算，合计为1 036 314亩。前述136处官庄，每庄壮丁10名，种地60亩，合计为81 600亩。故黑龙江八旗兵丁开垦旗地为官庄的10倍以上，广大满族群众是农业生产的主力军。

清代黑龙江面积辽阔，而八旗官兵开垦的旗地只有区区100万亩左右，实在是少得可怜。若仔细分析其中的原因，除了气候条件恶劣、生产技术落后之外，最主要的还是兵役过重。

雍正十年（1733）九月，呼伦贝尔等处当年庄稼歉收，索伦总管博尔木察等人向清廷提出“明年多为种植”。雍正帝接到报告后，谕令军机大臣说：“朕思种地一事如交与伊等，则训练兵丁必致贻误。著行文将军卓尔海，于齐齐哈尔、爱浑（瑷珲），墨尔根三处台丁及水手、屯丁内，拨派五百名，动用彼处存贮正项钱粮，酌量给与盘费，并置办犁具子种等项，令其前往呼伦贝尔地方，于明年春间及时耕种。”[③]黑龙江将军卓尔海遵照雍正帝旨意，从齐齐哈尔等城水手及驿站闲散壮丁中挑选304名，又于呼伦贝尔余丁内拣选196名，共500名，前往伊敏河、各尼河等处种地。但清政府却认为：“呼伦贝尔处兵丁，蒙恩赏给畜产，每日操演技艺，牧放牲畜，并无闲暇”[④]，不同意派呼伦贝尔的196名余丁去种地。最后，将军卓尔海将齐齐哈尔等城挑选的304人派去种地，其中104人前往伊敏河，200人前往各尼河。

---

① 据（清）鄂尔泰等修：《八旗通志初集》卷21，《黑龙江驻防》条统计，东北师范大学出版社1985年版。

② （清）阿桂等纂修：《盛京通志》卷38，第26页，1917年铅印本。

③ 《清世宗实录》卷123，第19页。

④ 《清世宗实录》卷126，第21页。

乾隆以后，关内八旗兵战斗力急剧下降，黑龙江八旗兵动辄数千人奉调出征，兵役负担日趋严重，进一步影响了土地开垦。对此，满族人西清十分感慨地说：“黑龙江地利有余，人力不足，非尽惰农也。为兵者一身应役，势难及于耕耘。而闲处者，又多无力购牛犁，以开荒于数十百里之外。故齐齐哈尔等城，不过负郭百里内，有田土者世守其业。余皆樵牧自给，或佣于流人贾客，以图温饱。而膏腴万顷，荒而不治，曾无过而问之者，盖亦势使之然也。”① 除了沉重的兵役负担之外，还与八旗兵丁生活贫困、缺少开荒资金有关。

在清代八旗军队中，东北八旗俸饷少于关内八旗，黑龙江八旗兵又少于盛京、吉林八旗。清代人将这种情况归结为：“盖满洲、汉军多由京旗、奉天、吉林等处移徙，即有官庄屯地以为世业。……稍能勤力耕种，不难资生致富。至索伦、达呼尔、俄伦春诸部编旗披甲，率皆土著已久，专以捕猎为生，春秋会操而外，散归屯野，各营谋食之路。”② 这一段话，大致道出了黑龙江满族的真实处境。他们居住在祖国东北的最北端，面对严寒的气候，领取微薄的饷银，艰苦奋斗，努力生产，开荒种地，丰衣足食，守卫着祖国的东北大门。

五、一个普通八旗兵的生活实例

通过上述大量的史实已经证明，清代东北八旗兵丁和满族群众，祖祖辈辈依靠开荒种地为生。但具体到每个普通八旗兵丁的家庭，他们的经济收入是来自于当兵领饷，还是靠开荒致富？他

① （清）西清：《黑龙江外记》卷4，第7页，光绪二十年（1894）刊本。

② （清）徐宗亮：《黑龙江述略》卷5，第8页，光绪十七年（1891）刊本。

们平时是自己种地，还是依靠佣工耕种？他们的日常生活情况到底如何？迄今为止，有关清代满族研究的论著中，对于这些最基本的问题，目前还没有见到比较细致的描述。由于史料的缺乏，一谈到满族人的生活，人们往往引用康熙时旗人金德纯说的下面这段话：

> （八旗官兵）平时赏赐优饫，制产：一壮丁予田三十亩，以其所入为马刍菽之费。一兵有三壮丁，将不下十壮丁，大将则壮丁数十，连田数顷。故八旗将佐居家皆弹筝击筑，衣文绣策肥，日从宾客子弟饮，虽一卒之享，皆兼人之奉。①

若这条史料可靠的话，那么清初不但八旗将领鲜衣美食，终日饮酒；就是普通八旗兵丁也依赖壮丁种地，过着不事生产的富裕生活。然而，大量事实证明，金德纯的记载不过是一个理想的神话。实际上，东北普通八旗兵终年劳动，与穷苦百姓一样艰辛度日，即使在清朝初年也是如此。

近年出版的顾廷龙主编《清代朱卷集成》一书，载有同治朝进士、盛京旗人尚贤的朱卷履历，里面记录了大量珍贵的史料，使人们得以全面了解普通东北八旗兵丁的真实生活。尚贤，姓巴羽特氏，生于道光二十五年（1845）十一月，隶盛京城驻防正白旗蒙古，世居盛京城西南柳塘沟。他少年时为承德县（即沈阳市）学附生，同治九年（1870）庚午科中举人，十三年甲戌科成进士，官至内阁学士，逝世于1915年。

尚贤虽然生于清道光朝，逝世于民国初年，但他对于家世的记载，则开始于清朝入关之前。他在朱卷履历中写道："始祖巴

---

①（清）金德纯：《旗军志》，第2页，载《辽海丛书》（四），辽沈书社1985年版。

冷，国初由科尔沁部内附。”① 明朝末年，蒙古科尔沁部游牧地在东北嫩江流域，努尔哈赤兴起后，采取与周围蒙古各部王公联姻的方式，来争取骁勇善战的蒙古族的支持。科尔沁部最先与努尔哈赤联姻，与清（金）政权有亲密关系，因此有不少蒙古牧民通过科尔沁部投奔清政权，尚贤家族始祖巴冷就是其中的一个。

乾隆朝编纂《八旗满洲氏族通谱》一书时，将旗人入旗时间分为“国初来归”“天聪时来归”“来归年分无考”和“系康熙时自科尔沁撤回”四种。据此推算巴冷“国初”入旗，应在努尔哈赤时期。民国《沈阳县志》卷9中载：蒙古巴禹（羽）特氏“天命二年内附，以族巨，分隶满、汉各旗。惟属正白旗者仍隶蒙古，至今传十余世”。由此可见，巴羽特氏家族最初被编入了满洲正白旗，天聪九年（1635）皇太极编制蒙古八旗时，从满洲八旗中划出“仍隶蒙古”。

尚贤家族由于曾被编入满洲八旗，故在清初就与满洲旗人通婚。尚贤始祖巴冷娶郎佳氏，八代祖吉伦泰娶胡佳氏，七代支祖莫力根娶马佳氏。这三代婚姻女方均为满族人。太高祖白士胡朗娶刘佳氏，“外家部属人”；高祖巴力当阿娶闻佳氏，“外家承德县民籍”；曾祖札隆阿娶田佳氏，“外家户部旗人”；祖父德兴额娶沈佳氏，“外家承德县民籍”；父亲巴哈娶刘佳氏，“外家承德县民籍”。

从尚贤朱卷履历关于其家族婚姻的具体描述，人们可以得出这样的结论，从他的始祖巴冷到父亲巴哈八代人联姻对方，有满族如郎佳氏，也有汉族如“承德县民籍”闻佳氏，但尚贤一律称为“某佳氏”，而不是像汉族称为“某氏”，证明尚贤家族是一个早已满族化的蒙古旗人家族。

尚贤在朱卷履历中，对他的家族先辈的生产活动，每一代都

① 顾廷龙主编：《清代朱卷集成》第37册，《尚贤》，台北成文出版有限公司1992年版。以下引文凡未注出处者，均出自此。

做了详细记录。尚贤家族自始祖巴冷起，“世居省西南、厢（镶）红旗界柳塘沟”。值得人们注意的是，尚贤家族隶属正白旗蒙古，他的家族住在镶红旗界，说明当时旗人都住在旗界内，但不一定需要住在本旗界内。

巴冷之子为尚贤第八代祖吉伦泰，“生而仁厚，善治家，支祖兄弟咸敬惮之。迄今各族田庐规画井然，悉祖之经营在焉。旗仆重游牧，习骑射，故垦荒较少，通计内仓红册地五百亩有奇”。前面已经提到，红册地是指雍正初年，清朝在盛京地区登记注册的旗地，未登记的称旗余地。吉伦泰与其四个儿子，在“垦荒较少”的情况下，仍然开垦出500余亩旗地。这个数字充分说明，雍正朝旗地的大量增加，主要是满族群众开垦的结果。

尚贤第七代支祖莫力根为吉伦泰长子，吉伦泰去世后，他的四个儿子分家自立门户。长子莫力根与次子达凌阿住村东，三子三格与四子五什住村西。莫力根自幼以孝顺父母、友爱兄弟闻名，因而在兄弟四人分家时，“悉以良田让诸弟，以故产益薄”。本来分到的土地财产就少，莫力根又不善于经营，他去世后“所遗者茅屋数间，仅避风雨而已”。莫力根与妻马佳氏有子二人，马佳氏嫁莫力根后，家中经济收入每况愈下，靠马佳氏勤俭节约勉强维持生活。

尚贤太高祖白士胡朗，“有膂力，善骑射，邻里无赖咸畏之”。白士胡朗为维持生计充当旗兵，“晚年辞伍归田，淡泊自处，七旬后精神尤健，年八十余无疾终”。白士胡朗与妻刘佳氏有子二人，他出外当兵领饷，妻与子在家种地放牧，过着比较稳定的生活。

尚贤高祖巴力当阿，未出外当兵食俸，与妻闻佳氏及三个儿子辛勤劳动，“持家以俭，用能小康”。

尚贤曾祖札隆阿，“性倜傥好施，与邻里亲故急难者辄扶济，由是用日蹙”。札隆阿的慷慨大方，造成了家庭生活的窘困，幸亏他充当旗兵有俸饷收入，妻子田佳氏又“能尽妇职，克勤克俭襄理家政，故境虽艰而不致乏教”。

尚贤祖父德兴额与父亲巴哈，在改变家族艰苦生活中起了关键作用。

尚贤家族到祖父德兴额这一代时，由于家族人口愈来愈多，其祖居地柳塘沟已是“狭不敷居”。以“善治家”闻名的德兴额当兵退伍后，采取了一个大胆的举动，率全家离开世代居住的柳塘沟，迁移到距盛京城南35里、荒地较多的鲍家台。后来证明，这次迁居获得了成功，尤其是德兴额的妻子沈佳氏，在其中起了极大作用。沈佳氏生有四子，“自移居鲍家台，督织课耕，尤极辛苦，年五十五岁以劳致疾，弃养时道光二十七年”。

尚贤父亲巴哈于“咸丰三年随征直隶、山东，以擒贼功蒙赏六品军功”。光绪元年（1875），巴哈补放辽阳巴尔虎骁骑校；七年，补放佐领，历双榆树台官，稽查三汊河税务、发库（法库）边门税务，将军衙门户司行走兼管房税，署蒙古左右翼协领。

以上尚贤家族八代人的生产活动，据尚贤祖母沈佳氏“弃养时道光二十七年”这条记载推算，大致可分为四个时期：

始祖巴冷与八代祖吉伦泰为头一期，生活年代相当于明末至康熙中期，那时他们的居住地周围有大片的荒地和草场，巴冷父子过着半农半牧的富裕生活。

七代支祖莫力根和太高祖白士胡朗父子为第二期，生活年代约在康熙末年至乾隆中叶，因分家后不善于经营农业，莫力根父子的家庭经济生活呈下降趋势。

高祖巴力当阿和曾祖札隆阿父子为第三期，时间大致在乾隆末年至道光初年。巴力当阿父子的家庭经济收入呈现进一步下降趋势，其后代甚至因“狭不敷居”，而难以在原居地生存。

祖父德兴额与父亲巴哈为第四期，德兴额移居鲍家台垦荒成功，经济收入大为增加，巴哈又以军功升至署蒙古左右翼协领，充当税务官员，其家族由清初的普通旗兵跃升为地主兼官宦之家。

尚贤的朱卷履历以翔实的史实告诉人们，类似尚贤家族这样的八旗兵丁家庭，有固定的军饷收入，还放牧种地，应说比普通农民处境要好得多。而且还应当注意到，尚贤家族世代勤俭，道德淳朴，没有遭受任何天灾人祸的打击，却由维持“小康”生活，恶化到“狭不敷居”，难以在原居地生存，不得不迁移他乡垦荒的地步。而像德兴额移居垦荒成功的，在八旗兵丁中是极少数人，在尚贤家族成员中，也就他这一支上升成为地主，其他家庭成员照旧过着贫穷的生活。

“平时自应其役，军兴皆听调拨，往往以勇猛敢战。取翠翎、珊顶及巴图鲁名号如寄，此海内所以称劲旅也。”

——满族人西清

第六章　奉调出征

一、康熙朝五次参战

满族于16世纪末形成于辽东山区，世世代代的狩猎生活使他们擅长骑射，崇尚武力，不怕牺牲，勇于征战。但是，自康熙二十二年（1683）清政府统一台湾后，中原地区再也没有发生大规模的战争。加上入关之后的满族进入城市，长期脱离狩猎生产，致使关内八旗军队战斗力日趋下降。生活在白山黑水之间的东北满族，由于没有脱离生产劳动，驻防地区又有捕牲围猎的自然环境，“务农敦本，以国语骑射为先，兵挽八力，枪有准头，骁勇闻天下”①。从康熙十三年（1674）东北八旗奉调入关起，逐渐成为清军中最精锐的一支部队，几乎参加了清前期所有的重大战争，涌现出塔尔岱、海兰察等一大批满族名将，为中国多民族统一国家的发展做出了伟大的贡献。

1. 平定三藩之乱

康熙十二年（1673），平西王吴三桂因反对清朝撤藩，在云

---

①（清）萨英额：《吉林外记》卷8，《风俗》，吉林文史出版社1986年版。

南自称周王、天下都招讨元帅，发动反清叛乱。吴三桂起兵后，得到平南王尚可喜之子尚之信、靖南王耿精忠和其他原明朝降清将领的响应，史称“三藩之乱”。由于吴三桂采取先发制人战略，很快控制了云南、贵州、广西、广东、福建、湖南六省，又分兵进攻浙江、江西、陕西、甘肃四省，大半个中国陷入战火之中。刚刚完成大陆统一的清朝，面临着十分严峻的考验。

当时，东北盛京、吉林八旗兵仅有数千人之众。吉林地区的八旗兵，多数还是刚编入旗的新满洲兵，尚未参加过大规模的战争。然而，由于军情十万火急，清政府抽调东北八旗兵入关增援。康熙十三年（1674）十二月，康熙帝谕兵部：“京师禁旅，遣发颇多，其调盛京官兵一千，令副都统鄂泰帅之至京。乌喇兵七百，令副都统安珠护遣章京帅赴盛京。其宁古塔兵，令将军巴海调发镇守乌喇。”① 第二年（1675）正月，康熙帝再调盛京兵600 名，吉林乌喇兵 1000 名入关，使入关的东北八旗总兵力达到2600 名之多。

东北八旗兵抵达北京后，根据各地战事需要，进行机动增援。康熙十四年（1675）二月，盛京副都统鄂泰被任命为建威将军，统领来自盛京的八旗兵 1000 名驻防太原，负责防守山西省太原、汾州等处。当年十二月，八旗副都统尼满、雅泰、扬古代统领吉林乌喇八旗兵 1000 名，奉命立即开赴南京增援。

康熙十五年（1676）三月，康熙帝下令参领达汉泰、沙礼率领盛京兵 1500 名开赴河南，到达后以盛京兵 500 名留下，由胡什霸等人带领防守河南，其余盛京兵千名，即最初驻守山西省之兵，迅速前往大将军图海军前；四月，江西告急，清政府急调大将军图海所率盛京兵 1000 名，及驻防兖州每佐领骁骑一名，前往支援；六月，“乌喇、宁古塔兵一千名，悉改为护军，率赴河

① 《清圣祖实录》卷 51，第 10 页。

南，并胡什巴兵偕往江西”①；十一月，康熙帝谕兵部：大将军康亲王杰书统兵平闽，“恐兵力未敷，其以驻守江宁盛京兵内发七百名，……赴大将军军前，听其调遣”②。仅在这一年之内，东北八旗兵就被派往河南、江西、福建，体现出强大的机动作战能力。

康熙十八年（1679）四月，清政府鉴于湖南、广西皆已平定，在湖南的清军兵力充足，决定将吉林乌喇和宁古塔八旗兵撤回东北。然而，此举遭到了大将军、简亲王喇布的反对，他向清政府提出：乌喇、宁古塔之兵，虽然应该撤回关外，但新宁诸处仍有贼寇，请暂留乌喇、宁古塔兵1200余人，“俟破贼之后，乌喇、宁古塔兵即行撤还”③。正因为东北八旗兵的英勇善战，简亲王喇布才有此请，并且很快就消灭了新宁残敌。当年八月，在平定三藩的战争取得决定性胜利的形势下，盛京和宁古塔八旗兵才回到关外。

2. 三征噶尔丹之役

清朝初年，今天新疆维吾尔自治区的天山北部，居住着厄（额）鲁特蒙古，分为准噶尔、杜尔伯特、和硕特与辉特四部。噶尔丹（1644—1697）是准噶尔部的首领，他早年前赴西藏，出家为僧，向达赖喇嘛学习佛法。康熙九年（1670），准噶尔部贵族发生内乱，噶尔丹之兄僧格被杀，他听说后打着为兄报仇的旗号，从西藏回到准噶尔部，很快掌握了政权，自称“博硕克图汗”。噶尔丹先后发兵兼并其他三部，又进军天山南部，灭亡叶尔羌汗国，成为一支控制天山南北，威胁青海、西藏和喀尔喀蒙古的强大割据势力。康熙二十九年（1690），噶尔丹以追击被他

---

① 《清圣祖实录》卷61，第16页。
② 《清圣祖实录》卷64，第3页。
③ 《清圣祖实录》卷81，第21页。

打败的喀尔喀蒙古为名，深入到内蒙古的乌珠穆沁，他在乌尔会河打败清朝理藩院尚书阿喇尼率领的骑兵，深入到距离北京仅700余里的乌兰布通，对清朝的统治造成极大威胁。当年六月，康熙帝决定亲征噶尔丹。此时，清朝在东北取得了反击沙俄的决定性胜利，签订了《中俄尼布楚条约》，东北边疆的稳定，为解决噶尔丹割据势力创造了条件。

清朝兵部遵照康熙帝谕旨，派遣郎中恩丕赶赴盛京，会同将军绰克托、副都统博定，调集盛京及开原、兴京、东京（今属辽宁省辽阳市）、辽阳、广宁、锦州、义州（即辽宁省义县）等城兵，共3000人，入关随康熙帝亲征。不久，清政府又增调盛京兵2000人，吉林乌喇兵2000人，与先前调发的盛京兵会合后，“皇上亲统大军，相继而行”①。由于康熙帝到达波罗和屯（今河北省隆化县）时发病，未能率东北八旗兵亲临前线，但他仍然赞扬说：“盛京兵丁……刻期进发。比厄鲁特噶尔丹败遁，盛京官兵虽未接战，而奋勇敌忾，深可嘉悦。”②

康熙三十四年（1695）秋天，噶尔丹率3万人沿克鲁伦河而下，侵入蒙古巴颜乌兰。第二年春天，康熙帝再次亲征噶尔丹。清军组成东、中、西三路军，黑龙江将军萨布素统率的东路军，由盛京兵1000人、吉林兵1000人、黑龙江兵2000人，共5000人组成，其驻地离克鲁伦河最近，作战任务是防止噶尔丹向东部逃跑。清西路军在昭莫多与噶尔丹军发生激战，杀死准噶尔军数千人，噶尔丹妻子阿努也死于此役，获得了开战以来的重大胜利。萨布素所率的东路军，起到了积极的协同作用。

三十六年（1697）二月，康熙帝第三次亲征噶尔丹。他命令将军萨布素统率黑龙江及盛京、吉林八旗兵共6000人，前往黑龙江流域的索岳尔济山屯驻，以阻截噶尔丹的退路。康熙帝表扬

① 《清圣祖实录》卷146，第20页。

② 《清圣祖实录》卷148，第15－16页。

随行的东北八旗兵说："黑龙江之兵效力心切，故萨布素自称马壮。朕今巡城，见黑龙江军中马匹羸瘦，若将此马乘用，恐归时必致疲毙。伊等若有行走之事，朕当另给马，将伊等之马于察罕托海地方牧放，遣人送往归化城，俟事毕，各乘己马归本处，则易到也。"① 这一番话反映出：黑龙江八旗兵勇于打仗，在军马瘦弱的情况下仍然踊跃出征。

噶尔丹接连受到清军的沉重打击，他的老巢伊犁被其侄子策妄阿喇布坦占据。在清军将领费扬古的追击下，噶尔丹逃跑至甘肃大草滩，最后饮药自尽。

3. 驱准保藏之役

康熙五十四年（1715），准噶尔汗策妄阿喇布坦派兵袭击哈密，以迷惑清朝的注意力。一年之后，他派其弟大策凌敦多布带领精兵6000人，徒步绕行戈壁滩，越过和阗（今新疆维吾尔自治区和田）以南大雪山，于次年七月由藏北腾格里海突入西藏。准噶尔军击败藏兵后，占领拉萨，杀死控制西藏政权的蒙古拉藏汗，抢劫布达拉宫与其他寺庙法器送至伊犁，欲挟持达赖喇嘛号令蒙古各部。康熙帝得知后，下令西安将军额伦特带兵数千入藏，却因粮饷不继全军覆没。康熙帝认为西藏屏蔽青海、云南、四川，若被准噶尔部占据，将遗祸无穷，因此决定从全国各地调集满、蒙、汉精兵各数万人，进兵西藏驱逐准噶尔军，是为"驱准保藏"之役。

在准噶尔军袭击哈密时，东北八旗兵就被调往西北前线，协助当地驻军防守准噶尔。康熙五十四年（1715）四月，清政府调发黑龙江兵500名，打牲索伦、打虎儿兵500名，蒙古喀喇沁兵1000名，要求他们每人各带长枪、鸟枪，前往归化城（今内蒙古自治区呼和浩特市）防御准噶尔。第二年九月，清政府又下令：

---

① 《清圣祖实录》卷182，第4页。

"盛京、船厂（吉林乌喇）二处，著拣选兵丁一千名，于伊等弟兄亲戚内，择可用之人，每一名派与跟役二名，于三月十八日前来京，给与马匹器械，前往祁里德军前。"① 东北八旗总计2000人被派往西北前线。其中黑龙江兵1000人，吉林和盛京兵各500人，若每人加上跟役2名，则吉林和盛京兵丁有3000人。

五十七年（1718）十月，康熙帝任命皇十四子、固山贝子胤祯为抚远大将军，统帅所有前线清军。清政府同时加派黑龙江兵500名，索伦、打虎儿兵500名，宁古塔兵500名，吉林乌喇兵500名，盛京兵1000名，"共兵三千名，令于来年三四月间，青草发生时，各带马匹由索约尔济地方，至喀尔喀河下流，上克鲁伦河而去"②。

清政府经过三次从东北调兵，使参加驱准保藏之役的东北八旗兵总数达到7000人之众（内有明确记载的跟役2000人），而且其中半数以上是战斗力最强的吉林和黑龙江八旗兵。为了保证此次战役的胜利，康熙帝在东北八旗身上寄予了厚望。

康熙五十九年（1720）春天，将军延信和噶尔弼分别统率清军，自青海和四川两路进入西藏。由于清军以保护黄教为号召，得到了西藏人民的广泛支持。南路噶尔弼军招抚巴塘、里塘藏民，采用副将岳钟琪"以番攻番"之计，迅速进入西藏。延信所率青海西路军三战皆捷，大策凌敦多布率残部"不敢归藏，即由旧路北窜，崎岖冻馁，得还伊犁者不及半"③。清军进入拉萨，由将军延信主持了新达赖喇嘛的"坐床大典"，恢复了西藏的社会秩序。

雍正帝即位后，表彰出征多年的东北八旗兵说："自有策妄阿喇布坦之事，已经八载，凡出征之在京八旗及盛京、黑龙江、

① 《清圣祖实录》卷269，第21页。

② 《清圣祖实录》卷282，第13页。

③ （清）魏源：《圣武记》上册，卷5，《国朝抚绥西藏记上》，第206页，中华书局1984年版。

宁古塔、西安、右卫等处，满洲、绿旗官兵内，有宣力行间分内应升者，若于各处补授，恐致悬缺，……著行文诸路将军等，于满洲、蒙古、汉军、绿旗官员兵丁内，有宣力行间，分内应升人等，查明选举。”① 在雍正帝提到的这些清军中，以东北八旗出征路途最远，时间最长。雍正三年（1725），西北军事形势稳定之后，东北八旗兵才全部回到关外，此次出征前后长达十年之久。

二、塔尔岱誓报国耻

塔尔岱，瓜尔佳氏，齐齐哈尔满族人，初隶满洲正黄旗，后改入镶蓝旗。康熙五十四年（1715），塔尔岱任八旗领催时，跟随副都统博济西征准噶尔。在纳特和河之役中，他率领40名骑兵转战各处，俘虏上千人，被赐为“巴图鲁章京”称号。雍正三年（1725），清军凯旋，塔尔岱以所部殿后。次年，塔尔岱升为防御，按规定去北京觐见雍正帝，雍正帝知道他的名字出自满语，“是卓绝健全好汉”之意，因此破格将他升为佐领。雍正五年，塔尔岱又因升任索伦总管入京朝觐，雍正帝再次破格任命他为伯都讷驻防八旗副都统，兼任乾清门御前侍卫大臣上行走，“赏元狐帽、貂褂、蟒缎、白金五百两，以旌之”②。

雍正五年（1727），准噶尔汗策妄阿喇布坦去世，由其子噶尔丹策零继承汗位。雍正帝在即位之后，取得了平定青海和硕特蒙古罗卜藏丹津叛乱的胜利，但叛乱头目罗卜藏丹津逃跑到准噶尔部，清政府向其索要，准部拒不交出。清政府便决定趁噶尔丹策零地位不稳之机，一举消灭准噶尔政权。七年（1729），雍正

① 《清世宗实录》卷9，第9-10页。

② 黄维翰：《黑水先民传》卷12，《塔尔岱传》，吉林文史出版社1986年版。

帝任命傅尔丹为靖边大将军，出北路；任命岳钟琪为宁远大将军，出西路，试图彻底解决准噶尔问题。

九年（1731）六月，清军北路统帅傅尔丹轻敌冒进，在和通泊（今蒙古人民共和国布彦图西南）中了准噶尔军埋伏，副将军巴赛等将领战死，万余清军仅生还两千人；次年，清军取得厄尔得尼招（又名光显寺）大捷，才从根本上扭转败局。蒙古额驸、亲王策棱（又作策凌）因此役名扬中外，战后受封为超勇亲王，清政府单独划出赛音诺颜部，任命他为盟长管辖。

由于清人魏源在《圣武记》中称："凡北路两创准夷，皆额驸策棱功。"① 致使在清军的胜利中同样起到关键作用的塔尔岱很少被今人的清史论著提及，这不能不说是轻信了魏源的记载。对此严重失误，必须予以更正，以还历史本来面目。

清政府征讨准噶尔部，先后征调东北八旗兵 8000 人，派往清军北路军营。时任宁古塔副都统的塔尔岱率其中 2000 名索伦兵，随靖边大将军傅尔丹出征。雍正九年（1731），傅尔丹指挥先头部队越过科布多河，西进至札克赛河。准噶尔部将大策零敦多布派出间谍，故意被清军俘获，然后欺骗说：准噶尔军有前队 2000 人，马两万匹，放牧在博克托岭，距清军仅有 3 天路程。傅尔丹信以为真，率上万名清军急进突袭，企图夺取这些马匹，结果在和通泊陷入埋伏圈。当时，准噶尔军以两万人占据库里野图岭，从高处冲向清军，副将军巴赛、查弼纳战死，参赞苏图等人自杀。在这生死存亡之际，塔尔岱率所部东北八旗兵攻下西山，才杀出一条血路，保护大将军傅尔丹突围，至科布多生还的清军只有 2000 余人。

塔尔岱在这次血战中身负重伤，"冒锋矢出，中枪穿胫，血殷征衫"，幸亏他所乘的大黄马是一匹难得的良骥，在同样受重

---

① （清）魏源：《圣武记》上册，卷 3，《雍正两征厄鲁特记》，第 145 页，中华书局 1984 年版。

伤的情形下，于六天后奇迹般地将塔尔岱驮至科布多城，“蒙古医以羊皮蒙之，三日始苏”①。

雍正帝在清军和通泊大败后，下令罢免傅尔丹靖边大将军职务，以顺承郡王锡保继任，同时让塔尔岱回宁古塔养伤。雍正帝不愧是英明皇帝，对指挥作战的将领赏罚分明，可是塔尔岱拒绝了回东北养伤的安排。据靖边大将军、顺承亲王锡保奏报雍正帝说：

> 宁古塔副都统塔尔岱呈称，皇上恩旨，念塔尔岱宣力可悯，令回原任。但大兵正值灭贼之期，是塔尔岱报国雪耻之日，若负罪而还，何颜见七十有七之老母？且塔尔岱全伤痍悉已平复，仰恳仍留军前等语，谨此代奏。②

雍正帝得知，颇为感动地说：“朕览塔尔岱所奏，为之恻然！若准伊所奏，朕实不忍。若不准，则军中难得此练习之贤将。今暂依所请，赏伊母银一千两，再赏塔尔岱一千两，资伊用度。”③不久，雍正帝又将塔尔岱晋升为参赞大臣，协助锡保处理军务。

准噶尔军在和通泊战役取胜之后，乘机进一步向北部扩张。大策零敦多布率近3万人深入漠北，抢掠喀尔喀蒙古牧群人畜。蒙古郡王、额驸策棱与亲王丹津多尔济，合兵迎战于鄂登楚勒河，利用准噶尔军的轻敌心理，派台吉巴海带600人趁黑夜袭击敌营，诱敌出击。待准噶尔军进入包围圈后，策棱率蒙古兵从事先埋伏的树林中冲出，杀得毫无防备的准噶尔军狼狈逃窜，斩其骁将喀喇巴图鲁。清军经过鄂登楚勒战役，初步扭转了战场上的

---

① （清）昭梿：《啸亭杂录》卷3，《记辛亥兵败事》，中华书局1980年版。

②③ 《清世宗实录》卷113，第9－10页。

被动局面，雍正帝因此下诏，封策棱为和硕亲王，赐给白银万两。

准噶尔军遭到策棱重创后，图谋报复。雍正十年（1732）六月，准部将领小策零敦多布侦知，策棱率本部蒙古兵前往本博图山驻守，遂偷袭策棱游牧地塔密尔河，掠走策棱的两个儿子和大批牲畜。策棱正在行军途中，所乘战马突然前蹄跃起，作人立状，狂啸不止，紧接着，就有人报告牧地被抢的消息。策棱怒发冲冠，拔剑斩断马鬃，对天发誓，必报此仇。

策棱命令部下勇士脱克浑先行侦察敌情。脱克浑能乘马日行千里，他登高侦察时张开双手，如同老雕展翼，不为人所察觉，因此很快就查清了准噶尔军的虚实①。掌握敌情后，策棱征调各部蒙古兵去见靖边大将军锡保，请以满洲旗兵配合，参赞大臣塔尔岱奉命，率东北八旗兵随征。满、蒙联军约两万人，由脱克浑为向导，以每天300里的急行军速度前进，终于抢在准噶尔军的前面到达厄尔得尼招。

厄尔得尼招是一处蒙古喇嘛寺庙，其地东为大河，西为高山，地势险要。策棱让满族兵在河南背水而阵，老弱在前以为诱饵，蒙古兵占据河北，他本人亲率劲旅万人埋伏山间，传令待听到胡笳声响，一起进攻。清军刚刚布置好阵地，准噶尔军就到达了厄尔得尼招，见到背水立阵的老弱满兵，认为不堪一击，于是抢先发起进攻。据当时人方观承描述如下：

> 虏（即准噶尔军）据南山，锋甚锐；我军列长阵与山对，而分兵出其后。索伦精骑万箭齐发，杀数千人。虏大崩，宵遁。定边右副将军塔尔岱屡破敌，有威

① （清）魏源：《圣武记》上册，卷3，《雍正两征厄鲁特记》，第144页，中华书局1984年版。

名，戴獭皮小帽，虏称为“獭帽将军”云。①

准噶尔军尸横山谷，丢下无数牲畜、辎重，渡河逃跑。事先埋伏在河北岸的蒙古兵冲出拦击，准噶尔军大半死于河中，仅小策零敦多布率残部逃走。塔尔岱率东北八旗兵追击至推河，距清军大营千有余里，因为大将军锡保未能派兵夹击，才使准噶尔军逃脱了被全歼的噩运。

厄尔得尼招战役结束后，盛京、船厂、黑龙江兵一万人即奉调前往北路军营，由此可以说明，东北八旗兵在此役中战功卓著，所以才有前所未有的大规模调动。雍正帝将锡保革职，以多罗平郡王福彭任定边大将军，以策棱、塔尔岱为左、右副将军。方观承当时为平郡王福彭的参军，故他对塔尔岱的事迹记载，显然比其他文献更加准确可靠。而清人魏源在《圣武记》卷3中，只记载“以多罗平郡王福彭为定边大将军，额附策棱副之”，根本未提塔尔岱任副将军之事，实在是个极大的疏漏。

雍正帝在论功行赏的谕旨中说：“王丹津多尔济、额驸策凌(棱)、参赞大臣塔尔岱及诸王、大臣、台吉等，共领满洲、蒙古、喀尔喀等兵二万，奋勇尾追千里，到鄂尔昆河厄尔得尼招地方。诸王、大臣及台吉官兵等，同心协力，为国输诚，奋勇攻击，将三万逆贼斩杀大半，余贼丧胆奔逃，甚属可嘉。此次军功，非寻常劳绩可比，官员兵丁，著从优议叙。”② 策棱在北路军营任定边左副将军，塔尔岱为右副将军，证明其功勋仅次于策棱。

塔尔岱还因在此役中立下的殊勋，被晋升为黑龙江将军，受命统领北路军营所有东北八旗兵。原来的黑龙江将军卓尔海，则

---

① 黄维翰：《黑水先民传》卷12，《塔尔岱传》，吉林文史出版社1986年版。

② 《清世宗实录》卷123，第1–2页。

被雍正帝改任为内大臣，署理黑龙江将军事务。雍正帝如此破例任命官员，也反映出塔尔岱的功绩非同寻常。

雍正十二年（1734），塔尔岱率东北八旗兵胜利凯旋。乾隆六年（1741），乾隆帝首次巡幸避暑山庄，举行木兰秋狝典礼。塔尔岱奉命前往朝见，并与乾隆帝一同狩猎。乾隆帝特地赐诗表彰塔尔岱的功勋，其诗曰：

百战归来矍铄身，凌烟姓氏竟谁论。
是时合适林中趣，怜尔仍随辇后尘。
赫奕虎符叨宠旧，辉煌竹简纪功新。
为询阅历疆场事，几度闻之廑念频。①

塔尔岱武功绝伦，即使在黑龙江八旗官兵中，也非他人可比。据嘉庆时满族人西清记载："将军塔尔岱神于射，所用弓，緪人皮为弦。宗室都尔嘉为将军，尝借以遍试属僚，惟骁骑校多昌阿能闿（开）满，发三矢。"② 塔尔岱之神勇，由此可见。

乾隆二十一年（1756），一代名将塔尔岱病逝于齐齐哈尔老家。

三、建功于天山南北

乾隆帝晚年写了一篇《十全记》，把他在位期间发生的重大战争以及清军获取的胜利，归纳为"十全武功"，称自己为"十全老人"。乾隆帝将这些战争概括为："平定准噶尔为二，定回部

---

① 黄维翰：《黑水先民传》卷12，《塔尔岱传》，吉林文史出版社1986年版。

② （清）西清：《黑龙江外记》卷4，第8页，光绪二十年（1894）刊本。

为一，扫金川为二，靖台湾为一，降缅甸、安南各一，即今二次受廓尔喀降，合为十。”① 在乾隆帝所说的这十次重大战役中，其中最有意义的是统一新疆的战争。乾隆帝曾经说过：他一生中主要做了两件大事，“一曰西师，一曰南巡”。所谓“西师”，即指消灭准噶尔政权、平定阿睦尔撒纳和霍集占叛乱，东北八旗兵作为参战的清军主力，在统一新疆的战争中前赴后继，不怕牺牲，涌现出许多名将。

1. 消灭准噶尔政权

以今天新疆伊犁为中心的准噶尔政权，从康熙朝起长期割据天山南北，与清朝中央政权处于对峙状态。从噶尔丹、策妄阿喇布坦到噶尔丹策零，准噶尔政权都处于相对强大时期。乾隆十年（1745），准噶尔汗噶尔丹策零去世后，内部出现多次争夺汗位的战争，社会动荡不安，部众大批投降清朝。在这种形势下，双方力量对比发生了有利于清朝的变化，这就为乾隆帝彻底解决准噶尔问题奠定了基础。

乾隆十九年（1754）五月，清政府决定西、北两路用兵，一举消灭准噶尔政权。清政府总共动员清军 5 万人参战，其中八旗兵 2.5 万人，蒙古兵 1.5 万人，绿旗兵 1 万人。在兵力分配上，以北路军 3 万人为主力，西路军 2 万人策应。而在参战的 2.5 万八旗兵中，有东北黑龙江八旗兵 1 万人，成为清军“主力中的主力”。

当年八月，黑龙江将军清保向清政府报告出征官兵事宜说：“一、现派出兵一万名，以五百为一营，以总管、协领、副总管为营长，每五十名为一甲喇，每甲喇应给纛一、画角一。一、齐齐哈尔等处兵，令各带现存单甲一副，巴尔虎官员各带现存棉甲

① 《清高宗御制文三集》卷 8，《四库全书》本，台湾商务印书馆 1986 年版。

一副，打牲乌拉索伦、达呼尔官兵，向来未办军器，除各带本身弓箭外，每人应给棉甲一副，腰刀一把，梅钻箭五十支，请交部备办。”① 从清保的报告中可知，黑龙江上万名官兵是在装备不足，连最起码的棉甲、腰刀都没有的情况下踏上万里征途的。他们被编组成20个营，200个军事单位，以便最大限度地发挥其机动性。

乾隆二十年（1755）二月，清军西、北两路同时发起攻势。由于先头部队都是原来投降的厄鲁特蒙古降众，再加上强大的政治宣传，所以清军在几乎未遇任何抵抗的情况下，顺利进入伊犁。准噶尔汗达瓦齐做梦也没有料到，清政府会在春天出兵，被打了个措手不及，他率上万人退守伊犁河北岸格登山。两路清军在固勒扎地方渡过伊犁河，直抵格登山，准噶尔军丧失斗志，7000余人投降，达瓦齐带2000余人逃向天山南部。他到达乌什城时，身边仅剩下百余人。六月十三日，乌什城伯克（即城主）霍吉斯慑于清军兵威，设计擒获达瓦齐，把他作为礼物献给清军。盘踞伊犁七八十年的准噶尔政权，至此宣告覆灭。

2. 平定阿睦尔撒纳叛乱

东北八旗兵尚未凯旋，就投入了平定阿睦尔撒纳叛乱的战斗。

阿睦尔撒纳是降清的辉特部台吉，在战争之初，被任命为北路军副将军。他见到达瓦齐被俘虏后，厄鲁特蒙古群龙无首，便想趁机取而代之，充当四部总汗。乾隆帝察觉到他的阴谋后，及时任命各部首领为汗，并让他们前往避暑山庄朝觐，试图趁机逮捕阿睦尔撒纳。阿睦尔撒纳发现自己的诡计已经败露，遂杀害清定北将军班第，公开挑起了反清叛乱。

当时在前线的盛京将军阿兰泰，在平叛中起了重要作用。阿睦尔撒纳叛乱之初，阿兰泰迅速采取行动，率八旗兵逮捕了阿睦

① 《清高宗实录》卷471，第3页。

尔撒纳的妻子，以及班珠尔等叛军头目，派侍卫富廉等带兵押送北京。阿兰泰还派出八旗兵，将原阿睦尔撒纳属下游牧人众迁往塔密尔河等处，减少了叛乱的扩大。

然而，其他清军将领则远不如阿兰泰指挥果敢。例如，新任命的定北将军策楞误信阿睦尔撒纳已被活捉的谎言，下令清军停止追赶，延误了战机，致使阿睦尔撒纳逃走，煽动不明真相的厄鲁特牧民参与叛乱。

在平叛进入艰苦阶段时，东北八旗兵与叛军展开了殊死战斗。参赞大臣富德是吉林满族人，他向清政府奏报战况说：带东北八旗兵至布克图尔玛时，遇到乌梁海蒙古头目安济等十余户迎战，士兵达色追射安济，遇石伤足，前锋卓丹即奋力前进，将安济生擒，另一个叛军头目格斯奎也被擒获，计剿杀乌梁海300余户；他本人率八旗兵前进至库克郭勒地方，遇果勒卓辉之乌梁海等20余人伏击放枪，我兵坠马者数人，“有宁古塔披甲人英德讷、黑龙江打牲达呼尔达三保，奋勇救出，尽剿贼众。又有在前队行走奋勉之三等侍卫毕拉尔海、吉林署协领扎库齐、索伦署协领金济噶尔、阿第木保，察哈尔署协领喇嘛扎布，蓝翎侍卫达桑阿等，俱出众效力”①。

乾隆二十二年（1757）三月，清军逐渐取得战场主动权。叛军头目巴雅尔、达什车凌、尼玛等先后被俘虏，阿睦尔撒纳逃入俄罗斯，后出痘病死，尸体被交还清政府。平定准噶尔的战争至此圆满结束，东北八旗兵为战役的胜利付出了巨大的牺牲，八旗高级将领、都统满福即战死于此役。

满福，瓜尔佳氏，满洲镶蓝旗人，自世管佐领累擢拉林副都统。乾隆二十二年（1757），满福升为八旗都统，率兵驻守巴里坤，后又奉命率吉林八旗兵上千人屯驻吐鲁番，授领队大臣。满福带领300人参与平叛战斗，负责巡视阿勒辉至乌纳哈特的13座

---

① 《清高宗实录》卷552，第11页。

台站，搜剿阿睦尔撒纳叛军余党。叛军沙拉斯、吗唬斯部降清后复叛，抢掠台站，满福受命带兵前往阿勒辉追剿，至肯色岭与叛军相遇，并将其击败。叛军败走后派人假装乞降，并欺骗说叛军头目已被绳缚，请满福前去献俘。满福误信叛军谎言，带兵行进至哈喇和落时，他突然发现径险林密，下临深沟，知道自己被叛军欺骗，急忙指挥前队返回。但为时已晚，只见叛军千余人自树林中冲出，将清军包围，“满福厉声督兵力战，被创坠沟，死之”。战后，乾隆帝认为满福虽然指挥有误，却是杀敌战死的八旗最高将领，仍下令绘像紫光阁，以表彰满福的牺牲精神。①

3. 平定“回部”之乱

清初，今天新疆天山南部居住的维吾尔人被称为“回部”。准噶尔政权为了控制维吾尔人，曾将回部领袖布拉呢敦和霍集占（又称大、小和卓）拘押伊犁，作为人质，还把数千户维吾尔人迁移伊犁，为准噶尔军种地交粮。清军进入伊犁时，释放了布拉呢敦和霍集占，让布拉呢敦回到叶尔羌统辖回众，留下霍集占管理伊犁的维吾尔人。阿睦尔撒纳发动反清叛乱时，霍集占乘机率维吾尔人逃回叶尔羌和喀什噶尔，清政府以为他们是躲避战乱，因此未予以追究。

乾隆二十一年（1756），定边左副将军兆惠得知布拉呢敦和霍集占有反叛迹象，即派副都统阿敏道进行招抚。阿敏道带黑龙江索伦兵100人、厄鲁特蒙古兵3000人来到库车城。城内的霍集占关闭了城门，欺骗阿敏道说：怕你带来的厄鲁特蒙古兵进城骚扰，所以才关闭城门，如果你能把蒙古兵撤回，就开门投降。阿敏道轻信了这个诺言，让蒙古兵撤回，只带百名索伦兵进城，全部被霍集占杀害。随后，霍集占自称“巴图尔汗”，公开举起叛清的旗帜。

---

① 《清史稿》卷315，《满福传》。

二十三年（1758）二月，清军结束天山北部的战争后，兵部尚书雅尔哈善被任命为靖逆将军，率万余人向天山南路进军。清军在进攻库车城时，丧失了宝贵战机，守城的霍集占趁黑夜逃走。乾隆帝盛怒之下，处死雅尔哈善，改由兆惠为定边将军。兆惠吸取前任教训，一路驱兵奋进，连克和阗、阿克苏、乌什等城，十月初三，率 4000 人行至叶尔羌城外黑水河时，为霍集占所辖万余叛军包围。乾隆帝接到兆惠被围的消息，立即任命富德为定边右副将军，统领精锐的索伦兵前往解围。

二十四年（1759）正月初六，兆惠军在被围困两个月后，终于听到数十里外的枪炮声，他知道援军已到，选精兵千人突围，与富德部会合后，回到阿克苏休整。叛军经黑水河一战，对清军顽强的战斗力十分恐惧。当兆惠和富德分别统率清军进攻叶尔羌和喀什噶尔两城时，霍集占和布拉呢敦吓得弃城而逃。富德率清军追到巴达克山（今属阿富汗），以武力索取叛军魁首。这时霍集占被乱兵所杀，布拉呢敦受惊吓而死。面对清军的强大武力，巴达克山汗素勒坦沙称布拉呢敦尸体被窃，交出霍集占首级。天山南北地区重新置于清政府的管辖之下。

东北八旗兵作为这三次战役的主力军，涌现出许多名将，为近代中国多民族国家疆域的形成做出了不可磨灭的贡献。下面试举富德、瑚尔起、努三的事迹略作说明。

富德，瓜尔佳氏，吉林驻防，隶满洲正黄旗。乾隆初，富德自护军擢至三等侍卫。乾隆十三年（1748），他从经略大学士傅恒征金川，擒贼党阿扣，迁二等侍卫。师还，累迁副都统。

二十年（1755），清军出征准噶尔，富德任参赞大臣，率东北八旗兵至鄂塔穆和尔，追杀阿睦尔撒纳叛军百余人，夺回被掠30 人户，擒台吉恩克巴雅尔等 40 余人，升为正黄旗蒙古都统。二十二年，富德仍以参赞大臣从定边将军成衮扎布赴巴里坤平叛，后又从兆惠追剿阿睦尔撒纳，至爱登苏，哈萨克汗阿布赉遣使节向富德所率清军投降，乾隆帝因此赐予富德云骑尉世职。

二十四年（1759），兆惠被围黑水河，富德临危受命为定边右副将军，率军增援。富德统兵至呼尔璊，遇敌骑5000余人，转战5天4夜，与参赞大臣阿里衮合兵，杀叛军头目巴尔图等15人，大伯克数十人，叛军上千人，以解兆惠围功封三等伯。富德复率清军攻至叶尔羌河岸，连败叛军，进封一等成勇伯。霍集占兄弟弃城逃跑，富德追至阿勒楚尔等地，接连取胜，最后迫使巴达克山汗交出霍集占首级，为清军的最后胜利画上了圆满的句号。

清军从新疆凯旋后，富德进封一等靖远成勇侯，升任御前大臣，绘像紫光阁，赐紫禁城骑马。后来，富德在清军攻打大、小金川战役中，因诬陷将军阿桂被杀。《清史稿·富德传》的作者，以十分惋惜的文笔写道："富德族微，力战致通显，有功而不善居，卒以遘祸。"① 富德是东北八旗中第一个受封一等侯爵的将领，他没有战死疆场而因内讧被杀，令人感到遗憾！

瑚尔起，瓜尔佳氏，齐齐哈尔驻防，隶满洲镶蓝旗，自笔帖式累迁协领。乾隆二十年（1755），清军出征准噶尔，瑚尔起时任呼伦贝尔总管，加副都统衔带兵从军。厄鲁特蒙古杜尔伯特贝勒巴图博罗特响应阿睦尔撒纳叛乱，杀害察哈尔总管巴宁阿，瑚尔起率兵追剿于辉朗巴山，俘获巴图博罗特。

二十三年（1758）十月，定边将军兆惠被围黑水河，当时瑚尔起已奉命返回东北，但他得知这个消息后，力请带兵增援。他所率索伦兵因为准备撤回，部队没有马驼运输，士兵肩负全部军粮器械，徒步行军在戈壁中。经一个多月长途跋涉，瑚尔起所部前进至叶尔羌城下，会合其他援军击败叛军。解救兆惠突围之后，瑚尔起又挥军进援和阗，大战于博罗齐，乘雾攻打敌营，歼灭叛军头目阿布都海里克等人，降回众4000余户。

清军平定回部后，瑚尔起被绘像紫光阁，列后50名功臣，

① 以上富德事迹详见《清史稿》卷314，《富德传》。

位居第十名。乾隆帝赞扬瑚尔起：

突禽珲齐，其气如虹。
及降勃律，乌幕占风。
解围和阗，战鏖大食。
麾鍪而登，威著西域。①

二十五年（1760），瑚尔起率索伦兵载誉回到呼伦贝尔，后升任黑龙江副都统。清军出征缅甸时，瑚尔起卒于军中，归葬于齐齐哈尔城东南十余里处。②

努三，瓜尔佳氏，吉林驻防，隶满洲正黄旗。努三是前锋出身，因作战立功，累迁至头等侍卫，御前行走。

乾隆二十年（1755），清军西、北两路出征准噶尔，努三时任护军统领，随定西将军永常筹划军事，驻防鄂尔坤。不久，他被任命为参赞大臣，会同将军成衮札布剿捕准噶尔宰桑玛木特部。努三与参赞大臣萨赖尔合兵一起后，受萨赖尔部下杂取牧民牲畜事牵连，被革职没收家产。但乾隆帝考虑努三能打仗，虽然将他革职，仍留在军营中效力。努三很快被授为蓝翎侍卫，升头等侍卫，“招抚巴尔达穆特各鄂拓克有劳，三迁镶蓝旗护军统领”，负责管理巴里坤屯田。将军兆惠被围黑水河，努三带兵随定边右副将军富德往援，至呼尔瑞后，与富德兵分两路，击溃霍集占叛军，与兆惠胜利会师，获赐骑都尉世职。清军获胜凯旋后，努三累迁领侍卫内大臣、正蓝旗满洲都统，逝世后谥号“恪靖”③。

---

①② 黄维翰：《黑水先民传》卷13，《瑚尔起传》，吉林文史出版社1986年版。

③ 《清史稿》卷316，《努三传》。

四、奋战在西南边陲

乾隆帝的“十全武功”，除在新疆地区有三次外，其中有四次战争都发生在中国的西南地区。东北八旗兵先后参加两次攻打金川、出征缅甸和廓尔喀（今尼泊尔）的战争，而且除远征缅甸之役外，都取得了辉煌的胜利。

1. 初征金川之役

四川省西北部大渡河上游地区出产黄金，当地有两条河流，因此得名大金川、小金川（今属四川阿坝藏族羌族自治州）。大、小金川地区气候寒冷，许多地方是终年不化的雪山，当地主要居民是藏族。乾隆十一年（1746），大金川土司莎罗奔控制小金川，又强占周围其他土司的领地，引起清政府干预。乾隆帝先后任命川陕总督张广泗、大学士讷亲为清军统帅，结果都打了败仗。

十三年（1748）十月，乾隆帝任命大学士傅恒为清军统帅，增派北京和东北八旗兵赴金川。最初，拟由东北三将军各派1000人，后来因为盛京八旗兵部署迟误，加上战斗力也不如黑龙江八旗兵，遂改为黑龙江出兵2000人。据此次带兵的黑龙江副都统黑雅图奏称：“打牲索伦等处兵丁，人甚壮健，枪箭敏捷，惯走山林，颇耐劳苦。但一时乏粮，每有窃取牛羊以食用之事，性好饮酒，不知礼节，约束稍觉费心。若能服其心，临战甚属得力。且伊等行路，甚属简便，旷野之地，插木为栅，随便即可栖止。”① 他的这一段话，大致概括了黑龙江八旗兵的野外作战能力。

傅恒抵达金川前线后，首先清除内部的大金川奸细。他根据

① 《清高宗实录》卷328，第45页。

获得的情报，将土舍良尔吉、小金川土司泽旺妻阿扣、汉奸王秋等人处死，保证了清军作战的机密性。然后，傅恒集中兵力合攻莎罗奔巢穴勒乌围，由于指挥得当，加上黑龙江八旗兵善于山地野战，很快就取得了胜利。

乾隆十四年（1749）正月二十日，莎罗奔派头人向傅恒投降，保证永远服从清朝法令。二月五日，莎罗奔及侄郎卡带领其他头人，乘皮船前往傅恒军营投降，莎罗奔焚香顶戴，宣誓效忠清朝，还献上古佛一座、白银万两。战争遂以莎罗奔的降服而宣告结束。

然而，清军初征大金川之役，实际上是在莎罗奔并没有受到任何惩治的情况下，通过双方谈判的方式收场的。清政府之所以这样做，是因为战争打了三年，财政消耗严重，乾隆帝认为得不偿失，因此见好就收。战后，大金川土司仍然同清朝离心离德，拒不服从清朝法令，故后来又有第二次金川之战。

2. 出征缅甸

缅甸位于中国西南部，大部分地区与云南省接壤。清政权进行统一中国的战争时，曾派兵进入缅甸，以武力迫使缅甸交出南明永历帝，以后双方没有发生外交关系。乾隆三十年（1765），缅甸军队利用云南孟艮土司内讧，侵入云南边境地区，烧杀抢掠，深入至普洱府附近的孟连土司东部。因此，中缅之战爆发的起因，完全在缅甸一方。从乾隆三十一年起，清政府先后以云贵总督杨应琚、将军明瑞为统帅，两次出兵征缅，都以失败告终。

三十四年（1769）二月，乾隆帝以大学士傅恒为清军统帅，第三次发兵征缅。这次总共出兵5万人，而且调发了最精锐的吉林和黑龙江八旗兵，据有关清代文献记载，此役东北八旗出兵总数为5300人，具体情形如下：

傅恒一军出伊洛瓦底江西岸，属下有吉林兵500人，由护军统领索诺木策凌、侍卫占坡图率领；索伦兵2000人，由副都统瑚尔起、奎林、莽克察，侍卫塔尼、布克车德、受菩萨，参领占皮纳带领；鄂伦春兵300人，侍卫成果带领。

阿桂一军出伊洛瓦底江东岸，属下有索伦兵1000人，由散秩大臣葛布舒、侍卫额森退带领。阿里衮一军顺伊洛瓦底江水路而行，属下有吉林水师500人，副都统明亮、侍卫丰升额带领。此外，还有必拉尔海带领的锡伯兵1000人守卫驿站。①

清军沿伊洛瓦底江三路齐进，尽管东北八旗兵威猛能战，但许多士兵因为不服水土生病，主帅傅恒也染上痢疾。后来缅甸首先提出议和，清军未等达成和议，即班师撤回国内。清军攻入缅甸的部队有3万人，回到国内的不足13 000人，而以感染瘴气病死最多，傅恒归国后即病逝。

乾隆帝发动的攻缅之役，是一场损失巨大的战争，最后不得不草草收场，根本称不上什么“武功”。后来缅甸因国内形势需要，主动向清朝进贡，乾隆帝因此保全了面子而已。

清军出征缅甸之役，东北八旗兵征途最远，对气候适应能力最差，死亡人数可想而知。骁将黑龙江副都统瑚尔起、散秩大臣葛布舒、署协领阿第木保，皆病死于此役。

3. 再征两金川之役

乾隆三十六年（1771），小金川土司和大金川土司相互勾结，攻打周围其他土司，促使清政府下决心彻底解决两金川问题。乾隆帝以理藩院尚书温福为定边将军，阿桂、丰升额为副将军，三路大军同时进攻小金川。清军以强大的兵力连下明郭宗、底木达等碉堡，俘获小金川土司泽旺，随即进兵大金川。温福自恃攻下小金川有功，刚愎自用，致使被大金川偷袭清军大营，他本人中枪而死，阵亡士兵3000余人，事在乾隆三十八年（1773）六月。

乾隆帝把清军进剿金川的失败，归结于“绿旗甚不得力”。

---

① 《清史稿》卷528，《属国三·缅甸》

他下令吉林将军富椿从属下挑选1000人，黑龙江将军傅玉也挑选1000人，迅速送往金川前线。乾隆帝还提出挑选的标准：“务择其最精最劲者始能得力，所有领兵之章京、营总等，亦须久经战阵，以资督率。”① 由此看来，乾隆帝把克敌取胜的希望，全都放在东北八旗身上。一个月后，应前线将领海兰察的请求，乾隆帝又从黑龙江八旗兵中挑选1000人，前赴金川。

实际到达金川作战的吉林、黑龙江八旗兵，远不止3000人，还有相当数量的余丁随同八旗兵出征。例如，乾隆三十九年（1774）四月，定边右副将军明亮、参赞大臣富德奏报：“吉林、黑龙江带来余丁，打仗处所与官兵一同出力，请作为兵丁一并办理。”乾隆帝随即谕令：“著照所请，照兵丁例一体办理。并行令各路将军，遇有甲缺，即行坐补。”② 前述康熙朝“驱准保藏”之役时，清政府曾允许东北八旗兵“每一名派与跟役二名”③ 一起出征。东北八旗因为需要自备马匹，有带跟役打仗的习惯。若按每人带一名余丁计算，出征金川的东北八旗就有6000人之多。

乾隆四十一年（1776）二月，清军耗费五年时间，终于攻下大金川最后巢穴噶拉依，取得了彻底胜利。在“图像紫光阁”的功臣中，仅来自黑龙江八旗的就有9人，试举两人事迹如下：

瑚尼勒图，鄂纳氏，黑龙江驻防，隶满洲镶黄旗，累升为护军参领。温福败死后，定西将军阿桂率清军进攻大金川，受阻于逊克尔宗碉堡。瑚尼勒图跟随参赞大臣海兰察，以奇兵凿冰梯登上山崖，“蛇行猱升，乘夜袭默格尔山，袭日尔当噶西峰，进攻木思工噶，克左右碉”，与大金川军展开肉搏战，才拿下逊克尔宗。接着，瑚尼勒图又率军从间道袭击当噶山碉堡，攻下隆斯得寨，占领勒乌围。平定金川后，瑚尼勒图被列入前50功臣中的

① 《清高宗实录》卷937，第22页。
② 《清高宗实录》卷957，第29页。
③ 《清圣祖实录》卷269，第21页。

第22位，乾隆帝赞扬曰：

木思工噶，跃入贼碉。
督众鞣膊，勇不目逃。
巴占牵敌，郄俾无遮。
番人望之，弗战辟易。

瑚尼勒图在战场中已升为镶蓝旗蒙古副都统，晚年晋升为散秩大臣，管理健锐营，后病逝家中。①

萨尔吉岱，满族博和里氏，隶齐齐哈尔镶红旗。乾隆三十八年（1773），萨尔吉岱以蓝翎侍卫从征金川，攻克马奈、日旁各寨，得功劳牌5个，又因拿下凯立叶碉堡，补授三等侍卫。清军攻打格鲁克丫口时，金川军从高处压下，枪石如雨，萨尔吉岱奋不顾身，抢先攻上山顶。他与海兰察会合后，越过大沟4条，山梁5道，夺取碉堡50座，寨卡300余处。清军攻下勒乌围后，萨尔吉岱在进攻阿穰曲时，中枪阵亡，时为乾隆四十年（1775）九月。

萨尔吉岱虽然未能见到最后胜利，战后仍被列入前50功臣中的第48位，乾隆帝撰文赞扬称：

贼之长技，在于善守。
反面用之，拿栅进取。
滴博蓬婆，威名远服。
惜哉阵亡，于阿穰曲。

萨尔吉岱还被赠予云骑尉世职，由他的儿子孟库继承。②

---

①② 黄维翰：《黑水先民传》卷14，《瑚尼勒图传》《萨尔吉岱传》，吉林文史出版社1986年版。

4. 远征廓尔喀之役

18 世纪中叶，廓尔喀人统一尼泊尔后，不断向外扩张势力。廓尔喀与中国西藏为邻，由于和西藏地方政府发生贸易纠纷，又贪婪班禅喇嘛所居日喀则札什伦布寺的财富，于乾隆末年两次入侵后藏地区。清政府为维护国家主权，两度出兵西藏，反击外来侵略，是为乾隆帝所称的“二次受廓尔喀降”。

乾隆五十三年（1788）七月，廓尔喀以西藏地方政府征收商税过重，以及在食盐里掺水为借口，由头目苏尔巴尔达布率兵 3000 人入侵后藏地区的聂拉木、济咙、宗喀三处。乾隆帝得知立即派四川总督鄂辉等人，率清军 5000 人入藏增援。而西藏地方官员在清军未到达之前，即私自与廓尔喀人议和，答应每年给银元宝 300 个作为地租，以换取廓尔喀军从聂拉木、济咙、宗喀三处撤兵。鄂辉等人率清军入藏后，隐瞒了这些事实，反而奏报清军收复失地、廓尔喀内附的消息。次年，廓尔喀派遣使节入贡，年近八旬的乾隆帝被蒙在鼓里，误以为清军真的获胜，竟册封廓尔喀人拉特纳巴都尔王爵。

西藏地方官员擅自议和，没有得到达赖喇嘛的批准，无法向廓尔喀人交纳地租，导致了廓尔喀的第二次入侵。乾隆五十六年（1791）七月，廓尔喀军再次入侵后藏的聂拉木等地，并以商讨旧债为名，诱俘丹津多尔济等西藏官员。由于清朝派驻西藏大臣保泰惊惶失措，未等廓尔喀军深入日喀则，就将班禅喇嘛迁移至前藏，造成后藏地区人心混乱。廓尔喀军得以在未遇任何抵抗的情况下，进入后藏札什伦布寺烧杀抢掠，将六世班禅去世后留下的法器珍宝洗劫一空。

乾隆帝接到廓尔喀军抢掠札什伦布寺的奏报后，当即任命福康安为将军，海兰察为参赞，调集东北八旗兵入关，反击廓尔喀人对西藏的侵略。乾隆帝在谕令中说：“著都尔嘉将呼伦贝尔兵挑选六百名，打牲兵挑选四百名，照例办给马匹路费。令呼伦贝尔兵从多伦诺尔行走，打牲兵从八沟行走，迅速到京。”①

福康安带领东北八旗和金川藏族士兵7000人为清军主力，按照乾隆帝的指令，急行军40天到达西藏。他和海兰察等将领经过实地勘察，制定了周密的作战方案。清军首战擦木，杀死侵略军数千人；再战济咙，又杀敌近千人。然后，清军进入廓尔喀境内作战，攻克索勒拉山，过铁索桥，转战深入700余里，六战皆捷，前后杀敌4000余人。然而，当清军进兵至廓尔喀首都阳布（今尼泊尔加德满都）附近时，中了廓尔喀人的埋伏，都统台斐英阿战死。廓尔喀人便抓住取得胜利的机会请求投降。福康安考虑当地八月大雪封山，因势利导，停止进攻，接受投降。廓尔喀“尽献还所立合同，乃所掠藏中财宝金塔顶、金册印，归前被执之丹津班珠尔等，并献沙玛尔巴尸，贡驯象、番马、乐工，请永遵约束”②。

东北八旗在反击廓尔喀侵略战中，无坚不摧，起到了清军中流砥柱的作用。试举两人的事迹述之。

珠尔杭阿，颜札氏，隶黑龙江八旗，以副都统从征廓尔喀。在堆补木山之战中，将军福康安分兵三路，珠尔杭阿与侍卫阿哈保为右路。当时清军进入敌境，廓尔喀军占据要害，植木为城，叠石为碉，周围数十里山麓设立木栅栏，防守极为严密。珠尔杭阿采取火攻破其木栅，带领八旗兵攀登到石碉上面，将碉内敌军消灭。然后，珠尔杭阿率兵用木头搭浮桥渡过横河，逼近廓尔喀首都阳布附近的集木集大山，迫使廓尔喀人投降。廓尔喀投降后，派使节向清朝进贡方物特产，由珠尔杭阿带兵保护进京。乾隆帝赞扬他说：

---

① 《清高宗实录》卷1389，第28页。

② （清）魏源：《圣武记》上册，卷5，《乾隆征廓尔喀记》，第237页，中华书局1984年版。

我军甫入，彼众已乱。
薄险击之，当山之半。
揽其全势，据乎上游。
大鞣大膊，允称壮猷。

清军胜利归国后，乾隆帝论功行赏，珠尔杭阿被列为后15功臣，绘像紫光阁。嘉庆十二年（1807），珠尔杭阿于镶蓝旗副都统任内逝世。①

阿满泰，达虎里瓜尔佳氏，累功升至头等侍卫，因征金川军功得到绘像紫光阁的荣耀。清军出征廓尔喀，阿满泰以领队大臣为全军先锋，他率所部逾济咙，破擦木，直逼铁索桥。廓尔喀军砍断铁索桥，企图阻挡清军前进，阿满泰率兵东越峨绿山，自上游水浅处涉水过河，从后面包抄敌军退路，守桥敌军大部被歼。乾隆帝得到战报后赋诗曰："虽摧北卡艰中渡，别遣奇兵据上游。"阿满泰因为立下大功，被升为蒙古八旗副都统。清军进至堆补木山，下有横河，河上有木桥一座，时敌军正在拆桥，阿满泰率兵夺桥，中箭落水而亡。阿满泰是以自己的身躯为清军打开了胜利的道路，其他清军冲过桥去，占领天险甲尔古拉大山。山下即廓尔喀首都阳布，廓尔喀国王见无险可守，因而被迫投降。乾隆帝怀念他说：

遇有绝险，莫弗身先。
讵惟力勇，实以忠坚。
攻堆补木，夺桥命殒。
马革未能，更切哀悯。

---

① 黄维翰：《黑水先民传》卷14，《珠尔杭阿传》《阿满泰传》，吉林文史出版社1986年版。

在古代中国，军人把为祖国战死疆场，马革裹尸而还，视为最大的荣誉。阿满泰阵亡时落入水中，连尸体都没有找到，所以乾隆帝才感到“更切哀悯”。他下令再次将阿满泰绘像紫光阁，列入前15功臣。①

乾隆朝在西南地区发生的五次战争中，征缅之役清军徒劳而返，反击廓尔喀的战争实际上是一次。其中最有积极意义的三次战争，即两次平定金川和驱逐廓尔喀侵略，东北八旗兵都在战争中发挥了决定性的作用。他们远征的足迹到达青藏高原的喜马拉雅山麓，爬冰卧雪，浴血奋战，历史将永远牢记他们的功绩。

五、海兰察四次绘像紫光阁

海兰察，“满洲镶黄旗人，姓多拉尔氏，世居黑龙江”②。海兰察是乾隆一朝最能打仗的猛将，可以毫不夸张地说，如果没有海兰察，乾隆帝的“十全武功”就会大打折扣。索伦（鄂温克）马甲出身的海兰察，从未在战场上担任过清军统帅，却因其赫赫战功，受封为一等公爵。以致在今天鄂温克族人中，仍然有许多关于他的传奇故事。

> 据说，海兰察年幼时，家中十分穷困，靠给别人放牧羊群为生。海兰察放羊肯于吃苦，天一亮就带羊群出发，天黑了才赶羊群归来。可是，他放牧的羊群却很瘦弱。主人感到很奇怪，有一天偷偷跟着他，见海兰察把羊群赶到草场后，自己躺在树丛下面，忽然变成了一只

① 黄维翰：《黑水先民传》卷14，《珠尔杭阿传》《阿满泰传》，吉林文史出版社1986年版。

② 《清史列传》卷25，《海兰察传》，中华书局1987年版。

大老虎。主人这下弄明白了，原来自己是雇了一只老虎放羊，这些羊群整天在老虎的监督下，害怕得要命，不掉膘才怪呢！

还有另一种说法，海兰察本来是只熊。他在海拉尔一个财主家当牧工，财主对海兰察很不信任，时常监视和检查他。有一次，财主看到一只黑熊睡在畜群旁边，这时他突然想起来，自从海兰察来到他家放牧后，牲畜没有受到任何损失。财主感到非常奇怪，认为海兰察一定是个不平凡的人，就再不敢雇用他了，于是，这个财主付给海兰察高额报酬之后，将他辞掉了。

这时清朝正在征兵打仗，海兰察便应征入伍，当了一名运输队员。在某次战役中，清兵打了胜仗，敌方的一名将领的马摔倒在运输队的旁边，这位将领认为自己的马跑得特别快，之所以在此地被摔，一定是这里有大命之人。清兵一拥而上，活捉了敌方这位将领，但这位将领却断定，他是被海兰察抓住的，并把自己的内襟撕下一块，给了海兰察以作证据，同时也将海兰察上衣的内襟撕下一块，保留在自己的怀里。

在论功行赏时，为究竟谁是第一个俘获敌方的将领的人，清兵争执得难分难解，弄得朝廷也无法断定。于是，将被俘者带到众人面前，让他辨认，这个将领拿出被撕下的衣襟，毫不犹豫地证明，他是被海兰察抓住的。海兰察因此受到重大奖赏，被晋升为公爵，任命为将军，住在齐齐哈尔，后来被调往京城，在朝廷中任职。①

① 内蒙古自治区编辑组：《鄂温克族社会历史调查》，第24－25页，内蒙古人民出版社1986年版。

上述这些传说，绝非杜撰之言，在现存清代文献中都可以找到其来源。

今天东北人常用"虎背熊腰"来形容男子汉的凛凛雄风，传说中把海兰察描述为老虎和黑熊的化身，是说海兰察打起仗来，像老虎那样灵活，同黑熊一般勇猛。而在东北文献中，是这样形容海兰察的，"面铁色，生有殊力，善射，中者辄死"①。这段话大意是说：海兰察有一张黑色的面孔，天生力大无比，擅长骑射，凡是被他射中箭的，当场丧命。

乾隆二十年（1755），海兰察身为索伦马甲，参加了平定准噶尔之役。在随后发生的阿睦尔撒纳叛乱中，他单身一人穷追叛军头目、辉特部台吉巴雅尔，终于在塔尔巴哈台山中追上。巴雅尔自恃箭艺高超，眼看海兰察飞马赶来，忙引弓放箭。岂知海兰察更高一筹，在巴雅尔搭弓之际，抢先射出一箭，正射中巴雅尔的胳膊，坠落马下，为海兰察所生擒。传说中俘获敌军落马将军，实际就是活捉巴雅尔一事。海兰察因此荣获"额尔克巴图鲁"称号，破格升任头等侍卫，绘像紫光阁。乾隆帝撰文赞扬他说：

> 烈风扫枯，迅其奚难。
> 亦赖众杰，摧敌攻坚。
> 于塔巴台，射巴雅尔。
> 是其伟绩，勇鲜伦比。

海兰察在战后奉调入京，隶属北京八旗中的满洲镶黄旗，担任乾清门行走，负责保卫乾隆帝的安全。有一次，海兰察跟随乾隆帝到承德北部的木兰围场狩猎，有两只老虎被狩猎官兵围住，

① 黄维翰：《黑水先民传》卷 13，《海兰察传》，吉林文史出版社 1986 年版。

当时海兰察身上仅有三支箭，他连发两箭，射死二虎，惊得其他侍卫目瞪口呆。看来史籍中说海兰察善射，“中者辄死”，果然名不虚传，连老虎也不例外。

三十二年（1767），将军明瑞率清军出征缅甸，海兰察担任领队侍卫，随同参赞大臣额勒登保所率的东路军出征。他率所部为全军前锋，途中遇缅甸军，他射死 3 人，生擒 7 人，部下士兵杀死 200 人。额勒登保率东路军攻老官屯不下，退军守卫罕塔。明瑞统率的北路军在返回途中被缅甸军队包围，海兰察主动请求前往增援，而额勒登保不准，致使明瑞战死。乾隆帝得知战败消息，处死额勒登保。傅恒统率清军第三次征缅，海兰察在进攻新街中获胜，升任镶蓝旗蒙古副都统。后来清军主动撤军，海兰察奉命留守云南。

三十六年（1771），清军出征大、小金川，海兰察又被从云南调往金川。次年六月，海兰察抵达前线，与参赞大臣丰升额合军攻克美诺寨，进剿玛尔迪克。七月，海兰察部击败小金川军于策卜丹。八月，敌军企图于贡噶山东部阻截清军粮道，海兰察带所部前往，杀敌上百人。十月，海兰察一军连下路顶宗和喀木色尔，破卡寨 50，碉堡 300，歼敌数百人，晋升为正红旗蒙古都统。十一月，海兰察部从山后夺取玛觉乌大寨，仰攻布喇克及扎喀尔寨，占领碉卡 90 座。十二月，清军进攻明郭宗，海兰察率军突入寨门，焚毁转经楼，直捣小金川最后巢穴美诺寨。清军平定小金川，海兰察因其突出战绩，升任参赞大臣。

乾隆帝任命温福为定边将军，阿桂、丰升额为副将军，乘胜进取大金川。由于温福骄傲轻敌，在敌军偷袭木果木大营时战死。温福战死时，海兰察也在大营中，他处变不惊，镇定自若，命令领队大臣富兴带兵突围，自己在后面掩护。海兰察率剩余清军退保美诺寨，与副将军阿桂会合，陆续收容溃散清军万余人，分兵守卡，暂时稳住了阵地。

乾隆帝任命阿桂为定西将军，从全国各地调兵再举进攻。清军三路齐进，在海兰察等将领的英勇战斗下，仅七天时间就全部收复小金川。三十九年（1774）正月，大金川攻坚战打响。阿桂分兵三队，以海兰察为第一队，自明郭宗进攻谷噶山。由于大金川守敌事先做了充分准备，各险要处密布石碉，战事激烈异常。三月，攻罗博瓦山石碉时，海兰察、达兰泰率清军绕至第二、第三峰崖口下，分兵仰攻，山上守军发起集团冲锋，被清军射退。至占领第三峰、第四锋后，“贼因后路已断，转窜第一峰碉内死守”①。清军先后攻下大石碉8座，大小26卡，才拿下此山。清军攻打逊克尔宗的战斗尤其艰苦，据定西将军阿桂奏报说：“臣于初七日寅刻，派海兰察、额森特进攻逊克尔宗官寨，贼人放枪抛石，相持数刻，遂令官兵撤回，潜留锐兵，伏于寨旁。辰刻，官兵直上寨墙，贼于碉寨内抛石击打。我兵难以跳越，因在墙上尽力击射，枪箭所及，矢无虚发。及贼人援兵四至，抛石更紧，官兵恐多损伤，徐徐酌撤。”② 在清军进攻大金川的战斗中，几乎每一座山峰，每一座石碉，每一座官寨，都要经过如此反复厮杀，才能攻下。总计长达五年的战争中，海兰察不避险阻，亲冒矢石，每攻必克，超逸出群，受到乾隆帝多次嘉奖。

平定金川后，海兰察被封为一等超勇侯，再次绘像紫光阁。乾隆帝在紫光阁亲自为他敬酒，并再次撰文称赞他道：

射巴雅尔，超授侍卫。
荐至都统，参画军计。
坚碉险砦，无不克登。
勇而有谋，封侯实应。③

① 《清高宗实录》卷954，第12页。

② 《清高宗实录》卷967，第28页。

③ 《清史列传》卷25，《海兰察传》，中华书局1977年版。

四十六年（1781），甘肃河州地区爆发苏四十三领导的撒拉族起义。乾隆帝得知后，派他宠信的军机大臣和珅率京城八旗兵前往镇压。乾隆帝考虑和珅没有作战经验，加派阿桂前去督战。撒拉族起义军占领河州后，乘胜渡过洮河，竖起云梯进攻兰州城。正当兰州城旦夕可下之时，海兰察率领的部分清军抢在和珅之前赶到城下，他凭借丰富的作战经验，立刻向起义军发动攻击，解除了兰州之围。海兰察这样做，本来是帮了和珅的大忙，岂知反倒引起和珅的嫉妒。

和珅认为，海兰察先他一步击败起义军立了头功，是抢了自己的风头。所以和珅见到海兰察后，对其功劳视而不见，反而大加责备，说他轻率进攻，企图侥幸获胜，完全打乱了他的用兵计划。随后，和珅下令兵分四路，限期必须得胜，以便在阿桂到达之前，把起义军剿灭，将功劳归于自己。八旗众将虽然知道和珅没打过仗，但他是朝廷派来的钦差大臣，只能服从他的命令。起初，海兰察一路进展顺利，和珅以为大功在望，忘记他给自己规定的策应任务，也乘势挥兵发起猛攻，结果反被起义军打败，被迫下令撤兵。海兰察等将领一看，和珅简直是瞎指挥，就拒绝服从他的军令了。和珅虽然对这种局面很着急，但是他自己也毫无办法。

阿桂比和珅晚四天到达兰州，他向和珅询问打败仗的原因。和珅惭愧道："海兰察等八旗将领，全都傲慢不服从命令，请您试一下就知道了。"第二天，阿桂在大营中向众将传令，每人都领命而去，气得和珅更恨海兰察了。乾隆帝得知后，给和珅解围说：海兰察等将领一向跟随阿桂打仗，指挥起来得心应手，因此把和珅调回京城，以保全其面子。苏四十三领导的起义军，毕竟是乌合之众，阿桂有多年的作战经验，又有海兰察等勇将参战，半年之后就失败了。

和珅回到北京后，将自己未能取胜的原因归结到海兰察身上。他向乾隆帝告状说：海兰察并不积极带兵打仗，还接受他人馈赠的皮张等物。乾隆帝对海兰察极为信任，便不高兴地回答说："海兰察能杀贼立功，别人送他皮张可以御寒，根本不用责备他。倒是你们这些人，不能在战场上立功，就应当谢绝人情。"①和珅是一个聪明人，以后再也不敢说海兰察的坏话了。

台湾自古以来就是中国神圣领土，顺治十八年（1661），民族英雄郑成功驱逐占据台湾的荷兰侵略者后，台湾经济有了迅速发展。到乾隆中期，当时人称："台湾地方，地土广饶，糖谷之利甲天下。"② 东南沿海各省人多地少，邻近台湾的福建、广东沿海居民为生计所迫，纷纷渡海到台湾种地榨糖为生，封建官僚垂涎台湾的财富，千方百计谋求去台湾任职，借机大肆搜刮百姓，结果酿成了林爽文领导的天地会起义。

乾隆五十一年（1786）十一月，林爽文发动起义后，乾隆帝先后调遣闽浙总督常青等人前往镇压，历时一年有余，没有取得多少进展。他不得不任命福康安为将军、海兰察为参赞大臣，率领八旗兵渡海前往台湾。福康安率军抵达台湾后，海兰察部下有"巴图鲁"（勇士）2000 人，乾隆帝称其能"以一当千"，起义形势发生逆转。当海兰察率部进攻大里杙时，起义军虽然事先做了埋伏，然而清军遇伏后"屹立不动，枪箭齐发"③，只用一天时间，就攻下大里杙，林爽文被捕牺牲。海兰察回到北京，晋升为二等超勇公，被第三次绘像紫光阁。

五十七年（1792），在清军反击廓尔喀之役中，海兰察仍为参赞大臣，辅佐福康安统率清军作战，表现出高超的指挥才能。清军进入廓尔喀境内，敌军砍断铁索桥，依山据河拦击，福康安问计于海兰察。海兰察说：给我 500 人，带 8 天粮出发，你不必管我们去哪里，只要迅速筹备木材，到时候过桥渡河就是。八天

① 以上引文详见张杰、王虹：《和珅传奇》有关章节，中国人民大学出版社 2003 年版。

② 《清高宗实录》卷 1281，第 31 页。

③ 《清高宗实录》卷 1294，第 21 页。

后，敌军照旧列阵而出，清军都认为海兰察已遭不幸，岂知不久敌军阵形大乱而逃，山上燃起大火，有人在火光中看见海兰察，安然坐在山头上。清军趁机架桥过河，两路合兵歼敌。

事后，福康安向海兰察请教取胜之道，他回答说："此水虽汛激，然广阔不足与大江、黄河敌。吾循河之上游，得浅以济。既济，鼠伏山谷中，匿形藏声，块然如木石。粮尽而期至。寇空营出争护桥，吾猝而据之，凭高下击，故不能抗也。"① 清军六战六捷后，由于福康安未能听从海兰察的计谋，反而中了敌军埋伏，造成清军先胜后败，东北八旗骁将阿满泰战死。幸亏海兰察督率其他将领力战，救出福康安等大部分清军，保住了实力，才迫使廓尔喀人胜后求和。海兰察也因此第四次绘像紫光阁，荣升一等超勇公。

传说海兰察出征西藏时打了胜仗，在拉萨见到了达赖喇嘛。他希望达赖到自己家乡的庙里当主持喇嘛。虽然达赖没有同意海兰察的请求，但是允许他把达赖喇嘛的法衣拿回去，放在东北老家的庙里。随后，达赖掀起帐幕，进到帐幕里，把所穿的法衣换下来后，送给了海兰察。达赖喇嘛的徒弟们反对这一做法，说他不应该把法衣交给一个俗人。然而，达赖对他们说："他并不是俗人，他走时，你们从我的肘下一看，就知道了。"当海兰察离开时，众徒们从达赖的肘下一看，果然非凡，原来是"马哈嘎拉"佛的化身。海兰察回来后，就把达赖喇嘛的法衣放在南屯喇嘛庙里，因此这个庙就出了名。② 其实这个故事反映出海兰察精于世故，善于保全自己的另一面。

海兰察由于出身低微，故即使立下无数战功，却从来没有担任过清军战场统帅，而他对此漠然置之，终生甘居参赞大臣之位

---

① 黄维翰：《黑水先民传》卷 13，《海兰察传》，吉林文史出版社 1986 年版。

② 内蒙古自治区编辑组：《鄂温克族社会历史调查》，第 25 页，内蒙古人民出版社 1986 年版。

置。海兰察性格刚毅，言语耿直，虽然马甲出身，却在长期战争中学会了兵法，而且通过战场实践，逐渐成长为一个出色的军事家。清礼亲王昭梿说海兰察："每遇战阵，兵既接，公乃敝衣布帽，骋骑绕自贼队后，观其暇可乘者，然后集兵攻之。或以数十骑阑入贼队，左右射之，使贼队紊乱，我兵因以致胜。又能枕弓卧地听之，知贼马之众寡，及嗅马矢知敌去之远近，皆与古人暗合。"① 在同时清军将帅中，海兰察唯一佩服的是大学士阿桂，乐于服从其指挥，两人可谓相得益彰。在同时期的东北名将中，相反的例子是吉林满族人富德，在统一新疆的三次战争中功勋卓著，战后已升为一等侯爵，但因与阿桂发生严重冲突，落了个身首异处的下场。

福康安原为海兰察的部下，后来成为他的上司，两人却保持了相敬如宾的关系。福康安是大学士傅恒之子，乾隆帝孝贤皇后之侄，名副其实的皇亲国戚，为人极其骄横。例如，台湾发生林爽文起义时，总兵柴大纪拼命死守诸罗县城，形成内外夹击之势，才使福康安一举成功。柴大纪因功晋封为一等伯爵，见到福康安后，竟以宾主礼相见，结果得罪了他。福康安便揭发柴大纪纵兵开赌寓娼，贩卖私盐，激起民变，柴大纪本人被处死，儿子发配伊犁为奴。海兰察从不居功自傲，不摆资格，福康安对他更是待以优礼，受命为主将时，必请海兰察为参赞大臣。他们两人在战场上配合默契，故能各得其所。

和珅为人阴刻，官场上臭名昭著，海兰察曾公开不服从和珅指挥，为此受到和珅的诬告，但是海兰察也尽可能不得罪他。和珅以中国历史上最大的贪官闻名，在嘉庆帝亲政后被逮捕法办，据他本人交待，给他送礼的人中就有海兰察。在没收的和珅家产中，有一个大珍珠帽顶，就是海兰察送的，还有大宝石帽顶等

---

① 见（清）昭梿：《啸亭杂录》卷9，《海超勇》，中华书局1980年出版。

物。海兰察是黑龙江人，“微时为流人朱姓御货车，往来奉天、吉林，为朱所重。会金川用兵，公以库图勒杀贼有功，受知大将军阿文成公，由是累擢将帅，爵列上公。相传公贵还乡，宿朱家，赠遗特厚”①。乾隆时期，实行东北封禁政策，海兰察虽然从不贪污军饷，但他对皮货生意很内行，趁到处出征之便，难免把东北的皮货运到关内贩卖，或许有挪用军饷之事，恐怕也是在所难免。和珅长期掌管户部，负责军费核算报销，故海兰察也有求于和珅。

海兰察是否读书识字，不见于正史记载，但他肯学习，而且能做诗。四十二年（1778）正月，乾隆帝在紫光阁大宴平定金川功臣，君臣之间乘着酒兴，互相联句赋诗。明亮口颂一句曰：“逋诛未许依唇齿”，海兰察连接四句为：“济恶公然托舅甥，便整两甄翻窟穴。俄逢重险堑沟坑，覆辕讵意无完轸。”乾隆帝接着续道：“移垒犹欣有列营。”清代人称海兰察“语言蕴藉多风致”②，于此可见一斑。

乾隆五十八年（1793）三月，海兰察从西藏战场归来不久，即安然病逝北京家中。乾隆帝盖棺论定说：“海兰察由行伍出身，在戎阵多年，其接战次数，不可胜记，实不愧宣力之臣。”③ 按照清朝规定：只有在战场阵亡者，才能被供入昭忠祠祭祀。乾隆帝说：海兰察曾多处受伤，破例将其灵位供奉昭忠祠，以永远纪念他的丰功伟绩。

---

① （清）西清：《黑龙江外记》卷7，第3－4页，光绪二十年（1894）刊本。

② 黄维翰：《黑水先民传》卷13，《海兰察传》，吉林文史出版社1986年版。

③ 《清史列传》卷25，《海兰察传》，中华书局1987年版。

“（每年）五月，三城各遣大弁，率百人巡边至鄂尔姑纳河（额尔古纳河）。河以西俄罗斯地，察视东岸沙草有无牧痕，防侵界也，往返各五六十日。卜魁（齐齐哈尔）往者，渡诺尼江（嫩江）指西北，过特尔枯尔峰、兴安岭，涉希尼喀河、开拉里依木等河，草路弥漫，无辙迹，辨方而行，剉大树皮以识归路；墨尔根往者，亦渡诺尼江，西北过兴安岭，盘旋层嶂中，其路径为易识；艾浑（瑷珲）往者，从黑龙江溯舟北上，折而西，过雅克萨城故墟，至界碑。”

——方式济：《龙沙纪略》

第七章 巡查边界

一、富僧阿勘查黑龙江河源

清朝前期，黑龙江将军所辖疆域为：“东至额尔伯克依河二千二百余里宁古塔界，西至喀尔喀九百余里车臣汗界，南至松花江五百里宁古塔界，北至外兴安岭三千三百余里俄罗斯界。”① 从这条史料中可知，黑龙江将军辖区的东部、南部与宁古塔（吉林）将军辖区相邻，西部与喀尔喀蒙古车臣部接壤，唯有北部逾外兴安岭与俄罗斯分界，国境线长达数千公里，为其重点防御地区。

《中俄尼布楚条约》签订之时，黑龙江将军所辖八旗兵不过

① （清）阿桂等纂修：《盛京通志》卷24，第22页，1917年铅印本。

数千人，乾隆末年，达到万余人。① 新增加的主要是吉林、黑龙江地区的各少数民族，清政府称之为“新满洲兵”。他们迅速成长为祖国东北边陲的忠诚卫士，日夜巡逻在数千公里国境线上，遏制了沙俄继续蚕食中国领土的企图。直到第二次鸦片战争爆发之前，清政府始终对黑龙江流域实行着有效的管辖权。

康熙二十八年（1689），中俄两国通过谈判，签订《中俄尼布楚条约》后，清政府决定于格尔必齐河诸地，“立碑以垂永久，勒满、汉字及鄂罗斯、喇第讷、蒙古字于上”，并在当年十二月，派遣官员完成了设立界碑的任务。界碑称之为“大清国遣大臣与鄂罗斯议定边界之碑”，碑文共七条，全文如下：

一、将由北流入黑龙江之绰尔纳、即乌伦穆河相近格尔必齐河为界。循此河上流不毛之地，有石大兴安以至于海，凡山南一带流入黑龙江之溪河，尽属中国。山北一带之溪河，尽属鄂罗斯。

二、将流入黑龙江之额尔古纳河为界，河之南岸属于中国，河之北岸属于鄂罗斯。其南岸之眉勒尔客河口，所有鄂罗斯房舍迁移北岸。

三、将雅克萨地方鄂罗斯所修之城，尽行除毁，雅克萨所居鄂罗斯人民及诸物，尽行撤往察汉汗之地。

四、凡猎户人等，断不许越界。如有一二小人，擅自越界捕猎偷盗者，即行擒拿，送各地方该管官，照所犯轻重惩处。或十人，或十五人，相聚持械捕猎、杀人抢掠者，必奏闻，即行正法。不以小故沮坏大事，仍与中国和好，毋起争端。

① 据西清：《黑龙江外记》卷3，第9页记载：黑龙江额设前锋186名，领催752名，马甲8413名，匠役152名，养育兵800名，共计10 300余名。光绪二十年（1894）刊本。

五、从前一切旧事不议外，中国所有鄂罗斯之人，鄂罗斯所有中国之人，仍留不必遣还。

六、今既永相和好，以后一切行旅，有准令往来文票者，许其贸易不禁。

七、和好会盟之后，有逃亡者，不许收留，即行送还。①

清政府在界碑上镌刻的七条碑文，核心内容可以概括为两点：其一，明确中俄两国各自的边界；其二，强调两国边民共同遵守的法律。自从设立界碑之日起，保卫中国东北领土主权，巡查中俄两国边境线，严防来自沙俄侵扰的神圣使命，就历史地落在以满族为主的黑龙江八旗官兵身上。

黑龙江将军最初驻守瑷珲城，故在清代又有“瑷珲将军”之称。康熙三十八年（1699），黑龙江将军移驻齐齐哈尔城。随着清政府对东北设防的精心部署，至雍正末年，形成了以黑龙江将军为中心的四个副都统防区。

黑龙江（瑷珲）城副都统驻防。黑龙江副都统设于康熙二十四年（1685），二十九年，黑龙江将军移驻墨尔根城，留副都统驻守此城。乾隆时，黑龙江副都统辖有满洲佐领 16 员、索伦佐领 1 员、打虎儿佐领 7 员，“属下领满洲马兵一千二百九名”，耕种公田马兵 135 名，养育兵 135 名，领催 104 名，前锋 40 名，水师营领催、水手 427 名，各种工匠 44 名。

墨尔根城副都统驻防。墨尔根城是由副都统博定于康熙二十五年（1686）率盛京兵修筑的，清政府将盛京兵遣回，由打虎儿、索伦人中挑选 480 人披甲驻防。黑龙江将军移驻齐齐哈尔后，于康熙四十九年（1710）设副都统驻防。乾隆时，墨尔根副都统辖有索伦 10 佐领、打虎儿 5 佐领、汉军 2 佐领，“属下满洲

① 《清圣祖实录》卷 143，第 14－17 页。

马兵八百五十六名”，领催68名，前锋40名，水师营领催、水手44名，各种工匠16名。

齐齐哈尔城副都统驻防。齐齐哈尔最初为索伦总管驻地。康熙三十年（1691），清政府下令将当地索伦、达呼里人1000名编入满洲八旗，分为16佐领，设齐齐哈尔城守尉。康熙三十七年，设置齐齐哈尔副都统1员，次年，黑龙江将军驻所自墨尔根移至齐齐哈尔，并随迁相当数量士兵。乾隆时，齐齐哈尔副都统辖有“满洲马兵二千九十名”，领催191名，前锋10名，各种工匠61名，水师营领催、水手276名，造船领催、水手308名。

呼伦贝尔副都统驻防。雍正十年（1732），清政府根据黑龙江将军卓尔海的提议，拣选索伦、打虎儿、巴尔虎、鄂伦春之兵3000名，迁至呼伦贝尔驻防，编为八旗，共50佐领，设呼伦贝尔统领管辖，乾隆初改为副都统衔总管。乾隆时呼伦贝尔驻有“马兵一千七百七十四名”，乾隆三十六年（1771），增设500名。①

为了防止可能出现的沙俄入侵，黑龙江将军辖区加强了火炮配置。清军在反击沙俄的雅克萨战役中，使用的红衣大炮发挥了巨大威力，故雅克萨又有“红衣炮城”之名。民国《瑷珲县志》记载：“康熙二十二年征罗刹，运用神威大炮十三尊。比及罗刹败北，我兵暂驻于雅克萨地方。嗣经奉命撤防之际，请炮凯旋，独有一炮，摇之，坚不可动，始遗于彼。道光以前，查边者旋称，尚见此炮，半陷土中。以致咸、同年间，有人去看，仅见炮口。”② 在黑龙江四个副都统防区内，除呼伦贝尔外，齐齐哈尔、墨尔根、黑龙江三城驻防八旗，均有火炮配置：神威无敌大将军炮，齐齐哈尔、黑龙江各4门；神威将军炮，齐齐哈尔、黑龙江

---

① 以上引文八旗兵数均出自（清）阿桂等纂修：《盛京通志》卷52，第5-8页，1917年铅印本。

② 民国《瑷珲县志》卷2，第7页，1920年铅印本。

各12门，墨尔根8门；龙炮，齐齐哈尔6门；威远炮，齐齐哈尔、黑龙江各1门；子母炮，齐齐哈尔20门，墨尔根、黑龙江各10门。此外，“雅克萨城所获罗刹炮三位（门），乌宁克尔珠尔亨等处所获罗刹炮二位，并残存子母炮一百九十五位，行营炮四位，皆齐齐哈尔库贮，永远不动”①。

沿中俄边界线设置喀伦，派八旗兵驻守巡逻。清代人称：“黑龙江徼外，境壤牙错，地无边墙，各处俱设喀伦，所以防御俄罗斯。”② 喀伦又写作“卡伦”“喀路”，均为满语音译，汉语“哨所”之意。黑龙江将军所辖喀伦共有67处，其中齐齐哈尔3处，墨尔根6处，黑龙江6处，呼伦贝尔12处。呼伦贝尔东北15处，呼伦贝尔西南16处，布特哈5处，呼兰4处。③

根据实际防守需要，通常喀伦由驻防官1人率领若干八旗兵组成。例如，乌鲁苏穆丹喀伦，驻防官1人，领兵17名，每月换防一次；伊玛毕喇昂阿喀伦，驻防官1人，领兵4名，每三个月换防一次。由于黑龙江地区气候严寒，通常每年农历三月时前往驻守，江河封冻后撤回城。靠近额尔古纳河的呼伦贝尔，是当时防御沙俄的重点地区，设有珠尔特依等12处卡伦，“与俄罗斯接界处，每处驻防官一员，领兵三十名，每二喀伦之中，设一鄂博喀伦，官兵每日巡察，三月一更，遇有越境俄罗斯及偷盗牲畜者，归总管呈报办理”④。

中俄东段边界绵亘数千里，光靠几十个非固定的喀伦防守显然是不够的。为了加强对中国一侧边界的管辖，黑龙江将军从康熙晚期开始，逐步确立起巡边制度。在不同时期的清代文献中，

---

① （清）西清：《黑龙江外记》卷2，第9页，光绪二十年（1894）刊本。

②④ （清）阿桂等纂修：《盛京通志》卷52，第9-11页，1917年铅印本。

③ 详见（清）西清：《黑龙江外记》卷2，第12-13页，光绪二十年（1894）刊本。

对黑龙江八旗官兵的巡边情况，都有比较详细的记载，这些文献十分珍贵，它们有力地证明，清前期黑龙江驻军对外兴安岭南部的中国领土，实施着十分严密而又卓有成效的管辖。

康熙晚期黑龙江八旗官兵的巡边情况，见于流放黑龙江的安徽桐城人方式济。他在《龙沙纪略》一书中写道：每年五月，瑷珲、墨尔根和齐齐哈尔三城八旗副都统，“各遣大弁，率百人巡边，至鄂尔姑纳河（即额尔古纳河）。河以西俄罗斯地，察视东岸沙草有无牧痕，防侵界也。往返各五六十日”。从齐齐哈尔城出发的八旗官兵，渡过嫩江后，向西北方向翻过特尔枯尔峰、大兴安岭等山脉，渡过希尼喀、开拉里依木等河，沿途“草路弥漫，无辙迹，辨方而行，刳大树皮以识归路”。从墨尔根城出发的八旗官兵，也渡过嫩江而行，向西北方向越过大兴安岭，查边路上“盘旋层嶂中，其路径为易识”。从瑷珲出发的八旗官兵行程最远，他们乘船溯黑龙江北上，“折而西，过雅克萨城故墟，至界碑”后返回。①

尽管八旗兵严密布防，俄罗斯边民越界之事仍时有发生。康熙五十一年（1712），八旗协领六格巡边时发现：有俄罗斯边民库斯科一伙，三男三女四幼，越过边界到中国一侧居住，将额尔古纳河中国沿岸树木砍伐，“自我界百余里以内，皆有俄罗斯人打牲之踪迹”。黑龙江将军杨福接到六格的报告，立即通过清朝理藩院致函俄国西伯利亚总督玛特维伊·加加林，要求俄方严格约束边民。清朝理藩院郑重声明：

惟两国既已会盟议和，本国将约束边民，希尔对所属之人，亦严行约束，勿许越界。嗣后，若尔属边民复

① 以上引文均出自方式济：《龙沙纪略》，载（清）王锡祺辑：《小方壶斋舆地丛钞》第1帙，第374页，光绪二十三年（1897）上海著易堂铅印本。

侵越入境，为本国巡察拿获，将照定议：如系一、二人，照所犯轻重惩处；或十人或十五人结伙持械行走，则奏闻我至圣皇帝后即行正法。①

这是现存清代档案中较早的一例俄国边民越界事件，黑龙江八旗官员从维护两国关系出发，将俄国边民礼劝回境，未予深究。

乾隆时期，沙俄加速了对中国领土的侵略和渗透。乾隆五年（1740），沙俄政府公然炮制了一份关于黑龙江的《备忘录》，肆意歪曲《中俄尼布楚条约》的性质，硬说该条约是俄国“被迫签订的”②，企图重新染指中国的黑龙江流域。但由于俄国忙于同土耳其、普鲁士和英国的战争，暂时无力东进，遂策划通过“假道”黑龙江的办法，来蚕食中国领土。

乾隆二十二年（1757），沙皇伊丽莎白·彼得罗夫娜派遣大臣勃拉季谢夫前来中国，以俄国枢密院的名义致书清朝理藩院说：“伊国东北边界居人被灾，现造船挽运口粮，必由东路尼布楚地方阴葛达河、额尔滚河及黑龙江行走，求勿拦阻。”当时清军主力包括部分东北八旗兵，正在新疆进行平定阿睦尔撒纳的叛乱，沙俄显然认为有机可乘，才向清政府提出“假道”黑龙江的请求。此事引起了乾隆帝的高度警惕，他以“初与俄罗斯议定十一条内（指雍正时的《中俄恰克图条约》，作者注），并无逾界遣人运送什物一项”为据，指示清朝理藩院行文拒绝沙俄的借道请求。同时他还要求黑龙江将军绰勒多对可能发生的边界突发事件，进行预先准备。乾隆帝谕令军机大臣：

---

① 中国第一历史档案馆编：《清代中俄关系档案史料选编》第一编，上册，第317页，中华书局1981年版。

② ［俄］尤里·谢缅诺夫：《西伯利亚的征服和发展》。转引自孙文良、张杰、郑川水著《乾隆帝》第436页，吉林文史出版社1993年版。

> 但外夷不识事体，或以已在理藩院呈递文书，遂不俟回文，即向台站人等求其放过，亦事所必有。将军绰勒多即令台站官员晓谕伊等，云：尔萨纳特（即枢密院）衙门，虽已行文理藩院，我等并未接准理藩院文书，岂敢据尔一面之词，私放入境？假令我等口称曾行文尔萨纳特衙门，即欲进尔边界行走，尔等信乎？务须加意防守卡座，勿令私过。倘不听阻止，恃强前行，台站官员报到时，绰勒多即酌派官兵擒拿，照私越边界办理。可寄信绰勒多知之。①

黑龙江将军绰勒多接到乾隆帝的谕令，强化了对中俄边界地区的防范。绰勒多经与蒙古喀尔喀亲王商议，于邻近黑龙江的车臣汗部添设33卡座，其中托索克内17卡座，由土谢图汗部派兵安设，托索克外16卡座，由黑龙江将军派索伦、巴尔虎兵安设，并采取每日会哨制度。

沙俄的借道要求被拒绝后的第二年，又出现俄国边民越界偷盗牲畜事件。乾隆二十三年（1758）十一月，黑龙江将军绰勒多奏报清廷："俄罗斯奈玛尔三十人，偷盗索伦、巴尔虎游牧马驼，官兵追至额尔古纳河，以贼已渡河入俄罗斯境，即行转回。"从绰勒多的报告来看，清东北驻军严格遵守中俄两国条约，追赶俄国窃贼到边界而止。但是，乾隆帝对此并不满意，他告诫绰勒多说："虽有彼此不得越境之条，但如贼去已远，不见踪迹，即宜谨守条约，弃而不追。若目击贼入俄罗斯境，当蹑尾捕获，以省文移往返，亦令贼匪知惧。"② 乾隆帝的这种要求合情合理，负有守土之责的清军，完全有理由将进入中国境内的俄国盗匪缉捕归案，绳之于法，从而增强对俄国不法边民的威慑力。

---

① 《清高宗实录》卷544，第1－2页。

② 《清高宗实录》卷574，第3页。

为了严密防御俄罗斯对中国领土的蚕食，更加有效地行使对中俄边境的管辖，黑龙江将军富僧阿于乾隆三十年（1765）组织属下巡边八旗将领，带领八旗官兵深入数千里，对流入黑龙江各河水源进行勘查。这是清政府“自康熙二十九年与俄罗斯定界，查勘各河源后”，由黑龙江最高军政长官发起，首次对黑龙江各支流进行的详细调查。

副都统瑚尔起奉命前往探查格尔毕齐河源。他率兵返回后，向富僧阿报告说：“自黑龙江至格尔毕齐河口，计水程一千六百九十七里；自河口行陆路二百四十七里，至兴堪山（即外兴安岭），其间并无人烟踪迹。”

协领纳林布负责探查精奇里江水源。他向富僧阿报告沿途查勘情形称：“自黑龙江入精奇哩江，北行至托克河口，计水程一千五百八十七里；自河口行陆路二百四十里，至兴堪山，其地苦寒，无水草禽兽。”

协领伟保受命前去探查西里木第河源。他归来后向富僧阿复命道：“自黑龙江经精奇哩江入西里木第河口，复过英肯河，计水程一千三百零五里，自英肯河口行陆路一百八十里，至兴堪山，地亦苦寒，无水草禽兽。”

协领阿迪木保被派去探查钮曼河源。他率兵归来汇报说：“自黑龙江入钮曼河，复经西里木第河，入乌默勒河口，计水程一千六百十五里，自河口行陆路四百五十六里，至兴堪山，各处俱无俄罗斯偷越。”①

富僧阿所派探查流入黑龙江各条支流的官员，均在河口处上岸，前进至中俄边境最北端兴堪山即外兴安岭。这些调查河源的将领还有更重要的任务，就是对国境线进行一次深入巡查，最后他们向富僧阿报告的结果是：“各处俱无俄罗斯偷越。”

乾隆帝接到富僧阿报告探查黑龙江各水河源情况后，又进一

---

① 《清高宗实录》卷743，第4－5页。

步从制度上完善巡边制度。根据沙俄不断向远东和黑龙江地区扩大侵略渗透的新动向，清政府规定：驻守瑷珲的黑龙江副都统，每年巡查一次格尔必齐河口，每三年一次巡查至河源和外兴安岭；驻守呼伦贝尔的布特哈总管，每年派官兵与捕貂人由水路至牛满河源、西里木第河上游英肯河口，以及精奇里江上游托克河口等处巡查，每三年派副总管率官兵，由水路至河源外兴安岭巡查一次。此后，形成了较为完善的巡边制度，对防止沙俄的越边侵扰，维护东北边疆的领土主权，起到了积极作用。

嘉庆朝的巡边情况，在满族人西清的《黑龙江外记》一书中，称为“察边”。每年五六月间，黑龙江将军派齐齐哈尔、墨尔根、瑷珲三城八旗驻防协领各1人，佐领和骁骑校各2人，率领八旗兵240名，分三路巡查格尔必齐河、额尔古纳河、墨里勒克河和楚尔海图河，黑龙江将军还要求三城协领，在带兵查边时互相进行监督，齐齐哈尔城协领应与墨尔根城协领会哨，墨尔根城协领则与黑龙江城协领会哨，“各书衔名月日于木牌，瘗山上”。第二年，齐齐哈尔等三城查边的协领，在同一地点会哨时，将埋在山上的木牌取回，然后又埋入新的木牌，“以备后来考验，此为定例”①。巡边八旗协领携带旧木牌返回后，交给本城副都统，再由副都统将木牌呈报黑龙江将军。每年七月，黑龙江将军将查边情况上报清朝理藩院，由理藩院上报清朝皇帝。黑龙江将军也率兵查边，但通常是在新上任时亲自查边一次，以便掌握实际情况，以后则由各城协领具体执行。

民国《瑷珲县志》卷2，对清代瑷珲八旗官兵的巡边情况，有比较细致地描述：每年进入夏季时，黑龙江将军所辖兵司，先拟出查边人员名单，然后，交由将军确定“上下江调查边界之大员”。“上江”指流入黑龙江各水，“下江”指流入松花江各水。

① 详见（清）西清：《黑龙江外记》卷5，第10－11页，光绪二十年（1894）刊本。

巡查上江的官员至少由协领一员率领，包括佐领及前锋章京等官员，八旗兵20余名，乘船前往额尔古纳河口。每当八旗官兵到达额尔古纳河口内，首先登上右岸中国一侧，举行祭告山川仪式。

额尔古纳河口左岸，有四个大的俄国屯落，每到年终时，屯里人预备好太牢三牲，即牛、羊、猪各一，作为送给清军的礼物。八旗查边官兵乘船到达时，河左岸的俄国屯长等人，乘船将事先准备的牛、羊、猪送来，态度极为殷勤，八旗巡边官员也依礼相待。双方共同参加祭告山川礼后，查边八旗官员举行宴会，招待俄国屯长。宴会结束后，八旗官员“即将牲需之价，如值偿还，彼等复送山产皮张等，以伸感仰之诚。群集送行我船下游，渠等驾舟始返”①。可见两国边民的关系十分友好。

八旗官兵离开额尔古纳河口后，沿黑龙江上溯前往雅克萨地方。雅克萨附近的黑龙江中，有一夹心沙滩，滩上面有一棵大树。八旗兵到达后，将一块木牌挂在树上，并把另一块木牌埋在树下，随后，将上一年所留下的两块木牌取回，作为他们巡边至雅克萨的凭据。八旗官兵从瑷珲城出发巡边，到最后从雅克萨返回，前后至少需要四个月左右。

瑷珲城巡查“上江”的任务，除黑龙江与额尔古纳河外，还有奇莫尼、西莫奇、清奇里等河，均由黑龙江副都统派佐领、骁骑校带兵巡查。“下江”有逊别拉、松阿里即松花江口各河，黑龙江副都统也要委派各官带兵前往巡查，与三姓副都统派出的官员会哨，交换木牌作为凭证。每年霜降以前，瑷珲城派出的巡查“上下江”官员都必须按时返回销差。

鸦片战争之前，黑龙江流域渺无人烟，查边的八旗官兵野餐露宿，实际遇到的困难，完全超出今天人们的想象。那时查边八旗官兵行进在原始森林中，“路多蜢如蜂，其长径寸，天无风或

① 民国《瑷珲县志》卷8，第7页，1920年铅印本。

雨后更炽。行人尝虚庐帐经纳蜢，而宿于外，帚十数齐下，人始得餐。螫马牛流血，身股尽赤，马轶觅深草间，见蜢高如邱，知其必毙，弃不顾矣。”除了躲避凶恶的蜢虫叮咬，巡边官兵还要携带来回一百多天行程的粮食，“囊糇粮于树，归时取食之，近颇为捕生者所窃，乃埋而识之”。沿途经过河流，八旗官兵“伐树为筏，马凭水而过”①。

黑龙江八旗官兵就是这样，年复一年地跋涉在高高的大兴安岭上，日复一日地行走在莽莽林海中，一代接一代地巡逻在中俄两国的边境线上。

二、穆克登长白山立查边碑

东北的长白山地区，在清代隶属于吉林将军管辖。康熙四十九年（1710），发生了朝鲜边民李玩枝越界杀人、抢夺中国边民财物案件。第二年，康熙帝派打牲乌喇总管穆克登，巡查长白山中国一侧边界，以强化对中朝边界的管辖。在第二次查边时，穆克登到达长白山后，在图们江和鸭绿江的分水岭上竖立查边碑，史称“穆克登碑”，又简称为“穆碑”。穆克登设立查边碑后，清政府在长白山地区增设珲春八旗驻防，加强了对长白山地区中朝边界的管辖。

事情先要从李玩枝事件说起。据朝鲜方面记载：“先是，渭原民李万建、李万成、李万枝、李枝军、李先仪、李浚建、李浚元、宋兴准、尹万信等，乘夜越境入采参，幕中扑杀清人五名，掠其参货。清人一人偶得脱去，与其同伴二十余人，猝至渭原北

① 引文见（清）方式济：《龙沙纪略》，载（清）王锡祺辑：《小方壶斋舆地丛钞》第1帙，第374页，光绪二十三年（1897）上海著易堂铅印本。

门外，唱言大国人五名，为本郡民李万建、李万成、李万枝、李先仪、李浚元等所杀，迫请现出犯人等。”① 朝鲜渭原郡地方官员接到中国边民报案后，开始试图将此案掩盖下去，后来事情越闹越大，无法收拾，只好上报给朝鲜国王，并陆续逮捕了上述人犯。

康熙五十年（1711）三月，朝鲜冬至谢恩使郑载仑从北京归国时，带回清政府给朝鲜方面的外交照会。清政府在照会中提出：从北京和盛京各派章京一员，前往凤凰城会同朝鲜官员，共同审理李玩枝越界杀人案件。

在审理李玩枝事件时，康熙帝派出打牲乌喇总管穆克登，同清朝审理案件官员一起前往凤凰城。穆克登此行的目的，不是协助审理案件，而是查明长白山地区的中朝边界，以加强对中朝边界的管辖，避免两国边民冲突。

当年五月，康熙帝向大学士讲到穆克登查边一事，他说：

> 鸭绿江自长白山东南流出，向西南而往，由凤凰城、朝鲜国义州两间流入于海，鸭绿江之西北系中国地方，江之东南系朝鲜地方，以江为界。土门江自长白山东边流出，向东南流入于海，土门江西南系朝鲜地方，江之东北系中国地方，亦以江为界。此处俱已明白，但鸭绿江、土门江二江之间地方，知之不明。前遣部员二人，往凤凰城会审朝鲜人李玩枝事，又派出打牲乌喇总管穆克登同往。伊等请训旨时，朕曾密谕云，尔等此去，并可查看地方，同朝鲜官沿江而上，如中国所属地方可行，即同朝鲜官在中国所属地方行，或中国所属地方有阻隔不通处，尔等俱在朝鲜所属地方行。乘此便至

---

① ［朝鲜］《李朝肃宗实录》卷49，第25－26页，中国科学院科学出版社1957年版。

极尽处，详加阅视，务将边界查明来奏。①

康熙帝的这一大段话，虽然比较长，却十分重要，概括起来，其要点有四：

第一，中朝两国边界，以发源于长白山的鸭绿江和图们江（土门江）为界，这是两国都十分明确的；第二，鸭绿江和图们江两江之间的地方，具体走向并不清楚，需要及时查明；第三，利用清朝官员前往凤凰城会审李玩枝案件之机，派打牲乌喇总管穆克登同往，务将（中国）边界查明报告；第四，此次查边，应会同朝鲜官员沿鸭绿江而上，根据具体情况，可以在中国边界一侧行走，也可以在朝鲜边界一侧行走。

康熙帝派穆克登往长白山查边一事，曾通过清朝礼部和盛京地方官员事先通报了朝鲜方面。康熙五十年（1711）三月，朝鲜冬至谢恩使郑载仑派人向国王报告：清朝礼部官员以“皇帝”名义通知他说，“鸭绿江、土门江一带，皆是我国地方，但因道路遥远，未经勘明，今着朝鲜差官数员，沈阳将军亦差官数员，会同查勘，分立边界”；郑载仑一行到达盛京城时，再次派人向朝鲜国内报告，盛京将军对他们说：“北京差官，三月十日离发，四月四五日间到沈阳，与沈阳官初十日间当往凤城。皇上分付（吩咐）差官，必令住在凤城，查得杀人处，而勿令过江，贻弊于朝鲜。犯越事查奏后，仍往白头山，而皇旨使从大国（即清朝）地方作行，或不得已自朝鲜地方过去，勿令朝鲜支待云矣。”② 然而，由于朝鲜内部对清朝查边出现两种意见，最后以清朝无正式外交公文为由，予以抵制。

穆克登初次查边，是从当年（1711）四月份开始的。现存清

① 《清圣祖实录》卷246，第6－7页。

② ［朝鲜］《李朝肃宗实录》卷50上，第12页，中国科学院科学出版社1957年版。

朝文献对此记载太少，只能依据朝鲜史料加以分析说明。在凤凰城参加会审李玩枝案件的朝鲜官员，并不清楚穆克登的真实身份，以为他不过是清朝派来审案的普通官员。当穆克登一行向朝鲜官员提出：要借道前往长白山查边时，朝鲜参核使宋正明因为未奉本国指令，辞以“臣以皇旨只令会查凤城，故使臣亦只以凤城会查受命而来，当更禀本国，待其回下而为之，决不可任意转往”为由，拒绝了穆克登的要求。

朝鲜《李朝肃宗实录》卷50，对双方因为借道而引起的交涉，记载如下：

清朝官员称：“沿江往审，盖欲除弊，即承皇命，明（天）当发程。大国地方，或难通道，则越去朝鲜地方，而支供事一切除弊。”朝鲜官员以必须听从本国同意为借口，将此事上报国王。

朝鲜国王经过与大臣商量后，遂以“译官金指南当初亲闻沈阳将军之言，以为皇上分付（吩咐）差官，必令住在凤城，勿为过江，贻弊朝鲜”为由，让参核使宋正明继续与清朝查边官员周旋。

此时清朝官员指出：“小国不信，则吾有密谕当出示。”然后就从黄柜中取出谕旨一道，宣读后说：“捏造皇旨是死罪，此岂致疑处乎?”朝鲜官员见到皇旨，才开始相信清朝官员是奉旨查边，作为藩属国自然有义务提供必要的方便，遂表示要通知边界地区官员，“接待饭奉等事，宜令优越”。

于是，清朝官员向朝鲜方面说明查边的具体计划，“当往杀害地方会查，而毕查后转向北路，看审境界，若有犯越处，归奏皇帝，以为防守之地”。并表示此次查边可以减少边界摩擦，为朝鲜除弊，希望朝鲜方面派向导协助。朝鲜官员却宣称：“渭原至满浦，犹有径路，过此则绝无通处。况庆源之路，大山隔绝千余里，开辟以来所未通，虽欲指路，其势无由。”根本不想配合此次查边。

清朝官员一再强调：“皇上使俺等看审作变处，永除后弊，满浦江边之路虽穷，岂无他路乎?”意在表明查边之事不可动摇。朝鲜方面采取“北路则诿以绝远，无人谙识”的借口，来阻止穆克登。关于借道查边的交涉，双方持续了一个多月。

到六月初，眼看雨季将要来临，穆克登只好亮出自己的身份，“称钦差大人穆等”前来查边，且将康熙帝的谕旨正式行文李朝政府：“尔等率同朝鲜国官，将杀人之处查明，交于该国王完结。其沿江一带，不免更有出人偷越之路，尔等亦行查明。”穆克登公开向朝鲜官员指出：“北路之许与不许，速得国书而来，则当决去就。”他还向朝鲜官员披露说，“在凤城时，问于义州将校金自亨”，知有路可走。在这种情况下，朝鲜方面知道无法欺骗穆克登，乃稍做让步，同意穆克登一行可以沿朝鲜一侧到达满浦，“过满浦一步地，决不可许”。

康熙五十年（1711）六月初八，穆克登及随行查边人员到达满浦（今吉林省集安市鸭绿江对岸）。他虽然想方设法，都没能在当地找到陆路向导，便决定乘船沿鸭绿江上溯查看地形。穆克登要求朝鲜方面提供通事（即翻译）1人，马4匹。随行朝鲜官员李济见鸭绿江水势暴涨，难以逆水行舟，就答应了穆克登提出的条件。

六月十三日，穆克登一行乘船逆流而行，经过狄洞地方停船陆行时，“马尚倾侧，小通事几没，仅渡总管（穆克登）仆于船中，仍致门齿折伤”。在这之后，朝鲜官员趁机劝穆克登，不可冒险前进。穆克登面对滔滔江水，毫无惧色，当朝鲜梢工因水流湍急，无法撑船时，他还赤身跳入水中，亲自挽拉船索助行。随行的朝鲜通事见到这种情景，吓得哭声乞求，而穆克登表示：“吾意坚定，断不挠改”，勇往直前。这些记载都来自朝鲜方面，足知穆克登不怕困难的勇气和决心，但是终因江水暴涨，中途返回。①

穆克登第一次奉旨查边，就这样无果而终。

附带说一下李玩枝案件的处理结果。据派到凤凰城的清朝官员长泰报告说："审讯朝鲜国人李万（玩）枝等，实系诱致中国之人二名，打死投入江中，掠取人参等物是实。其被杀之人姓名来历，皆无从查究。"康熙帝谕令长泰："闻得此案犯人内，有亲弟兄三人者。定例弟兄俱拟正法，存留一人养亲。并移会该王，将此案犯人亲兄弟三人内，亦照例留一人养亲。"② 康熙帝是根据中国法律，对邻国刑事罪犯进行处理的，体现了宽大为怀的思想。

接下来，需要解释的两个重要的问题是：

其一，康熙帝为什么派一个打牲总管查边？

其二，清朝官员查边为什么要借道朝鲜？

先来说头一个问题。长白山区位于吉林将军辖区之内，康熙帝为什么不派吉林将军或属下官员查边，而派打牲乌喇总管穆克登前往。那么，首先要回答打牲乌喇总管衙门是一个什么机构。

打牲乌喇，又称布特哈乌喇，来自满语称"打牲"为"布特哈"。打牲乌喇总管衙门隶属于清朝为皇室服务的内务府，据《吉林通志》记载："布特哈乌拉总管衙门，总管一员，驻扎吉林北之打牲乌拉城。顺治十八年，设总管一员，统辖珠轩头目、副头目及参户、蜜户、猎户，专司采捕诸役。"③ 根据这段史料可知，打牲乌喇总管衙门是专门向清朝皇室进贡东北特产，诸如东珠、人参、貂皮、鹿茸等物资的机构，总管最初仅为六品官，后来逐渐提升为三品官。

---

① ［朝鲜］《李朝肃宗实录》卷 50，第 19 – 37 页，中国科学院科学出版社 1957 年版。

② 《清圣祖实录》卷 247，第 10 页。

③ （清）长顺修：《吉林通志》卷 50，第 10 页，吉林文史出版社 1986 年版。

打牲乌喇总管既不是东北行政官员，也不是八旗将领，更没有办理外交的权力，说得苛刻点，只是皇帝的一个家奴。然而，家奴虽然地位低下，可却是皇帝的亲信心腹。尤其清朝内务府设在外地的机构，都是为皇帝探听情报的耳目，他们除完成本身职责外，还定期向皇帝报告地方发生的各种事情。今天人们十分熟悉的小说《红楼梦》的作者曹雪芹，他的家族从曾祖父曹玺起，三代出任江宁织造，实际上是康熙帝派往江南监视当地官员的“特务”，所以连两江总督这样的地方大僚都害怕内务府属下的江宁织造。

因为康熙帝把查边作为一项秘密任务，才交给打牲乌喇总管穆克登去执行。打牲乌喇总管不仅系三品官，而且属下牲丁多达4300余人，长期狩猎使得人人能征善战，而且全部为本地满族人。① 康熙晚期，吉林满族人仍然只能讲满语，因此更加有利于保密。

至于第二个问题，即为什么借道朝鲜？则与清初形成的鸭绿江封禁区有直接关系。

在明代，鸭绿江流域是满族人的居住地。万历四十七年（1619），努尔哈赤经萨尔浒大战打败明朝十万大军，战后乘胜灭亡叶赫部，实现了满族的统一，“满洲国自东海至辽边，北自蒙古嫩江，南到朝鲜鸭绿江，同一音语者俱征服，是年诸部始合为一”②。据此可知，当时在明朝管辖下的整个鸭绿江流域，满族人是当地的主体居民。努尔哈赤兴起后，明朝与其藩属国朝鲜，出于各自的利益，联合对抗清（金）政权。天命六年（1621），努

---

① （清）萨英额：《吉林外记》卷3，《满洲 蒙古 汉军》：“佛满洲内有贝国恩、布特哈之分，贝国恩，国语‘户’也，布特哈‘虞猎’也。国初协领、佐领由京补放，子孙遗居立户于此，谓之贝国恩。旧在白山一带虞猎为生者，谓之布特哈。”吉林文史出版社1986年版。

② 《清太祖武皇帝实录》卷2，载《清人关前史料选辑》第1辑，第358页，中国人民大学出版社1984年版。

尔哈赤率领八旗兵攻占沈阳和辽阳，并将全体满族人迁入辽阳、沈阳周边地区，在鸭绿江西岸形成了一条无人地带。

顺治元年（1644），清军主力随同顺治帝入关，为保护东北根本重地，清政府利用旧有辽东边墙，修建了盛京柳条边。而位于盛京柳条边凤凰城、叆阳、碱厂、旺清、英额、威远堡六边门以东的鸭绿江流域，则被彻底封禁起来。清朝乾隆时期任凤凰城城守尉的蒙古旗人博明希哲说："凤凰城边栅（即柳条边）北自石人子与叆阳接界，南至滨海亘百六十里有奇，出栅至与朝鲜分界之中江，北远而南近，其地皆弃同瓯脱者，盖恐边民扰害属国，乃朝廷柔远之仁。"①

由于清朝对鸭绿江流域实行封禁，进而形成长达上千里的无人区，人迹罕至，结果出现朝鲜边民一再越界偷采人参事件。穆克登查边在中国一侧行走，在物资供应上必然非常困难。而朝鲜一侧设有府县，居民相对较多，可以满足穆克登查边的物资需要，能够做到"接待饭奉等事，宜令优越"。所以，清朝才向朝鲜方面提出借道的要求。从朝鲜《李朝肃宗实录》中的史料来看，穆克登初次查边的原因是："看审境界，若有犯越处，归奏皇帝，以为防守之地。"这与康熙帝所说的"详加阅视，务将边界查明来奏"是完全一致的。穆克登查边目的是弄清楚鸭绿江、图们江在长白山发源处的陆地边界情况，以便清军加强防守，阻止朝鲜边民越界偷采人参。

穆克登第一次查边失败后，康熙帝并没有因为朝鲜方面的阻挠而中止，而是决定继续组织第二次查边。

八月初三，康熙帝对大学士谈到此事说："前差打牲乌喇总管穆克敦等查看凤凰城至长白山边界，伊等业将所查地方绘图呈览，因路远水大，故未能至所指之地。著于来春冰解之时，自义

① （清）博明希哲：《凤城琐录》，第3页，载《辽海丛书》（一），辽沈书社1985年版。

州乘小舟溯流而上，至不可行之处，令其由陆路向土门江查去。但道里辽远，万一中途有阻，令朝鲜人供应。将此情由，令该部晓谕来朝正之朝鲜国官员，书旨给与带付伊王。”① 这是目前所能见到的清朝方面的唯一记载，虽然文字极简，但关于穆克登查边的目的、范围和失败原因，都说得很清楚。

康熙五十一年（1712）二月，李朝政府收到了清朝礼部的外交照会。朝鲜方面记载其内容为：“上年八月，大学士温达等启奏奉旨，今年穆克登等自凤城至长白查我边界，因路远水大，未获即抵彼处。俟明春冰泮时，另差司官，同穆克登自义州造小舟溯流而上。若不能前进，即由陆路往土门江，查我地方。但我边道路辽远，地方甚险，倘中路有阻，令朝鲜国稍为照管。将此情由，着该部晓谕朝鲜国。”

对比这两份文件，除个别字句外，内容完全一致。清朝的意图是“查看凤凰城至长白山边界”“由陆路往土门江查我地方”，目的是巡查中国一侧边界。朝鲜君臣则认为，清朝完全是别有用心：“盖百年中土狃于锦绣粱肉，一朝还归漠北，势必难堪。早晚败归时，缓则欲自鱼盐物产以至土地民人，无不取资于我。急则欲取路于我西北，故此行将预察山川险塞，道里远近也。”简单说来，朝鲜方面认为清朝在中原的统治不稳，所以派穆克登查边，为将来退回东北以至掠夺朝鲜做侦察。但当时朝鲜是清朝的藩属国，不能不敷衍清政府，更不敢得罪清廷。接到清朝的照会后，李朝政府任命朴权为“接伴使”，负责接待穆克登查边。从“接伴使”这一官职的名称来看，李朝政府对穆克登查边目的是清楚的，朴权的任务就是在朝鲜境内接待陪伴穆克登，为穆克登的查边提供后勤服务。

对于穆克登第二次查边，清朝文献仍然记载不足，只好再次依靠朝鲜方面的史料。该年四月二十九日，穆克登及其随员来到

① 《清圣祖实录》卷247，第6页。

中朝边界地区，与朝鲜接伴使朴权派来的译官见面，双方发生了如下的一段对话。

穆克登问："长白山知路者来待乎？"

译官答："到惠山（即今朝鲜民主主义人民共和国惠山市）后当整待。而但山路绝险，何以作行？"

穆克登又问："尔能知两国界耶？"

译官回答说："虽未目见，而长白山巅有大池（今中朝交界之天池，作者注），西流为鸭绿江，东流为豆满池（江），大池（江）之南，即我国界。"

穆克登接着问道："有可据文书耶？"

译官答称："立国以来，至今流传，何待文书乎？"

穆克登随后询问："长白山之南连把守耶？"

译官回答道："此地绝险，人迹不到。故荒废无把守，有同大国栅门外之地耳。"

总结上述两人的这段对话，可以弄清两个问题：第一，长白山天池以南地区，为中朝两国的分界线，天池归中国所有。第二，长白山天池以南陆地分界情况，清朝方面不清楚，朝鲜方面也不清楚。因此，接伴使朴权将穆克登和朝鲜译官的对话向国王报告时说："白山南即我地之说，既发而无大段争诘之举，争界事无甚可虑。"意思是说，穆克登是在长白山天池之南，巡查清朝边界，与朝鲜并不存在边界纠纷，故无"争界事"，请朝鲜国王放心。

五月下旬，朴权又向朝鲜国王报告说："总管登白山巅审见，则鸭绿江源，果出于山腰南边，故既定为境界。而土门江源，则白山东边最下处有一派东流，总管指此为豆江之源，曰：'此水一东一西，分为两江，名为分水岭可也。'岭上欲立碑，曰：'定界立石，乃是皇旨，道臣傧臣，亦宜刻名碑端。'臣等以既不得同往看审，而刻名碑端，事不诚实为答矣。”①

清末人张凤台著《长白汇征录》中记载，穆克登所立石碑“高三尺有奇，宽约二尺，字体端严”，碑文如下：

> 大清乌喇总管穆克登奉旨查边至此，审视西为鸭绿东为土门，故于分水岭上勒石为记。
>
> 康熙五十一年五月十五日，笔帖式苏尔昌，通官二哥。朝鲜军官李义复、赵台相，差使官许梁、朴道常，通官金应德、金庆门。②

碑文原来格式为竖写，无标点，为读者方便，现改成横写并加上标点。

综合两国文献的记录，都表明穆克登第二次查边，到达了鸭绿江和图们江的分水岭，亲眼看到了两条江的源头，因此在“分水岭上勒石为记”。穆克登经过一年多的艰难险阻，克服自然和人为的各种困难，终于到达康熙帝指定的两江之源“极尽处”，完成了查边任务。

康熙五十一年五月十五日，公历1712年6月18日，这一天穆克登在鸭绿江和图们江的分水岭上所立的“查边碑”，是在历史上中国官员第一次查清长白山两江之源的中国边界线后，所留下的最重要的文字和实物记录。

穆克登所立的“查边碑”，对维护中国领土主权，有着深远的历史意义和重大的现实意义。“查边碑”有力地证明，在18世纪初，清政府对中朝边界实施着积极而卓有成效的行政管辖。穆克登虽然是清朝内务府属下的打牲乌喇总管，但官居三品，要高

① ［朝鲜］《李朝肃宗实录》卷51，第11－27页，中国科学院科学出版社1957年版。

② （清）张凤台：《长白汇征录》，第74页，吉林文史出版社1987年版。

于清政府中负责朝见宴会礼仪的光禄寺卿（从三品）和鸿胪寺卿（正四品），也高于清军八旗协领（从三品）一职，属于清朝高级官员之列。所以，他才有“奉旨查边”的资格，敢在碑上刻下“大清乌喇总管穆克登”九个大字，表明他是代表大清皇帝前来巡查边界的。

穆克登查边的直接后果，就是清朝在长白山地区设立八旗驻防，加强对鸭绿江和图们江的源头长白山地区的守卫。

康熙五十三年（1714），清政府在吉林将军辖区内，正式设立珲春驻防（今吉林省珲春市）。珲春八旗驻防设协领1员，防御2员，库尔喀气佐领3员，骁骑校3员。“库尔喀气，满洲附近朝鲜”①，即靠近朝鲜边界以捕获海獭为生的库雅喇人，又写作“库尔喀”，是东北新满洲兵的重要组成部分。库雅喇人编入八旗后，仍然保留着往昔的捕猎风俗，道光年间的珲春地方，“旧无丁民，亦无外来民户，皆熟国语，捕打海参、海菜为生，少耕作。春夏秋冬射猎无虚日，尤娴于枪”②。驻防珲春的八旗官兵和满族人民，在人烟稀少的长白山和两江之源地区，一面戍边，一面射猎，战斗和生活在中朝国境线上。

三、东海地区的“满洲官署”

嘉庆十三年（1808）秋天，日本探险家间宫林藏从北海道出发，前往库页岛与黑龙江下游考察，他于第二年夏天，“抵达德

① （清）萨英额：《吉林外记》卷3，《建置沿革》，吉林文史出版社1986年版。

② （清）萨英额：《吉林外记》卷8，《风俗》，吉林文史出版社1986年版。

楞。此地乃满洲行署所在地”①。间宫林藏所到达的“德楞”，与他同时代的东北满族人萨英额，在其著作《吉林外记》卷8中，写为“三姓城东北三千余里德勒恩地方”。日本人间宫林藏所到达的“满洲行署”，是清代东北满族官员对黑龙江下游行使管辖权的历史见证。

满族入关前，把黑龙江下游地区的各部族称为“东海三部”，而且清朝统治者向来把东海地区各部族视为满族的一部分。清前期黑龙江下游及东海地区隶属于吉林将军管辖，东海三部衍化为黑龙江下游、松花江与乌苏里江流域，滨海和库页岛地区居住的赫哲、费雅喀、库页、鄂伦春、奇勒尔、恰克拉等部族。前面曾讲到，清政府为了解决反击沙俄战争的兵源问题，在康熙初年采取“招抚新满洲”的政策，曾将他们中的一部分人编入八旗，迁移到宁古塔和吉林乌喇等驻防城。对仍然留在原居住地的东海各族，清政府则采取设姓长、乡长的办法，“分户管辖，盖与编户无异”②。清政府通过贡貂和赏“乌林”制度（乌林为满语音译，汉译为财帛），对当地各部族进行管理。日本人间宫林藏所抵达的满洲行署，就是由三姓副都统派出去收取貂皮和颁赏乌林的机构。

顺治十年（1653），清政府设立宁古塔昂邦章京后，即通过贡貂贸易，逐步加强对东海各部族的管辖。清初流人张缙彦对早期宁古塔的贡貂贸易有所记载③，从康熙初年起，贡貂贸易开始和赏赐乌林结合起来。吴桭臣在《宁古塔纪略》中叙述说：“每岁五月间，此三处（赫哲）人乘查哈船，江行至宁古（塔）南关

① ［日本］间宫林藏：《东鞑纪行》（中译本）上卷，商务印书馆1974年版。

② 《清朝文献通考》卷271，考7279页，浙江古籍出版社2000年版。

③ （清）张缙彦：《宁古塔山水纪》，《石城》：“此地去沈阳一千五百里，去高丽六百里，去乌鸡、鱼皮、黑斤等夷，或数百里，或千余里。其来互市也，则貂皮、鹿角、人参、黄狐、白兔等，居民以沈阳之布易之，往往有微息。”黑龙江人民出版社1984年版。

外泊船进貂。将军设宴，并出户部颁赐进貂人袍、帽、靴、袜、挺带、汗巾、扇子等物，各一捆赐之。每人名下择貂皮一张，玄狐全黑者不可多得。一岁不过数张，亦必须进□□上，余听彼货贸易。”这是最早的关于贡貂和赏赐关系的记录，贡貂人交纳貂皮一张后，宁古塔将军设宴款待贡貂人，然后发给由清朝户部运来的各种物资，余下的貂皮可以自由贸易。

康熙二十八年（1689），《中俄尼布楚条约》签订后，清政府进一步扩大了贡貂贸易部落的范围。据当时来东北探亲的浙江人杨宾记载：“东北边部落，现在贡宁古塔者八。每年自四月至六月，俱以次入贡。”具体贡貂各部情况如下。

（1）自宁古塔东北行400余里，居住在牡丹江、松花江两岸的三姓赫哲人，“此三喀喇（姓）役属久，其头目皆尚少主，少年精悍者渐移家内地，编甲入户，或有为侍卫者。……其地产貂。”

（2）自宁古塔东行千余里，居住乌苏里江两岸的穆连连部（又作木伦部），“俗类窝稽，产貂”。

（3）从乌苏里江两岸的穆连连部又东行200余里，居住在伊瞒河源的欺牙喀喇（即恰喀拉人），“其人黥面，其地产貂，无五谷，夏食鱼，冬食兽，以其皮为衣”。

（4）自宁古塔行1500里，居住在松花江、黑龙江两岸者的“剃发黑金（赫哲），喀喇凡六，俗类窝稽，产貂”。这四个地区的赫哲人，每年去宁古塔贡貂，宁古塔官员对他们“除赐衣冠、什器之外，宴一次，固山大以下陪宴”。

（5）从上面六姓赫哲人地区又东北行四五百里，居住在乌苏里江、松花江、黑龙江汇流处的“不剃发黑金，喀喇十数，披发、鼻端贯金环，衣鱼兽皮，陆行乘舟，或行冰上，驾以狗。御者持木篙立舟上，若水行拦头者然，所谓使犬国也。其语与窝稽异，无文字笔墨，以皮条记事，小大随之，其地产貂”。

（6）从不剃发赫哲人地区再向东北行七八百里，“曰飞牙喀，

（风）俗（物）产与不剃发黑金同，而赤臀无裤，以皮蔽其前”。

（7）自宁古塔东北行3000里居住着欺勒尔（又作奇勒尔）人，“滨大东海，俗产与欺牙喀喇同”。以上三个地区为三年一贡。宁古塔官员对“三年一贡者，宴三次，宁古塔梅勒章京陪宴”。

如果加上居住在图们江北岸的库牙喇人，“去宁古塔五百里，岁一贡”，合计为八部落，但库牙喇人所在地区出产海豹、江獭皮，并不贡貂。①

康熙五十三年（1714），清政府增设三姓八旗协领驻防。雍正十一年（1733），清政府在三姓打牲人中挑选甲兵800名，又在乌苏里江、德克登基等处所居八姓赫哲人中挑选甲兵1000名，将三姓城改为副都统驻防。以后，三姓城取代宁古塔负责管理东海各族，具体执行贡貂和赏乌林事务。

萨英额《吉林外记》一书中，对三姓城的贡貂和赏乌林事务记载如下：

> 恰喀尔隔年一次，至乌苏里莽牛河，三姓派员收纳贡皮九十张，颁给赏物。齐集以上者，俱赴三姓城交纳貂皮，领取赏物。齐集以下者，俱在三姓城东北三千余里德勒恩（即日本人间宫林藏到达的德楞）地方，三姓派员收纳貂皮，颁给赏物。此三项黑津，每年共纳貂皮二千六百余张，所有赏赉妆蟒、绸缎、布匹等物，例由三姓每年派员赴盛京领取分赏。②

清政府的赏赐物品起初以衣物为主，由盛京工部制作。后来

① （清）杨宾：《柳边纪略》卷3，第2-3页，载《辽海丛书》（一），辽沈书社1985年版。

② （清）萨英额：《吉林外记》卷8，《黑津》，吉林文史出版社1986年版。

由于缝制衣物时间长，而且被赏赐人穿上又不合身，经户科给事中方瑾提议，改为以赏给缎布为主。乾隆十九年（1754），三姓副都统福尔松阿向吉林将军报告："五月间已派本地正黄旗下佐领董萨那、委笔帖式常保等前往约定之奇集噶珊，对贡貂之耨德、都瓦哈、雅丹、绰敏、舒隆武噜、陶六姓额定一百四十八户颁赏乌林并纳其貂皮。"①

文中所说的"噶珊"，又写作"嘎山"，是满语"乡"的意译，"嘎山达，乡长也"②。另据福尔松阿呈报的赏赐乌林清册，其具体赏赐物品如下：

> 此六姓姓长六名，乡长十八名、子弟二名、白人一百二十二名，总计一百四十八人，共赏乌林一百四十八套，计需蟒缎六匹、彭缎四十六丈三尺、白绢一百一十六丈、妆缎二十丈四尺四寸、红绢三十七丈、家机布七丈四尺四寸、蓝青毛布一千一百六十四匹、白布五百九十二丈即一百四十八匹、棉花二百四十斤八两、高丽布五百一十四丈、每块三尺之绢里子二百九十六块、梳子一百四十八、篦子一百四十八、针四千四百四十、包头一百四十八、带子四百四十四副、棉线四百四十四绺、棉缝线五斤三两六钱、钮子一千一百八十四、桐油匣子六。③

上述仅6姓18乡148人，赏赐物品就如此之多。据《吉林通

① 辽宁省档案馆等译编：《三姓副都统衙门档案译编》，第10页，辽沈书社1984年版。

② （清）萨英额：《吉林外记》卷3，《满洲 蒙古 汉军》，吉林文史出版社1986年版。

③ 辽宁省档案馆等译编：《三姓副都统衙门满文档案译编》，第12－13页，辽沈书社1984年版。

志》记载，清代三姓城“所属赫哲、费雅喀、（奇）勒尔、库页、鄂伦春、恰克拉五十六姓，二千三百九十八户，每户纳貂皮一张”①。清政府对东海各族赏赐物品之数量，是十分庞大的。这56姓人口，是由康熙年间前来贡貂，到乾隆时期固定下来的。

现存乾隆十五年（1750）《大学士傅恒等奏请裁定赫哲、库页费雅喀人贡貂及颁赏乌林办法折》中记载：

> 康熙十五年赫哲费雅喀贡貂之人一千二百零九户，自十五年至六十一年陆续增加七百零一户，共计一千九百十户。自雍正元年至乾隆十五年，又增加三百四十户。现有赫哲费雅喀人二千二百五十户。再，雍正十年招服居住于海岛上特门赫图舍等处库页费雅喀人一百四十六户，令其贡貂。自雍正十二年至乾隆二年增加二户，共计一百四十八户。

由此可见，康熙十五年（1676），贡貂人只有1209户，到乾隆二年（1737），增加到2398户，百余年间增加了一倍。所以大学士傅恒在奏折中提出：“请将现今纳貂皮贡之赫哲费雅喀二千二百五十户及库页费雅喀一百四十八户永为定额，嗣后不准增加。如有减丁，其缺由彼之子弟替补。”傅恒提出将贡貂人户固定下来，是因为贡貂和赏乌林是同时进行的，等于是一种变相的官民贸易或物资交换。而清政府事先运来大量物资，如果前来贡貂的人数不定，就会给清政府的颁赏乌林，带来一些混乱不便。例如，“如有不前来宁古塔者，则派出官兵往赴奇勒尔等处收取貂皮并颁赏乌林”；“至居住海岛之库页费雅喀人贡貂，则由三姓

---

① （清）长顺修：《吉林通志》卷28，第6页，吉林文史出版社1986年版。

副都统衙门派出官兵，前往约定之奇集噶珊收取贡貂并颁赏乌林"①。清政府采纳傅恒的建议之后，贡貂和赏乌林的数量固定下来，三姓官员收取貂皮和赏赐乌林之后，余下的貂皮可以自行贸易。

清代文献对三姓地方与东海各部的貂皮贸易，有比较多的记载。例如，《清朝文献通考》的作者说：自宁古塔东700里外，沿松花江、大乌拉江（黑龙江）直至入海处，"居住之库页等五百余户，则每岁遣章京等员，赴宁古塔境外三千余里之普禄乡等地方，令其以六月会集；若乌苏里江居住之掐喀尔、班吉尔汉等户，则间岁遣章京等员赴宁古塔东南境外三千余里之尼满河地方，令其以五月会集，各交纳貂皮，给与赏赉"②。再如，李重生《赫哲风土记》中说："三姓旗丁民人，年年来此贸易，谓之换黑金，利可数倍。而所贩不过食用零星各物，其中惟脂粉红绳尤多，以俗皆好装饰妇人也。"③ 光绪《三姓乡土志》卷6中记载："东自海滨二千余里，沿江所居，皆是纳贡貂，库业，斐雅喀、黑津、俄伦春等部，与俄人杂居之地。……自阿吉大山下至黑勒尔，约八百余里，沿兵驻防。又乌江两岸居者不剃发黑津，亦曰长毛子，即额登喀喇也，咸丰以前，纳贡诸部岁时于此，由三姓派员往受，赏以乌绫布帛，收纳貂皮。"④

除了上述中国文献之外，日人间宫林藏《东鞑纪行》中，对三姓副都统派往黑龙江下游的满洲行署有更加具体的记载，引之如下：

---

① 以上引文均出于傅恒奏折，详见辽宁档案馆等译编：《三姓副都统衙门满文档案译编》，第460－461页，辽沈书社1984年版。

② 《清朝文献通考》卷271，考7279页，浙江古籍出版社2000年版。

③ 转引自（清）长顺修：《吉林通志》卷27，第30－31页，吉林文史出版社1986年版。

④ 《东北乡土志丛编》，第817－819页，辽宁省图书馆1985年印本。

满洲行署面临满珲河，背为辽阔平野，其间树木苍郁，实为可观之大地。河岸为中游上下之岛屿所环抱，大河宽阔，风浪不大，水流平稳，便于停泊。此地无土著夷人，行署外到处皆是外来夷人搭造之窝棚，为数之多几十上百，均用桦树皮苫盖，来集之夷人西（南）自朝鲜，东（北）自俄罗斯境，至此交易各种物品，一般逗留五、六日归去，林藏至此地时，犹有五、六百人逗留。

一、行署约有十四五间（间，日本长度，一间为六尺。译者注）大之方形地方，以圆木围成双重栅栏，其中左、右、后三处为交易所。中央又设一重栅栏，行署设于此处。此为领受贡物，与授予赏赐品之处。每栅只设一门，别无其他出入口。

二、栅栏十分粗糙，以长短不齐之木穿孔插带而成，未曾削木加工，似非木工所做。

三、行署及其交易所皆甚粗糙，其肮脏程度甚于夷人住宅。用树皮覆盖棚顶，墙壁用树皮连缀，地板用木板铺成。

四、官吏系远离此地（里程不详）之伊彻霍通人（满语新城，按此处系接指三姓城。译者注）。每年夏天由松花江下航（官吏至林藏信中所载），经满珲河抵此（6月中旬），初秋之末或中秋之初，关闭行署归去。无人于行署中过年。①

① ［日本］间宫林藏：《东鞑纪行》（中译本）中卷，商务印书馆1974年版。

四、稽查越境挖参边民

清政权于顺治年间修筑盛京柳条边之后，盛京东部柳条边外的广大地区形成了鸭绿江封禁区，即盛京柳条边英额、旺清、碱厂、叆阳、凤凰城5座边门以东，鸭绿江西岸之地，具体包括今天吉林省白山（浑江）、通化和辽宁省抚顺、本溪、丹东5市及其所属各县。关于鸭绿江流域的封禁情况，清代文献记载说：世祖章皇帝顺治元年，遂定都于燕，以成我朝亿万年之基，划旺清门以外，东至帽儿山为边疆禁地，置台兵巡守，不准樵采、游牧。自定鼎以来二百余年，东边一带地方，永无兵事。”① 直到光绪二年（1876），清政府在大东沟设置安东县，鸭绿江流域封禁时间长达两百余年之久。封禁期间，东北八旗兵通过设置边门，部署内、外卡路（哨所）等多种方式，对鸭绿江封禁区的中国领土主权实施着有效的管辖。

1. 长期封禁原因

根据笔者的研究，清代鸭绿江流域长期封禁的原因如下：

首先，是为了避免两国边民冲突。鸭绿江流域与朝鲜相邻，因江水较浅特别是枯水期时，经常发生两国边民非法越境事件。清政府为减少边民冲突，实行睦邻友好政策，因此长期实行封禁。例如，乾隆时，博明希哲担任凤凰城城守尉，他在所写的《凤城琐录》一书中说：“凤凰城边栅，北自石人子与叆阳接界，南至海滨，亘百六十里有奇。出栅至与朝鲜分界之中江，北远而南近，其地皆弃同瓯脱者，盖恐边民扰害属国，乃朝廷柔远之

---

① 光绪《通化县乡土志·兵事录》，《东北乡土志丛编》，第551页，辽宁省图书馆1985年印本。

仁。设官置讯，立法綦严。”①

“边栅”，即指柳条边，这段话大意是说：出凤凰城边门，向南直到鸭绿江右岸的中江（今辽宁省丹东市九连城乡马市台）与朝鲜分界处，向北到叆阳边门，这一大片地区无人居住，因为清政府为了避免两国边民冲突，在中国一侧设立“弃同瓯脱”的封禁区，体现了“朝廷柔远之仁”。

其次，是为了保护采参山场。鸭绿江流域盛产人参，特别是英额、兴京（后改为旺清）、碱厂、叆阳四边门外，分布着众多的采参山场。这些原来满族人采参的山场，在清政权入关后，成为清朝内务府进贡皇室专用的采参山场，清朝统治者为独占其经济利益而实行封禁。

乾隆末年，盛京将军嵩椿为解决八旗兵丁生计困难，奏请大规模向东展拓柳条边，在北起英额边门，南至叆阳边门的范围内，“丈量荒地，分别赏给盛京旗人之无田地者，令其垦种”。乾隆帝接到嵩椿的奏疏，先表示赞同展边以解决旗兵生计，但同时又指出：此次展边“开拓之地殊觉辽阔，未免于围场、挖参山场有碍”②。他命令户部侍郎吉庆前往盛京，与嵩椿一同前往边外查看，并强调开垦荒地，不得破坏边外的围场和挖参山场。吉庆按照这个既定方针前往查勘，一个月后，他向乾隆帝报告：“旺清、碱厂、叆阳三边外，并无可以开垦荒地，皆有关碍。”③ 实际上边外存在很多荒地可以开垦，但对围场和挖参山场“皆有关碍”也是事实。乾隆帝表扬吉庆能领会他的意图，把嵩椿狠狠训斥了一顿，这次展边的计划遂成泡影。

道光时，盛京将军禧恩再次请求展边，仍被清政府拒绝。禧恩以柳条边内官山树木稀少，税额不足为由，“请自旺清边门以

① （清）博明希哲：《凤城琐录》，第3页，载《辽海丛书》（一），第274页，辽沈书社1985年版。

② 《清高宗实录》卷1352，第18页。

③ 《清高宗实录》卷1355，第19－20页。

南至叆阳边门旧栅，向东一带量为开展二十里内外，地则招垦纳租，树则佥商输税，以裕国课而益旗丁”。这次展边规模仅在20里左右，但仍遭到部分官员的反对。道光皇帝派升任盛京刑部侍郎桂德调查此事。桂德到盛京与当地官员经过详细查看，认为“边门外向东一带，均系产参山场，于开展究多关碍”① 主张维持封禁，且说这原本是祖制。道光帝本无定见，自然接受下来。

第三，来自李氏朝鲜政府的无理干涉。例如，雍正九年（1731）奉天（盛京）将军那苏图计划在莽牛哨（今辽宁省宽甸县古楼乡）地方设兵巡查，以杜绝朝鲜偷越挖参之事。雍正帝以该处位于两国边界，指示礼部官员询问朝鲜政府“有无未便之处”②，朝鲜方面表示反对，遂终止设兵。此事见后面详细论述。

嘉庆、道光时期，大批山东流民进入鸭绿江流域垦荒，这本来是中国的内政，朝鲜方面也横加干预。道光二十二年（1842）五月，朝鲜方面呈文清政府称：“上土、满浦两镇，有内地民人潜赴边外盖房垦地之事。”③ 后据盛京将军禧恩派八旗官兵前往查看，“在榆树林子卡伦所属，及帽尔山卡伦所属界内，查出窝棚二十八处，草房九十余间，私垦田地三千三百余亩。”这些房屋土地被八旗官兵“焚烧平毁”后，“询据该国（朝鲜）官员人等指称，原报实系此地，别无遗漏。”④由此可见，清政府对于朝鲜方面一味妥协退让迁就，大大延误了鸭绿江流域的开发。

2. 朝鲜边民越境采参

清政权入关前，朝鲜边民就不断越过鸭绿江偷采人参，引起

---

① （清）李桓辑：《国朝耆献类征初编》卷103，《桂德传》，载周骏富辑：《清代传记丛刊》，台北明文书局1985年版。

② 《清世宗实录》卷106，第8页。

③ 《清宣宗实录》卷373，第39页。

④ 《清宣宗实录》卷381，第5－6页。

双方的多次交涉。① 顺治元年（1644），八旗主力连同百万满族“从龙入关”，盛京地方沃野千里，有土无人，这种客观形势使朝鲜边民的越境非法盗采行为再次变得严重起来。

顺治九年（1652），盛京昂邦章京（总管）叶克书报告清朝礼部：“朝鲜国别克屯城住官尚所管沈尚义等，至正白旗包衣下采参地方，东阿西牛儿蘑山采参，被包衣下噶布拉牛录拨什库张友拿获送审。沈尚义回称，我等原为采椴皮松子而来，看见人参，采了五根是实。同行十人，及问十人姓名，止供出八人。”顺治帝接到礼部报告说，谕令朝鲜国王李淏：“已定地界，不许擅越采捕，禁令已久。今沈尚义等越界采参，有违定例，盗参事小，封疆事大，若弗禁约，后犯必多。今差内院学士苏纳海、梅勒章京胡沙、理事官谷尔马洪等带所获之人，赴王处讯明定拟具奏。故谕。”②

顺治十三年（1656），顺治帝谕朝鲜国王李淏曰：“前违犯禁例，越境伐木一案，已准三法司所拟，金忠一、申银山、李起男立即正法，蔡允岦等应依律分别流徙、徒、仗，事在赦前，各免罪，仍革职。”③ 从此案可知，朝鲜边民从非法越江偷采人参，发展到公开盗伐起木材来了。

康熙三年（1664）二月，清朝专门召开议政王大臣会议，讨

---

① 《清太宗实录》卷15，第19页记载：天聪七年（1633）九月，八旗将领英俄尔岱前往朝鲜互市时，捉住越境盗采人参的朝鲜边民二人，皇太极为此致书抗议说：“贵国既言人参无用，乃每年出尔边界，人我疆土，不顾罪戾，采此无用之参何为乎！辛未年，满蒲城人邦钮率众窃取，为我边人逐去，今又有满蒲城申景那吉率十七人来入我境。又刚季章土之人，亦曾来此，此三城人皆出尔境，人我界，三路采参，予所知者止此。其不知者，何可尽量耶！贵国违弃前盟，潜人我境，猎兽采参。如贵国地方多有虎豹，我国何曾有一越境猎取者乎！”

② 《清世祖实录》卷70，第4页。

③ 《清世祖实录》卷99，第6页。

论解决朝鲜边民的越境“采参伐木”问题，会议决定由礼部通过外交途径“移文朝鲜国王，令严行禁止”①。如果说朝鲜边民越境采参，可以称为“偷挖”的话，那么越境伐木，则是公开“明抢”。因为在寂静的山林中，挖参可以悄悄无声地进行，而砍伐树木的情景就完全不同了。朝鲜人朴趾源在《热河日记》中记述说：“义州枪军处处伐木，声震原野”②，数十里之外都能听到其声音。何况伐木并非一两个人所能做的，在森林中砍倒一棵大树不难，而要把它运到山下，乃至经鸭绿江带回朝鲜，在没有畜力的情况下，需要许多人集体配合才行。由此可知，伐木就是光天化日之下，成群结伙的劫掠。

由于朝鲜边民肆无忌惮地越江采参伐木，终于酿成伤害清朝官役的恶性事件。康熙二十四年（1685），朝鲜边民“韩德完等二十八人，违禁越江采参，复擅放鸟枪，将钦差绘画舆图官役打伤”。案件发生后，清政府派护军统领佟宝前往朝鲜审理，他认为案件发生的原因是：朝鲜国王“平日不将民人禁饬”所致，因此提议“请将该国王罚银二万两，以警疏纵”，得到清政府的批准。③ 朝鲜国王李焞上疏清廷：“臣忝守外藩，奉职无状，从前边民，屡越疆界，触犯宪典，辄蒙恩宥，恒怀感惧，时加严饬。不意边地奸民，见利忘生，冒禁采参，其罪已不容诛，况将绘画舆图官役，放枪伤害。致烦遣官降敕，严加警责。臣惶恐震越，无地自容。谨遵旨会同敕使，将各犯韩德完等二十八名，严加鞫讯，并按律拟罪，恭候圣裁。”④

此案结案时，清朝刑部以韩德完等28人“犯禁采参，鸟枪打伤绘舆图官役”的犯罪事实，拟将为首者韩德完等6人、及为

---

① 《清圣祖实录》卷11，第14页。

② ［朝鲜］朴趾源：《热河日记》，第6页，上海书店出版社1997年版。

③ 《清圣祖实录》卷124，第9页。

④ 《清圣祖实录》卷125，第14页。

从金太成等22人，一律处以死刑；其约束不严，有失察之责的咸镜道节度使尹时达、平安道观察使模尚、咸镜道观察使李秀彦、三水郡守李观国等人分别降职、革职，调用有差。康熙帝最后决定：“韩德完等六名著处斩立决，金太成等二十二人，俱从宽免死，减等发落，余如议。”①

康熙四十九年（1710），又发生了朝鲜边民李玩枝越江杀人、抢夺中国边民人参等物案件。由此导致了清政府派打牲乌喇总管穆克登巡查中朝边界之事，前面已有叙述，此处从略。

3. 莽牛哨事件

莽牛哨，今作牤牛哨夹心子岛，位于今辽宁省宽甸满族自治县古楼乡，是鸭绿江下游江中的一个沙洲小岛，现面积为7500平方米。1993年11月，笔者曾前往调查，正值鸭绿江枯水期，因水位下降该岛裸露出的浅滩部分，几乎与鸭绿江北岸的中国陆地联成一体。雍正九年（1731）、乾隆十年（1745），先后有两位盛京将军欲在此地设兵巡查鸭绿江，以堵截越江偷挖人参的朝鲜边民，均因朝鲜方面的无端干涉而未果。透视莽牛哨事件，可以说明诸多问题。

雍正九年（1731）五月，盛京将军那苏图向清政府提出：在莽牛哨地方设立哨所，以强化对鸭绿江下游的管辖，杜绝朝鲜边民偷越挖参之事。那苏图在奏疏中说：

> 凤凰城（柳条）边外、设立陆路防汛之虎耳山等处，有草河、叆河两水，俱自边内发源，至边外莽牛哨地方，汇流入于中江。其中江之中，有洲名江心沱，沱西属凤凰城管辖，沱东系朝鲜国界址。每年常有匪类私乘小船偷运米粮，虽虎耳山设有陆路防汛，而河水阻

---

① 《清圣祖实录》卷126，第6页。

> 隔，且界连朝鲜，难以查缉。请于草河、叆河汇流入江之莽牛哨地方，设立小船四只，三板船两只，将驻扎虎耳山防汛之官弁一员、兵丁二十名，再添派官弁一员，兵丁二十名，移驻于此，立为水师汛地。若值冰冻之后，仍撤回虎耳山陆路安设，并令该管城守尉督率稽查。①

盛京将军那苏图所说的“汛地”，相当于今天的军队哨所，在清代为最小的驻军单位，通常由千总、把总、外委等绿营低级官员率少数士兵守卫。清前期东北无绿营，皆为八旗驻防，据文中提到的虎耳山汛地，有八旗兵20人驻守，由此看来，要比前边讲到的内外卡路人数多一倍，而且有固定守卫地点。

雍正帝在那苏图的奏疏中批示道：“所奏设立水路防汛之处，既与朝鲜国连界，著该部（指礼部）行文询问朝鲜国王，若设立水路防汛，于该国有无未便之处，俟回奏到日，再行议定。”②清礼部官员遂以此事，征询朝鲜方面意见。朝鲜群臣讨论此事时，右议政赵文提出：“我国边民近甚奸恶，移居犯越，终必有得罪大国之虑，以此意咨防塞可也。”于是朝鲜国王答复清廷曰：

> 窃伏惟念皇上至仁至明，凡系小邦疾苦，必皆曲念而闵覆之。今此水路防汛之请，重在戢奸。而惟皇上万里之见，或虑不便于小邦，特令询问。……盖此事草、叆两河汇入之地，即系小邦边界，而小邦边氓，间多顽黠，稍得乘便，辄复生奸。今若并立水路防汛，添派官弁兵丁，许久驻扎于至近之地，则窝铺之相邻，舟楫之相通，虑无所不至。而况中江市场，又即其傍，则种种

① 《清世宗实录》卷106，第7－8页。

② 《清世宗实录》卷106，第8页。

奸阑之弊，难保其必无。小邦虽十分申严，用心洞察，恐不能胜防，而终义至于获戾。以皇朝字恤之德，亦何以辄赐宽庇，兹冒恃皇慈，悉情仰对，惟愿慎其始而杜其萌，一遵旧例，俾绝小邦边氓犯科作奸之弊，不胜幸甚！①

综览朝鲜方面这篇回复文字，可谓是一份外交奇文。文中先是吹捧雍正帝“至仁至明”，有“万里之见”“字恤之德”；接着不惜公然欺骗，把本来位于清朝边境之内的莽牛哨岛，硬说成“即系小邦边界”；然后是信口造谣，将盛京地方设防守边查界的正义之举，斥之为“种种奸阑之弊，难保其必无”；继之乞求清政府赐以“宽庇”，对其边民非法越境网开一面；最后则称“冒恃皇慈”，希望清朝“一遵旧例”，维持边界现状。通观全篇文字，完全不像是国家之间的正当交涉，处处体现出一副乞讨的样子。岂知雍正帝竟为朝鲜的欺骗和狡辩所迷惑，做出“著照所请，不必添设防汛，亦无庸再交兵部再议”② 的决定。清政府取消莽牛哨岛设置水路汛地计划后，朝鲜方面不仅没有严格约束边民，反而“纵容偷越”，那苏图任盛京将军期间，屡屡发生越江窃挖人参之事，被八旗兵捕获的就多达数百人。

乾隆帝即位后，朝鲜边民非法越境依然如故，两国经常为此引起交涉，而清朝最后均以宽大结案。例如，乾隆七年（1742），清朝礼部奏报：“朝鲜国王李昑咨称，该国民人金时宗、西嫩达伊牟、郑时弼等三案，越境犯法，屡荷宽典，感戴天恩，咨请转奏。”乾隆帝在礼部的这份奏折上，针锋相对地批示道：“朝鲜国民人越境犯法，屡荷宽典，乃朕格外怀柔之恩，若无知之人，见朕屡次从宽，而渐流于纵肆，则犯法者转多，非朕保全外藩民人

① ［朝鲜］《李朝英宗实录》，中国科学院科学出版社 1957 年版。

② 《清世宗实录》卷 110，第 1 页。

之本意矣。该国王当严加约束，不时稽查，俾各安分，不致再罹法纪。该部即行文该国王知之。”①

乾隆十年（1745）十一月，盛京将军达勒党阿为加强鸭绿江流域管辖，再次提出设兵驻守莽牛哨，以及开垦凤凰城边外土地，制止朝鲜民人越境滋事的计划。当时清朝内部曾有官员提出，此事需要“询之朝鲜国王再行定拟”，乾隆帝认为巡查边境，设兵驻守，完全是清朝的内政，而与朝鲜无关，因此“批改准行”② 达勒党阿便根据乾隆帝的旨意，派属下官员筹划在凤凰城边外屯田和莽牛哨设汛等事。

然而，此次虽然清朝没有通知朝鲜，李朝政府却主动找上门来。乾隆十一年（1746）七月十五日，朝鲜国王李昑在给清廷的外交咨文中称：

> 臣闻今于凤凰城边外开垦，莽牛哨地方设兵屯田。信如臣所闻，垦田设兵耕种，则中间界河，不能禁人往来，竟成通衢，将禁之难周，戒之弗从。臣国边疆获罪者，自此始矣。臣国上下人民，不胜惶惧，不得不据情陈奏。③

上面是清朝方面的记载，朝鲜方面的记载还有：“臣伏惟皇朝德覆四海，而至于小邦，视同一家，虽在大国疆内之事，苟有关于小邦切害，则凡于启奏之上，不踰时而辄皆允可。”“而伏况小邦之于皇朝，虽云外藩，无异内服，有诉必请，有恳必施，天地之仁若有所偏厚于小邦，此小邦君臣之所以日夜攒祝，而凡有

① 《清高宗实录》卷177，第5页。

② 《清高宗实录》卷270，第26–28页。

③ 《清高宗实录》卷270，第26页。

疾痛闷急，不惮奔走呼吁者也。”①

综合中朝两国历史文献记载，李朝方面先是倒打一耙，把清政府在本国领土上行使主权的行为，例如，开垦柳条边外荒地，在莽牛哨地方设兵屯田，歪曲成朝鲜边民获罪的根源。其实，所谓“臣国上下人民，不胜惶惧”，主要是不能像往常那样容易越江偷窃人参而已。李朝方面拿出以前对付雍正帝的办法，对乾隆帝大肆吹捧不说，甚至宣称李朝“虽云外藩，无异内服”，似乎朝鲜国土已成了中国内地。既然如此，就应该完全服从清朝的决定才是！

对于李朝咨文中的无端请求，乾隆帝一针见血地指出：“视该（朝鲜）国王所奏，盖以其境内之人，素有乘间偷越挖参者，若我设兵巡察，则伊等不得任意往来，所奏亦属卑鄙。小国之人，不识大体，惟知纵下谋利，不思宁定边疆，而故谓难行以示我，亦未可知。”李朝反对清朝驻兵莽牛哨，正如乾隆帝所说，就是为了“纵下谋利”，蚕食中国的经济资源。

开垦荒地与设兵守边，本是中国的内政，同朝鲜无关。但是，乾隆帝为慎重起见，派副都统什勒扪前往莽牛哨实地查看，是否对朝鲜有所妨碍。什勒扪返回奏报说：“中江（即马市台）东北哨二十里，江中有一洲，其北支水一曲，即莽牛哨地方。江中有石一条，即系与朝鲜分界处。现在添拨官兵巡防，皆在吾界内。每年三月间，遣舟师四名巡察于冰释后，拨二舟往守莽牛哨要隘，其二舟轮流巡察。所有官兵俱不许逾江中界。若彼此各严禁，不致相通。”②

七月二十一日，清朝兵部根据副都统什勒扪的实地调查，提出对此事的初步处理意见如下：“查奉天（盛京）将军达勒当阿

---

① 详见《李朝英宗实录》卷63，第17页，中国科学院科学出版社1957年版。

② 《清高宗实录》卷270，第27－28页。

原议，于莽牛哨添设官兵，原因该处系内地边界，应驻官兵弹压。复经查明，江心有石屿一道，与朝鲜东西分界，所议驻兵处，与该国界址，尚隔巨浸。即开展边疆，垦辟地亩，亦系内地，不致杂扰。且原议兵船与西岸停泊，不许擅侵东界，惟期查拿奸匪，以为久远安全之计。则设汛之议，不特边境肃清，于外藩亦大有裨益。应将该国王所奏，均无庸议。"①

兵部的上述意见概括起来是：将军达勒当阿计划开垦土地与设立哨所之处，均在中国内地，与朝鲜相隔甚远，根本不会引起任何边境冲突，并且可以有效阻止朝鲜边民偷越行为，对李朝政府也"大有裨益"。故兵部主张批准达勒党阿展边开垦与设汛巡边计划，而不用理睬李朝方面的无理干涉。

事情至此一清二楚，乾隆帝心里也十分明白，莽牛哨设汛驻兵，阻止了朝鲜边民的非法偷越，恰恰可以防止两国边民冲突，是对双方都有利的事情。李朝方面横加干预，实乃纵民谋利，"所奏亦属卑鄙"。然而，乾隆帝又考虑到"加恩朝鲜，从来优渥"，是清政府的一贯国策，因此决定派兵部尚书班第再次前往莽牛哨进行详细察勘，"如果设汛之处，系中国界内，与彼国毫无相涉，则设兵置汛，以杜奸宄，所以肃靖边防，自属应行之事。即该国王恳请，亦不便准行。"与此同时，乾隆帝在展边开垦一事上，对朝鲜做出让步。他谕令兵部："展边垦土一案，该国王既称凤凰城树栅之外，向留空地百余里，务使内外隔截，以免人烟辏集，混杂滋事之患，此奏尚属可行。著照凤凰城展栅之处，照该国王所请停止，并令该部传谕该国王知之。"②

一个多月后，兵部尚书班第查看莽牛哨后回到北京。班第向乾隆帝报告："查勘得彼地在我朝界内，与朝鲜国无涉。虽与该国人等共涉一江，若彼此不准越界，各自约束所属人等，则不致

---

① 《清高宗实录》卷271，第8-9页。

② 《清高宗实录》卷271，第10页。

滋扰。永靖边疆，于伊国亦不无裨益，此汛理宜安设。”班第身为兵部最高长官，为了设立一个20人的哨所，亲自前往实地考察，他的“此汛理宜安设”，应该成为定论。岂知事到如此，乾隆帝的态度却发生了新的变化。他对军机大臣解释说：“惟是该国王世戴国恩，甚属恭顺。……其安设此汛之处，虽有江滩分界两岸，不过一二里之遥，相隔甚近。如伊属下人等，不能遵奉该国王禁令，以致该国王得罪，朕心有所不忍。著照该国王所请，莽牛哨地方添设汛兵之处停止。令该国王将伊属下人等，严加约束。”①

乾隆帝同雍正帝一样，再一次为李朝表面上的“甚属恭顺”所迷惑乃至欺骗，使盛京军政当局设汛莽牛哨、加强鸭绿江水域管辖的计划，又一次由于李朝的无理阻挠而流产了。

设汛莽牛哨，在国防上有重大意义。从表面上来看，莽牛哨不过是鸭绿江下游的江中小岛，但其地理位置极其重要，处在鸭绿江、叆河的汇流之处。叆河源出今辽宁省宽甸西北摩天岭，蜿蜒流经宽甸、凤城二县与丹东市振安区，在宽甸县虎山乡河西甸子注入鸭绿江。叆河主要支流有草河、八道河、饮马河等。当时鸭绿江流域长期封禁，除朝鲜贡使过江后走凤凰城驿路外，其他地方几乎无路可走。水路经鸭绿江入叆河可以进入宽甸、凤城等地，再经叆河支流草河可上溯至今辽宁省本溪县草河口，由此进入辽河平原地区。

清政府取消莽牛哨设汛的决定，遭到了时任直隶总督那苏图的反对。那苏图上疏说：他在盛京将军任内，属下官兵曾经捉获朝鲜越境挖参边民，达数百名之多。乾隆帝这才意识到问题的严重性：“从前该国人既有结伙数百，越境挖参之事，今请停止安设卡座，显有纵容偷越情弊。”他命令传谕将军达勒当阿，“饬令

① 《清高宗实录》卷273，第30页。

守卡官兵，于海岸路径严加防汛，朝鲜有偷越挖参者，实力查拿”①。所以清朝虽然放弃驻兵莽牛哨，但有意加强了对鸭绿江水域的巡察和守卫，并逐步形成与朝鲜方面的会哨制度。

清军派八旗官员巡查鸭绿江流域时，事先通知朝鲜方面，派官员在鸭绿江边约定地点相见，是为会哨。道光二十七年(1847)，清政府派往盛京查勘鸭绿江封禁区内采参山场的钦差大臣、侍郎柏葰，拟定《善后章程六条》，并奏报清政府批准实行。《善后章程六条》中再次强调了会哨制度：“统巡官出边，应令先知照朝鲜地方官会哨，如无搭盖窝棚处所，该国地方官具文，由统巡官申报将军，以备稽核。”② 会哨制度的具体规定，要求盛京将军督率属下熊岳副都统等八旗将领，切实加强对鸭绿江流域的管辖。而且尤为重要的是，通过清朝派出统巡官与朝鲜地方官的会哨，进一步向朝鲜方面表达了中国政府保卫鸭绿江领域领土主权的严正立场，以及实施对封禁区管辖的具体行动，同时也借此来约束朝鲜边民的非法越境。

4. 内、外卡路之设

清政府对鸭绿江封禁区的管辖，突出体现在内、外卡路（又写作喀路、卡伦，皆为哨所）的设置上。盛京柳条边东段五座边门，除了驻防八旗兵守卫边门之外，清政府还在柳条边门内外分别设立卡路，派官兵定期戍守。其中外卡路的设立，主要是针对朝鲜越界边民的。自凤凰城至英额边门，分别叙述如下。

凤凰城边门。阿桂等纂修《盛京通志》卷51称：边门“在城西南十里”，这个说法是错误的。据曾任凤凰城城守尉的博明希哲实地调查：“凤凰城三里，山嘴子；五里，旧边；十四里，长岭子；八里，边门。……边门在凤凰城东南三十里，凤凰山之

① 《清高宗实录》卷277，第2-3页。

② 《清宣宗实录》卷442，第31页。

麓，植木栅为缭垣，屋三椽，中为门，施管钥焉。边门章京司之，为通朝鲜孔道。”① 可知《盛京通志》中说的是旧边门的位置，后移至凤凰城东南30里处，位于今辽宁省凤城市边门乡内。

凤凰城边门除驻守八旗兵50人外，还在边门之内设有佛笑岛卡路、沙基子卡路。每处系凤凰城城守尉派官1员，兵10名防御，两月一更。每年四月起前往戍守，至十月撤回。

在凤凰城边门之外，设有中江卡路，系凤凰城城守尉派官1员，兵20名防御，两月一更。每年四月起戍守，至十月撤回。②

凤凰城边门和内、外三处卡路守军合计为80人。

叆阳边门。在凤凰城北120里，位于今辽宁省凤城市叆阳乡。因靠近叆河，又叫叆河门，也叫爱哈门，爱哈是满语“琉璃”之意。叆阳边门驻守章京1员，防御1员，属下八旗兵50人。

叆阳边门之内设有四处卡路：瓜坡子卡路，边门卡路，铁佛寺卡路，汤堡城卡路。每处系凤凰城城守尉派官1员，兵10名防御，一月一更。每年四月起前往戍守，至十月撤回。

叆阳边门之外设有五处卡路：长岭子卡路，棋盘岭卡路，大江口卡路，这三处卡路系凤凰城城守尉派官1员，兵10名防御；三道郎头卡路，斜哨卡路③，这两处卡路系熊岳副都统派官1员，兵10名防御。外卡路五处官兵皆两月一更，每年四月起戍守，至十月撤回。

叆阳边门共有内、外九处卡路，总共驻军140人。

碱厂边门。在兴京城南140里，初称加木禅门，位于今辽宁省本溪满族自治县东营房满族乡。碱厂边门驻守章京1员，防御1员，八旗兵50人。

---

① （清）博明希哲：《凤城琐录》，第1页，载《辽海丛书》（一），第273页，辽沈书社1985年版。

②③ （清）阿桂等纂修：《盛京通志》卷51，第15－17页，1917年铅印本。

碱厂边门之内三处卡路：设有哈哩山卡路，平顶山卡路，碱厂营卡路。每处系辽阳城守尉派官1员，兵10名防御，二月一更。每年四月初一日起戍守，至十月初一日撤回。

碱厂边门之外三处卡路：设有坎船沟卡路，大南沟卡路，风马沟卡路。以上每处系辽阳城守尉派官1员，兵10名防御。两月一更。每年四月初一日起戍守，至十月初一日撤回。①

碱厂边门及内、外六处卡路，总计驻兵110人。

旺清边门。最初设有兴京边门，民国《兴京县志》记载："兴京边门即旺清门街，近柳条边，清置章京衙门。旧门在今旧门村东二里，扼柳条边冲，盖清初置兴京边门即在此地，后拓移旺清门。"② 旺清边门驻守防御1员，属下八旗兵50人。

旺清边门之内设有五处卡路：马家寨卡路，三家子卡路，老鹰营卡路，石棚沟卡路，多兴阿台卡路。每处系兴京城守尉派官1员，兵10名防御。每年四月起前往戍守，至十月撤回。

旺清边门之外设有六处卡路：发毕喇卡路，那哩珲毕喇昂阿卡路，金道和伦卡路，二道黄沟卡路，斡尔敏卡路，毕什哈达卡路。每处系兴京城守尉派官1员，兵10名防御，两月一更。每年四月起前往戍守，至十月撤回。③旺清边门及内、外11处卡路，总计驻兵160人。

英额边门。在开原城东200里，位于今辽宁省清原满族自治县英额门镇。英额边门驻守章京1员，防御1员，属下八旗兵50人。

英额边门之内设有四处卡路：花家沟卡路，耿家庄卡路，新台卡路，商家台卡路。每处系开原城守尉派官1员，兵10防御，两月一更。每年四月起前往戍守，至十月撤回。

---

①③ （清）阿桂等纂修：《盛京通志》卷51，第15-17页，1917年铅印本。

② 民国《兴京县志》卷11，《古迹》边隘条，1925年铅印本。

英额边门之外设有四处卡路：辉发毕喇昂阿卡路，辉发湖屯卡路，碗口卡路，红石砬子卡路。每处系开原城守尉派官1员，兵10名防御，两月一更。每年四月起前往戍守，至十月撤回。①

英额边门及内、外八处卡路，总计驻兵130人。

迄止乾隆末年，清政府在柳条边凤凰城至英额5座边门内外总共设有卡路37处。尤其设在柳条边外的19处卡路，即：中江、长岭子、棋盘岭、大江口、三道郎头、斜哨、坎船沟、大南沟、风马沟、发毕喇、那哩珲毕喇昂阿、金道和伦、二道黄沟、斡尔敏、毕什哈达、辉发毕喇昂阿、辉发湖屯、碗口、红石砬子，是保卫鸭绿江流域领土主权的前线阵地。嘉庆五年（1800），嘉庆帝在接见奉天府府丞百龄时，得知“英额等边以外旧设有卡座十九处。自乾隆五十五年以来，共裁撤十三处，后又添设六处”的消息后，他立刻谕令军机大臣：“凤凰城各边外地方，与高丽接壤，所关甚要。此等地方卡座皆系太祖、太宗开基之始，相度地势建设，非可任意更改。”② 并要求时任盛京将军晋昌调查此事，恢复被裁撤的卡路。从嘉庆帝的这段话可知，柳条边外各处卡路是努尔哈赤和皇太极为防御“高丽”（朝鲜）设立的，是清朝鸭绿江国防的重要组成部分。因此柳条边外这些卡路，多沿鸭绿江西岸设置，诸如叆阳边门之外的长岭子卡路、棋盘岭卡路、大江口卡路、三道郎头卡路、斜哨卡路，均位于鸭绿江下游地区，后来增设的榆树林子卡伦及帽尔山卡伦，则位于鸭绿江上游地区。每年四月青草初生时，八旗兵前往戍守，至十月落叶季节撤回，就是针对朝鲜边民越境特点设防的，因为冬季一到，山上无参可采，加上气候严寒难以生存，越境活动自然停止。

① （清）阿桂等纂修：《盛京通志》卷51，第15－16页，1917年铅印本。

② 《清仁宗实录》卷62，第14－15页。

"（安珠瑚）喜接文士，钱威、吴兆骞等，皆以遣发至，暇则引接，与共谈论。萨布素初不知书，闻公论说，始笃志向学，后遂大进。先是，遣发之文士多不能充当苦差，公行文咨部，令每人纳粮一石免其役，由是士人得无苦。"

——《吉林通志》卷87，《安珠瑚传》

第八章　善待流人

一、俗以文人为贵

"流人"，是指在清代被判处充军罪，流放到东北的罪犯。20世纪40年代，谢国桢先生撰写的《清初东北流人考》一书，即取此意。① 清代流人"初第发尚阳堡、宁古塔或乌喇地方安插，后并发齐齐哈尔、黑龙江、三姓、喀尔喀、科布多，或各省驻防为奴。乾隆年间，新疆开辟，例又有发往伊犁、乌鲁木齐、巴里坤各回城分别为奴种地者"②。这段史料大致反映出，清代罪犯的流放地由东北转移到新疆的变化过程。

从清政权入关，到乾隆中期统一新疆之前，东北是罪犯集中流放之地。在这百余年的时间内，被流放到东北的罪犯总人数，据谢国桢先生估计有数十万之众。乾隆中期以后，仍然有罪犯被

① 见谢国桢：《明末清初的学风》，第105－181页，人民出版社1982年版。近人李兴盛《东北流人史》（黑龙江人民出版社1991年版），亦为受谢氏影响之作；张玉兴《清代东北流人诗选注》（辽沈书社1988年版），则专论"被流放到东北的文人学者"，而不涉及一般罪犯。

② 《清史稿》卷143，《刑法二》。

流放东北，但其数量较从前要大为减少。

东北居住的广大满族群众，素以淳朴善良之心宽厚对待远方来人。被清政府发遣到八旗驻防地的流人，在陷入绝望中却惊喜地发现，“所遇将军固山，无不怜才，待以殊礼”①，使这些遭到社会遗弃的最底层人群重新燃起了生活的希望。流人在满族人民的帮助下，或利用自己拥有的知识，在当地传播文化；或因善于经营，从事贸易致富；或被编入官庄，靠开垦种地谋生；或被编入八旗军队中，参加了驱逐沙俄侵略军的战斗，成为满族共同体的一部分。流人中的少数一部分人，因各种原因诸如捐纳、大赦等，得以回到他们的故乡，而绝大多数人成为东北的土著居民。

今天中国普通老百姓对流放罪犯的一般认识恐怕多半来自古典小说《水浒传》。小说中的不少著名人物，例如，豹子头林冲、及时雨宋江、行者武松等人，都有被充军流放的经历。从这些家喻户晓故事来看，被判决充军流放的犯人，不过是暂时保住了性命，而在前往戍所的路途中，以及到达戍所之后，仍然是九死一生！而且这种描述，基本上符合客观历史。

谢国桢先生在谈到清代罪犯被流放东北时说，“偶然一个消息传来，朋友们都惊惶失措，仰屋生悲。至于缇骑到门，张皇就道，老母痛哭，妻子牵衣，更不知有怎样凄惨的景象”②。在那时人心目中的东北，简直就是一片“白骨皑皑”的死亡之地。清初著名诗人吴伟业，听说好友吴兆骞被发配到宁古塔，于是写下《悲歌赠吴季子》一诗。他在诗中写道：

八月龙沙雪花起，橐驼垂腰马没耳。白骨皑皑经战垒，黑河无船渡者几。前忧猛虎后苍兕，土穴偷生若蝼

① （清）吴桭臣：《宁古塔纪略》，载（清）王锡祺辑：《小方壶斋舆地丛钞》第1帙，第349页，光绪二十三年（1897）上海著易堂铅印本。

② 谢国桢：《明末清初的学风》，第112页，人民出版社1982年版。

蚁。大鱼如山不见尾，张鬐为风沫为雨。日月倒行入海底，白昼相逢半人鬼。噫嘻乎悲哉！生男聪明慎勿喜！仓颉夜哭良有以，受患只从读书始，君不见吴季子。①

吴伟业不愧是诗家妙手，他用极其形象的语言，如“白骨皑皑”“黑河无船”，来展现东北气候的严酷，以及充军路途上的艰险，表达对朋友的忧虑之情。照他看来，吴兆骞赴东北的路上，前有“猛虎”，后有“苍兕”，假如不死于流放途中，也只能如同一只蝼蚁，在宁古塔的土穴中苟且偷生，默默无闻地死于戍所。然而，后来的历史证明，吴兆骞并没有死在戍所宁古塔，反倒病逝于他被赦免回到北京之后，这恐怕是吴伟业绝对不会预料到的结局。

吴伟业将吴兆骞的不幸遭遇，归结于“受患只从读书始”。这是指顺治十四年（1657）发生的江南乡试舞弊案件，吴兆骞受牵连被充军。吴伟业关于“读书受患”的这个结论，不过说对了一半而已！

吴兆骞由于读书应考，交了白卷而获罪充军，这是千真万确的事实（详情见后面）。但他到达宁古塔后，又因为其出色的学识，受到当地满族人的尊重和礼遇。康熙二十八年（1689），前往关外探亲的杨宾说：“宁古塔满洲，呼有爵而流者曰‘哈番’，哈番者，汉言‘官’也。而遇监生、生员，亦以‘哈番’呼之。盖俗原以文人为贵。”② 据此可知，在当地满族人的眼中，被流放的汉族文人绝不是发遣来的罪犯，而是与八旗将领地位相同的官员。吴兆骞在江南老家是生员，到宁古塔就成了官员。

汉族文人来到东北流放地后，首先是在生活上得到了驻防八

① 转引自谢国桢：《明末清初的学风》，第131页，人民出版社1982年版。

② （清）杨宾：《柳边纪略》卷3，第11页，载《辽海丛书》（一），辽沈书社1985年版。

旗官员的多方照顾。流放文人面临的突出困难，是居住上的安全问题。清初东北千里荒野，人烟稀少，野兽成群，虎狼出没。前引吴伟业诗中称“前忧猛虎后苍兕”“白昼相逢半人鬼”，毫无夸张之处，可谓写实之笔。那时最安全的地方，就是驻防八旗官兵用木栅栏修建的木城，“栅内即八旗所居”。流人若能居住在“栅内”，就意味着一家老小的安全有了保障。顺治末年流放宁古塔的方拱乾，在《绝域纪略》一书中，用充满感激的口吻写道：“当事则厚待士大夫，请旨居士大夫于栅内，余人则散居诸屯，有数屯焉。”由于流放文人的罪犯身份，让他们居住在“栅内”，需要“请旨”恩准方行，须知这对于驻防官员来讲，同情罪犯是要冒风险的，所以方拱乾说是对他们的“厚待”。

各驻防城的满族官员，还想方设法减免汉族流放文人应承担的差役。清初东北地广人稀，劳动力十分缺乏，清政府将流放罪犯充军东北，除了对他们进行惩罚之外，还有移民实边之目的。一般情况下，流人发配到戍所后，按规定要服各种劳役。清代东北流人所服的差役很多，如上山伐木，下河捕鱼，冬天捕打海东青等，但主要承担的是兵役和力役两项。兵役就是充当驻防城水师营的水手、帮儿。例如，黑龙江将军所辖瑷珲城水师营，有大船40艘、花船70艘、桨船17艘，“而以船厂、宁古塔流人为水手、帮儿，各八百二十四人”①。力役则为充当各驻防城设立的官庄中的庄头或壮丁，“每一庄共十人，一人为庄头，九人为庄丁，非种田即随打围烧炭。每人名下责粮十二石，草三百束，猪一百斤，炭一百斤，石灰三百斤，芦一百束。凡家中有，悉为官物。衙门有公费，皆取办官庄，其苦如此”②。若一般流放罪犯，并不在乎种田烧炭，而汉族文人多为体弱书生，把在官庄中当壮

① （清）杨宾：《柳边纪略》卷1，第11页，载《辽海丛书》（一），辽沈书社1985年版。

② （清）吴桭臣：《宁古塔纪略》，载（清）王锡祺辑：《小方壶斋舆地丛钞》第1帙，第344页，光绪二十三年（1897）上海著易堂铅印本。

丁视为最苦的差役。宁古塔副都统安珠瑚“行文咨部，令每人纳粮一石免其役，由是士人得无苦”①。

被流放的汉族文人能够得到满族官员的尊重，与东北少数民族文化教育落后有很大关系。据明朝所修《辽东志》等文献记载，明代虽然在今辽宁省开原以北地区设有数百处卫所，作为管辖各少数民族的地方政权机构，却从未考虑过设立学校。所以直到明末，属于阿尔泰语系—满语支的东北各少数民族，在文化上处于极端落后的状态。尽管建州女真和海西女真中有一些知识分子，也只能使用蒙古文和汉文。明末，努尔哈赤创制满文，是满族社会文明进步的标志，皇太极更在盛京地区设立了八旗学校。然而由于清政权入关，东北地区刚刚兴起的满族教育事业随之荡然无存。查考清代东北文献，盛京地区八旗学校，设于康熙三十年（1691），吉林、黑龙江地区均在其后，流放到东北各地的汉族文人，就成为当地最早的知识分子。

俗话有“物以稀为贵”之说，汉族文人的到来，自然要受到满族地方官的青睐。宁古塔副都统安珠瑚，“喜接文士。钱威、吴兆骞等皆以遣发至，暇则引接，与共谈论”②。由于汉族文人成为满族官员的座上客，普通满族群众也受到这种风气的影响，对他们表现出极大的尊敬。流人方拱乾《绝域纪略》中写道：“八旗之居宁古塔者，多良而醇，率不轻与汉人交。见士大夫出，骑必下，行必让道，老不荷戈者，则拜而伏，过始起。”按照此段文字描述，当地满族人出门时，见到流放的汉族官员、文人，骑马的人一定会下马，步行的人给他们让路，年老又未带兵器的人，甚至停在原地向汉族文人鞠躬，完全把他们当作八旗将领等同对待。

满族人为何如此谦恭，曾经到达宁古塔的杨宾解释说：“流

①② （清）长顺修：《吉林通志》卷87，《安珠瑚传·行状》，吉林文史出版社1986年版。

人中之尊显而儒雅者，与将军辈皆等夷交，年老者，且弟视将军辈，况下此者乎！”① 齐齐哈尔城内凡是有文化的流人，都以教书自给。其中最著名的是江西人王雨亭，被聘为城内八旗义学教习。江苏常州人龚光瓒，被流放齐齐哈尔，其妾生一子，小名宝宝，以聪明好学知名当地。黑龙江将军那启泰多次派仆人把9岁的宝宝接入府第，“命说《易》大义。一日，宝宝问将军，‘乾为天，为父；坤为地，为母。父、母一而已。我乃一爷而二娘，然则地固可多于天欤?’将军无以对，漫曰：‘在常州为江南地，黑龙江为塞北地，地虽多，其实一也。’”② 连一个9岁的小孩子因为幼年学过《四书五经》，就被将军大人请去讲解《易经》，其他文化人受尊敬程度可想而知。

汉族文人官员受到满族的礼遇，除了他们拥有文化知识外，还与他们拥有金钱财富有关。被流放东北的汉族文人，大多出身于富裕地主商人之家，为官者更是聚敛了不少财产。例如，河南新乡人张缙彦，字坦公，明崇祯朝官至兵部尚书。后来降清，又官至工部侍郎，他流放宁古塔时，身边尚有歌姬10人。此外李兼汝、祁奕喜两人，还畜养优伶16人。流人陈敬尹回忆清初满族人的生活情况说：“我于顺治十二年流放宁古塔，尚无汉人。满洲富者缉麻为寒衣，捣麻为絮，贫者衣狍鹿皮，不知有布帛。有之，自予始。予曾以匹布易稗子谷三石五斗，有拨什库某，得予一白布缝衣，元旦服之，人皆羡焉。”③

流人陈敬尹说的是顺治朝满族人的生活情况。康熙二十一年（1682），高士奇随康熙帝巡视吉林乌喇，看到当地的八旗壮丁，“其食，甚鄙陋。其衣，富者不过羔裘、纻丝、细布。贫者惟粗

①③ （清）杨宾：《柳边纪略》卷3，第10页，载《辽海丛书》（一），辽沈书社1985年版。

② （清）西清：《黑龙江外记》卷7，第12页，光绪二十年（1894）刊本。

布及猫犬、獐鹿、牛羊之皮，间有以大鱼皮为衣者”①。过了近十年，满族群众的生活仍然十分艰苦。陈敬尹用一匹布从满族人手中换到了三石五斗稗子，使精明的汉族文人看到了巨大商机。于是，流放文人中富有资财者开始经商，有陈敬尹、周长卿等人；家贫但是会说满语的，则帮助别人经商，流人钱德维替他人经商，被叫做掌柜；流人还雇用当地人运送货物，如前面曾经讲到，黑龙江土著海兰察，年轻时为流人朱姓运货之事。流人经商的结果，不仅是赚到了钱财，而且还提高了自己的社会地位。

康熙中期，宁古塔地方出现“贵富而贱贫，贵老而贱少，贵汉而贱满”的社会风气。在中国两千年的封建社会中，贵富贱贫，贵老贱少，历来如此！那么，为什么会“贵汉贱满”呢？正是物质力量发生作用的结果。宁古塔的东关和西关是商业区，“凡东、西关之贾者，皆汉人。满洲官兵贫，衣食皆向熟贾赊取，俟月饷到，乃偿直。是以平居，礼貌必极恭敬，否则，恐贾者之莫与也”②。家计贫寒又不通满语的人，也可以靠教书来维持生活。例如，宁古塔将军巴海聘请吴兆骞“为书记，兼课其二子，长名额生，次名尹生”③。除了吴兆骞之外，在当时做教师为生的，还有胡子有、李召林、吴英人、王建侯、李某、彭某等人，当然也包括杨宾的父亲杨越。做老师的一年收入，多的有几十两银子，少的十几两，而跟他们读书的学生，都是有钱的八旗官员或流人子弟，在“俗原以文人为贵”的东北，其社会地位是令人羡慕的。

汉族文人长期与满族人和睦相处，思想感情逐渐发生变化。

---

① （清）高士奇：《扈从东巡日录》卷下，第 7 页，载《辽海丛书》（一），辽沈书社 1985 年版。

② （清）杨宾：《柳边纪略》卷 3，第 10 – 11 页，载《辽海丛书》（一），辽沈书社 1985 年版。

③ （清）吴振臣：《宁古塔纪略》，载（清）王锡祺辑：《小方壶斋舆地丛钞》第 1 帙，第 345 页，光绪二十三年（1897）上海著易堂铅印本。

他们被清政权流放到数千里外的苦寒之地，肯定是有强烈抵触情绪的。例如，流人钱志熙在为《宁古塔山水纪》一书所作的序言中写道："单阏之岁，余坐窜营州之东又千余里，曰'宁古塔'，其地皆深山穷谷，人迹罕到之地。自结绳来，几千岁，不通于上国。"钱志熙用"单阏之岁"来代表纪年，就是不承认清朝统治的合法性。而他们到达流放地后，生活上处处得到满族人的照顾和礼遇，原本忧郁悲愤的心情，发生了根本的转变。可以引用吴兆骞的《可汗河晓望》一诗为证：

长河泱漭抱孤城，河渚苍苍牧马鸣。
旌旆晓迷鸡岭色，风涛春走雁沙声。
近边亭障千年迹，出塞星霜万里情。
羁戍自关军国计，敢将筋力怨长征。①

吴兆骞在诗中，不仅热情讴歌了东北边疆的壮丽山河，还用"羁戍自关军国计，敢将筋力怨长征"的词句，表达了诗人对被判充军塞外的重新认识。这种不计较个人恩怨的情怀，尤其是与吴梅村的"前忧猛虎后苍兕，土穴偷生若蝼蚁"两句相比较，真可谓是天壤之别！

二、流人转化为土著

在清代流放东北的数十万罪犯中，除极少数人得以还乡外，绝大多数人的后代子孙留了下来，成为当地的土著居民。流徙罪犯转化为东北土著的主要途径：一是改流入籍，成为民治州县的

① （清）吴兆骞：《秋笳集》卷2，《丛书集成初编》第69册，上海商务印书馆1921年版。

编户齐民；二是编入八旗，充当水手营兵和鸟枪营兵；三是进入官庄，从事农业生产；四是守卫边台、驿站。关于后三项，因为与满族关系密切，前面已有论述，这里不再重复。下面重点讨论的是流人编入州县户籍问题。

魏声龢《鸡林旧闻录》称："清兵入关之初，流徙罪犯，多编管于吉、江两省。"① 魏氏的这种说法，存在严重史实错误。"清兵入关之初"，吉林、黑龙江地区没有独立的行政建置，顺治十年（1653）之前，宁古塔城隶属盛京昂邦章京管辖，黑龙江将军则设立于康熙二十二年（1683）。试问若没有行政区，哪来的地方官员，又如何"编管"罪犯呢？

清兵入关之初，留守的八旗驻防集中于盛京与周围各城。故流人发遣东北后，先被安置在具有管理罪犯职能的盛京地区。就目前所知，较早来到盛京城的著名流人是僧侣函可，"四月二十八日入沈（阳），奉旨梵修慈恩寺，时大清已顺治五年矣"②。顺治十年，清政府单独设立宁古塔昂邦章京辖区后，始有流人充军于此。康熙中期，流人陈敬尹回忆说："我于顺治十二年流放宁古塔，尚无汉人。"③ 然而，由于康熙十二年（1673）之前吉林乌喇城未筑之时，仅有宁古塔一城可以安插罪犯，流人仍以发遣盛京地区为多。

康熙时人王一元撰写的《辽左见闻录》中，记载了他所熟识的一些流人情况，具体如下：

> 李裳，粤西人，以御史建言戍宁古塔。
>
> 徐某，江阴人，丁酉（顺治十四年，1657）中式

---

① 魏声龢：《鸡林旧闻录》，1913 年铅印本。

② （清）郝浴：《奉天辽阳州千山剩禅师塔碑铭》，载鞍山市民族宗教事务委员会编《千山佛教》，第 179 页，1979 年印本。

③ （清）杨宾：《柳边纪略》卷 1，第 10 页，载《辽海丛书》（一），辽沈书社 1985 年版。

北榜，以科场事戍奉天。

金鋐，宛平人，由庶常历浙江巡抚，己巳（康熙四年，1665）戍奉天。

季开生，泰兴人，顺治中，以给事中戍奉天。

编修陈志纪，泰州人，以越职言事，戍宁古塔。

山西提学佥事李观光，山东人，以红案互异，为诸生所讦，戍奉天。

进士李燧升，鄞县人，谒选得漳州府司，李方赴任，以丁酉科场连累，行至浒野关被逮入京，论戍铁岭。

吏部员外郎左懋泰，莱阳人，前礼部侍郎（左）懋第弟也，为仇家所讦，戍铁岭。

内廷供奉戴梓，扬州人，戍铁岭。

陈易，溧阳人，故大学士（陈）名夏子也。名夏忤旨死，易戍奉天。

孙旸，常熟人，举丁酉孝廉，以蜚语戍奉天者二十余年，后援修城例放还。

陆庆曾，华亭人，幼负重名，而屡困场屋。丁酉举孝廉，年五十余矣，以蜚语戍奉天。

礼部郎中丁澎，杭州人，以科场连累，戍奉天。

进士顾永年，杭州人，辛未谒选得陕西华亭令，未赴任，以给事中何楷纠漕督董讷，连累戍奉天。①

上述总计14人中，充军奉天（今沈阳市）9人，奉天附近铁岭3人，宁古塔只有2人。这些人虽然都是官员，也从侧面反映出流人多数居住盛京的事实。

清初盛京地区未设州县时，出关流人归八旗官员管辖。可是

① （清）王一元：《辽左见闻录》，北京图书馆藏手抄本。

驻防八旗官兵人数有限，仅在铁岭设一八旗佐领管理流人，其他地方的流人，则处于自由放任的状态。据有关官员向清政府奏报说：“铁岭、抚顺，惟有流徙诸人，不能耕种，又无生聚，只身者逃去大半。略有家口者，仅老死此地，实无益于地方。”① 流人实际上大部分无人管理。

清政府将罪犯流放到盛京地区，除对其犯罪行为进行惩治外，还有充实留都根本之目的，对这种情况当然不能漠然视之。顺治十八年（1661）六月，清朝户部和盛京八旗官员联合向清政府提出新的管理办法：“积年流徙人，除在铁岭系佐领刘国彪所辖不计外，在尚阳堡者应设佐领一员。在卫元堡（即威远堡）者，与开原相近，应设佐领一员，驻扎卫元堡兼管。在抚顺者应设佐领一员，连盛京兼管。……其以后流徙人，验看此四处，均匀安插，候居住人多，应编佐领，再行酌议。”清政府采纳了增设佐领的建议，并最后做出决定：“人丁虽少，仍设佐领八员，将现在人丁均分给与。”② 这样做的结果，就使在顺治朝被流放盛京的罪犯编入开原和抚顺新增设的八个佐领中。他们其中的一部分人后来仍然留在八旗，大多数人成为州县管辖下的民户。

盛京地区的民治机构始设于顺治十年（1653），为辽阳府（后改为奉天府）及辽阳、海城二县。至康熙三年（1664），清政府即增设了承德（今沈阳市）、盖平、铁岭、开原、锦县、宁远、广宁等七州县。如上面所讲，顺治末年时，盛京地区的所有流人统归八旗，分别设在铁岭、抚顺、尚阳堡和威远堡的八个佐领管理。康熙初，由于盛京地方增设州县，流人的管理发生了根本变化：“国初，流人皆安置尚阳堡（在开原北二十里，去铁岭九十里，原注）。故迁谪诸缙绅多寄居铁岭，设牛录统之。康熙初设立州县，遂改为民。至今流徙户口皆发承德、辽阳、铁岭、开原

① 《清圣祖实录》卷2，第26页。

② 《清圣祖实录》卷3，第12页。

四州县矣。”①

流人改归地方州县管理，是奉天府尹王景祚积极争取的结果。王景祚任奉天府尹时：“辑示满、汉军民，各安其所，无间言。先是，迁徙人口隶各牛录下，（王）景祚特疏，请归州县。”② 在康熙初年，流人被编入州县户口的人数相当多。以开原县为例，设立县治的当年，“奉新例招民一千四百户，改流徙入籍者五百户”③。流人所占开原县民户的比例为1/3。开原位于盛京地区最北端，自然环境较差，气候严寒，能吸引如此多的流人入籍开原县，与县令周志焕的努力有关。周志焕由拔贡授开原知县，任内“独招农民以辟土地，籍流徙以实边陲二事为最著”④。据此推测，气候条件相对好些的辽河西部和东部州县，流人入籍的人数，至少应在1/3以上。

各州县官员想方设法为流人入籍创造条件。例如，凡是流人愿入籍者，州县另外设立社甲安插他们，使流人不与招徕之民杂居，以避免双方出现矛盾。据咸丰《开原县志》卷2《疆域》条记载：开原城西村屯计64处，其中有旗屯、民屯、旗民杂居屯外，还有“流寓”民屯6处。对于职官和缙绅子弟，地方官更是优礼有加，不把他们当作普通百姓来看待。流人入籍之后，与其他招徕民户完全一样，只缴纳每亩三分地丁银，此外别无徭役，于是“流徙奉天之民，子孙皆为编户”⑤。

雍正四年（1726），清政府在吉林将军辖区设立民治机构。当年十二月，雍正帝正式下令：“船厂（即吉林市）地方，添立永吉州，设知州、州同、吏目、学正各一员。宁古塔地方，添立泰宁县，白都讷地方，添立长宁县，各设知县、典史、教谕一员。俱隶奉天府管辖。”⑥ 吉林地区一州二县的设立，顺应了地方

①⑤ （清）王一元：《辽左见闻录》，北京图书馆藏手抄本。

② 《光绪顺天府志》卷99，《王景祚传》，北京古籍出版社1987年版。

③④ 民国《开原县志》卷3，第7-8页，1929年铅印本。

⑥ 《清世宗实录》卷51，第27页。

经济发展的需要。康熙中期，吉林乌喇城就有“中土流人千余家，西关百货凑集，旗亭戏馆无一不有，亦边外一都会也”①。雍正时期，东北国防形势稳定，八旗官兵辛勤开垦，已经没有必要把流人再补充到水师营、官庄和台站。设立州县，可以鼓励外来民户进入吉林开垦，将流人编入州县户籍，改变了其身份地位，有利于提高他们的生产积极性。

吉林设立州县后，由于气候和地理条件的限制，出关民人编入州县户籍的人数不多。雍正六年（1728），盛京户部侍郎王朝恩向清廷提议：“船厂等处，新设永吉、泰宁、长宁三州县，民人入籍无多，丁口钱粮有限，请将从前安插各处流徙人等及本身已故而子孙戚属无力还乡者，除系赏旗为奴并当差之人仍听将军管辖外，其余悉令拨给永（吉）、泰（宁）、长（宁）三州县管辖。嗣后发到徙民，并令于五年之后，一体完粮当丁。”② 他的建议为清政府采纳，后来发遣到吉林地区的罪犯，服役五年后，就成为州县编户下的齐民百姓。

乾隆五年（1740），清政府实行东北封禁政策。为了驱逐吉林地区的流民，乾隆十二年，将原属奉天府尹管辖的永吉州改为吉林厅理事同知，隶属于吉林将军。这样做的结果，就使流放罪犯在吉林民户中占了相当大的比例。嘉庆末年，吉林有陈民地710 241亩，行差人丁25 170丁；宁古塔有陈民地53 738亩，行差人丁1350丁；伯都讷有陈民地100 049亩，行差人丁14 375丁。这些“陈民地”，大部分为流放罪犯所开垦。以伯都讷为例，“乾隆四十二年以后，继增陈民、流民及娄王氏、孙悦明各控地案内，并查出黑林子、拉林河西岸等处民人垦地二十四万五千六

---

① （清）杨宾：《柳边纪略》卷1，第6页，载《辽海丛书》（一），辽沈书社1985年版。

② 《清世宗实录》卷74，第5页。

百三十八亩”①。说明“陈民地”10万余亩基本上是流放罪犯开垦的，而在东北封禁时期进入伯都讷的流民，开垦的245 638亩土地则被称为“民人垦地”。

雍正朝震惊朝野的吕留良案件，其子孙后代也成为黑龙江的土著。雍正六年（1728），湖南人曾静派其徒弟张熙投书川陕总督岳钟琪，说岳钟琪是岳飞的后代，应该起兵反清，并列举雍正帝有弑父篡位、杀兄屠弟等罪状。岳钟琪向清廷告发，追查出幕后指使人曾静，又查出曾静的反清思想是由于读了吕留良的著作才产生的。吕留良当时虽然死去40多年，被开棺戮尸，家属60余口被流放宁古塔。民国成立后，吕留良一案才得到昭雪。当时吕氏后人吕峻升等人调查统计，宁安（宁古塔）、阿城（阿勒楚喀）、滨江、龙江四县（今均属黑龙江省），“凡我吕氏共七十一户，男妇子女共四百九十八名口。但人口虽多，均为数世难民，稍多温饱者不过数户而已。”吕氏有近500人成为东北土著。乾隆年间，吕留良的后代因为“有在配所违例捐监者，复将第三子、第七子、第九子后人，重新发齐齐哈尔隶水师营为兵”②。“捐监”即捐纳监生功名，在清代通常捐纳一名监生的费用是108两银子，说明吕氏后人在戍所已经积累了相当财富，但吕氏系罪犯后代，不符合“身家清白”的捐纳条件，因而被人告发。若不是经此打击，吕氏的后人恐怕要多于500人。

流人发遣黑龙江将军辖区最晚，而人数则呈后来居上之势。康熙二十八年（1689），《中俄尼布楚条约》签订后，清政府从移民实边考虑，开始将流放东北的罪犯大批发遣黑龙江地区。三十七年（1698）四月，康熙帝谕大学士：“人命所关重大，朕数年以来，将为盗者止诛首恶，为从者从宽免死，发往黑龙江。朕曾

① （清）萨英额：《吉林外记》卷7，《田赋》，吉林文史出版社1986年版。

② 民国《宁安县志》卷4，《人物·寓贤》，1924年铅印本。

问及将军萨布素，此等罪犯聚集，或致生事。据奏，新满洲兵众多，将凶徒分给为奴，势孤力散，恶不能逞。由此观之，不但全活甚众，且新满洲获益良多矣。"①

康熙帝担心罪犯聚集闹事，不是没有道理。因为康熙执政期间，政治宽松，如文中所说，发往黑龙江的罪犯，基本上是罪大恶极的"凶徒"，非顺治年间由于政治原因被充军宁古塔的"士大夫"。而萨布素则持欢迎态度，是因为黑龙江地区气候寒冷，各驻防城地广人稀，加上劳动力奇缺，因此被分给各城披甲人为奴的流人在当地深受欢迎。

康熙末年，黑龙江三城八旗驻防人口只有 4 万人左右。其中齐齐哈尔城户口为 20 027 人，墨尔根城 5738 人，瑷珲城 13 024 人，"汉军、达呼里、巴尔虎兵役以及站丁黥奴皆与焉"。由于土地辽阔而缺少劳动力，在当地落后的农业生产中，还使用奴婢劳动，而且其价格极其昂贵，"居人置奴婢，价尝十倍于中土，奴婢多者为富，以其能致富也"②。到乾嘉时期，仍有罪犯被判决给披甲人为奴。齐齐哈尔城的八旗兵丁中"贫者、勤者、有劳绩者给之，示鼓励，故有叩谢官长之礼"③。

然而，八旗兵丁分得为奴罪犯，由于这些人穷凶恶极，也不一定都能致富。试举两个例子略作说明。

其一，将军傅玉见属下一旗兵每日上街挑担买菜，十分辛苦，就分给他一个为奴罪犯，代替他挑菜。后来傅玉遇到这个旗兵，问他这个罪奴表现如何，回答说：挺好。傅玉问：到底好在何处？旗兵无法隐瞒，才如实说道："某父既饱，扶杖牧豕，不自逸。渠犹高卧，不下炕也。将军怒，立鞭徙，更给卒以驯良者。"

---

① 《清圣祖实录》卷 188，第 1 页。

② （清）方式济：《龙沙纪略》，载（清）王锡祺辑：《小方壶斋舆地丛钞》第 1 帙，第 373 页，光绪二十三年（1897）上海著易堂铅印本。

③ （清）西清：《黑龙江外记》卷 6，第 2 页，光绪二十年（1894）刊本。

其二，江西流人王某来到戍所后，被分给某个旗兵为奴。有一天，将军傅玉看见这个旗兵自己上街担水，便问身边人说：记得曾经赏给这个旗兵一奴，为什么不令这个罪奴担水？答曰："书生不能也。"傅玉听后，十分生气地说："然则书生，但能杀族父乎！立杖王某，徙墨尔根。"①

上述这两个事例，反映了满族兵丁的淳朴和善良，他们有时不仅不能从罪犯身上获益，甚至还要养活分给他们的罪犯。这且不说，个别时候，罪犯还会给他们带来生命危害。

宝坻县（今属河北省）某罪犯，为奴于达呼尔笔帖式家。这个罪犯来到笔帖式家中刚刚两天，家里还有一奴，乘宝坻人出外时，从他携带的行李中搜出两个大饼，吃起来很甜，就拿另一个给笔帖式的母亲吃。过一会儿，笔帖式的妻子俄某回到家中，发现吃大饼的两人都在呕吐，已经说不出话来，只是眼睛瞅着大饼。俄某吓得大声疾呼，宝坻人听到后，回到家里，告诉说，吃桐油可以解救。但是两个吃饼人喝完桐油后全都死去，宝坻人也逃跑了。笔帖式的妻子急忙告官，宝坻人被捉回来审问，他交待说：饼里面掺有砒霜，"所以防不然者，自言在家曾毒死奸妇之弟。解刑部按之乌有，仅以毒饼案论死"②。

这个罪犯携带毒药，实际上是防止一旦自己受主人虐待，用来报复的。没料到他千辛万苦来到戍所，才只有两天时间，就误毒死了同伴和主人之母，结果自己也被处死。所以《黑龙江外记》卷6中有"土人言，将军傅玉给一奴，如赐万金"之说，不可完全相信。

鸦片战争之前，黑龙江地区始终没有设立民治机构。当地"流人遇赦不归，例入官地安插。不则自入伯都讷民籍，然后可

①② （清）西清：《黑龙江外记》卷6，第2－3页，光绪二十年（1894）刊本。

居境内，非是者谓之浮民，境内不留也，然今齐齐哈尔浮民无数”①。前面讲到康熙末年齐齐哈尔人口为两万余人，嘉庆十三年（1808）统计，仅为48 311人，百余年仅增加一倍多，显然是不准确的，其中大量的浮民并没有统计在内。

嘉庆年间，每年流放到黑龙江地区的各种罪犯通常有几百人，主要分布在齐齐哈尔、墨尔根和瑷珲三城。其中发给兵丁为奴者，“齐齐哈尔留大半，外城不过十之二”。嘉庆初年统计，齐齐哈尔城有3000余人，墨尔根和瑷珲两城有1000人。在这些人中，犯罪情节最严重的是“黔（黥）奴”，即在脸上刺字后流放为奴的罪犯，民间称为“花脸子”，满语呼为“萨布什图”。

黥奴在流人中处于最底层，他们的生活情况最能说明流人的地位。据嘉庆时当地人西清说，黥奴的生存情形是：“懦者服役主家，黠者赎身自便，网鱼采木耳，趁觅衣食。稍有立业，至娶妇生子，称小康者。其无赖乃聚赌窝倡（娼），窃马牛为事。甚或结识将校，勾引工商，兴讼造言。主不能制，官府亦不加察，犹以给奴为恩，得奴为喜，强卖逼赎，诸弊丛生。”②连他们这些人都能娶妇生子，生活上达到“小康”地步，其中无赖者甚至“结识将校，勾引工商，兴讼造言”。这些行为说明他们不但转化为土著，反倒凌驾于土著之上了。

三、东北第一流人函可

在清初被发遣东北的汉族流人中，僧人函可（1612—1660）是一个值得大书特书的著名人物。他出身于明朝的高级官员之家，却在尚未到30岁时，即古人常说的“而立之年”，就削发为僧，出家做了和尚。然而，函可虽然皈依了佛门，并不能真正做

---

①②　（清）西清：《黑龙江外记》卷3、6，第3－4页。

到“四大皆空”，仍然密切关注世俗社会的变化。顺治二年（1645），函可在南京期间所写的《变记》（又名《再变记》）一书，在他出城时被清军查出，使他成为清朝文字狱的第一个受害者。顺治五年，函可被流放到东北盛京城。无论是从流放时间之早，还是从获罪原因之屈，以及后来在东北地区的影响而论，函可都当之无愧地被称为“东北第一流人”。

函可本名韩宗騋，字祖心，明末广东博罗县人。函可是他出家后的僧名，又以“剩人”为号，故他的弟子多称他为“剩人和尚”。函可的父亲韩日缵，明末时官至礼部尚书。青少年时期的函可，与其他官宦子弟一样，整天饮酒赋诗，过着无忧无虑的奢侈生活。崇祯八年（1635），函可的父亲在礼部尚书任上病故，他作为家庭中的长子，在前赴北京奔丧的过程中，遭遇了数不清的白眼，亲眼目睹了人生的世态炎凉。深受家道中落所刺激的函可，回到家中遂闭户谢客，断绝与旧友的交游。四年后，函可益发感叹尘世间的无聊，乃断然出家为僧，时年仅有29岁。

顺治二年（1645）春天，函可自广东启程前往南京，为他所在的寺院华首寺印刷《藏经》。不久，清兵在多铎率领下攻占南京，灭亡了明朝弘光政权。随后，由于清政权强行下令汉族人剃发，江南爆发了大规模的反剃发斗争，函可等僧人回广东的道路受阻，只好滞留在南京城。顺治四年，清朝将领李成栋占领广东，打通了江南通往岭南的道路。当时镇守南京的清军统帅洪承畴，与函可的父亲韩日缵有师生关系，他便请求洪承畴帮助回广东老家。洪承畴见函可是一个和尚，就立即发给了放行的印牌。函可一行5人出城时，守卫城门的清军从行李中搜出他写的《变纪》一书。因为函可是洪承畴放行的，清军不敢擅自发落，遂将此事交他本人处理。据洪承畴上报清廷说：

> 犯僧函可，系故明礼部尚书韩日缵之子，日缵乃臣会试房师。函可出家多年，于顺治二年正月内，函可自

广东来江宁（南京）刷印《藏经》。值大兵平定江南，粤东路阻未回，久住省城。臣在江南，从不一见。今以广东路通回里，向臣请牌，臣给印牌，约束甚严。因出城门盘验，经筒中有福王答阮大铖书稿，字失避忌。又有《变纪》一书，干预时事，函可不行焚毁，自取愆尤。臣与函可有世谊，理应避嫌，情罪轻重，不敢拟议。其僧徒金猎等四名，原系随从，历审无涉。臣谨将原给牌文及函可书帖，封送内院，乞敕部察议。①

清政府得知此事后，首先指斥洪承畴“以师弟情面”发给函可出城印牌，实属“大不合理”，但考虑到洪承畴招抚江南有功，因此决定对他免于追究。

然而，清政府却没有放过函可，命令南京守将巴山、张大猷派专人将函可押送北京，企图追查他的反清同党。函可在北京受到严刑拷打：“万楚交下，绝而复苏者数，口齿嚼然，无一语不根于道，血淋没趾，屹立如山。”② 函可咬紧牙关，誓死不肯招供他人，最后，清政府将他流放到东北。

东北盛京地区的尚阳堡，是清政权最早流放罪犯之地。尚阳堡位于开原县东40里处，“安置罪人始于天聪七年八月（按《实录》，黑图阿喇获明盗参人，以其余党发尚阳堡，原注），后以为例。自顺治末改发宁古塔，康熙初又增船厂、黑龙江、席北、白登讷”③。

函可出关后十分幸运，他没有被流放开原尚阳堡，而是被八

---

① 《清世祖实录》卷35，第3－4页。

② （清）郝浴：《奉天辽阳州千山剩禅师塔碑铭》，载鞍山市民族宗教事务委员会编《千山佛教》，1979年铅印本。

③ （清）杨宾：《柳边纪略》卷1，第9页，载《辽海丛书》（一），辽沈书社1985年版。

旗官员安置在盛京城内的普济寺中读经①，这就使他的命运出现了重大的转机。后来他能够发起组织“冰天诗社”，在广慈等七大寺院弘扬佛法，成为清代东北文学界和宗教界的开山祖师，都与他在盛京城的活动有直接关系。

关于函可到沈阳后被安置的寺院，目前有两种说法：

一为当时的流人郝浴《奉天辽阳州千山剩禅师塔碑铭》中说：函可“入沈（阳），奉旨梵修慈恩寺，时大清已顺治五年矣”。是为慈恩寺说，该寺位于今沈阳市大南门外。近人王明琦《剩人和尚与沈阳南塔诸寺》，曹汛《剩人和尚与乾隆〈盛京通志〉之挖版》，两文皆从郝浴慈恩寺说。②

另一说为乾隆元年修《盛京通志》：“剩人名可含，字祖心。惠州博罗人。明文恪公韩日缵之长子也。少补诸生，能诗，解禅味。父殁，祝发入匡山，还住华首，别号剩人，行甚高洁。国初至沈阳，自普济历广慈、大宁、永安、慈航、接引、向阳凡七刹，皆有僧众皈依。”③是为普济寺说，普济寺位于今沈阳小南门外。徐世昌辑《晚晴簃诗汇》即取此说：剩人“戍沈阳，初入普济寺读经，即历主广慈、大宁、永安、慈航诸大刹，苦行精修，暇则为诗”。

函可去世后，其徒人将他的诗编成《千山诗集》20卷。略举5首④如下：

重入千山

偶然飞去复飞还，几见云能离得山。
旧路依稀犹可认，石桥流水第三湾。

---

①④ 徐世昌辑：《晚晴簃诗汇》卷195，1929年退耕堂刊本。

②③ 详见王明琦：《剩人和尚与沈阳南塔诸寺》，载《沈阳文物》1993年第2期；曹汛：《剩人和尚与乾隆〈盛京通志〉之挖版》，载《辽海文物学刊》1990年第1期。

初释别同难诸子

终岁愁连苦，生离且莫哀。
问人颜尚在，见影意犹猜。
佛道千秋重，汤仁一面开。
明知予未死，好去勿徘徊。

初至沈阳

开眼见城郭，人言是旧都。
牛车仍杂沓，人屋半荒芜。
幸有千家在，何妨一钵孤。
但令舒仗屦，到此亦良图。

生　日

当年坠地即严冬，怪得边城霜气浓。
孺慕终身思墓草，君恩累代听山钟。
摽鞋独羡陈尊宿，飞锡真渐邓隐峰。
四十已过能几日，一生心事倚孤筇。

田　家

田家无他望，所望在平畦。
但恐终岁力，不得遂其私。
何哉造物者，亦得厚我施。
夜来微雨过，使我菜麦滋。
登邱一凭眺，秀色远参差。
此时桃与李，岂乏好容咨。
顾予朴野性，独与此相宜。
及时务耕作，那敢贪天时。

函可所处的时代，正值清政权入关统一中国，满、汉民族矛盾上升之时。故他的诗作除了上述的寄景抒怀作品之外，还有不少揭露控诉清朝统治的黑暗面，反映人民遭受沉重压迫的内容。函可本人就是文字狱的牺牲品，在他的诗作中必然要有所体现，这也是在他死后其诗集被禁毁的主要原因。

然而，在“俗以文人为贵”的东北，函可因其卓越的学识，受到了人们的尊敬。顺治七年（1650）冬，函可利用他在当地的声望，趁流人左懋泰50岁生日之机，倡议各地流民前往贺寿，共有30多人赴会。在这次盛京地区流放文人的大聚会上，函可提议成立了“冰天诗社”，简称冰天社。

函可作《冰天诗社·序》云：“悲深猿鹤，痛溢人天；尽东西南北之冰魂，洒古往今来之热血。”① 这是清初东北地区第一个文人结社，函可也由此成为当时诗坛的盟主，并由此名声四扬。

流人郝浴，山东定州人，顺治进士，他在四川巡按任上，因告发吴三桂跋扈，反被充军铁岭。郝浴在《奉天辽阳州千山剩禅师塔碑铭》中说，他于“甲午（顺治十一年，1654）九月，始得见师于高丽馆，海口钟发，眸子电烂，一接谈彻三昼夜，粹白潇洒，不闻只字落禅……安能使鸭西数千里奉为开宗鼻祖哉?”这段话除了他对函可的人品学问佩服之外，还反映出函可的生活有了很大改善。“高丽馆”原是在清政权入关前来沈阳做人质的朝鲜世子居住之所，函可能在其中接待郝浴，可知是当地官员对他礼遇的结果。另外，两人彻夜长谈三昼夜，是要有人准备可口饮食才能坚持下去，否则，函可怎能有“海口钟发”的饱满精神?

函可在《元旦哭喇嘛二首》中的“诗引”中说：“余初出塞，乞食南塔，喇嘛见而敬曰：师胡为来哉？即解身上所披覆余，自此衣帽赡贻不辍。”南塔即广慈寺，函可刚到盛京时，“乞食南塔”，寄住此寺。寺中住持喇嘛与函可结下友情，“壬辰（顺

① 转引自曹汛：《剩人和尚与乾隆〈盛京通志〉之挖版》，载《辽海文物学刊》1990年第1期。

治九年，1652）春，率诸耆旧强余（即函可）开法南塔”，盛情力请函可开法的“耆旧”：有沈阳喇嘛寺院的格隆喇嘛；有管理佛教寺院的僧录司的掌印；有沈阳南塔、广慈、大宁寺的监院；有辽阳千山的接引、慈航、永安寺的监院；以及辽阳的僧人和管理《道藏》的藏主。可谓集辽沈佛、道宗教界头面人物于一堂。① 函可逝世后，被“奉为开宗鼻祖”，确实当之无愧。

函可“开法南塔”广慈寺后，声名远播，周围各大寺院纷纷请他前去弘扬佛法。郝浴《奉天辽阳州千山剩禅师塔碑铭》载：“凡七坐道场，趋之者如河鱼怒上，六七年起大疑，生大信，采珠投针之徒，每叉手交脚于岩壑间不去”。《碑铭》中所说的七大寺，是指盛京城和辽阳城周围的普济、广慈、大宁、永安、慈航、接引、向阳七座寺院。

函可宣讲佛法，取得了巨大成功，他每到一座寺院，上至盛京宗教界人士，下到普通满族群众，即所谓“采珠投针之徒”，都前来听他讲法。函可在精神上获得了极大满足。他曾对友人郝浴说：“丙戌岁（顺治三年，1646），本以友故出岭，将挂锡灵谷。不自意方外臣少识忌讳，遂坐文字，有沈阳之役，是亦不知其然而然也，是西来意也。”大意是说，他原本打算潜心灵谷寺读经，不料因文字之祸到了沈阳，在这里弘扬了佛法。

据郝浴记载：“丁酉（顺治十四年，1657）冬，在沈南塔院，一灯相对，语洞、济二家（指佛教禅宗曹洞、临济二派，作者注）之奥。”由此可知，函可出家后皈依于佛教禅宗。函可祖籍广东，来到东北后，仍然保留着岭南的习俗，“居常好跣，到积雪拦门，犹浩然白足而出”②。这种踝脚外出的习惯，在冰天雪地的东北，使他的身体受到极大伤害。

---

① 转引自王明琦：《剩人和尚与沈阳南塔诸寺》，载《沈阳文物》1993 年第 2 期。

② （清）郝浴：《奉天辽阳州千山剩禅师塔碑铭》，载鞍山市民族宗教事务委员会编《千山佛教》，1979 年印本。

函可去世前移居海城金塔寺，可能即与气候有关。他在这里度过了一段平静生活：“暇则为诗，自谓绕塔高歌，正如风吹铃鸣，塔又何曾经意！”① 函可病逝于顺治十六年十一月二十七日(1660 年 1 月 9 日)，临终前作一偈语曰：“发来一个剩人，死去一具臭骨，移向浑河波里赤骨律，只待水流石出。出言讫，坐逝。报龄四十九，僧腊二十。”② 函可死后，被其门人安葬于千山（今属辽宁省鞍山市）大安寺。

函可生前在盛京地区活动于文学界和宗教界，而且都取得了很大成功，这与当地满族官员与群众的支持和帮助是分不开的，可惜史料缺乏记载，这不能不说是一个很大的遗憾！虽然这很容易推论，如果没有当地满族群众的照顾，他无法做到“衣帽赡贻不辍”，可惜他死于顺治年间，当时的记载未能保存下来。但是，在函可死后发生的事实，却有力地证明了这一点。

乾隆年间，清朝统治者借编纂《四库全书》之机，大量销毁对清朝统治不利的书籍。函可去世后，他的门人将其著作分别刊成《千山诗集》和《千山语录》。如在前面所述，函可在诗文中对清朝入关之初的黑暗面有所揭露，自然是在劫难逃。乾隆四十年（1775）闰十月，乾隆皇帝谕令军机大臣：

> 朕检阅各省呈缴应毁书籍内，有千山和尚诗本，语多狂悖，自应查缴销毁。查千山名函可，广东博罗人，故又称为“博罗剩人”。后因获罪，发遣沈阳。函可既刻有诗集，恐无识之徒目为缁流高品，并恐沈阳地方为开山祖席，于世道人心甚有关系。著弘晌、富察善即速确查，从前函可在沈阳时，曾否占住寺庙，有无支派流传，承袭香火，及有无碑刻字迹留存，逐一查明，据实

① 徐世昌辑：《晚晴簃诗汇》卷 195，第 15 页，1929 年退耕堂刊本。

② 《清高宗实录》卷 995，第 16 - 17 页。

覆奏。①

弘晌时任盛京将军，富察善为奉天府尹，分别为地方最高军政和民政长官。他们两人接此命令，立即行动起来。一个月后，富察善向乾隆帝奏报说："《盛京通志》内载：千山和尚来沈阳之千山双峰寺，建有小塔，当即驰赴查明，并无支派承袭，惟双峰寺查有函可碑塔并语录诗句，其支派僧人法贞等，实皆愚蠢，均系务农山僧。……请将双峰寺所遺碑塔尽行拆毁，及《盛京通志》内所载事迹逐一删除，报闻。"②

从上述富察善的奏报来看，他对此案尽可能采取大事化小的办法，将函可及其支派保护下来。前面已经谈到，函可是盛京地区宗教界的"宗师"。《盛京通志》中有函可"自普济历广慈、大宁、永安、慈航、接引、向阳凡七刹，皆有僧众皈依"的记载，如果这样查来，必然株连颇众，当时关内各省的文字狱就是大肆追查的。而富察善仅用"千山和尚来沈阳之千山双峰寺，建有小塔"，十几个字一笔带过，似乎函可在当地没有任何影响。对于函可的"支派"，富察善则先说"并无支派承袭"，然后又说双峰寺"支派僧人法贞等，实皆愚蠢，均系务农山僧"，巧妙地将此事掩饰过去。这可能是乾隆帝编纂《四库全书》期间，唯一没有逮捕、惩治任何人的文字案件。函可生前在当地的境遇，由此可见。

四、吴兆骞父子的流放生活

吴兆骞，字汉槎，崇祯四年（1631）出生于江苏省吴江县一

① 《清高宗实录》卷995，第16－17页。

② 王树楠等纂：《奉天通志》卷34，第27页，东北文史丛书编辑委员会1983年版。

个官僚地主家庭，他在少年时，就以文章诗赋知名于世。① 顺治十四年（1657），吴兆骞到南京参加江南乡试，中了举人。不久，有人向清政府告发江南乡试舞弊，凡中举的士人都被押送到北京，由顺治帝亲自复试。吴兆骞在复试时交了白卷，因此被定罪并充军宁古塔。康熙二十年（1681），他在友人的多方奔走下，被纳银赎回，三年后（1684）病逝。

吴兆骞著有诗文集《秋笳集》，他的儿子吴桭臣有笔记《宁古塔纪略》，现存这两部书中的很大一部分内容讲述了吴氏一家对满族人的感激之情，并且使后人从中了解到宁古塔部分流人的真实生活。

关于吴兆骞充军到宁古塔的具体时间，父子两人记载有所不同。

《宁古塔纪略》中谓："我父汉槎公遭丁酉科场冤狱，遣戍宁古塔，以顺治戊戌八月出塞。"戊戌年八月，应为顺治十五年（1658）的秋天。

吴兆骞在《戊午二月十一日寄顾舍人书》中则说："弟以己亥夏出榆关，抵沈水之阳。"己亥夏，即顺治十六年（1659）的夏天。②

吴兆骞的《寄顾舍人书》写于"戊午（1678 年）二月十一日"，此时，吴兆骞本人仍在宁古塔戍所，系当时人记当时事。吴桭臣的《宁古塔纪略》写于康熙六十年（1721）七月，虽然他自诩"颇能记忆"，但终属年近六旬之人，追忆几十年前往事难

① （清）吴桭臣《宁古塔纪略》谓："余家方全盛时，大父（即祖父）燕勒公以都宪挂冠，为一时名臣。余父（即吴兆骞）暨伯父宏人公、闻夏公，以诗文鸣江左，先达称为'延陵三凤'。叔父宪令公继起，同社又比之'皇甫四君'。"载王锡祺辑：《小方壶斋舆地丛钞》第 1 帙，第 349 页，光绪二十三年（1897）上海著易堂铅印本。

② （清）吴兆骞：《秋笳集》杂著，卷 8，《戊午二月十一日寄顾舍人书》，《丛书集成新编》第 69 册，上海商务印书馆 1921 年版。

免出现失误。

故本书在叙述吴氏在宁古塔生活的时间上，凡父子两人记载有矛盾处，均以吴兆骞的记载为准。至于原因，下文讲到丁酉科场案件时，即可得到证明。

那么“丁酉科场冤狱”，究竟是如何发生的呢？

丁酉年，即顺治十四年（1657），按照清朝科举制度的规定，这一年是全国的乡试之年，各省举子都要到省会所在城市参加乡试。明末政治腐败，官僚无不贪污受贿，科举也不例外。考官收受贿赂，出卖试题，视为平常之事。清政权入关后，百废待兴，还未来得及整顿科场腐败，考官们不知收敛，终于酿成轰动全国的顺天（今北京市）和江南科场案。①

顺治十四年十月十六日，刑科给事中任可溥上疏顺治帝，称顺天乡试发榜后，街谈巷议，谣言四起，闻听中式举人陆其贤用银3000两，通过官员陆贻吉送给考官李振邺、张我朴，贿买得中。而且顺天考试之弊，不止陆其贤一人行贿，请求调查此案。顺治帝下令逮捕涉案人员，经审讯，不仅李振邺、张我朴受贿属实，还牵连出其他考官的受贿事实。顺治帝命令从严惩治，房考官李振邺、张我朴、蔡元禧、陆贻吉、项绍芳，举人田耜、邬作霖7人被处死，家产籍没，父母兄弟妻子俱流徙尚阳堡，男女计108人。是为清代历史上的“丁酉北闱科场案”。

吴兆骞受牵连的是同年发生的江南乡试案，两案相隔时间仅有一个月。当年十一月，工科给事中阴应节参奏：“江南主考方犹等弊窦多端，榜发后，士子忿其不公，哭文庙、殴帘官，物议沸腾。其彰著者，如取中之方章钺，系少詹事方拱乾第五子，悬成、亨咸、膏茂之弟，与（方）犹联宗有素，乃乘机滋弊，冒滥贤书，请皇上立赐提究严讯，以正国宪重大典。”② 顺治帝得此奏

① 清代江苏、安徽两省同在南京应考，称为江南乡试，此为特例。

② 《清世祖实录》卷113，第8页。

疏，勃然大怒，下令将主考官方犹、副主考官钱开宗，与同考官18人全部革职法办，由刑部审讯。

次年（1658）三月，顺治帝亲自复试被押解到北京的江南举人。复试结果为：吴珂鸣三次试卷独优，特准参加殿试；汪溥勋等74名准作举人；史继佚等24名亦准作举人，罚停会试二科；方域等14名文理不通，俱革去举人。

同年十一月，刑部审理此案完毕，提出初步判决意见为：主考官方犹、副主考钱开宗死刑，同考官叶楚槐等人充军尚阳堡，举人方章钺等俱革去举人功名。但顺治帝认为刑部判决过轻，应加重从严惩治。最后判决结果为：主考官方犹、副主考钱开宗及同考官叶楚槐等21人全部处死，妻子家产籍没入官，“方章钺、张明荐、伍成礼、姚其章、吴兰友、庄允堡、吴兆骞、钱威，俱著责四十板，家产籍没入官，父母妻子并流徙宁古塔”①。江南乡试地点在南京，俗称“南闱”，故此案又称“丁酉南闱科场案”。

吴兆骞为江南名士，本不至于行贿考官，他被充军发配的原因，是在复试时交了白卷。商衍鎏先生说：“兆骞则因复试日，兵卫旁逻，战栗恐惧不能下笔，以至曳白而出，竟遭流徙之罪。”② 这段话较为客观，吴兆骞“丁酉科场冤狱”的真实情形，大致如此。他本人在《戊午二月十一日寄顾舍人书》书中，说自己“悲怨之深，虽三峡猿声、陇头流水，不足比我呜咽”。古人谓“秀才遇到兵，有理说不清”。吴兆骞本一文弱书生，到北京复试时，见身边两名护军持刀监视，心中紧张害怕，以致不能下笔作文，着实冤枉得很！但他素有文名，又交了白卷，清朝统治者自然要将他治罪。

吴兆骞被判决流放宁古塔，事在顺治十五年（1658）十一月，他出关的时间，已在第二年的夏天了。在当时汉族文人的笔

① 《清世祖实录》卷121，第25页。

② 商衍鎏：《清代科举考试述录》，第304页，三联书店1958年版。

下，宁古塔是个可怕的蛮荒之地，“在辽东极北，去京七八千里，其地重冰积雪，非复世界”。传说流放到宁古塔的遣犯，“至半道为虎狼所食，猿狖所攫，或饥人所啖，无得生也。向来流人俱徙上（尚）阳堡，地去京师三千里，犹有屋宇可居，至者尚得活。至此，则望上阳，如上天矣”①。照此说法，吴兆骞此行，必死无疑！然而，事实却恰恰相反，他在宁古塔 23 年期间，得到当地满族人的多方关爱和照顾，不仅没有死在异乡，而且与全家人一道还乡了，这不能不说是一个奇迹。

根据吴兆骞本人的记载，他于顺治十六年（1659）夏天出山海关，抵达“沈水之阳，海昌（指大学士陈之遴）相公欲留弟共居一年，沈帅不许。濒行时，其令子子长赠我车马衣裘。六月二十一日渡松花江，时暑甚，因浴于江，遂得寒疾。著毡衣骑马，行大雨中，委顿欲绝。抵大乌稽，送吏以弟垂笃，特憩三日，同行者皆谓不起”。但吴兆骞躲过了这一劫，硬是顽强地挺了过来。他以病弱的身体，于七月十一日到达戍所宁古塔。

大病初愈的吴兆骞，孤单一人，又身无分文，来到“极边之地”宁古塔，其心情之悲凉，可想而知。但在戍所的充军生活，比他预想的要好许多。

吴兆骞到达驻地后，首先是“戍主以礼见待，授一椽于红旗中”，驻防宁古塔的满族官员，不仅免费为他提供了住房，而且以礼相待，使他顺利地安顿下来。接着，比吴兆骞早流放此地的“旧迁客三、四公”，如许康侯、孙汝贤等人，纷纷前来探望他，“皆意气激昂，大博围棋，放歌纵酒，颇有友朋之乐”②。

康熙二年（1663）春，吴兆骞的妻子葛氏，“携二三婢仆，并小有资斧”，来到宁古塔与他同住。关于葛氏赴宁古塔，其子

---

① （清）娄东无名氏：《研堂见闻杂记》，第 30 页，《痛史》第 5 种，上海商务印书馆 1927 年版。

② （清）吴兆骞：《秋笳集》杂著，卷 8，《戊午二月十一日寄顾舍人书》，《丛书集成新编》第 69 册，上海商务印书馆 1921 年版。

吴桭臣的记载较详细：

> 我母葛孺人日夕悲哭，必欲出塞省视，而以舅姑在堂，两女稚弱，不敢显言。我大父燕勒公微知其情，哀而壮之，遂为料理出塞计。以大姊许字扬氏，二姊就李姨抚育。庚子（1660）冬日，自吴江起行，吴御及沈华夫妻同送我母出塞，于辛丑（1661）二月初五日到戍所。

这段记载十分重要，除了在时间上与吴兆骞有出入外，给人们提供了三条重要信息：其一，吴兆骞的父母兄弟妻子，并没有被充军宁古塔，这种情况并非《清实录》记载有误，而是吴兆骞在一些有势力的官员帮助下，最后定罪时予以从宽；其二，吴兆骞在原籍的家产，也没有被没收入官，仍然完好地保全下来；其三，葛氏出关时，有“吴御及沈华夫妻”3人陪伴，可知吴兆骞家境不但不贫寒，而且相对富有财产。

葛氏来到宁古塔的第二年，为吴兆骞生下一子，命名曰“桭臣”，小字苏还，“取生还故里之意，且以苏属国相况”①。从为儿子的取名中可以看出，吴兆骞对未来的生活充满信心，且以汉武帝时的苏武自喻，坚信一定能在有生之年与儿子一道重归故里。康熙八年（1669），葛氏又为吴兆骞生下第三女，十三年（1674），葛氏再生第四女。这样，吴氏夫妇在宁古塔共养育一子二女，而且都健康成长。

康熙三年（1664）二月，宁古塔将军巴海接到清政府命令，“凡流人随旗下及（未）逾六旬者，著一概当役。选二百名服水者为水军，习水战。又立三十二官庄，屯积粮草”。巴海把流人

---

①（清）吴桭臣：《宁古塔纪略》，载（清）王锡祺辑：《小方壶斋舆地丛钞》第1帙，第344页，光绪二十三年（1897）上海著易堂铅印本。

中的“绅衿”（即官员与文人）请到衙署，当面对他们说：“养汝辈几年，汝辈俱有前程，差徭不以相累。今边警出意外□□，上命急公。现有水营、庄头、壮丁三件事，随汝自认一件，三日后具覆，是即我法中之情。”①

据吴桭臣上述记载可知，吴兆骞等流人在此之前，多年来并不承担任何差役，故有“养汝辈几年”之说。如今事出紧急，巴海才让他们自愿承担一项差役。但这些流人们听完将军巴海的话，个个面露难色，有的人甚至哭了起来。巴海便替他们想了个“认工代役”的办法，即每人出六两银子代替一年的差役，“于是，各认工”。吴兆骞因为葛氏从家乡带来若干银两，便认领了太常寺衙门工程。其他没有银两认工的人，有“山阴祁奕喜、孝廉李兼汝、杨友声，宜兴陈卫玉，苏州杨骏声，同年伍谋公，皆当水手，以二月十一日往乌喇”②。二三年后，边防警报解除，这些当水手的人才又回到宁古塔居住。

康熙四年（1665），吴兆骞迫于生计，“以授徒自给”。最初的学生全是流人子弟，见于记载的有陈昭令、叶长民、孙毓宗、孙毓章、许丙午、林丙午、沐中贞、田景园及吕氏兄弟诸人。他的儿子吴桭臣也随这些人一起读书。在这些学生中，福建人陈昭令是吴兆骞的得意门生。他在给友人的信中说陈昭令“秀而嗜学，北州少年，此为之冠”。吴兆骞与陈昭令还是近邻，师徒二人常在一起，“拥炉啜茗，靡夕不共也”。

吴兆骞在授徒之余，还与张缙彦、姚琢之、钱虞仲、方叔丹、李兄弟、钱德维等人，结为“七子之会”，他们每个月在一起集会三次，谈诗论史，分题角韵，每至夜分，“穷愁中亦饶有佳况。其后，以戍役分携，此会遂罢”。

康熙七年（1668），吴兆骞遇赦免罪，从此有了人身自由，

①② （清）吴桭臣：《宁古塔纪略》，载（清）王锡祺辑：《小方壶斋舆地丛钞》第1帙，第344页，光绪二十三年（1897）上海著易堂铅印本。

他称自己是“塞外散人”。当时这些遇赦又不准还乡的流人，便做起人参和貂皮生意，有的人还发了财，“累金千百或有至数千者”。可是吴兆骞本人既不善于会计，又舍不得放弃他喜爱的“笔墨与酒，效卖浆逐锥刀之利”。尤其是在康熙九年（1670），他的学生先后离去，失去了授徒的收入，宁古塔地方又遭受早霜侵害，粮食歉收，一石粮食价格高达10两银子，一时家庭生活陷入困境。

正当吴兆骞愁眉不展之时，满族官员向他及时伸出了援救之手。吴兆骞充满感激地写道：“副帅安公雅重文士，怜弟之贫，以米相饷，而合肥先生及葑溪、玉峰，复有见贻，于是翳桑饿人，幸免沟壑。”① 文中提到的“副帅安公”，即宁古塔副都统安珠瑚，是他雪中送炭，给吴兆骞送去救命的粮食，使吴氏一家得以渡过眼前的难关。

吴家在安珠瑚等人的帮助下，渡过这场严重的灾害之后，生活逐步好转起来。

宁古塔城有东西南北四门，南门临牡丹江，流放的汉人各居东西两门之外。吴兆骞家住在东门外，有茅屋数间，庭院宽敞，周围用木栅栏隔成围墙，沿街留一木门。吴家在院内靠近门窗处，遍栽花草树木，其余的土地种上瓜果蔬菜。不仅吴兆骞家，当时宁古塔家家如此，因没有地方购买，必须自家种菜。宁古塔盛产人参，而且价格极为便宜，“竟如吾乡之桃李”。吴兆骞初到宁古塔，路上还得过一场大病，身体十分虚弱，他在南方时，早就听说人参是大补药，便买了半斤煎服，结果泻肚半日，就再不敢服用了。以后他一日三餐，吃着自家院子里种的蔬菜，身体反倒越来越健壮。

吴兆骞一家逐渐适应，并且喜欢起宁古塔了。他的儿子吴桭

① 以上引文均见吴兆骞：《秋笳集》杂著，卷8，《戊午二月十一日寄顾舍人书》，《丛书集成新编》第69册，上海商务印书馆1921年版。

臣后来回忆道：当地产的香瓜特别香甜，一到夏天，他们全家尽情享用，而且吃得再多，也不会坏肚子。到了冬天，家家杀猪吃肉，食油腻后再喝凉水，也不用担心吃坏肚子。所以，宁古塔流人虽然来自全国各地，“无不服水土者”。吴兆骞的身体一向羸弱，“到彼精神充足，其水人称为人参水”。原来是他们喝了“人参水”，所以人人身心健康。

在吴氏一家看来，每年五月间，是宁古塔最美的季节。田野里玫瑰盛开，花香在几里外就能闻到，一到此时，他们全家人就到野外采回玫瑰花，制成玫瑰糖食用，香甜可口，当地满族人“奇而珍之”。当地产的梨个头虽小，而味道极美，满族人用梨和葡萄酿出的酒，色味俱佳。这些食物，在江南根本吃不到。秋天是山楂成熟的季节，宁古塔的山楂又大又红，吴家人采回来做成山楂糕吃，健胃可口。此外，吴家经常采集的山货还有榛子和松子，回到家里做成“榛子腐、松子糕”。这些东北特产，在江南都是罕有之物，而吴家人由于长期食用，“不觉其珍也”。

宁古塔城西门外三里许，有石壁临牡丹江，长 15 里，高上千尺，名曰“鸡林哈答”，是一个钓鱼的好地方。牡丹江中的鱼，又大又肥又多，有青鱼、鲤鱼、鲫鱼、鲟鳇鱼等。有一种鱼形似缩项鳊，当地满族人叫做“发绿”，夏天江中最多，满族人很喜欢吃这种鱼。吴桭臣读书之余，十分喜爱钓鱼，每当傍晚时分，他常手持鱼竿前来垂钓，顷刻间，便钓得数尾而归。在吴桭臣的垂钓物中，“有一种生于江边浅水处石子下者，上半身似蟹，下截似虾，长二三寸，亦鲜美可食，名哈什马。今上祭太庙，必用此物”。江中垂钓是一段愉快的日子，吴桭臣晚年写《宁古塔纪略》时，用了不少华美的词句，如“古木苍松，横生倒插；白梨红杏，参差掩映。端午左右，石崖下芍药遍开。至秋深，枫叶万树，红映满江”，来形容他垂钓处的美好景色。

康熙十二年（1673），清平西王吴三桂发动叛乱，清政府调宁古塔驻军往盛京和关内。流放当地的汉人，则被命令迁入城中居住。吴兆骞家因此移住西门内。城内的生活与城外自有一番不同，宁古塔城内建有东西大街，不少流人沿大街两旁开店贸易，“从此人烟稠密，货物客商，络绎不绝，居然有华夏风景”。

吴兆骞移居城内之后，即应宁古塔将军巴海之聘，教授他的两个儿子。巴海二子：长名额生，次名尹生。其子吴桭臣记载这段读书生活说：“予及固山乌打哈随学，巴公长子昼则读书，晚则骑射。各携自制小箭一二十枝，每人各出二枝，如聚五人，共箭十枝，竖于一簇，远三十步，依次而射，射中得箭。每以此为戏。”① 巴海的儿子向吴兆骞学习汉族经书，吴兆骞的儿子也从中学会了满族的骑射。两家的关系十分融洽。

吴兆骞自从受聘将军巴海之后，他个人的社会地位迅速提高。例如，他在《陪饮巴大将军宅作》一诗中写道：

佳兴南楼月正新，森沉西第夜留宾。
围炉卷幔初飞雪，击剑行杯不起尘。
四座衣冠谁揖客，一时参佐尽文人。
褐衣久已惭珠履，不敢狂歌吐锦茵。

从诗中可知，吴兆骞经常受到将军巴海的宴请，客人中既有巴海属下的参领、佐领等八旗官员，也有流放文人，主人和客人在人冬初雪季节，围炉饮酒，击剑赋诗，其乐融融，“馆餐丰渥，旅愁为解”。康熙十五年（1676）春，将军巴海从宁古塔移驻吉林乌喇，吴兆骞“遂失此馆，然执经者亦不乏人，所以仅共薪水耳”，言下颇有惋惜之意。

除了将军巴海之外，吴兆骞和留守宁古塔的副都统萨布素也

① 以上引文均见吴桭臣：《宁古塔纪略》，载（清）王锡祺辑：《小方壶斋舆地丛钞》第1帙，第345－347页，光绪二十三年（1897）上海著易堂铅印本。

结下深厚友谊。他有《奉赠副帅萨公》（专镇宁古，原注）一诗可以为证：

彤墀诏下拜轻车，千里雄藩独建牙。
共道伏波能许国，应知骠骑不为家。
星门昼静无烽火，雪海风清有戍笳。
独臂秋鹰飞鞲出，指㧑万里猎平沙。①

吴桭臣在《宁古塔纪略》中，载有吴兆骞为其得意门生陈昭令向萨布素求情之事。陈昭令年长之后，因家境所迫，成为宁古塔官庄中的壮丁。吴兆骞称其父“言于将军，称其精通满、汉文理。将军即用为官庄拨什库，总理三十二庄。后复兼管笔贴（帖）式事务，办事勤能。不数年，遂得实授八品笔贴式。后将军调艾浑，随行。”文中说的“将军调艾浑”，显然是指萨布素而不是巴海，因为巴海从未到过“艾浑”（瑷珲），更没做过黑龙江将军。

还有一件事，说的也是萨布素。宁古塔地方，每隔三年，无论满、汉子弟，凡是未成丁者，俱到八旗驻防衙门比试，名曰“比棍”。具体办法是：以木两根，高如古尺五尺，上横短木，立于将军前，照册点名，于木棍下走过，适如棍长者，即注册披甲，派差食粮。如不愿者，每岁出银六两，名曰“当帮”。康熙十九年（1680）三月，吴桭臣参加比棍“已合式，将派差矣，予父言于将军而止”。这里面的将军即指萨布素。

为什么说是萨布素而不是巴海？因为吴桭臣紧接着讲道：“是岁，乌喇将军忽遣人邀予父，将以为书记，兼管笔贴式及驿站事务。订于九月中，合家迁往乌喇，颇以为喜。会七月内还乡

① 上述两诗分见吴兆骞：《秋笳集》后集，卷7、6，《丛书集成新编》第69册，上海商务印书馆1921年版。

□□诏下，乃不果。”① 事情到此，就容易搞清楚了，“将军”专指萨布素，而“乌喇将军”才是巴海，吴桭臣在《宁古塔纪略》的叙述中很注意两者间的区别。

康熙二十年（1681）七月，吴兆骞被友人解救还乡，全家原定九月迁往吉林乌喇之事遂取消。当年九月二十日，吴氏一家从宁古塔起程还乡，“将军遣拨什库一人、兵八名护送，又发勘合，拨驿车两（辆）、驿马二匹及饮食等项，按驿供给更换”。此处文中的“将军”仍是萨布素。当吴氏一家行抵吉林乌喇城时，吴桭臣记述说：乌喇“又名船厂，有将军镇守，本宁古塔将军调此，即前与予父有书记之约者”。

吴兆骞得知清政府允许他还乡的消息，是在农历七月，但为什么迟至九月才动身出发？原因是他要给自己的儿子完婚后，再离开宁古塔。

康熙十六年（1677），吴桭臣 14 岁时，吴兆骞做出了一个重大决定，为他的独生子在当地订了婚。女方叶氏，祖籍四川重庆府巴县，其父叶之馨，字明得，为顺治十一年（1654）甲午科解元（乡试第一名举人），任云南大理府官员，当年因触犯吴三桂，被流放宁古塔。吴兆骞为其子与当地流人订婚，至少可以有两种解释：其一，他自认为此生归乡无望，不想因此影响儿子的终生大事；其二，他在宁古塔有一定的社会声望，而且与家人已经适应了当地的生活。

八月十八日，吴兆骞为儿子迎娶叶氏。吴桭臣称：叶氏“贤而孝，两大人甚爱之”。吴家即得恩准还乡，又逢儿子娶妇，可谓双喜临门。办喜事这天，前来贺喜的八旗将领和流放文人络绎不绝，自有一番热闹景象。

吴桭臣娶亲之后，一家人便开始整理行装。吴兆骞流放宁古

① （清）吴桭臣：《宁古塔纪略》，载（清）王锡祺辑：《小方壶斋舆地丛钞》第 1 帙，第 348 页，光绪二十三年（1897）上海著易堂铅印本。

塔长达23年之久，如今一朝离去，他在当地多年交往的友人，免不了为他设宴饯行。天天有人做东宴请，弄得吴兆骞“饮饯无虚日”，席间宾主共诉衷肠，以致相持痛哭，说不完的离别之情。这样的日子持续一月有余，直到九月二十日，吴氏一家才踏上还乡之路。

吴兆骞一家由萨布素派兵护送，到达吉林乌喇城后，将军巴海留他小住数日，然后继续派兵护送，顺利进入盛京辖区。据吴振臣回忆说，当时的盛京将军“即丁酉刑部江南司问官，当时极怜我父之才，闻我父将至，遣人至柳条边迎候”。吴兆骞一家到达盛京城后，将军殷勤招待，留住半月有余，然后又派兵护送他们前行入关。

吴氏一家抵达山海关，已是傍晚时分，山海关的大门早就关闭了。那时关外向东大路旁有一岭，出关的流人称为“凄惶岭”，入关的流人称为“欢喜岭”，岭下即著名的孟姜女庙。当天晚上，吴氏一家临时住在这座岭下，吴兆骞夫妇二人不免感慨万千，各自述说了20年前出关时，望见这座岭的凄凉心情，今天到此宿于岭下，“真为欢喜！”①

第二天，吴氏一家入关，目睹久别的关内风土人情，处处都觉得与塞外迥然不同。7天之后，他们来到京城，与分离20余年的亲友重新相聚，大家拥抱在一起，激动的失声痛哭，仿佛隔世相见一般。

大学士徐乾学首倡为吴兆骞募捐赎身银，因此觉得是康熙帝给自己面子，所以大摆宴席，以欢迎吴兆骞的归乡。席间，徐乾学主张在座者赋诗，以志千载难逢的盛况。众人群起响应，各有佳作，此处仅引尤侗的《自塞外归》诗如下：

---

①　以上引文均见（清）吴振臣：《宁古塔纪略》，载（清）王锡祺辑：《小方壶斋舆地丛钞》第1帙，第348－349页，光绪二十三年（1897）上海著易堂铅印本。

二十三年梦见稀，管宁无恙复来归。
余生尚喜形容在，故国翻疑城郭非。
燕市和歌亦纵酒，山阳闻笛定沾衣。
西风紫塞重回首，不断龙沙哀雁飞。①

然而，吴兆骞回到北京仅三年，还未能回到家乡吴江，就病逝了，时年54岁。据当时人杨宾记载，吴兆骞临去世前曾说："余宁古塔所居篱下产蘑菇，今思此作汤，何可得？"②表达了对宁古塔的无限向往和怀念之情。如果他能天天吃到宁古塔的野生蘑菇汤，也许就不会客死在北京城了。

至于这是不是吴兆骞最后的想法，又有谁能知道呢？

① 转引自谢国桢：《明末清初的学风》，第128页，人民出版社1982年版。

② （清）杨宾：《柳边纪略》卷3，第13页，载《辽海丛书》（一），辽沈书社1985年版。

"流民出口，节经降旨查禁，各该管官总未实力奉行。以致每查办一次，辄增出新来流民数千户之多。总以该流民等业已聚族相安，骤难驱逐为词，仍予入册安插，再届查办复然。是以查办流民一节，竟成具文。"

——嘉庆帝上谕

第九章　招徕流民

一、修筑盛京柳条边

顺治年间，清政权从巩固盛京根本重地的战略出发，在明辽东边墙的基础上修筑了盛京柳条边，截止顺治末年完成。盛京柳条边"起至凤凰城，北至开原县，折而西至山海关接边（长城），周围一千九百余里，共十七边门，名为老边"，也叫"盛京边墙"；康熙九年（1670）至二十年（1681），又修筑东起吉林北界，西抵开原威远堡边门的柳条边，"亦名新边"①。整个柳条边以山海关、开原威远堡、凤凰城和吉林法特哈边门四点联线，呈"人"字形状。

然而，令人难以想象的是，清政权在顺治朝修筑的盛京柳条边，后来成为某些学者主张清朝封禁东北的标志。试举三例如下：

---

① （清）阿桂等纂修：《盛京通志》卷33，第5、8页，1917年铅印本。

《清代柳条边》的作者在书中说："顺治八年即修筑了辽河域西段的柳条边，对东北实行封禁。"①

《清史简编》的作者认为："顺治末年柳条边西段修至山海关连接长城，清政府便开始对东北实行封禁。"②

《简明清史》一书，则论述的比较具体："顺治年间，在明代辽东边墙的基础上，'修浚边壕，沿壕植柳'，设立了'柳条边'，以限制人民的出入。又在山海关严密稽查，凡出关者须持官府'印票'。尽管清政府想尽办法，封禁东北，但人民用种种办法，冲破清朝的禁令，大批前往东北谋生。"③

20世纪80年代以后的有关论著，几乎众口一词，清政府修筑柳条边，就是封禁东北，有主张封禁全部东北地区的，还有的提出辽东开垦，封禁吉林和黑龙江，似乎都有一些史料依据，但基本上没有超出以上所引三种观点。

清政府在关外修筑柳条边，几乎是与辽东招民开垦同时进行的。修筑柳条边的具体情形，清代文献中没有记载，现存康熙《宁远州志》有对边门设立的记载："新台门，守御一员，康熙十八年设。笔帖式一员，顺治十一年设。披甲兵丁十名。"说明新台边门在颁布辽东招民开垦令的第二年，即顺治十一年（1654）已经设立。那么，设立边门的作用何在？康熙《宁远州志》的作者这样写道："内外人出入，必登籍以记，他无厉禁。台军但供补篱浚壑及司晨昏启闭而已。"④ 答案十分明确，守卫边门官兵，要对来往人员进行登记，此外并无其他禁令。

---

① 杨树森主编：《清代柳条边》，第99页，辽宁人民出版社1978年版。

② 见《清史简编》（上编），第269页，辽宁人民出版社1980年版。

③ 戴逸主编：《简明清史》第二册，第216－217页，人民出版社1984年版。

④ 康熙《宁远州志》卷5，第1－2页，载《辽海丛书》（四），辽沈书社1985年版。

如前面第二章所述，清政权入关之后，采取各种措施恢复和发展盛京地区的社会生产，目的是为了巩固盛京这一留都重地。特别是在顺治十年（1653），清政权发布辽东招民开垦令，不惜用最能打动人心的知县一职作为奖赏来号召、鼓励关内农民出关开垦。在这种情况下人们不禁要问，清政权为什么要修筑盛京柳条边？柳条边是否限制乃至阻止了辽东开垦？柳条边到底有哪些作用？对于这些问题，试作三点分析如下。

首先，是军事上的需要。正如《简明清史》的作者所说，柳条边是在“明代辽东边墙的基础上”修筑的，这是符合历史事实的。清朝修筑柳条边，与明朝修筑辽东边墙一样，具有国防上的作用，而与东北封禁无关。

明朝的辽东边墙是为防备蒙古兀良哈和女真各部的侵扰而修筑的，西起今辽宁绥中县境内铁场堡，然后向东直至鸭绿江边，全长1960里。辽东边墙按其地理位置和修筑年代，可分为三部分：即辽河流域边墙、辽西边墙和辽东东部边墙。辽河流域边墙始建于永乐年间，从广宁镇静堡到开原北关止，这段边墙内凹，略呈一不规则的“U”字形，故中间丢下了一大片辽河河套地区的沃土，并且拉长了防线。辽西边墙修筑于正统年间，从山海关外铁场堡起至广宁镇静堡止，长达870里，这段边墙修筑于明英宗正统七年（1442）。[①] 成化四年（1468），由辽东副总兵官韩斌负责，“自抚顺关抵鸭绿江，相其地势，创东州、马根单、清河、碱场、叆阳五堡，后又设凤凰、镇东、镇夷三堡，广袤千余里”[②]，并且完成了自抚顺至鸭绿江江沿台堡（今辽宁省宽甸满族自治县虎山乡境内）的辽东东部边墙的修筑，长380多里。辽东边墙建成后，以后又经历朝重新加固，并在墙外挑挖壕沟，墙

① 参见冯永谦、何溥滢：《辽宁古长城》，第73－81页，辽宁人民出版社1986年版。

② （明）贺钦：《医闾先生集》卷4，第10页，载《辽海丛书》（二），辽沈书社1985年版。

内设置墩台城堡，成为明军在山海关外的坚固防线。

满族兴起于辽东东部边墙之外，万历四十七年（1619），努尔哈赤经萨尔浒之战打败明军，随即灭亡叶赫，“满洲国自东海至辽边，北自蒙古嫩江，南至朝鲜鸭绿江，同一语音者俱征服，是年诸部始合为一”①。这段史料中的“辽边”，指的就是辽东东部边墙。而努尔哈赤建立的政权，最初的控制范围主要是辽东东部边墙之外的广大山区。

天命六年（1621），努尔哈赤率八旗兵攻下沈阳、辽阳，占领了明朝统治的辽河以东地区。全体满族人从辽东东部边墙之外，迁入辽东边墙之内的汉族居住区，分布于辽阳、沈阳及其周围地区。原住在辽东边墙之内的汉族人民，为躲避战乱，大量逃离家乡，例如，明代辽东东部边墙最东端镇江地区的居民，渡过鸭绿江逃入附近岛屿和朝鲜的就多达几万人。

满族与汉族双方出现的主客位移，使明与清（金）之间的攻守形势也发生了倒置。过去是明朝修筑辽东边墙防御满族（女真）人，现在辽东边墙又成了满族人的军事屏障。例如，努尔哈赤攻占辽东东部边墙内的镇江城后，即派佟丰年率400名八旗兵守卫此地。明政府为了阻止努尔哈赤的进攻态势，除了坚守辽西地区外，又依靠占据鸭绿江口附近岛屿的毛文龙部，开辟东部战场，形成两面夹击。毛文龙“当辽左失陷时，聚众二百，夜袭镇江城，遂踞海岛，创为牵制之说”②。他因此被明政府任命为平辽总兵官，从海上向辽东地区进攻。努尔哈赤得知毛文龙占领镇江城的消息，派皇太极率八旗兵前往镇江城，将留存当地的沿海居民内迁，主动将防线后撤。

清（金）在军事上的收缩，反而为毛文龙深入鸭绿江流域发

---

① 《清太祖武皇帝实录》卷3，载《清入关前史料选辑》第1辑，第358页，中国人民大学出版社1984年版。

② （明）柏起宗：《东江始末》，载《东南纪事》，第333页，上海书店1982年印本。

动进攻提供了极大的方便。天命七年（1622），毛文龙率明军自朝鲜满浦、昌城渡过鸭绿江，袭击甜水站获胜后，“又以兵万人进攻晾马佃，夺获牛马，复合兵三万攻击牛毛寨，斩首二百三十，生擒四人，获马九十四”①。次年五月，毛文龙出兵，沿着鸭绿江越过长白山，“寇满洲东界所属辉发地”；八月，毛文龙派兵进入鸭绿江中岛屿屯田，努尔哈赤发现后，立即下令副将冷格里率兵1000人，突然渡江对岛上的明军发动袭击，由于明军毫无作战准备，被杀死500余人，“其余夺船渡江，皆溺死。冷格里等尽焚其粮而回”②。

皇太极在位期间，两次出兵朝鲜，都与解决毛文龙及海岛明军有关。天聪元年（1627），皇太极初次用兵朝鲜时，就明确对阿敏等领兵将领说：“朝鲜屡世获罪我国，理宜声讨，然此行非专伐朝鲜也。明毛文龙近彼海岛，依恃披猖，纳我叛民，故整旅徂征，若朝鲜可取，则并取之。”③ 尽管阿敏征朝鲜获胜，强迫朝鲜与后金结成兄弟之盟，但朝鲜暗地里仍然站在明朝一边，时常援助朝鲜附近岛屿上的明军。崇德元年（1636）四月，皇太极改国号为大清，发动了第二次征服朝鲜的战争，凭借其强大的军事力量，迫使朝鲜承认为清朝的藩属国，并将朝鲜国王的两个儿子押送到盛京，作为人质。随后，贝子硕托率清军攻占皮岛（今朝鲜椵岛），杀明皮岛总兵沈世魁，俘获大量人口物资，摧毁了明朝在辽东东部的海上势力，从而解除了长期腹背受敌的困境，减轻了两面作战的被动形势。皇太极在彻底压服朝鲜和消灭辽东沿海明军后，把主要精力用在进攻明军坚守的辽西走廊，夺取全国最高统治权上面，因此对鸭绿江流域采取守势。天聪七年

① （明）彭孙贻：《山中闻见录》卷4，载《清入关前史料选辑》第3辑，第45页，中国人民大学出版社1991年版。

② 《清太祖武皇帝实录》卷4，载《清入关前史料选辑》第1辑，第381页，中国人民大学出版社1984年版。

③ 《清太宗实录》卷2，第2页。

(1633）皇太极即下令修筑碱场、揽盘、通远堡、岫岩四城；崇德三年（1638)，八旗兵又修筑了凤凰城。新修筑的这五座城堡，成为清军守卫鸭绿江流域、防御朝鲜的主要阵地。

顺治元年（1644)，清政府迁都北京，将随同顺治帝一起来到北京的朝鲜世子释放回国，以示友好。然而，清政府在进行统一中国的战争中，推行野蛮的民族征服政策，特别是强令汉人剃发易服，在关内爆发了激烈的抗清斗争。回到朝鲜国内的世子不久去世，其弟即位后为孝宗国王。由于孝宗国王和世子一起做过清朝的阶下囚，对清朝深怀不满而同情关内的抗清武装，一度甚至想出兵北伐以示增援。清政府与朝鲜王朝的关系，表面上朝贡不断，实际上貌合神离，彼此间心照不宣而已。清朝方面遂利用明朝辽东边墙的旧址，修筑了柳条边，位于盛京柳条边的凤凰城、叆阳、碱场、旺清、英额五座边门，就是为防御朝鲜而设的。

乾隆帝前往盛京祭祖时，以《老边》（即盛京柳条边）为题写了一首诗，其中有“征战纵图进，根本亦须防”① 两句，是对清政府修筑柳条边的最权威解释。顺治元年，百万满族从龙入关，盛京地区沃野千里，有土无人。东北方向有沙俄侵入黑龙江流域，东南方向的朝鲜也居心叵测。清政府从防卫盛京这一“根本重地”考虑，才有修筑柳条边之举。

盛京柳条边与辽东边墙相比，有三点突出的变化。一是西段：从广宁东部向东北经彰武、法库直抵开原威远堡，把明朝不规则的“U”字形辽河流域边墙之外的大片土地，即辽河河套地区（今辽宁台安、辽中、黑山、新民四县市）圈在了柳条边内，因此缩短了防线；二是东段北端：从抚顺关北上至开原威远堡一线，向东南展至兴京以东，把明朝东段边墙以外的今抚顺市全部，以及清原、新宾两县绝大部分圈入边内；三是东段南端：明

① 转引自《清帝东巡》第515页，辽宁大学出版社1991年版。

朝的南端位于今宽甸县虎山乡境内鸭绿江边，现西移至大东沟（今辽宁省东港市）窟窿山海岸。以上三点变化十分重要，它把清朝在关外的三京（兴京、东京、盛京）和三陵（永陵、福陵和昭陵）全部圈入柳条边内，将清朝的所谓“祖宗肇迹兴王之所”，严密地保护起来。

其次，“插柳结绳，以界蒙古”①。柳条边是清朝民族政策的重要组成部分。众所周知，中国东北边疆地区，自古以来就是汉族和少数民族的聚居区，按其经济类型可以分为农耕、游牧和狩猎三种模式。从事农耕的汉族，主要居住在东北南部的辽河流域。以狩猎为主的满族及其他少数民族，主要居住在东北东部发源于长白山的三江（鸭绿江、图们江和松花江）流域和黑龙江地区。从事游牧生产的蒙古族，主要居住在东北西部，从辽河流域上游直到贝加尔湖的广阔地区。

满族在东北兴起后，与蒙古族建立起巩固的满、蒙联盟，明代修筑的辽东边墙西段，已经失去了军事上的重要性。清初，原辽东边墙之内主要居住着汉族和满族。满族出身的清统治者，十分注意吸收借鉴历代封建王朝的统治经验，制定自己的民族政策。清初人高士奇认为，清朝修筑盛京柳条边，目的是“插柳结绳，以界蒙古”，具体讲的就是盛京西部柳条边的作用。康熙二十一年（1682），康熙帝到东北拜谒祖陵，高士奇是主要的扈从大臣之一，在东北的行程中多次经过柳条边，故高士奇说清修柳条边“以界蒙古”，在某种程度上可以代表清朝统治者的看法。有了盛京西部柳条边，就等于在从事游牧生产的蒙古族和从事农业生产的满、汉民族之间，设置了一条界限。所以柳条边在维护民族团结，减少因生产活动引发的摩擦上，发挥着积极作用。

---

① （清）高士奇：《扈从东巡日录》卷下，第3页，载《辽海丛书》（一），辽沈书社1985年版。

盛京西段柳条边成为与蒙古族游牧区的分界线，有一个逐步形成的过程。起初界限并不严格划一，各民族是相互错落杂居的。例如，顺治十二年（1655），清政府规定："辽阳、铁岭至山海关另设边界（即新修的柳条边），八旗庄地多有在边外者，相沿已久，不必迁移，令照旧居住，惟酌量边界开门，勿误耕获。"① 这种情况说明，当时有不少满族人耕种的土地，坐落在柳条边外，主要是在盛京柳条边西段之外，以致不得不采取权宜之计，通过设置边门的办法，让满族人到边外去种地。然而，满族人的土地被柳条边圈在边外，不仅他们出边耕种有很多不便，而且还容易与边外的蒙古人引起纠纷。到顺治十八年底，清政府最后决定："盛京边外居住庄村，俱著移居边内。其锦州以内、山海关以外，应展边界，著议奏。"② 通过采取向外扩展柳条边的办法，把这些满族的农田划入边内，结果既方便了对旗地的管理，也减少了不必要的矛盾，可谓一举两得。

清朝初年，盛京西部柳条边同样有军事作用。正如康熙《铁岭县志》的作者所说："今蒙古内附，诚可无忧。然折柳之樊，未尝无也。乙卯春，亦小有蠢动之征。"③ "乙卯"指康熙十四年（1675），"蠢动之征"，是说居住在广宁柳条边外的察哈尔部布尔尼亲王发动的反清叛乱。④ 清朝派将军图海平定这次叛乱后，将察哈尔部编入八旗，调往宣府、大同边外，设义州巡检管理其地。康熙十九年，设城守尉1员，驻防满洲八旗兵350人。

---

① （清）蒋廷锡等：《古今图书集成》卷54，《戎政典》，台湾鼎文书局1977年版。

② 《清圣祖实录》卷5，第22－23页。

③ 康熙《铁岭县志》卷上，第1页，载《辽海丛书》（二），辽沈书社1985年版。

④ 详见张杰：《冥冥天国苦追求－辽河流域宗教文化》，第82－83页，辽海出版社2000年版。

第三，“结柳为边，以界内外”①。这八个字出自乾隆帝《进柳条边》诗中的注释，所谓“以界内外”，是指清朝修筑的盛京和吉林柳条边，作为清政府在东北设置行政区的分界线。

顺治元年（1644），清朝以内大臣何洛会驻守盛京城，将整个东北称为“盛京统部”。上面讲到，顺治年间修筑的盛京柳条边，在辽西地区构成了满、汉民族与蒙古族住地的分界线。顺治十年，清政府设置宁古塔昂邦章京，康熙元年（1662），设镇守辽东等处将军（1665 年改称奉天将军，1747 年又改称盛京将军），同年设镇守宁古塔将军（1757 年改称吉林将军）。康熙九年至二十年，清政府又修筑东起吉林乌喇城法特哈边门、西抵开原城威远堡边门的柳条边，也叫新边。这两条柳条边，最终形成一个“人”字形。清政府在划分盛京将军和吉林将军管辖区，以及盛京将军、吉林将军与蒙古东部各盟、旗辖区的行政区界时，就利用了“人”字形的柳条边，作为各自行政管辖区的分界线：“山海关外迤东一带设七边门，边门外系各蒙古部落。七边之东南直接凤凰城为六边（门），乃奉天、宁古塔分界。”②

具体来说，“人”字形的柳条边，以开原威远堡边门为中心，由此折向西南至山海关外明水塘边门，是奉天将军与蒙古各部落的分界线；由威远堡边门折向东南至凤凰城边门，为奉天将军与宁古塔将军的分界线；由威远堡边门折向东北至吉林法特哈边门，为宁古塔将军与蒙古各部落的分界线。

总之，柳条边西北部的草原地带，是蒙古民族的广阔牧场；柳条边东北部的茂密森林和崇山峻岭，是从事狩猎的满族、达斡尔、鄂温克、鄂伦春、赫哲、费雅喀等族任意驰骋的天地；柳条边的东南部，遍布着清皇室的田庄、八旗官兵的旗地和汉族的农

① 乾隆帝：《进柳条边》诗注，载（清）阿桂等纂修：《盛京通志》卷 16，第 5 页，1917 年铅印本。

② 《清高宗实录》卷 243，第 10 页。

田。“人”字形的柳条边，对东北各族人民从事生产活动，保护生态资源，在当时起到了一定程度的保护作用。

最后还应当指出，清朝修筑柳条边，也包括保护在东北地区设置的各类皇家禁地目的。清朝在关外的皇家禁地，有陵寝、牧场、围场、参场等，除了永陵、福陵、昭陵位于盛京柳条边内，大部分位于柳条边外。这些禁地一般都以封堆为标志，在靠近柳条边的地方，就以柳条边作为界标。清初，“于柳条边外之地设置围场，以备巡幸、射猎，其地林莽从生，不准开辟”①。例如，著名的盛京大围场，就设在威远堡边门至英额边门之外。康熙中，清政府于辽河西部设立牧场，其中养息牧哈达牧群马营，养息牧边外苏鲁克牧牛羊群及黑牛群牧营，养息牧边外牧群牛营，都位于盛京柳条边西段彰武台边门之外。柳条边外山林江河出产东珠、人参、貂、猞猁狲、獭、鹿、鲟鳇鱼等专供清朝皇室享用的特产，康熙二十一年（1682）规定：“凤凰城至山海关，开原边至萨林窝哩，沿边设有柳条边墙，不得私入禁山。”②

但这里必须强调的是：清朝的皇家禁地，在广阔的东北地区内，所占的土地面积极其有限，不能成为整个东北地区的代名词，更不能成为清朝封禁东北的依据。乾隆帝《柳条边》诗中有“取之不尽山林多，植援因以限人过”③ 之说，他用一个“限”字，来说明柳条边的作用，是颇有道理的。在康熙年间，这种限制的实际情况是：“内外人出入，必登籍以记，他无厉禁。台军

① 王树楠等纂：《奉天通志》卷107，第1页，东北文史编辑委员会1983年版。

② 光绪《大清会典事例》卷233，第20页，台北市新文丰出版公司1976年版。

③ （清）阿桂等纂修：《盛京通志》卷13，第2－3页，1917年铅印本。

俱供补篱浚壑及司晨昏启闭而已。”① 当时只是对出入人员进行登记，并没有禁止来往。

附带说一下“印票”问题。根据清代文献记载，出关印票的使用，开始于顺治朝。顺治十三年（1656）题准：“盛京贸易民人，府、州、县给发印票。”② 因为出关民人必须持有印票，故成为主张顺治朝东北封禁论者的依据。清政府一方面在辽东招民开垦，为什么又规定了印票制度？《清朝文献通考》一书中指出：

> 山海关外，在我朝本为内地。然内外人民往来关口，未尝不稽其出入之数，异言异服，非有勘合验放者，无所容于其间。今自张家口至山海关，较诸故明所设台座，减十之七八，而携带军器有禁，夹带私参有禁，属国朝使持禁物出关，亦有禁。③

这段史料，应当说是比较全面地回答了清政府颁行出关印票的原因，其中主要是为了稽查出入关外人口数，非法携带人参和武器者，以及朝鲜使臣不得带回国的禁物等等。直到乾隆四年（1739）十月，清政府对出关印票的管理办法是：“山海关旗人出入，在守关章京处报名记档放行。惟民人领临榆县印票，赴守关章京处放行。每票一纸，只身者索钱三十三文，有车辆者五六十文、百十文不等。”④ 由此可见，出关印票在此时还与东北封禁毫无关系。

---

① 康熙《锦州府志》卷7，第4页，载《辽海丛书》（二），辽沈书社1985年版。

② 光绪《大清会典事例》卷627，第1页，台北市新文丰出版公司1976年版。

③ 《清朝文献通考》卷26，考5076页，浙江古籍出版社2000年版。

④ 《清高宗实录》卷102，第16页。

二、驱逐流民的封禁令

在清代，“流民”二字的本义，通常是指未编入州县户籍的流动人口，与当代的“流动人口”概念相同。清初鼓励民人出关开垦时期，东北地区就出现了流民问题，主要指偷挖人参的“走山者”。清初文献记载：“凡走山者，山东、西人居多，大率皆偷采者也。每岁三四月间趋之若鹜，至九十月间乃尽归，其死于饥寒不得归者，盖不知凡几矣。而走山者日益多，岁不下万余人。”① 此外，还有前往东北经商做工和种地佣作之人，“宁古塔及船厂工商佣作人等，不下三四万”②。这些流动人口除极少数外，基本上都履行了合法手续，在邻近山海关的临榆县领取印票后，进入东北各地。截止到乾隆四年（1739）为止，关内民人只要到临榆县领取印票，就可以顺利出关。

然而，从乾隆五年（1740）四月开始，出关民人的命运发生了急剧性的变化。清政府以维护东北满族生计的名义，错误地实行东北封禁政策。前往东北垦荒种地的关内农民，一律被视为无业流民，由守卫山海关的清军严行禁止出关。对滞留在东北地区的流民，以10年时间为限，强行编入州县户籍，过期未能入籍者，一律驱逐回原籍。

从顺治朝开始辽东招民开垦，到乾隆初年全面封禁东北，阻止内地民人携眷出关，人们不禁要问，为什么清政府会发生如此重大的政策转变？这只能从东北地区客观形势的发展变化中寻求答案。

---

① （清）杨宾：《柳边纪略》卷3，第7页，载《辽海丛书》（一），辽沈书社1985年版。

② 《清高宗实录》卷356，第14页。

乾隆初年东北地区的内外形势，与清兵入关时已经截然不同。

东北国防方面。清政府取得了反击沙俄侵略的决定性胜利，同沙俄签订了《中俄尼布楚条约》，划定了中俄两国的东段边界。《中俄尼布楚条约》签订后，清军继续增强八旗驻防。吉林将军辖区：康熙三十一年（1692）设伯都讷副都统驻防，五十三年（1714），设三姓副都统和珲春协领驻防，雍正三年（1725），设阿尔楚喀副都统驻防。加上以前设立的吉林将军和宁古塔副都统驻防，使吉林八旗驻防城增加到6处。黑龙江地区：康熙三十一年，修筑齐齐哈尔城，于嫩江西岸设布特哈总管，雍正十年（1732），于海拉尔设呼伦贝尔统领，当年又于呼兰设城守尉。加上以前的瑷珲和墨尔根城，完成了黑龙江八旗驻防的新格局。

雍正末年，东北地区八旗兵总人数超过4万人，兵力上仅次于京畿八旗。据乾隆二十三年（1758）《大清会典》记载：盛京将军辖区驻防八旗兵19 276人，下设副都统3人，城守尉4人，防守尉2人驻防；吉林将军辖区驻防八旗14 392人，下设副都统5人，协领1人，佐领2人驻防；黑龙江将军辖区驻防八旗兵8557人，下设副都统3人，总管1人，城守尉1人驻防。顺治时东北驻防八旗兵只有1500余人，如今“共东三省兵四万二千二百有奇”①，增加25倍以上，东北边疆较清初大为巩固。

经济方面，从顺治年间开始的辽东招民开垦，取得了突出的成绩。东北南部农业区的生产规模，早已大大超过了明代，据雍正初年统计，仅盛京地区开垦的旗地就有1420万亩，另有民地数百万亩。清初，东北地区严重缺粮，康熙中期，清政府曾从天津、山东等地调拨大量粮食，从海路运至盛京地区。到康熙末年，盛京地区已经成为关外粮仓，粮食大量运往关内，“蒙古、

① （清）魏源：《圣武记》上册，卷1，《开国龙兴记》，第10页，中华书局1984年版。

黑龙江、船厂等处，收成偶欠，亦赖接济”①。东北、吉林、黑龙江和西部地区在正常年景下，可以做到粮食自给有余，即使出现粮食歉收，靠从盛京运粮就能满足需要。清初东北“沃野千里，有土无人”的局面，早已荡然无存，盛京根本重地固若金汤。

大清帝国经过百余年的发展，到乾隆帝即位时，正处于它的鼎盛时期。而与此同时，作为清朝柱石的八旗兵，入关百年后渐趋汉化，不仅战斗力锐减，而且北京满族人口不断增多，还出现了严重的生计困难。到了乾隆初年，关外留都盛京地区，也出现了旗人为流俗所染，生计风俗不如从前的状况。

乾隆帝从维护盛京满族生计，保持东北八旗战斗力出发，做出了封禁东北的决定。乾隆帝谕令兵部侍郎舒赫德：“盛京为满洲根本之地，所关甚重。今彼处聚集民人甚多，悉将地亩占种。盛京地方粮米充足，并非专恃民人耕种而食也，与其徒令伊等占种，孰若令旗人耕种乎？即旗人不行耕种，将地亩空闲，以备操兵围猎，亦无不可，尔至彼处，与额尔图详议具奏。”②

乾隆五年（1740）四月，舒赫德向清政府提出封禁东北的八项条款，全部被采纳，从此，全部东北地区开始进入封禁时期。舒赫德的八项条款，基本上是针对盛京地区的，其要点如下：

1. 山海关出入之人，必宜严禁。今后凡携眷移居关外之人，无论远近，不准放出。

2. 严禁商船携载多人。凡浙江、福建、山东、天津等关内沿海省区赴奉天（盛京）贸易船只，一律不得载运与贸易无关之人。

3. 稽查保甲宜严。盛京地区无论旗民，一体清查，情愿入档者取结编入档册，不愿入档者即逐回原籍。

4. 盛京空闲地亩，宜专令旗人垦种。请将盛京旗地、民地，

---

① 《清高宗实录》卷114，第14页。

② 《清高宗实录》卷115，第17－18页。

交各地方官清查，余地全归旗人，禁止民人开垦。

5. 严禁凿山以余地利。除辽阳州所属白西湖（今属辽宁省本溪市）地方，因供应陵寝用煤继续开采外，其他矿场永远禁止开采。

6. 重治偷挖人参，以清积弊。从前偷挖人参不足10两者，处以枷号、鞭责，现分别初犯、再犯、三犯，从重治罪。

7. 整顿宗室觉罗风俗。以后遇有宗室与旗人或民人发生诉讼，俱令呈报将军衙门，会同宗学总管、族长审讯。

8. 出关旗人给予凭记，以便查察。①

清朝实行东北封禁政策，应以上述清政府颁布实施的这八项封禁法令为其标志。因为盛京地区处在联结关内外的重要地理位置，所以封禁了盛京地区，实际上就等于封禁了整个东北。即便如此，以后清政府又陆续颁布针对吉林、黑龙江地区的一系列封禁令。这些封禁令既有针对山海关等陆路交通线的，也有封禁盛京沿海交通线的，还有防范长城古北口外蒙古地区的。

乾隆六年（1741）五月，清政府颁布了针对吉林地区的封禁令："吉林等处系满洲根本，若聚集流民，于地方实无裨益。应如所请（指奉天副都统哲库纳，作者注），伯都讷地方，除现在民人勿许招募外，将该处荒地与官兵开垦，或作牧场。再，出产人参、东珠之吉林江及与长白山、乌苏里等处相通之水旱道路，向来不准行走，应令该将军、府尹等严行查禁。"②

乾隆七年（1742）三月，清政府颁布了针对黑龙江地区的封禁令："黑龙江城内贸易民人，应分隶八旗查辖。初至，询明居址，令五人互结注册，贸易毕促回。病故、回籍、除名，该管官月报。如犯法，将该管官查议。其久住有室及非贸易者，分别注册，回者给票，不能则量给限期。嗣后，凡贸易人娶旗女、家人

① 《清高宗实录》卷115，第19-25页。

② 《清高宗实录》卷142，第8页。

女，典买旗屋，私垦，租种旗地及散处村庄者，并禁。凡由奉天、船厂（吉林市）等处及出喜峰口、古北口，前往黑龙江贸易者，俱呈地方官给票，至边口、关口有查验，方准前往。”①

乾隆十一年（1746）三月，清政府颁布了针对蒙古地区出关长城各口的封禁令：“喜峰口等十五处，亦照山海关之例，令守口官弁会同各该地方官逐项查询，给票放行，仍与奉属地方官按季关会。其古北口、龙井关、青山口、榆木岭、擦牙子等处，一切往来商贩执票赴奉者，俱令从山海关出口，不准由此经行。……山海关至古北口，沿边坍塌边墙及九关台、中后所等处，或（容）易冒险偷越，或系往来稠密，自应一体稽查。应行令古北口提督、奉天将军、府尹等照例办理。”② 清政府通过上述这些法令，全面禁止民人出关到盛京、吉林、黑龙江地区开垦土地，而且严密封锁了山海关陆路，包括盛京沿海各海口，以及蒙古地区长城各关口通向东北地区的交通线。

东北封禁之后，清政府还在民人集中的盛京各州县，驱逐未入籍的流民。按照舒赫德制定的条例，除了商贾、工匠和种地佣工“为旗民所资籍者，准其居住”之外，其余凡是未编入州县户籍的民人，统统被视为流民，“给限半年，勒令回籍”③。后改为十年为期，允许在当地有产业的人，编入州县民籍，将驱逐对象限制在游手好闲的无业之人。乾隆十三年（1748），据大学士傅恒报告：“现在入籍者已万余户，未入籍者亦属无几。至游手无业不安本分者即行驱逐，数年来已逐去六千余人。自愿回籍者，不在此数。”④

吉林地区设立州县于雍正四年（1726）。由于入籍民人本来

① 《清高宗实录》卷162，第17页。

② 《清高宗实录》卷261，第25页。

③ 《清高宗实录》卷127，第23页。

④ （清）傅恒：《清厘奉天流民以培风俗议》，载阿桂等纂修：《盛京通志》，卷129。

不多，乾隆元年（1736），曾将长宁县裁撤，民人归永吉州管理。乾隆六年八月，清政府规定：对已经编入永吉州籍贯的民人，设立甲长、保正管理，“其余未入籍之单丁等，严行禁止，不许于永吉州之山谷陬隅，造屋居住”①。永吉州和泰宁、长宁二县，原属奉天府尹管辖，乾隆帝下令将永吉州改由吉林将军兼管，同时裁撤泰宁县，民人开垦土地交给八旗兵耕种。这样做的目的，就是防止民人大批进入吉林地区。

盛京地区与直隶（河北）毗邻，辽东半岛又与胶东半岛隔海相望，是关内民人走陆路和海路进入东北的必经之地，因此成为东北封禁的重点地区。

乾隆十一年（1746），奉天府尹苏昌奏请稽查游民三事：

其一，山海关迤北至喜峰口一带边墙缺处，游民冒险绕越。请咨直隶总督、古北口提督巡防。奉天以西一带，交锦州副都统率该府加紧巡查。

其二，内地游民出古北、喜峰等口，由八沟、塔子沟绕入奉天境内。请令直隶总督、提督转饬塔子沟通判、河屯协副将实力检查。

其三，奉天之南，金州、复州、海城、盖平四城，与山东登州、莱州二府相对，山东商船私载民人，势所不免。奉天八旗兵丁散居各屯庄，轮班赴城供差，似难坐守。海滨各口，又无墩堡。请饬商船，俱于有官兵处停泊上岸，以便稽查。如无引票，即递回原籍。②

清政府全部采纳了苏昌的建议，下令有关部门立即执行。

乾隆十五年（1750），清政府再次强化对盛京地区海陆交通线的封禁：“令旗民地方官于奉天沿海一带严行稽查，并行文闽

---

① 《清高宗实录》卷150，第6页。

② （清）李桓辑：《国朝耆献类征初编》卷169，《苏昌传》，载周骏富辑：《清代传记丛刊》，台北明文书局1989年版。

（福建）、广（东）、江（苏）、浙（江）、山东各督抚，查禁商船携带闲人。再，山海关、喜峰口等处及九处边门（指盛京柳条边西段邻近蒙古地区各边门），俱责该管章京及州县严禁。”①

乾隆二十六年（1761），清政府又将原有的封禁令进行修改，谕令直隶、山东等省督抚转饬边关、海口：“嗣后，赴奉天民人内查系并无贸易，又无营运者，严行查禁。”② 这就等于取消了单身佣工出关不受限制的条款，还允许领取印票进入东北的，只有从事商品贸易和运输的商人，连手工匠人实质上也被排除在外了。

乾隆四十二年（1777），山东布政使国泰奏称：单身流民积渐成夥，较携眷就食者，更易作奸，请由地方官给票出口之处查禁。清政府又下令：“嗣后，如有藉称寻亲出口赴奉天，并无确据者，不许给票。如滥给，滋事发觉，即将给票官降二级调用。至该布政使称，偷越总由船户，亦应如所请。嗣后，山东登、莱等处有票船只，如有夹带无照流民，私渡奉天者，杖九十，徒二年半，船只入官。从之。”③ 从此，关内民人出关前往东北探亲，都要受到地方官员的严厉控制。失察的地方官员，还要受到降职调离的处分。船户携带无照流民被查出，要判外两年半徒刑，还要没收船只，东北封禁可谓达到了极点！

三、安插流民的满族官员

在乾隆帝决定实施东北封禁之初，曾经与兵部侍郎舒赫德商议此事。君臣两人一致认为：“奉天地方为满洲根本所关，实属

---

① 《清高宗实录》卷356，第13－14页。

② 光绪《大清会典事例》卷158，第19页，台北新文丰出版公司1976年版。

③ 《清高宗实录》卷1028，第4－5页。

紧要，理合肃清，不容群黎杂处，使地方利益悉归旗人。但此等聚集之民，居此年久，已立有产业，未便悉行驱逐。须缓为办理，宜严者，严之；宜禁者，禁之。数年之后，集聚之人渐少，使满洲各得本业，始能复归旧习。”① 然而，事情的发展完全超出他们的预料，数年之后，出关民人不但未见减少，反而越聚越多。尽管清朝统治者接连不断地实施新的封禁令，东北地区民人的数量仍然持续增长，详见表9。

表9　乾隆朝奉天府人口统计表

年　代	户　数	人口数
乾隆六年（1741）	31 500	138 190
乾隆十六年（1751）	36 584	162 261
乾隆二十六年（1761）	45 378	304 091
乾隆三十六年（1771）	51 878	358 265
乾隆四十六年（1781）	55 497	390 914

（资料出处：阿桂等纂修《盛京通志》卷36，1917年铅印本。）

在严厉封禁的40年间，奉天府所辖辽东地区人口，由138 190人增加至390 914人，为40年前的3倍。锦州府所辖辽西地区人口，也由乾隆六年的221 432口，增加至398 179口。乾隆四十六年（1781），盛京将军辖区民人总数合计为789 093人。这些还是编入州县户籍的人口，加上未登记的流动人口，其实际人口还要多于此数。

盛京地区人口大规模持续增长的主要原因，与以满族为主的地方官员有关。从乾隆初开始，一直延续到道光朝的封禁政策，受到东北地方官员的抵制。他们想方设法将本地流民纳入州县户籍，而不加以驱逐。与此同时，他们对新进入东北的流民，则以

① 《清高宗实录》卷115，第18页。

驱逐困难为由，尽可能在当地予以安插。

盛京为清朝留都所在，故有“满洲根本”之称。尤其是盛京地区设立民治机构早，数量相对多，流民人数众，因而成为实施东北封禁的重点地区。盛京地区又有旗界和民界之分，旗界是八旗驻防之地，归盛京将军统领，民界指府、州、县所在地区，由奉天府尹管辖。根据这种行政权力的划分，流民问题最初由奉天府尹具体负责。当时盛京地区有大片荒地可以开垦，八旗官兵也需要雇用劳动力耕种旗地，北方农民大量出关开垦种地，适应了东北地区经济发展的客观需要。所以清朝的东北封禁政策一出台，就受到了盛京地方官员的强烈抵制。

奉天府尹吴应枚先后两次上疏，公开提出不同意见。

乾隆五年（1740）九月，他在首次奏疏中申明：奉天未入籍民人给限半年，勒令回籍一事，“实难办理”；商贾工匠本不侵占旗人土地，应由地方官就近给票，便之各自谋生；单身出关民人，并非全是无业游民，若一概禁止，“反多未便”；辽阳州千余名采煤工人，曾经单独编设保甲，从来未在地方滋事，应该允许继续开矿。①

乾隆六年（1741）二月，吴应枚第二次上疏：公开反对不分青红皂白驱逐流人回籍的做法，主张流人愿入籍者，准取保结，给照编入；不愿入籍又未能马上回籍者，暂作另户编设保甲，陆续给照回籍；老弱孤苦、疾病贫乏、原籍无亲可投者，酌给资送，“不愿回籍者，添设孤贫口粮安插”②。

清政府从吴应枚的两次奏疏中，察觉出他反对驱赶流民的立场，因此将他从奉天府尹任上调离，派光禄寺卿霍备从北京前来接替。霍备到任后，对于处置流民问题，并不公开上疏反对，而是干脆置之不理。乾隆十一年（1746）正月，清朝军机大臣向乾

---

① 《清高宗实录》卷127，第23－25页。

② 《清高宗实录》卷137，第11页。

隆帝报告：“霍备莅任数载，其各州县流寓民人，并未取保入籍，亦未令其回籍，漫无稽查，而定议后出关人数，续添四万七千余口，聚集益众。”① 乾隆帝极为恼怒，下令将霍备革职充军。

乾隆帝还认为吴应枚和霍备都是汉人，在感情上同情汉族流民，因此他打破以往由汉人担任奉天府尹的惯例，改由满族人苏昌为奉天府尹，以便有效地推行封禁政策。乾隆十六年（1751），清朝又规定：“奉天案牍关涉旗民者多，嗣后，奉天州县缺出，专用满洲人员。”② 后来发现满族州县官处理民事多有困难，又改为兼用满汉官员。

然而，满族出身的清朝统治者万万没有料到，东北满族地方军政官员对待流民的立场，与奉天府县的汉族官员并无二致。如果要说有所区别的话，在设法安插流民时，汉族官员多少会有些顾忌，满族官员更加敢说敢做罢了。例如，上面讲到奉天府尹霍备，对流民漫无稽查，背后就有盛京将军达勒当阿的支持。按照清朝官制，盛京将军负有“节制奉天府尹”之责，但霍备受到革职充军的严厉处分，达勒当阿不过受到“同任地方，咎亦难辞”③ 的几句责备而已。所以满族官员自恃其特殊地位，出于维护地方利益的需要，不但不积极驱逐流人，还想尽各种办法招徕容留他们。

以设立“附籍”之名，将流民继续留在地方。乾隆十五年（1750），东北封禁政策已经实施 10 年，即使按照原奉天府尹吴应枚力争的时间，也到了解决流民入籍问题的最后期限。此时对仍然没有加入州县户籍的流民，就应当按规定进行驱逐。当年八月，盛京将军阿兰泰向清政府提出：将流民内置有产业，不欲回籍，而又不愿编入州县户籍者，予以“附籍之名”，不予驱逐。

① 《清高宗实录》卷 257，第 5 页。

② 光绪《大清会典事例》卷 1093，第 2 页，台北新文丰出版公司 1976 年版。

③ 《清高宗实录》卷 257，第 5 页。

乾隆帝对此十分不满，指责阿兰泰“曲循其意办理，甚为不合”，但同时又对此做出让步说，“或因向来地方官办理不善，未经恺切晓谕，以致小民无知，迟疑观望耳。著再加恩展限十年，令该将军并地方官等，详晰申明晓谕”①。阿兰泰提出的“附籍”之名，虽然未被乾隆帝认可，但由于又展限10年，以后驱赶无籍流民一事，也就不了了之。

养蚕流民，编立保甲。盛京地区所属锦州、复州、熊岳、盖州等处，地势沿山滨海，山中盛产柞树，可以养蚕织绸。东北封禁后，清政府在盛京地区严查保甲，驱逐无籍民人，使流民进入州县从事开垦遇到很大困难，他们便转向山区，从事养蚕业。乾隆二十七年（1762）六月，据清政府派往盛京的钦差大臣、刑部右侍郎阿永阿调查得知：有不少山东流民在盛京沿海山区搭盖窝棚，以养蚕为业。每年春、夏二季，放山蚕食柞树叶，各自分界守卫。秋天收获蚕茧后，这些流民“则捻线度日，聚赌斗殴之事，不一而足”，对地方治安产生一定影响。根据清朝的封禁法令，这些流民显然应该加以驱逐。但钦差大臣阿永阿和盛京地方官共同建议：“此等民人，应交该处旗民官查明，编为保甲，设立棚长、牌头管束。倘有生事不法，分别情罪办理。”② 清政府因为这些养蚕流民并不占垦土地，又有利于发展地方丝织业，遂同意他们的请求。于是，盛京地方官在这些流民中编立保甲，他们取得了合法居住的户籍身份。

利用关内出现自然灾害，清政府弛禁时机，大批吸纳外来流民。乾隆八年（1743），关内直隶所属天津、河间等府发生严重旱灾，大批饥民涌向山海关、喜峰口、古北口等地，前往关外寻求生路。清政府怕强行阻拦引起民变，乾隆帝密谕守关各口，

---

① 《清高宗实录》卷371，第10页。

② 《清高宗实录》卷665，第4页。

"准流民出关就食"①。第二年，北方各省再次出现大旱，清政府也援例允许饥民出关觅食。盛京地方官员顺水推舟，积极收容流民。前面提到乾隆十一年（1746），盛京地区的出关流民一下子增加了4万多人，实际上与前几年的弛禁有很大关系，奉天府尹霍备因此被革职充军，实在有些冤枉②。

乾隆五十七年（1792）六月，直隶南部发生大旱。北京城内外到处都是乞讨的饥民，清朝统治者唯恐变生肘腋，谕令直隶地方官晓谕饥民："今年关东盛京及土默特、喀尔沁、敖汉、八沟、三座塔一带，均属丰收，尔等何不各赴丰稔地方，佣工觅食。"③地方官得到如此明确的命令，于是大开关门，听任流民出关前往内蒙古和东北各地。

从九月开始，"携眷外出之民，日渐稀少，惟出山海关者依然络绎"。直隶提督庆成害怕出关人数过多而遭到斥责，提出让山海关副都统和临榆知县对流民进行盘查，"实在贫民方许出口"。岂料这种主张竟遭到乾隆帝的斥责，他特别告诫有关官员："山海关外盛京等处，虽旗民杂处，而地广土肥，贫民携眷出口者，自可藉资口食，即人数较多，断不至滋生事端，又何必查验禁止耶？……贫民出口者甚多，岂能一一查询？即使向其盘诘，伊等亦何难自认为灾区之人，该副都统等又何从为之辨别？是该提督所奏，不但无益，且恐转滋扰累。"④ 这一年从六月开始，直到十一月，携眷出关民人连绵不断，具体人数虽未见清朝文献记载，但下一年有个数字可供参考。

乾隆五十八年（1793）十一月，吉林将军恒秀奏报："上年

---

① （清）蒋良骐：《东华录》乾隆八年六月，中华书局1980年版。

② 《清高宗实录》卷468，第6页：乾隆十九年（1754）六月，"军机大臣等查奏：坐台废员内，原任奉天府尹霍备，到台六年有余，……得旨：霍备在台已久，年亦衰老，著加恩准其回籍"。

③ 《清高宗实录》卷1408，第6页。

④ 《清高宗实录》卷1417，第7－8页。

直隶岁歉，蒙恩听求食流民出关，计到臣所属地方者，万五千余人，吉林屡丰，流民均获生全。今年内地有秋，饬令回籍，咸云甫经全活，移回转苦失业，路费亦艰，察其情形属实，似宜俯听。但人数众多，恐不肖杂处生事，请照例造入红册，自来岁为始，交丁银。”① 恒秀的请求得到批准，这些“求食流民”就被列入红册，成为当地土著居民。从到达吉林地区的流民为15 000人推算，盛京地区的流民当在几倍甚至十几倍以上。

从东北地理条件来看，直隶流民出关，无论走山海关还是喜峰口，盛京地区是其必经之地，而且由于气候温暖，是大多数人的首选之地。其次，则是前往盛京柳条边西部蒙古地区，所以清朝统治者劝告流民出关，前往“关东盛京及土默特、喀尔沁、敖汉、八沟、三座塔一带”，根本没有提到吉林。最后到达吉林地区的只是其中的少部分人，其原因正如吉林将军恒秀所说，道路遥远，“路费亦艰”。《吉林通志》里面载有一个典型的例子。伯都讷汉族地主于凌奎，有一次去盛京城做生意，“道遇流民百数，以丐为资。问安之？则曰：将垦荒自活。问荒所在？无以对。乃资之至伯都讷，以己荒分佃焉，屋庐什物咸具。至者如归，咸与尽力，而（于）凌奎利乃不赀”②。这个例子说明，如果没有于凌奎提供资金帮助，这上百流民根本不可能到达伯都讷。所以说如果到达吉林地区流民有15 000人，盛京地区就有可能到达15万人。

盛京地区正式有人口统计数字，始于乾隆六年（1741）。据前面“表9”，奉天府所在的辽东地区人口总数为138 190人。到嘉庆末年（1820），总人数计1 314 971人，在这80年的时间内，奉天府人口增长了近9倍，纯增加人口为1 116 781人。劳动力的

---

① 《清高宗实录》卷1440，第2页。

② 详见（清）长顺修：《吉林通志》卷110，《于凌奎传》，吉林文史出版社1986年版。

增长。必然导致耕地面积的增长。雍正四年（1726），奉天府民地总数为323 634亩，嘉庆末年达212万余亩。① 民地增加数字比人口增加要少一些，与有相当数量民人为满族地主佣耕有关。

乾隆三十六年（1771），吉林地区新编民户8856户，男妇44 656人，十年之后，增加为22 513户，男妇114 429口②与十年前相比，户与口数各增加一倍以上。据嘉庆十七年（1812）册报，吉林丁口307 781，“其八旗驻防人丁不与其数”③。与40年前的44 656人相比，增长的速度是很惊人的。

乾隆、嘉庆时期，东北人口的持续增长，与关内广大流民的反封禁斗争固然有一定关系，而以满族为主的东北地方官员积极吸纳和安置流民的做法，更起了推波助澜的重要作用。例如，嘉庆十五年（1810）十一月，吉林将军赛冲阿奏报清廷：吉林厅查出新来流民1459户，长春厅查出新来流民6953户。两厅相加，合计为8402户，每户即使以5口计算，也有4万人以上。若不是当地官员有意招徕安置，是不可能有这么多的流民冒险迁居的。

嘉庆帝从赛冲阿的报告中意识到：流民屡禁不止、越禁越多的原因，就在于“各该管官总未实力奉行”。所以每查办一次，辄增出新来流民数千户之多，而且满族地方官还以“该流民等业已聚族相安，骤难驱逐为词，仍予入册安插”。下次再查办依然如此，久而久之，在满族地方官的心中，东北封禁令实际上成了一纸空文。嘉庆帝因此十分愤怒，他在赛冲阿的奏折上指示：“试思此等流民，多至数千户，岂一时所能聚集？该地方官果能于入境之始，认真稽察，何难即时驱逐？且各该流民经过关隘处所，若守口员弁，果能严密稽察，何能携族偷越？”④

---

① 嘉庆《大清一统志》卷59，第9页，上海商务印书馆1934年版。

② （清）阿桂等纂修：《盛京通志》卷36，第10页，1917年铅印本。

③ （清）长顺修：《吉林通志》卷38，第11页，吉林文史出版社1986年版。

④ 《清仁宗实录》卷236，第2－3页。

嘉庆帝反问得再好不过，因为答案正在其中。地方官若能认真执行封禁令，即使有流民潜往东北，决不会在一个地方聚集数千户之多；地方官在流民入境后能严格稽查，驱逐起来并不会有多少困难；守卫长城各关口的八旗官兵能严密守卫关卡，虽然不能保证不放出一人，但肯定会截住成群结队出关之人。问题就出在这些守卫长城关口和管理地方的满族官员身上。

但嘉庆帝要依赖他们维持大清朝的统治，不能将他们统统撤职，更不能把权力交给汉族官员。他在大发脾气之后，唯有无可奈何地宣布："除此次吉林、长春两厅查出流民，姑照所请入册安置外，嗣后责成该将军等，督率厅员实力查禁，毋许再增添流民一户。"① 至于能否真正做到不再"增添流民一户"，恐怕连嘉庆帝自己也不会相信。

四、招徕流民的满族群众

乾隆五年（1740），清政府强行封禁东北后，当地满族官员并不积极执行封禁令，还想方设法安置出关流民，致使前往关外的流民愈来愈多。东北满族官员之所以这样做，除了对远来流民境遇的同情之外，更主要的是为了满足关外旗地劳动力的需要。东北的八旗兵丁往往大多依靠雇用民人种地，尤其欢迎关内流民的到来，他们利用地方州县驱逐流民的机会，大肆招徕流民开垦荒地。东北封禁以后，盛京旗地面积仍然不断增加，以及大量旗余地的出现，都是广大满族群众招徕流民开垦的结果。

满族在农业生产中使用雇佣劳动，有着悠久的历史传统。明朝正统二年（1437）六月，朝鲜方面派人越过鸭绿江，前往建州卫指挥使李满住的驻地进行侦察后，向朝鲜国王报告说："理山

① 《清仁宗实录》卷236，第2－3页。

体探金将等五人潜渡婆猪江，直抵兀剌山北隅吾弥府，见水两岸大野，率皆耕垦，农人与牛，布散于野，而马则不见。”① 当时的农业生产的主要劳动力，是靠掠夺汉族和朝鲜人来解决。16 世纪末，满族兴起于辽东山区时，仍然靠奴隶进行农业生产。17 世纪 20 年代，努尔哈赤占领沈阳、辽阳后，将全体满族人迁移辽沈地区，对八旗兵实行“计丁受田”，农业生产在满族经济生活中占据主导地位。

顺治元年（1644），八旗主力连同家属“从龙入关”，盛京地区仅留少数八旗兵驻防，仍然留在当地的满族群众开始从事农业生产。清政府实行辽东招民开垦，当时出关到盛京所在州县的民人，都是以“户”为单位，举家迁移关外的。与此同时，还有许多单身佣工，出关为满族地主耕种土地，靠赚取佣金谋生。

乾隆五年（1740）四月，清政府宣布封禁东北时，重点强调严禁携眷民人出山海关，而将单身佣工排除在外。这种似乎矛盾的规定充分表明，清政府既害怕汉族流民出关私垦地亩，妨碍旗人生计，又担心满族地主缺乏劳动力，而影响旗地上的农业生产。当时除了满族地主拥有大片土地，离不开单身佣工不说，就是一般八旗兵丁，平时披甲当差，战时出征打仗，也有雇工种地的习俗。

关于满族群众使用雇工的情况，在清代文献中记载较多。例如：乾隆初，严禁携眷民人出关时，奉天府尹吴应枚即在奏折中指出：“旗人地亩，不许全雇民人耕种取租，必须三时力作，相率务农。”他的这种主张意在强调，流民难以驱逐的责任，在于旗人招佃耕种。后来清政府经研究决定：“现在当差者，雇觅民人耕种，仍听其便。”② 实际上等于承认现状。乾隆六年

① ［朝鲜］《李朝世宗实录》卷 77，第 35 – 36 页，中国科学院科学出版社 1957 年版。

② 《清高宗实录》卷 127，第 24 页。

(1741)，吴应枚又向清政府建议："旗人披甲当差者，雇人耕种，须家长雇主结报，门牌注明，来去随时报明领催、乡保。"① 乾隆帝首次到盛京谒陵时，注意到旗地上的雇佣劳动情况。他认为从前旗人自己种地，"今则（旗人）本身自种者少，雇民佃种者多"。乾隆帝从维护东北封禁政策出发，把这种现象归结为"现在流寓民人甚多"② 所造成的。他的看法是完全错误的，如果不是满族地主需要雇用大批佃农种地，何来如此多的流民？流民无地可种，自然迁移他乡，另谋生路去了。

外来流民在为满族地主种地之余，还开垦了大量新的旗地，被称为"旗人余地"或"旗民余地"。雍正五年（1727）对盛京旗地进行丈量，登记注册，称为"红册地"，前面已有论述。阿桂等纂修《盛京通志》记载：乾隆二十七年（1762），清政府又对盛京旗地丈量，"共丈出盛京等处余地三十五万一千八百二十五日零，并历年自行首出，经官查出，及裁汰马兵随缺地亩，作为余地"③。乾隆三十二年，清政府决定对盛京旗余地照例征银，据盛京兵部侍郎富德奏称："盛京现丈出旗民余地三十一万余晌，每年租银十一万二千四百余两，请令银米兼收。"④ 这两个数字有所不同，即使按照 31 万晌计算，也合 186 万亩，按一丁种地 6 晌的话，就需要 5 万人耕种，外来流民数量之大可知。

除了使用雇工之外，满族地主还将旗地租给关内流民耕种，使他们成为交纳地租的佃户。例如，辽阳满族《富察氏谱本》中记载：康熙末年，报册地 300 余亩，至乾隆二十三年（1758）设庄招佃，同时建房掘井，栽树成林，兴建村屯。兴京满族地主隗色克图家有闲荒土地，租给民人刘之富耕种，"一日地是四十斗粮"，收取的是实物地租；海城速山屯的户部何老爷，"每日地要

① 《清高宗实录》卷 137，第 11 页。

② 《清高宗实录》卷 206，第 2 页。

③ （清）阿桂等纂修：《盛京通志》卷 38，第 17 页，1917 年铅印本。

④ 《清高宗实录》卷 779，第 13 页。

三吊市钱租价”，佃户交纳的是货币地租。①

乾隆时期，盛京地区出现严重的“民典旗地”问题，就是满族人将自己的旗地，典卖给民人租种的直接结果。关内流民初出关时，先是为满族人做佣工耕种旗地，双方属于雇佣关系，对满族人的生计构不成威胁，相反，还受到欢迎。流民掌握农业生产技术，又勤劳苦干，善于经营土地，满族人于是干脆把旗地租给他们佃种，形成租佃关系。久而久之，满族人出现生活困难，就把旗地卖给佃户换取急需的金钱。由于清朝规定“旗民不交产”，为了蒙蔽八旗官员，便用典地的名义出卖旗地。盛京典卖旗地数量之大，以至于清政府派出钦差大臣专门前往处理此事。

三十八年（1773）二月，钦差大臣、尚书裘曰修等人奏：“查盛京民典旗地计十二万余晌，蒙恩动帑回赎。请嗣后原业旗人，自能耕种，准其撤回。原佃民人欠租，官为催比。如抗玩不交，撤地另行招佃。至帑项未经扣完以前，旗人不能自种，佃户又无拖欠，遽将地亩撤回者，治罪示儆。得旨，所奏是，依议。”② 仅清政府调查出来的典卖旗地就有12万晌之多，因为卖地是违法的，所以实际数目要更多一些。清政府动用国库银两，将这些查出来的典卖旗地全部赎回，归还给原来的满族人。名义上要从满族人领取的饷银中扣除清政府赎地费用，实际上不过官样文章。因为这些满族人要有钱，就不会卖地，这样做势必给满族人造成新的困难。根据钦差大臣裘曰修提出的方案：满族人能自己耕种的，可以撤佃自种，不能自己耕种的，仍然允许租给原来佃户耕种。

东北满族承担着繁重的兵役负担，雇用流民种地是不可避免的。嘉庆八年（1803）春天，大理寺卿窝星额奉命前往盛京出

① 中国第一历史档案馆藏：《刑科题本》，转引自李燕光等主编：《满族通史》，第348页，辽宁民族出版社1991年版。

② 《清高宗实录》卷926，第18页。

差，他回来后向嘉庆帝报告关外见闻说："见出关民人，或系只身，或携带眷属，纷纷前往佣工贸易。缘关外地方佣趁工价，比内地较多。若遇偏灾年分，山东、直隶无业贫民，均赴该处种地为生，渐次搭盖草房居住，是以愈集愈众。现在一应物价，因生齿日繁，未免增贵，惟米价较之内地，尚为平减。"①

据窝星额所说，流民冒险出关的重要原因之一，是因为关外满族给种地雇工较高的工价，高工价背后的原因，则是对劳动力的极度需求。在这种情况下，满族群众积极招徕流民，有利于东北农业经济的发展。

大清帝国自乾隆帝即位后，国家进入鼎盛时期。农业经济持续增长，社会保持长久安定，百姓的生活得到改善，人口出现迅速增长。乾隆初年，全国人口突破了两亿大关，到乾隆晚期，又超过3亿。人口增长过快，土地却无法增加。特别是北方山东、直隶、河南等省，不仅耕地严重不足，而且自然灾害频繁。与此相反，在盛京乃至整个东北地区，乾隆中期人口不过几百万人，仍然是地广人稀，有大片的荒地等待开垦。诚如窝星额说的那样，一遇发生自然灾害，"山东、直隶无业贫民，均赴该处（东北）种地为生，渐次搭盖草房居住"，逐渐成为东北土著居民。所以东北封禁政策，是违背客观经济发展规律的，因此注定要失败的。

连嘉庆帝听完大理寺卿窝星额的报告后，面对不可阻挡的东北流民，也只能无可奈何地说："总由旗人等怠于耕作，将地亩租给民人，坐获租息，该民人即借此牟利。"② 这就是清政府虽然封禁东北，又不得不允许单身佣工出关，从而导致流民屡禁不止的根本原因。

---

① 《清仁宗实录》卷111，第19－20页。

② 《清仁宗实录》卷111，第20页。

五、岫岩、新民、昌图三厅

乾隆、嘉庆、道光三朝，出关流民冒着被驱赶回籍的风险，在极其困难的条件下，进入盛京、吉林地区，为旗人佣工和开垦旗余地。此外，还有相当数量的流民，进入未设州县的边缘地带，开垦荒地自谋生计。清政府面对无法驱逐这些流民的情况下，只好承认现状，设立民治机构以加强管理，在盛京地区增设岫岩、新民、昌图三厅。这三个厅的设立，既是广大流民反封禁斗争的胜利，也是东北满族地方官因势利导，组织流民开垦土地的成果。

1．岫岩厅的设立与盛京东部山区的开发

清初实施辽东招民开垦时，山东胶东半岛的农民大多乘船，沿渤海进入辽东半岛南部金州、复州等州县所在地区。乾隆五年（1740）东北封禁后，仍有一部分山东农民进入上述地区从事柞蚕放养业，前面已经提到此事。但是，多数胶东农民放弃传统路线，而是乘船顺黄海北上，沿着今天辽宁省大连市、庄河市海岸线，进入辽东半岛东部山区。

盛京东部黄海沿岸千余里之地，直到乾隆初东北封禁时，还未设置任何州县，清军仅在岫岩、凤凰城驻守八旗兵设防。据乾隆中期担任凤凰城城守尉的博明希哲记载："凤凰城乃极边，而山之陬，水之涯，草屋数间，荒田数亩。问之，无非齐人（指山东人，作者注）所葺所垦者。"① 乾隆三十七年（1772）三月，鉴于进入东部山区流民的持续增加，盛京工部侍郎兼管奉天府尹

① （清）博明希哲：《凤城琐录》，第3页，载《辽海丛书》（一），辽沈书社1983年版。

雅德，向清政府建议将熊岳理事通判移至岫岩：“奉天属岫岩城，幅员辽阔，旗民杂处。该城向未设民员，归城守尉专管，分隶辽阳、海城、盖平、复州、宁海等五州县兼辖，相距各二、三、四百里不等，稽察难周。熊岳理事通判现无应办事，请移驻岫岩界内，命盗、户婚等案，悉归该通判，分别旗民，照例办理。应征地丁钱粮、余地租银，亦归催征，铸给岫岩理事通判关防。”①

清政府采纳雅德的提议，于当年将熊岳理事通判移驻岫岩城，正式设立岫岩厅，以岫岩通判兼辖凤凰城。岫岩厅设立之初，管辖范围极其广大，东起凤凰城，西抵盖平县，南至大海，北达辽阳，包括今天辽宁省岫岩、庄河全部和凤城、东港、本溪市部分地区。岫岩厅的设立，有助于加强地方治安，减少“命盗、户婚”案件，形成相对稳定的社会秩序。尤其重要的是，它使进入东部山区的流民，变为清政府管辖下的编户，并进一步吸引流民的到来。

乾隆、嘉庆时期，以山东农民为主体的流民，开始大规模进入岫岩厅辖区。据民国《岫岩县志》卷3《氏族》条，共记载该县26支大族，其中因饥荒逃难、经商落户的汉人占19支。从26支大族的省份来看，山东一省占14支；从他们迁居岫岩的时间来看，乾隆朝6支，嘉庆朝8支，都占半数以上。岫岩原为满族聚居地区，由此可证，乾嘉时期山东流民在当地人口中的比例，已经大大超过满族。

以岫岩厅为中心的盛京东部山区，农业生产欣欣向荣，外来流民主要分布在大孤山、双山子、红旗沟、青堆子、瀛纳河、大庄河、搭拉腰子、花园口、尖山子、娘娘城、城儿山城、黄骨岛城等12个大的村镇。其中大孤山地方，舟车辐辏，商贾云集，成为东部山区的商品集散地，“江南杉船每年入口者，不下数百余号，输出之品即大豆一宗，可至四十万石有奇。以故商业繁兴

① 《清高宗实录》卷905，第1－2页。

为东边冠，清咸、同间，几与营口齐名”①。道光末年，清政府被迫转变政策，首先在凤凰城地方，令地方官分别招佃征租，承认流民垦荒的合法性，为后来光绪年间清政府在柳条边外东部山区设立州县奠定了基础。

2. 科尔沁招垦与昌图设厅

乾隆时期东北封禁后，有许多关内流民经塔子沟（今辽宁省朝阳市）等处，来到盛京北部科尔沁蒙古地区。从咸丰《开原县志》来看，不断有流寓人口入籍的记录。盛京柳条边所属法库边门之外、科尔沁蒙古旗界内，有许多前来种地和贸易的流民。乾隆五十年（1785），清政府将边外流民驱入边内居住，以避免发生汉、蒙民族矛盾，同时又保留9屯民人及烧锅（造酒作坊）13座，“以为王旗祭祀之用”②。这种情况说明，关内流民的到来，受到科尔沁蒙古王公的欢迎，双方不仅没有出现矛盾，还存在着互相依存的关系。

嘉庆七年（1802），游牧盛京北部的科尔沁左翼王公出于生计困难，以各部落有闲荒山场为由，向清政府恳请招民开垦。此举得到清政府同意后，关内流民纷纷前来种地谋生，短程四年时间，流民人数便多至几万，清政府于“嘉庆十一年，设理事通判一员，巡检一员，管理狱事”③。昌图厅设治之后，辖境包括今辽宁省昌图、康平、法库县，以及吉林省部分地区。

由于昌图厅设立后，当地蒙古王公收入倍增，引起其他王公纷纷效仿，私自招徕流民种地。道光二年（1822）七月，盛京将军晋昌奏报清廷说：“盛京法库边外，科尔沁达尔汉王、宾图王二旗界内，向有蒙古招留流民耕种地亩，并开设铺店生理。……

---

① 民国《庄河县志》卷10，第5页，1921年铅印本。

② 咸丰《开原县志》卷2，第30页，咸丰七年（1857）刊本。

③ 光绪《昌图府乡土志》，见《东北乡土志丛编》，第446页，辽宁省图书馆1985年印本。

因土著蒙古贪图租粮，陆续私招流民给荒开垦，现在民人已有二百余户，垦成熟地已有二千余晌。"① 第二年九月，晋昌派属下官员前往科尔沁蒙旗调查发现：卓哩克图王旗私招流民255户，垦地3184亩，有铺店酒局16座；宾图王旗私招流民103户，垦地1546亩，有铺店酒局12座2。道光六年七月，晋昌又向清政府奏报，"查出卓哩克图王、宾图王二旗界内，新招流民五百七十二户，续查出卓哩克图王旗界内，新招流民一百九十三户"②。

在科尔沁蒙旗招徕流民开垦已是大势所趋的形势下，清政府只好承认既成事实，于道光十二年（1832）七月，正式颁布《科尔沁旗开垦荒地章程》③，设局划界放垦。以后科尔沁蒙旗出现王公招民取租，借资度日；民人无恒产，赖种地得以养生，委系两相乐从的局面，盛京北部地区最早结束封禁，进入放垦蒙旗荒地阶段。

3. 新民厅之设与辽东湾地区的局部开垦

辽东湾地区，是指今天锦州东部至营口西北部，具体包括辽宁省所属锦州、葫芦岛、营口、盘锦四市及其周围地区。迄止嘉庆初年，横跨辽河两岸的辽东湾地区，全部都隶属于地处辽西走廊的锦县管理。民治机构设立如此之少，其原因与大凌河牧场有关。

清初设置的大凌河牧场，位于辽东湾地区，加上为牧场马匹供应饲料的内务府官庄，占去了大片农田，仅大凌河东岸地区，就有可耕地3000顷以上。东北封禁期间，进入辽东湾地区的流民，开始私自开垦大凌河牧场的土地。为了对流民进行有效控制，清政府"以巨流河巡检驻新民屯，事在乾隆初年"④。盛京

---

① 《清宣宗实录》卷38，第10页。

② 《清宣宗实录》卷100，第4页。

③ 《清宣宗实录》卷215，第37－38页。

④ 光绪《新民府乡土志》，见《东北乡土志丛编》，第2页，辽宁省图书馆1985年印本。

地方官员曾多次奏请，允许当地流民开垦牧场闲荒交纳租赋，而清政府均以有碍马政，不予批准。嘉庆十七年（1812）吏部尚书松筠奉命前往盛京，筹划移驻宗室房地等事宜。当年八月，松筠向清朝报告移驻计划称："查明西厂自大凌河东岸至秃婆婆店西首，有可耕之地三千顷，可移驻旗人二千余户；东厂周围数百里，地多积水，其积水皆自北山柳条边而来，若自边墙相地开河，使入川归海，则可涸出沃壤。又东柳河沟一带亦多积水，若自北山东，由巨流河至鹞鹰河横开大渠，束水入川归海，亦可得沃壤数千顷。又奏续勘彰武台边门外，养什木河迤西一带，牧厂闲地东西宽三四十里，南北长六七十里，足可移驻；并请于大凌河西厂东界一带酌垦田数十顷，先行试种。"①

因为开垦牧场荒地的目的是为了移驻盛京的清朝宗室皇族，所以嘉庆帝很赞成松筠的计划。但是缺乏开凿渠道的费用，他只好同意先雇用流民试种，如果获得丰收，可以陆续扩大开垦面积。大凌河牧场土地肥沃，次年试种 5000 亩，获得了大丰收，种地流民纷至沓来，踊跃开垦荒地。

嘉庆十八年（1813）六月，清政府"分承德、广宁二县地置新民厅，隶奉天府"②。新民厅的管辖范围，南到承德（今沈阳市），西抵广宁（今北宁市），北至彰武台养息牧场，南尽辽东湾沿海地区。盛京将军和宁与新民厅官员，联合奏请嘉庆帝："现在大凌河一处，垦成熟地五十顷，计四年加垦，可得熟地一千顷。养息牧河一处，垦成熟地一百六十八顷，计五年加垦，可得熟地八千四百顷。该旗佃等甚为踊跃。"这个计划得到嘉庆帝的赞成，"著即循照办理，自可冀地利日辟也"③。扩大开垦荒地的计划面积，两处土地相加将近 100 万亩，可知辽东湾地区荒地之多。

① 《清史列传》卷 32，《松筠传》，中华书局 1987 年版。

② 《清史稿》卷 55，《地理二》。

③ 《清仁宗实录》卷 275，第 14 页。

然而，清政府内部对开垦大凌河牧场出现争论，扩大开垦计划因此被中止。大臣润祥首先提出：开垦牧场妨碍马政，请将试垦旗民撤回。前任盛京将军富俊则持反对意见，认为若将已垦成熟之地全行废弃，领佃旗人雇工等千余人将会全部失业，于旗人生计大有妨碍。不久，盛京将军和宁因事调离，嘉庆帝委派继任将军晋昌前往调查。而晋昌报告称："该牧厂地在（柳条）边外，距锦州、广宁、义州皆三四百里，旗人无力者不能开垦，有旧业者又不肯舍旧图新。现在试垦者多系内地民人，包揽分种，于旗人生计无益，徒为奸民牟利之薮。"① 嘉庆帝认为开垦牧场地，既与旗人生计无益，又妨碍马政，因此取消加垦计划，将已经开垦的土地，归锦州副都统招佃承种，交纳官租。

这个事件十分重要，它从侧面证明，东北满族官员对待流民的态度，与东北开发的密切关系。由于晋昌的坚决反对，大凌河开垦的计划即被停止。幸亏晋昌之类只是个别官员，否则出关流民的命运就要发生很大变化。尽管如此，远来流民甘冒被驱逐的风险，继续前来开垦牧场闲荒。至嘉庆末年，大凌河东部开垦土地 11 万亩，而这个数字比和宁等满族官员计划开垦的土地则减少了近 9 倍。满族官员在组织流民开垦中的重要作用，也于此可见。

六、长春、伯都讷二厅

清政府实行封禁东北之前，曾经在吉林地区设立州县，实行招民政策。雍正四年十二月戊寅（1727 年 1 月 12 日），雍正帝"命船厂地方，添立永吉州，设知州、州同、吏目、学正各一员。宁古塔地方，添立泰宁县，白都讷地方，添立长宁县，各设知

---

① 《清仁宗实录》卷 298，第 28 页。

县、典史、教谕一员，俱隶奉天府管辖”①。乾隆初年，东北封禁之后，吉林民治机构仅剩下永吉州，后来又改为吉林直隶厅，隶属关系也由奉天府变为吉林将军。② 乾隆末年，由于东北弛禁，前往吉林地区垦荒的流民日益增多，在当地官员的积极促进下，先后增设长春和伯都讷二厅。

1. 蒙旗招民开垦与长春厅之设

长春厅的设立，从表面上看，是蒙古郭尔罗斯旗王公招民开垦的结果。据清代人萨英额记载：“长春厅，蒙古郭尔罗斯地也。郭尔罗斯公恭额拉布坦，私招内地民人张立绪等开地，嘉庆四年奉旨，派将军秀林同盟长拉旺前往查办。将军秀林等以事阅多年，已开地二十六万余亩，居民二千余户，未便驱逐，奏请设立通判、巡检弹压，归吉林将军管辖。”③这条史料过于简单，而实际上，蒙旗招民开垦，是清朝统治者实行东北弛禁政策的必然结果。

前面已经提到，乾隆五十七年（1792）关内直隶大旱，清朝统治者被迫允许流民出关求食，据吉林将军恒秀的报告，到达吉林地区的流民有 15 000 人。④ 地处伊通河流域的蒙古郭尔罗斯前旗，是清代盛京地区前往吉林地区的必经之路，当时从盛京通往

---

① 《清世宗实录》卷 51，第 27 页。

② 《清高宗实录》卷 300，第 9 – 10 页，乾隆十二年（1747）十月壬戌，“吏部等部会议：宁古塔将军阿兰泰等复奏，永吉州改设知事同知等官一案。内称：船厂地方永吉州，向隶奉天府，今既改设同知，归宁古塔将军辖，所有旗民交涉人命盗案，及从前知州应办民人刑名钱谷杂税等项，俱令同知办理，详报该将军完结，其秋审并奏销等事，亦由该将军具题等语，应如所奏办理”。

③ （清）萨英额：《吉林外记》卷 2，《疆域形胜》，吉林文史出版社 1986 年版。

④ 《清高宗实录》卷 1440，第 2 页。

吉林的驿路出发，出盛京开原县境内的威远堡边门，第一站就是蒙古霍洛（又作棉花街）站。既然清政府让流民出关就食，郭尔罗斯王公趁机招民开垦，本来也是合法之举。对广大出关流民来说，郭尔罗斯草原土地肥沃，气候适宜耕种，于是纷纷前往开垦。

嘉庆四年（1799）十月，理藩院奏报嘉庆帝："郭尔罗斯公贡格喇布坦之子、公绰克温都尔恩克巴拜不遵部饬，将私行开垦地亩之民人驱逐，反增募多人，请就近交吉林将军及该盟长等查办。得旨，如所奏行。"① 第二年（1800），吉林将军秀林报告说：郭尔罗斯蒙地有民户2000余户，开垦土地26万多亩。他还向清政府提出："蒙古游牧处所，例不准内地民人逾界前往开垦，惟因蒙古等不安游牧，招民垦种，事阅多年，相安已久，且蒙古每年得收租银，于生计亦有裨益，是以仍令其照旧耕种纳租。"② 嘉庆帝采纳秀林民人"照旧耕种纳租"的建议，同时决定在民户集中的长春堡设立长春厅，以加强对民户的管理。

清政府设立长春厅，其职能只是负责管理民户，租税收入仍归蒙古王公，因此进一步促进了蒙古王公招民开垦的积极性，流入当地的民户数量不断增加。据《清仁宗实录》记载，嘉庆十一年（1806）时，长春厅新增垦民"至七千余口之众"；嘉庆十三年，长春厅"续查出流民三千一十户，内有开垦地亩者，亦有未经开垦者"；嘉庆十五年，"长春厅查出新来流民六千九百五十三户"③。负责清查流民职责的吉林将军秀林等人，每次向清政府奏报结果后，都提出将这些流民编入长春厅户籍之请求，嘉庆帝明知驱逐流民不得人心，只好同意其请。

嘉庆十一年至十五年（1806－1810），仅仅五年之间，流民

---

① 《清仁宗实录》卷52，第22－23页。

② 《清仁宗实录》卷71，第7－8页。

③ 《清仁宗实录》卷164，第31－32页；卷198，第16页；卷236，第2页。

增加的数字达到上万户，人口当在四五万之多。长春厅初设地在郭尔罗斯前旗长春堡，由于流民的持续增长，道光五年（1825），清政府迁其治所于宽城子，“仍旧名”①。

2. 流民开垦与伯都讷设厅

伯都讷地处松花江和嫩江之间，“江带三方，田沃万顷”②，优越的地理条件，不仅很早就成为八旗兵驻防之地，而且是吉林地区最早设立的民治机构之一。然而，由于雍正年间，盛京地区还存在的大片闲荒，因此前来伯都讷开垦的关内民人不多。乾隆元年（1736），清政府取消了设在伯都讷城中的长宁县，改为州同管理。乾隆五年，清政府实行东北封禁之后，在当地驱赶流民，又撤销州同一职，“以旧县地属吉林理事同知，设巡检一员。”③ 据乾隆十二年（1747）十月宁古塔将军阿兰泰奏报：“伯都讷地方入册居民，仅三百余户”④。由此可见，清政府落后的东北封禁政策，大大延误了伯都讷地区的农业开发。

乾隆年间东北封禁之时，进行伯都讷垦荒的流民，“多借旗佃为名，额外开荒，希图存身，旗人亦借以广取租利，巧为护庇”⑤。广大流民以佃种旗地为名，取得合法的居留身份。乾隆三十六年（1771），伯都讷新编民户3416户、男妇10248口，与从前的300户相比，增加了10倍以上；伯都讷旧有陈民地100 049亩8分5厘，分别三则，按银、米各半征收税赋，“乾隆四十二年以后，续增陈民、流民及娄王氏、孙悦明各控地案内，并查出

---

① 《清史稿》卷56，《地理三》。

② （清）萨英额：《吉林外记》卷2，《疆域形胜》，吉林文史出版社1986年版。

③ （清）长顺修：《吉林通志》卷12，第29页，吉林文史出版社1986年版。

④ 《清高宗实录》卷300，第9－11页。

⑤ 《清高宗实录》卷356，第13－14页。

黑林子、拉林河西岸等处民人垦地二十四万五千六百八十三亩，不分等则，每亩征银八分，米四合四勺二抄五撮”①。无论从人口上还是开垦土地数量上，都远远超过雍正朝设立长宁县之时。

乾嘉时期，东北弛禁之际，外来流民不断涌入伯都讷。例如，嘉庆十二年十二月，吉林将军秀林奏报：“查出伯都讷所属拉林河西岸地方，流民私垦田地一千九百余亩，聚集人一千余户。……若一时全行逐回原籍，该流民不惟栖止失所，恐不免于饥寒。著加恩将此项查出私垦之田，分给流民，仍照前次办过成案，入于红册，于明年起征。”② 嘉庆帝对待外来流民的处理，只能同意将军秀林所请，“仍照前次办过成案”，编入户籍，照章纳租，取得了合法地位。

伯都讷裁县之后，仍然设有理藩院委署主事一员，负责管理民事，“嘉庆十六年，裁委署主事，改设理事同知，增设巡检二员，分驻伯都讷、孤榆树”③。伯都讷厅设立之后，前来垦荒的大批流民，一律被编入当地户籍。例如，嘉庆十六年（1811）十月，“户部议准，吉林将军赛冲阿疏报伯都讷、拉林河等处开垦四万八千二百四亩，照例升科。从之”④。

在大势所趋的情况下，清政府不得不因势利导，利用伯都讷民户的力量，来解决京旗移垦的土地问题。道光四年（1824）十一月十三日，吉林将军富俊就遵旨筹议开垦伯都讷空闲围场之事，向清政府提出：“吉林伯都讷、阿勒楚喀等处，现有纳丁讷（纳）粮民八万九千四百余户。此等民户安居已久，生齿日繁，

---

① （清）阿桂等纂修：《盛京通志》卷36，第11页，1917年铅印本；《吉林外记》卷7，《田赋》，吉林文史出版社1986年版。

② 《清仁宗实录》卷190，第12页。

③ （清）长顺修：《吉林通志》卷12，第29页。另据光绪《伯都讷乡土志》：“嘉庆十五年改设理事同知”，见《东北乡土志丛编》，第751页，辽宁省图书馆1985年印本。

④ 《清仁宗实录》卷249，第10页。

地不敷种，亦翼（需）认荒开垦，当必争先恐后，所有认垦荒地，牛具、籽种、农器，均系自备。每人准领地三十大晌，四人联名互保。第六年升科，每晌地征制钱三百文，小租钱三十文，俟移驻京旗闲散到日，交京旗地二十晌，其余十晌作为己产，仍按数纳粮。"①道光帝下令此事“交伯都讷副都统督率理事同知，妥为经理”②。由此表明，伯都讷已经进入了全面开垦阶段。

① （清）萨英额：《吉林外记》卷10，《伯都讷屯田》，吉林文史出版社1986年版。

② 《清宣宗实录》卷75，第35页。

“土人于国语（满语），满洲生知，先天之学也。汉学等部学知，后天之学也。然以都人视之，土人皆生知也。……官员岁领清文（满文）时宪书，由钦天监十月颁发，明年春始至省城转送诸城。亦有清文时宪书，商贩在都购买，至省较早，然土人惟以清文为重。”

——（清）西清：《黑龙江外记》

第十章 满语满文

一、满族教育的兴起

谁道车书是一家，关门依旧隔中华。
已看文字经重译，更裂军繻过五花。①

这首诗出自清初到东北省亲的浙江人杨宾，生动形象地描述了盛行于东北的满族文化。清政权入关后，为了维护统治的需要，在北京城设立八旗官学，开始学习汉族文化。我们曾在早年的一篇研究文章中提出：“入关之初，满族人民还在普遍使用本民族的语言文字。康熙年间，是满汉语言文字并用的时期。乾隆年间，则是汉族语言文字占绝对优势、对满族语言文字取而代之的时期。到了鸦片战争前夕，关内的满族人已经基本上放弃了本

① （清）杨宾：《柳边纪略》卷5，第3页，载《辽海丛书》（一），辽沈书社1985年版。

民族的语言文字。”① 然而，留居东北的满族不但没有放弃满语满文，反而将满文的应用扩展到东北其他民族中。康雍乾时期，东北地区出现了满族文化繁荣的主要原因，就是满族教育事业的兴起。

东北作为边疆地区，历来是少数民族的聚居地，文化教育几乎是一张白纸。明朝完全承袭历代的治边思想和民族政策，这就是“华夷之辨”，即“内诸夏而外夷狄”，实行严格的民族隔离政策。因此明朝在大修长城的同时，在辽东又修边墙，将蒙古和女真族隔离在边墙之外。对边墙外的各少数民族采取羁縻政策，建立数百处卫所，进行分而治之，唯一的要求就是按时朝贡，保持政治隶属关系世代不变。明朝统治者从未考虑过东北各民族的文化建设，教育设施更不待言。根据目前史料记载，满族在努尔哈赤崛起前，根本不知学校教育为何物。

满族教育当始于清太祖努尔哈赤时期。努尔哈赤集文韬武略于一身，他不仅以赫赫武功开创了民族统一大业，而且还具有多方面的文化素养。努尔哈赤精通蒙古文，粗通汉文，由于读书识字，他从书本上学到许多知识，从中获得了宝贵的军事斗争和政治斗争经验。努尔哈赤意识到文化教育的重要性，专门聘请浙江绍兴人龚正陆教其儿子们读书。明朝官员余希元和朝鲜兵曹判书李德馨在谈到此事时说：“见折（浙）江绍兴府会稽县人龚正六，年少，客于辽东，被抢在其处，有子侄群妾，家产至万金，老乙可赤号为师傅，方教老乙可赤儿子书，而老乙可赤极其厚待。”②“老乙可赤”即努尔哈赤，他有16个儿子，大多数声名显赫。除皇太极即汗位之外，长子褚英、次子代善、第五子莽古尔泰、第七子阿巴泰、第十子德格类、第十二子阿济格、第十四子多尔

---

① 详见张杰：《清代满族语言文字废弃的历史考察》，载《辽宁大学学报》1986年第1期。

② ［朝鲜］《李朝宣宗实录》卷70，第5页，中国科学院科学出版社1957年版。

衮、第十五子多铎等人，能征善战，智勇双全，皆为明末清初满族著名的军事家或政治家，对满族的统一和清朝的兴起做出过重大贡献。

儿子们的茁壮成长，使努尔哈赤更加迫切地感到，为了取得统一事业的发展，必须解决全体族人文化落后问题。迄止16世纪中叶，散居在东北各地的女真人已失去本民族的文字。女真人原有文字——女真文，分女真大字和女真小字两种，始创于金朝初年。元兴金亡，女真人置于元朝统治之下，官方通行的是蒙古文、蒙古语，在女真人居住区，女真语渐呈衰落之势，女真文已基本成为死文字。努尔哈赤起兵时，所有对外文书往来，必须使用蒙古文，对其统一事业带来诸多不便。万历二十七年（1599）二月，努尔哈赤决心创制新文字，他说："汉人念汉字，学与不学者皆知；蒙古之人念蒙古字，学与不学者亦知。我国之言写蒙古之字，则不习蒙古语者不能知矣。"① 在他的倡议和指导下，巴克什额尔德尼和扎尔固齐噶盖仿蒙古字创制了满文。满文的创制解决了满族人学习文化的文字障碍问题，为满族教育事业的兴起准备好了最基本的条件。

天命六年（1621），努尔哈赤攻占了辽河以东地区，统治区域的扩大增加了对人才的需求，这年七月，努尔哈赤下令在八旗中设立学校，选出巴克什（即先生）钟堆、博布黑、萨哈连、吴巴泰、雅兴噶、阔贝、扎海、洪岱8人为八旗师傅，教授八旗子弟读书。努尔哈赤告诫他们："对在你们之下的徒弟和入学的儿童们，能认真地教书，使之通文理，这就是功。如入学的儿童们等不勤勉地学，不通文理，就要治罪。入学的徒弟们，如不勤勉学，你师傅向诸贝勒报告。八师傅不参与各种事。"② 从"八师

① 《清太祖武皇帝实录》卷2，载《清入关前史料选辑》第1辑，第319－320，中国人民大学出版社1984年版。

② 《重译〈满文老档〉》卷24，辽宁大学历史系1979年印本。

傅不参与各种事”这句话可知，八师傅乃专职教师。此项举措，首次见诸文字记载，当视为满族办教育之始。

但是，天命年间满族教育的发展却很缓慢，这固然有战事频繁等客观原因，也有努尔哈赤不信任汉族知识分子的因素。由于满族整体文化素质低，为数不多的满族知识分子如额尔德尼、达海等人承担着金国汗近侍文臣的重任，无暇顾及教育。其时，努尔哈赤统治下的辽东地区不乏汉族知识分子，由于他们带头反抗努尔哈赤推行的民族压迫政策，因此受到野蛮镇压。天命十年（1625）十月，“太祖命察出明绅衿，尽行处死，谓种种可恶，皆在此辈，遂悉诛之，其时诸生隐匿得脱者约三百人”①。侥幸活下来的汉族知识分子，绝大多数在满洲贵族家中充当奴仆，过着悲惨的生活。直到皇太极即位，这种对教育发展十分不利的局面才有了根本性转变。

皇太极即位后，制定了“以武功戡祸乱，以文教佐太平”的治国方针。为兴文教，皇太极在天聪三年（1629）实施了两项重大举措。一是修建文庙，乾隆帝在《文庙》诗注称：“我太宗文皇帝始创大业，即崇文重道，建孔子庙于盛京，行释奠礼，开国规模已肇万年有道之长也。”② 孔子是儒家学说的创始人，修建文庙的意义在于，它标志着皇太极接受了儒家思想，表达了对以孔子为代表的汉族文化和知识分子的尊重。二是开科取士，是年九月，皇太极举行了第一次考试，参加考试的有满、蒙、汉各族知识分子，一共录取200人。据说“凡在皇上包衣下、八贝勒等包衣下及满洲、蒙古家为奴者，尽皆拔出”③。一大批汉族知识分子受到使用，大大提高了清（金）政权的文化素质，且为皇太极的“振兴文治”，发展满族教育，做好了人才准备。

尽管皇太极欲振兴文治，但实行起来却困难重重。这主要缘

①③ 《清太宗实录》卷5，第20页。

② 引自《清帝东巡》，第524页，辽宁大学出版社1991年版。

于满族世代相袭的传统观念与习俗。满族的先世世代繁衍生息在白山黑水之间，以射猎为业。早在西周时期，其先世肃慎人已把他们的“楛矢石砮”作为贡品进贡给中原王朝，至金代女真人，虽立国中原，仍不忘射猎。而满族的习俗，生男孩，在门前悬挂一支裹着红布的弓箭，俗称“公子箭”，它代表着父母的美好祝愿，希望孩子成长为一名优秀的骑士射手。男孩长到三四岁就被训练骑马，用小弓箭演练射艺。先世的遗风代代相传，形成了独特的文化。在这样文化背景下的民族，它自身的教育，只注重骑射战斗，而不注重文化知识。

努尔哈赤时，虽然倡导办学，开展文化教育，但却没能坚持下来，直到皇太极即位后，尚未从原始传统习俗中解脱出来，普遍不重视教育，不愿读书，视读书为无用，认为只有骑射武功才能得到一切。皇太极也一再强调“我国家以骑射为业”，提醒大家“时时不忘骑射”①。然而，天聪初年的两件事给皇太极以极大的震撼，他强烈地认识到，读书明道理对其国人的重要性，发展民族教育迫在眉睫，刻不容缓。他决心以行政手段，强制推行教育。

天聪五年（1631），皇太极率兵攻打大凌河城，遭到以祖大寿为首的明军的殊死抵抗，经过长达四个多月的围困，城中军民“人皆相食”，仍不投降。皇太极受到震撼，他联想到上一年阿敏等人丢弃永平等四城的原因，正是领兵之贝勒们“未尝学问，不明理义之故”；而明军死守大凌河城，拒不投降，“岂非读书明道理，为朝廷尽忠之故乎？”大凌河战后，皇太极决定开展教育并颁布了读书令：“自今凡子弟十五岁以下，八岁以上者俱令读书。”并训斥诸贝勒大臣们说：“朕令诸贝勒大臣子弟读书，所以使之习于学问，讲明义理，忠君亲上，实有赖焉。闻诸贝勒大臣，有溺爱子弟不令就学者，……如有不愿教子读书者，自行启奏。若

---

① 《清太宗实录》卷34，第27页。

尔等溺爱如此，朕亦不令尔身披甲出征，听尔任意自适。”① 皇太极直言不讳地道出读书的目的是为“讲明义理，忠君亲上”。这道读书令的针对对象是诸贝勒大臣子弟，皇太极知道要改变人们重武轻文的传统观念，让其读书是很困难的，所以他对不愿教子读书者，以“朕亦不令尔身披甲出征”相要挟。这对诸贝勒大臣们来说，是相当严重的惩罚了，若不披甲出征，何来军功？没有军功，哪里来的官阶爵位、荣华富贵？可见皇太极推行教育的决心。

那么，有了行政命令，该如何具体实施呢？对此，天聪六年（1632）正月，汉官胡贡明向皇太极建议：“皇上谕金、汉之人都要读书，诚大有为之作用也。但金人家不曾读书，把读书极好的事，反看作极苦的事，多有不愿的。若要他们自己请师教子，益发不愿了，况不晓得尊礼师长之道理乎？以臣之见，当于八家各立官学，凡有子弟者，都要入学读书，使无退缩之辞。”胡贡明针对满族人不愿读书的情况，建议设立八旗官学，以此约束八旗子弟入学读书。又进一步提出：“有好师傅，方教得出好子弟，当将一国秀才及新旧有才而不曾作秀才的人勅命一二有才学的，不拘新旧之官，从公严考，取其有才学可为子弟训导的，更查其德行可为子弟样子的，置教官学。顺设养廉之典，供以衣食，使其无内顾之忧。尊以礼貌，使其有授教之诚。崇以名分，使其有拘束之严。小则教其洒扫应对，进退之节，大则教其子、臣、弟、友、礼、义、廉、耻之道。诱掖奖劝，日渐月磨，二三年必将人人知书达理，郁郁乎而成文物之邦矣。”② 胡贡明提出诸如选拔教师、教师待遇以及学习内容等具体的实施方案，这对建立八旗官学教育体制有重要意义，也使皇太极的读书令得以切实落实

① 《清太宗实录》卷10，第28－29页。

② 《天聪朝臣工奏议》卷上，胡贡明《陈言图报奏》，辽宁大学历史系1980年印本。

执行。更主要的是，他的建议使满族教育规模由王公大臣子弟扩展到所有八旗子弟，在每旗分别设立官学，普遍提高满族人民的文化水平。读书令之后，满族人中出现了学文化办教育的热潮，正如刘学成在奏议中所言："日今我国兴学，优养秀才，真明主崇儒重道之盛典。"①

入学的八旗子弟主要以译成满文的汉文典籍为教材。满族文化落后，满文创制时间短，主要用来记录档案、发布政令，还没有用满文编写的适合作为学校教材的课本，其文献典籍更无从谈起，所以皇太极采取译书的方法，来解决族人学习的需要。早在天聪三年（1629）设立文馆时，皇太极就命令巴克什达海及笔帖式刚林、苏开、顾尔马浑、托布戚等人翻译汉文典籍。其中达海成就最大，在他 38 岁病逝前，全部译完的书籍有《刑部会典》《素书》《三略》《万宝全书》；尚未译完的有《通鉴》《六韬》《孟子》《三国演义》《大乘经》。这些翻译书籍成了满族人学习文化的主要课本。

同时，皇太极还通过开科取士的办法，激励人们读书，以达到"振兴文治"的目的。天聪八年（1634）三月，皇太极举行第二次考试，在这次考试中，满族人刚林、敦多惠、查布海和恩格德 4 人中举，占 16 名举人的四分之一。② 崇德六年（1641）六月，再次考试，满洲 2 人，蒙古 1 人、汉军 4 人中举，满洲与蒙古占举人的七分之三。③ 这些考试不仅激励了满族人学习文化的积极性，同时也是满族教育事业发展，文化水平上升的标志。

皇太极时期，满族文人不多，所以教书的任务主要由懂满语文的汉族秀才担任。尤其课本完全是汉文献的译本，他们更占优

---

① 《天聪朝臣工奏议》卷中，刘学成《请安内攘外奏》，辽宁大学历史系 1980 年印本。

② 《清太宗实录》卷 18，第 18 页。

③ 《清太宗实录》卷 56，第 12 页。

势，黄昌、于跃龙两人在其奏折中自称是“正、厢黄旗教书秀才”①，就是一个有力的证明。

清朝在关外时期的教育尚属草创阶段，未形成一定规模，也没有比较完备的教学规章制度，学校仅限于兴京和盛京城内，八旗子弟的就学率很低。虽然皇太极采取了一些强硬措施，但仍未达到推行全民教育的目的。尽管如此，清朝在关外二十多年的教育事业还是颇有成就的，它培养了一批满族知识分子。更主要的是，满族教育的兴起启迪了人们的思想，使满族人开始懂得学校与教育的重要，打下了读书的烙印，它为清代东北满族教育事业的兴旺发达奠定了基础。

二、盛京地区的旗学

清初，由于清政权迁都北京，百万满族“从龙入关”，只留极少数八旗兵驻守东北，因此，盛京地区的满族教育也一度停止。清政府为充实根本之地，自顺治十年（1653）开始，多次颁布招民出关开垦令，与之相适应，在盛京地区陆续建立起府州县民治机构，康熙四年（1665），始设盛京各府州县儒学。留守盛京的部分八旗官兵的子弟与汉人子弟同在府州县学学习。康熙朝，清政府取得反击沙俄侵略的胜利后，为充实东北的军事力量，着手恢复和建立辽东地区的八旗驻防体系，盛京地区的八旗人数迅速增加。东北地区满族的文化教育才正式提上日程。康熙三十年（1691），礼科给事中博尔济疏请在盛京设立旗学，他说：“盛京左右两翼亦应各设官学，酌选俊秀幼童，设立满汉官，教习满、汉书，马步箭”。清政府本着“盛京系发祥重地，教育人

---

① 《天聪朝臣工奏议》卷中，黄昌等《陈顺天应人奏》，辽宁大学历史系1980年印本。

才宜与京师一体"① 的原则，采纳了博尔济的建议，陆续在盛京城设立了三种八旗学校。

其一为八旗官学。康熙三十年（1691），正式设立盛京八旗官学，于八旗左右两翼各设一学，每学下设两个班，即满学班和汉学班。左翼官学地址在城内东南隅，正房 5 间，东厢房 2 间。右翼官学地址在金银库西，正房 8 间，西厢房 2 间。官学生的名额，最初规定：各旗选取俊秀幼童 10 名，每翼 40 名，其中满学班 20 名，汉学班 20 名。雍正十年（1732），每翼官学又增加盛京内务府官学生 30 名。乾隆二十八年（1763）进一步明确规定：盛京左翼四旗内满洲官学生 36 名，汉军官学生 4 名，包衣官学生 30 名；右翼四旗内满洲官学生 34 名，蒙古官学生 2 名，汉军官学生 4 名，包衣官学生 30 名。左翼内并无蒙古之缺，应将左翼满洲官学生定为 34 名，所裁二缺改为蒙古，以昭划一。满学班学生教读满书，习马步箭；汉学班学生教读满汉书、习马步箭。其教员设置是：满学班设满文助教各一员，汉学班设通满、汉文助教各一员，由奉天府尹于盛京生员内，择其才学优长者，经由吏部考核授职。教习若系廪生，停其支给廪粮，照京师八旗教习之例，给仓米 12 石，由盛京户部支给，其廪缺另行拨补，乡试之年仍照例准其乡试。盛京八旗官学由"盛京礼部董其事"，其堂官"不时稽查操演"②。

其二为八旗义学。清代义学始设于康熙年间。康熙五十四年（1715），康熙帝谕直隶巡抚赵弘燮说："朕每年春间行幸水淀，近见民生虽不能人给家足，比之往时似觉差胜，但村庄之中诵读尚少，朕思移风易俗莫过读书，况畿辅之地乃王化所先，宜于穷乡僻野皆立义学，延师教读，以勉励孝弟可望成人矣。"③ 于是，

---

① 《清圣祖实录》卷 150，第 19 页。

② 《钦定八旗通志》卷 98，《学校志五》，第 1582 - 1583 页，吉林文史出版社 2002 年版。

③ 《清圣祖实录》卷 262，第 10 - 11 页。

各州县相继设立义学。州县之义学均为私人捐资助建，而八旗义学则不同，它隶属于各旗参领，多为公助。北京义学始建于雍正四年（1726），是年四月，礼部议："八旗设立学堂，分左右翼。每翼各于公所设立学堂两所，各设汉书教习二员、满汉书教习两员。旗人内有家贫不能延师之秀才、童生，情愿读汉书者，令入汉学堂教习；情愿读满汉书者，令入满汉书学堂学习。"① 继北京之后，各地驻防八旗也相继设立义学。

盛京八旗义学设立时间，史无明载。雍正十年（1732），奉天将军那苏图上奏："奉天八旗汉军，设立清文义学，业经二年有余，而读书子弟，不尽通晓书义，良由事非专设，兼未得善教之人所致。"② 据此分析，盛京八旗义学设立的时间应该在雍正七、八年左右。因为八旗官学生名额有限，不能满足八旗子弟读书的需要，故设立义学。原欲成就人才，但是，由于义学是八旗自办学校，重视不够，管理不善，致使义学情况不佳，尤其是汉军义学"业经二年有余"，而"不尽通晓书义"。所以那苏图进而奏请对盛京汉军义学进行改设，"每两旗合为一学，共立义学四处，每学设清文教习一员"，以司训课。③经清政府批准，正式设立汉军义学四所，选取汉军俊秀子弟入学，每旗各 15 名，每学各 30 名。选学官教习满、汉书及马步箭，由将军负责学校的管理。八旗义学的设立，使更多的八旗子弟有了受教育的机会。

其三为宗学与觉罗学。清朝规定，努尔哈赤的父亲塔克世的后代，称为宗室；努尔哈赤祖父觉昌安的后代，称为觉罗。所以宗学和觉罗学是清朝皇族子弟的学校。努尔哈赤和皇太极都重视皇族子弟的教育，皇太极曾颁布读书令，强迫八旗诸贝勒王公子弟读书，但由于连年战争，未正规化。顺治十年（1653）京师八

---

① 《钦定八旗通志》卷 98，《学校志五》，第 1580 页，吉林文史出版社 2002 年版。

②③ 《清世宗实录》卷 124，第 8 页。

旗各设宗学，雍正七年（1729）又设八旗觉罗学。盛京宗学始设于乾隆二年（1737），是年，因盛京宗室、觉罗人员不断增加，于盛京天佑门（小南门）外设宗室、觉罗官学各一所，共用房42间。规定凡宗室觉罗子弟20岁以下，10岁以上皆可入学，不限额数。乾隆二十六年（1761）议准，盛京宗学学生20人，觉罗学学生40人。设宗学总管2人、副管4人管理宗学及觉罗学事。每学设满文教习2人、汉文教习2人、马步射教习2人。嘉庆年间，清政府为解决八旗生计问题，将闲居京城的部分宗室迁居盛京，在小东门外建宗室营，与之相应，嘉庆二十五年（1820）在宗室营就近设立一宗室官学，有学生20人。①

宗室学和觉罗学是满族的贵族学校，明显表现出它的优越性。首先，学生就学待遇优厚，校舍阔绰，有房屋42间，远远超过八旗官学学房。就学诸生均给以公费银米、纸笔、冰炭等物，支领标准一律照京学办理。那么，北京宗学学生的待遇如何呢？大体是：月给银3两、米3斗、川连纸1刀、笔3支、墨1锭。自十一月初至正月底，各给炭180斤，自五月初至七月底，每日给冰一块。② 从生活到学习，由严冬到酷暑，清政府对宗学学生的关怀可谓无微不至。其次，学生仕途前景广阔。盛京宗学学生毕业，有愿到京师参与选侍卫、笔帖式者，与京师肄业宗室一例录用。觉罗学生肄业五年者，由将军、府尹考试，分别等第奏闻，以盛京三陵及五部、将军等衙门、口外等处笔帖式录用。第三，宗学教师的待遇也优于八旗官学。其满文教习于司官笔帖式内选长于翻译者充任，骑射教习于闲散官员以下，领催、骁骑校以上选善于骑射者任之，汉文教习于奉天府举贡内选学问优长者充任。教习与诸生一样，按例给予公费银米、纸笔、冰炭等

① （清）崇厚：《盛京典制备考》卷2，《礼司应办事宜》，光绪二十五年（1899）刊本；《清史列传》卷32，《松筠传》，中华书局1987年版。

② 《钦定八旗通志》卷97，《学校志四》，第1558－1559页，吉林文史出版社2002年版。

物。教授五年期满，分别勤惰，议叙授官。

清政府本着“盛京系发祥重地，教育人才宜与京师一体”的原则，在盛京先后建立八旗官学、八旗义学、宗室学和觉罗学。但是，盛京旗学较之北京旗学又有不同。满族学校绝大多数集中在北京和东北地区，清政府根据其政治、军事需要，对这两个地区满族学校的教育采取了区别对待、灵活办学的方针，其教学内容各有侧重。以八旗官学为例：北京八旗官学，在雍正五年（1727）酌定：“一旗额设官学生一百名，分派满洲六十名，以三十名习清文，三十名习汉文；蒙古二十名；汉军二十名。”① 而盛京八旗官学“满学各二十名，教读满书，习马步箭；汉学各二十名，教读满汉书，习马步箭”②。很明显，北京八旗官学的教学内容是满汉文并重，而盛京八旗官学则以“国语骑射”为重。

北京城内的旗学强调满汉文并重，但实际上鼓励学习汉文，这与清初的政治形势有很大关系。清礼亲王昭梿说：“国初海内甫定，督抚多以汉人充之，凡文移用国书者，皆不省识，每省乃委内院笔帖式数人，代司清字文书。”③ 汉官看不懂满文，要靠北京派往各省的笔帖式译成汉文。而满族官员在中央六部与汉官议事时又不懂汉语，“故每部置启心郎一员，以通晓国语之汉员为之”。职正三品，每遇议事，座其中参预之。④ 这种情况对加强清政府内部满汉地主阶级的联合，推行清政府的政令明显不利。所以清政权入关后，即在北京设立各类八旗学校，尽管分设满、汉教习，既学满文又学汉文，但在办学初期，由于形势所需，清统

① 光绪《大清会典事例》卷1101，第5页，台北新文丰公司1976年版。

② 《钦定八旗通志》卷98，《学校志五》，第1582页，吉林文史出版社2002年版。

③ （清）昭梿：《啸亭杂录》卷8，《内院笔帖式》，中华书局1980年版。

④ （清）昭梿：《啸亭杂录》卷2，《启心郎》，中华书局1980年版。

治者的主观意图显然是在后者，希望满族人尽快掌握汉文化，以便充当清政府的各级官吏。尽管清政府百般强调“清语为国家根本”，但对北京八旗学校的汉文教育却从未停止过，对满族人讲汉语、用汉文也从未认真阻止过。

东北是清朝的发祥地和满族人的故乡，因此，清政府在东北地区大力推行满族教育，反映在学习内容上刻意强调“国语骑射”。如规定八旗官学：满学班教读满书，习马步箭；汉学班教读满汉书，习马步箭。之所以设立汉学班，缘于盛京地区在顺治和康熙初年实行招垦政策，大量汉人涌入，满汉杂居。清统治者为适应这种状况，在八旗官学内分设满文班和汉文班，但并非满汉文并重，而是以满文为主，并同时习马步箭。

三、吉林和黑龙江的满学

如果细心的读者，就会注意到，前面讲到盛京地区的满族学校时，使用的是“旗学”一词，而本节则将吉林和黑龙江地区的学校称为“满学”。二者的重要区别是：盛京旗学教育是满、汉文并重，或者以满文为主，而“满学”指的是只学习满文而不学汉文。中俄两国签订《尼布楚条约》之后，清政府继续加强与沙俄毗邻的吉林和黑龙江将军辖区的设防，先后在两将军辖区内建立 12 个驻防城。满文学校的建立时间与清政府在东北边疆的设防大致相同。在吉林将军辖区内，当地人统称为“满学”；在黑龙江将军辖区内，当地人统称为“满官学”①，以下简称满学。

清政府在吉林、黑龙江将军辖区内建立满学，是因为当地居民基本上是满族和其他少数民族，而清初修筑柳条边的结果，使

---

① （清）萨英额：《吉林外记》卷 6，第 11 页，吉林文史出版社 1986 年版；（清）西清：《黑龙江外记》卷 3，第 8 页，光绪二十年（1894）刊本。

柳条边外的吉林、黑龙江将军辖区在清前期始终是东北各少数民族的聚居区。清政府把赫哲、达斡尔、锡伯、索伦、卦尔察、库雅拉等少数民族编入八旗，或就地驻防，或异地迁移。清政府于吉林和黑龙江将军辖区增兵设防的同时，不失时机地在这些驻防城建立了满文学校。其目的有二：

一是为解决管辖东北边疆的人才需求。清前期吉林和黑龙江将军辖区极其辽阔，整个黑龙江流域包括库页岛都在其辖区之内。清政府为巩固东北边防，对边疆少数民族地区实行卓有成效的管理，必须派遣大批官员前往新设的各驻防城。清政府是以满洲贵族为主体的满汉地主阶级联合政权，仅有一百多万人口的满族一跃成为全中国的统治民族，人才已明显不敷分配，根本无法向吉林、黑龙江大批派遣满族官员。东北边疆地区唯有迅速建立学校，就地培养亟需的人才。

二是维系满族传统文化。入关的满族淹没在汉民族的汪洋大海之中，北京的各类满族学校，如前所述，尽管强调满、汉文并重，但因形势所需，实则鼓励学习汉文。盛京地区满汉杂居，八旗官学在学习国语骑射的同时，也不得不学习汉文。唯有吉林、黑龙江两地，长期是东北各少数民族聚居区，是清朝统治者赖以维系本民族风俗文化的根本之地。例如，雍正二年（1724），办理船厂事务官员赵殿最请求在吉林设文庙，修建学汉文的学校，令满汉子弟参加科举考试。对其请求，雍正帝断然拒绝，他说："我满洲人等，因居汉地，不得已与本习日以相远，惟赖乌喇（今吉林市）、宁古塔（今黑龙江省宁安市）等处兵丁，不改易满洲本习耳。"① 很显然，雍正帝把吉林、黑龙江看成是满族的老家，是维系本民族传统文化习俗的大本营，他反对满族子弟学习汉文，参加科举考试。力图保护满族习俗不受汉文化的影响。建立满学是传承和发扬民族传统文化的最行之有效的途径。

---

① 《清世宗实录》卷22，第21页。

在吉林和黑龙江居住的其他少数民族，在语言上与满族基本相同，又为满学的建立提供了良好的条件。清代文献记载：天命四年（1619），努尔哈赤消灭叶赫部，“东自海，西至明辽东界，北自蒙古科尔沁之嫩乌喇江，南暨朝鲜国境，凡语音相同之国，俱征讨徕服而统壹之。”① 说明该地区各民族语言与满族一致。天聪八年（1634），皇太极派霸奇兰等将领出征黑龙江时说：“此地人民，语音与我国同，携之而来，皆可以为我用。”② 清代人将黑龙江各民族通称为索伦，事实上，居住当地的鄂温克、鄂伦春、锡伯、赫哲等少数民族，其语言均属于阿尔泰语系满—通古斯语支。各少数民族与满族语音相同，是清政府能够在吉林、黑龙江各驻防城普遍建立满学的前提条件。

清初吉林和黑龙江将军辖区内居住的各少数民族当中，满族是文化最先进的民族。有自己的文字——满文，有大量译成满文的汉文典籍，有一大批掌握本民族文字的知识分子。而其他民族与满族相比，在文化上则处于十分落后的状态。居住在乌苏里江两岸的赫哲族，“无文字笔墨，以皮条记事，小大随之”③。鄂温克、鄂伦春、锡伯、达斡尔等民族，也都没有自己的民族文字，但这些民族却与满族使用同样的语言。因此，从设立满学的目的和这一地区的客观实际两个方面来看，清政府在吉林、黑龙江建立的最早的学校只能是满文学校，并由满族知识分子承担起普及当地各民族文化教育的历史使命。

鸦片战争之前，清政府在吉林将军辖区内共建有 14 所满文学校，最早的是吉林乌喇城 2 所满学，建于康熙三十二年（1693）。黑龙江将军辖区共设有 4 所满学，建立最早的是墨尔根 2 所满学，康熙三十四年（1695）建。具体情况如下。

① 《清太祖高皇帝实录》卷 6，第 31 – 32 页。

② 《清太宗实录》卷 21，第 14 页。

③ （清）杨宾：《柳边纪略》卷 3，第 3 页，载《辽海丛书》（一），辽沈书社 1985 年版。

1. 吉林满学

（1）吉林左右翼官学，位于今吉林省吉林市，康熙三十二年（1693）公捐营建。校址在城内孔庙西南半里许，左右翼官学各有校舍10间。每学设助教官1人，教习4人，委满文教习3人，由领催、披甲内选用。八旗每佐领学生额4名。吉林城驻防八旗左右翼共40个佐领，每年应有160名学生入学。

（2）宁古塔左右翼官学，位于今黑龙江省宁安市，雍正六年（1728）公捐营建。校址在宁古塔城内东南隅，校舍6间。每学设教学笔帖式1人。八旗每佐领学生额6名。宁古塔八旗驻防15佐领，每年入学人数为90人。

（3）三姓左右翼官学，位于今黑龙江省依兰县，雍正五年（1727）给事中王锦奏准建立，校址在三姓城内东南隅魁星楼北文庙内，校舍6间。总教习1人，每学设满教官1人，委满教习1人。八旗每佐领学生额4人。三姓城八旗驻防15佐领，每年入学人数为60人。

（4）伯都讷左右翼官学，位于今吉林省松原市，雍正四年（1726）八旗官兵捐资营建。校址在伯都讷城南门内文庙迤西，校舍6间。每学设委教习2人，满教习1人。八旗每佐领学生额6名。八旗合计每年入学人数为48人。

（5）阿勒楚喀官学，位于今黑龙江省阿城市，雍正五年（1727）公捐营建。校址在旧城内东南隅，校舍初为3间，后增至5间。设教习笔帖式1人。八旗每佐领学生额3名。阿勒楚喀八旗驻防7佐领，每年入学人数为21人。

（6）珲春官学，位于今吉林省珲春市，雍正五年（1727）八旗兵营建。校址在珲春城内，校舍3间，每年入学人数不详。

（7）乌拉左右翼官学，位于今吉林省吉林市北龙潭区乌拉街，雍正七年（1729）公捐营建。校址在乌拉城内过街牌楼东，房屋6间。八旗每佐领学生额4名。乌拉城内还有义学1所，乾隆三十年（1765）由总管索柱营建。乌拉八旗驻防8佐领，每年入学人数为32人。

（8）拉林官学，位于今黑龙江省五常市拉林镇，乾隆二十一年（1756）建。校址在拉林堡内东南隅，校舍5间。设八旗教习1人。八旗每佐领学生额3名。拉林堡居住着从北京城移驻的闲散八旗满洲1339人，编为6佐领，每年入学人数为18人。

（9）额穆赫索罗官学，位于今吉林省敦化市额穆镇。八旗兵营建，校址在额穆赫索罗城内，有草房3间，因教习笔帖式未设，所以生徒无定额。该地仅有八旗驻防官兵120人，学生人数应在10人以下。①

以上九城驻防，吉林等五城各设两处学校，阿勒楚喀等四城各设一学，合计为14所满学。除上述满学之外，乾隆六年（1741），在吉林左右翼官学附近建蒙古官学一所，校舍3间，招收蒙古八旗子弟。其教习由蒙古翻译笔帖式兼充，生徒无定额，教习蒙古文、骑射。

2. 黑龙江满学

康熙三十四年（1695），黑龙江将军萨布素奏请设立八旗学校，经清政府同意，于“墨尔根地方两翼，应各立学，设教官一员。新满洲诸佐领下，每岁各选幼童一名，教习书义”②，是为黑龙江地区成立满学之始。迄止道光年间，清政府先后在黑龙江四处驻防城设立满学。

（1）墨尔根城满学，位于今黑龙江省嫩江市，校址在墨尔根城内八旗公署后，房舍3间，八旗每佐领下每年选送1人入学。

（2）齐齐哈尔城满学，位于今齐齐哈尔市，校址在齐齐哈尔

---

① 参见张杰：《清前期东北地区的满文学校》，载《中国边疆史地研究》1993年第4期。

② 《清圣祖实录》卷166，第6页。

城东门内，校舍 5 间，八旗每佐领下每年选送 1 人入学。

（3）黑龙江城满学，位于今黑龙江省黑河市爱辉区，校址在黑龙江城内八旗官署南，校舍 6 间，八旗每佐领下每年选送 1 人入学。

（4）呼兰城满学，位于今黑龙江省呼兰市。道光十四年（1834）建立，校址在呼兰城内大街之西的城守尉府，八旗每佐领下每年选送 1 人入学。①

清人阿桂等纂修《盛京通志》，把黑龙江、墨尔根、齐齐哈尔三城满学设立时间统统写作乾隆九年（1744），是不正确的。墨尔根满学始建于康熙三十四年（1694），这在《清圣祖实录》中已经有明确记载。此外，乾隆元年修《盛京通志》卷 21 记载："齐齐哈尔官学五间在东门外，墨尔根官学三间在公署后，黑龙江官学左右各三间在公署南。"对三城满学的校舍位置及规模已有详细记述。一般而言，清政府在东北筑城设防与建学施教往往相辅相成，查黑龙江城筑于康熙二十三年（1684），齐齐哈尔城筑于康熙三十年（1691），这两城满官学亦必成立于康熙年间。呼兰地方，因"向未设有官学教授子弟，以致拣选帖写、笔帖式时，或难其人"②，所以，在道光十四年（1834）设立了满学。黑龙江将军辖区内的八旗子弟，进入满学读书的人数较少，每佐领每年学额仅 1 人，大概是因为"满官学生岁给膏火银二两"③ 的缘故。由于各驻防城满学生由官府发给银两，使其入学人数大大低于吉林满学。清前期，齐齐哈尔八旗驻防 40 佐领，墨尔根八

① 参见张杰：《清前期东北地区的满文学校》，载《中国边疆史地研究》1993 年第 4 期。

② 光绪：《大清会典事例》卷 394，第 34 页，台北新文丰公司 1976 年版。

③ （清）西清：《黑龙江外记》卷 3，第 8 页，光绪二十年（1894）刊本。

旗驻防17佐领，黑龙江八旗驻防26佐领，“每佐领学生一名”①，合计三城每年入学人数只有83人，加上道光年间设立的呼兰城满学，也不足100人（呼兰八旗驻防8佐领，作者注）。

吉林、黑龙江的满学教学管理人员，大致分为三个级别。第一等是助教官，俗称“满学官”。吉林将军辖区内只有吉林左右翼满学设有助教官2员，黑龙江将军辖区内“齐齐哈尔、呼兰、墨尔根、黑龙江四城，均设满学官一员”②。助教官的俸禄是每年白银45两，仓米22石半。第二等是教习笔帖式，吉林将军所属之宁古塔、伯都讷、三姓、阿勒楚喀、乌拉、拉林6城满学“每学各设教习笔帖式一名，亦各有教习帮教”③，教习笔帖式俸禄每年白银40两，仓米20石。第三个等级是教习，珲春和额穆赫索罗未设教习笔帖式，只有教习，各由本处领催、披甲内挑选通晓文义者充任。领催、前锋补放无品级笔帖式者，俸银年36两，仓米15石1斗，披甲补放无品级笔帖式者，俸银年24两，仓米15石1斗④，教习每年所得俸禄银米肯定比披甲充当无品级笔帖式要高一些。

各驻防城的八旗子弟，由协领或佐领根据名额选送，每年春季入学，学习期限为一年。若盛京的旗学体现了满族教育的特色，那么，吉林、黑龙江两地的满学便将这种特色表现得淋漓尽致了，其“生徒俱于二月上学，习清文骑射”⑤。清文即满文，“国语骑射”是吉林、黑龙江满学学习的全部内容，这种状况持

① 嘉庆《大清一统志》卷71，第2页，上海商务印书馆1934年影印本。

② （清）徐宗亮：《黑龙江述略》卷2，第3页，光绪十七年（1891）刊本。

③⑤ （清）萨英额：《吉林外记》卷6，《满学》，吉林文史出版社1986年版。

④ （清）萨英额：《吉林外记》卷5，《俸饷》，吉林文史出版社1986年版。

续了一百多年。直到道光年间，吉林将军富俊才提出八旗子弟于国语骑射之外，还应当教授满汉文义的问题，吉林乌喇城满学始开设满、汉文翻译课程。

清政府为使八旗子弟勤奋读书，对学生采取物质鼓励的办法，给予公费银米纸笔冰炭等物，所以八旗子弟踊跃入学。满族人西清评论当时的情况说："满官学生发给膏火银二两，满官学生尝溢额，义学生尝不足额，膏火有无所至也。"①在读书风气较盛的情况下，才有可能实行选拔"俊秀幼童"读书的规定。八旗官学生入学年龄为10—20岁，以旗或佐领为单位，每年限定若干人数。

满学作为东北边疆地区最早设立的教育机构，受到清统治者和东北边疆地区各级官员的重视。满学能够在吉林和黑龙江将军辖区普遍建立起来，康熙帝有首创之功。早在康熙十五年(1676)，康熙帝就谕令宁古塔将军哈达，"在宁古塔设立满洲学房，赐名曰：'龙城书院'，并颁'龙飞圣地'四字匾额，悬宁古塔副都统大门之大堂"②。清政府明确要求吉林将军和黑龙江将军，直接负责筹建满学的具体事务，"应补教官之人，该将军选择优长者，将姓名咨送吏部，其教官照京城例，称为助教。学舍，该将军拨给"③。把建校舍和选教官的事情落实到将军头上。吉林满学学生每月朔望日呈递课本，将军富俊亲笔改正，"并时常赴学考验功课，优者奖励，给以笔墨，劣者交助教开导指引，文教日兴"④。黑龙江将军规定：齐齐哈尔满学由将军下属户司稽

① （清）西清：《黑龙江外记》卷3，第8页，光绪二十年（1894）刊本。

② 民国《宁安县志》卷2，第2页，1924年铅印本。

③ 《钦定八旗通志》卷98，《学校志五》，第1584页，吉林文史出版社2002年版。

④ （清）萨英额：《吉林外记》卷6，《满学》，吉林文史出版社1986年版。

察，墨尔根和黑龙江两城满学“岁报诸生功课于将军幕”，将军“不时至学考勤惰”①。各驻防城满学的日常管理工作，则由助教官或教习笔帖式具体负责。清政府也派官员检查满学发展情况，例如，乾隆六年（1741），“令值年御史考查所教生徒，内有清文通顺，字画端楷者，准按名记档。如遇堂库各司办事乏人，按次顶补，不堪造就者，除名”②。满学正是受到清朝各级政府官员的特别关注，才能在东北边疆地区蓬勃发展，为繁荣当地各民族文化事业做出了卓越贡献。

四、东北满族区域文化的繁荣

纵观中国古代历史，东北地区地处边疆，远离发达的中原文化，更主要的是，多民族聚居，生产力低下，长期处于落后状态，文化极不发达。民族间的纷争造成的混乱，战争的直接破坏，更严重地阻碍了文化的发展。仅以明代为例，在辽东边墙之内，明朝倾全力营建辽东，在加强军事能力建设的同时，开办书院，推行儒学教育，呈现出一派经济、文化繁荣的景象。而在边墙之外的广大地区，女真人和蒙古人被完全隔绝在汉文化之外。直至明末，属于阿尔泰语系—满语支的东北各少数民族，除满族外，其他各族尚无本民族的文字。清政府在东北边疆地区建立满学，历经两百余年，对各少数民族文化事业的发展起到了极大的推动作用，出现了东北满族区域文化的繁荣局面。

首先，是满族文化的普及。满学的建立，结束了东北少数民族地区没有学校的历史，为当地各族人民，尤其是地处黑龙江、

① （清）西清：《黑龙江外记》卷3，第8页，光绪二十年（1894）刊本。

② 《清高宗实录》卷195，第21－22页。

乌苏里江和松花江流域的各族人民提供了学习的机会。清初，吉林地区满学未建立时，宁古塔将军巴海曾聘请流人吴兆骞“为书记，兼课其二子，长名额生，次名尹生”①。过去有些论著，过分强调汉族流放文人传播文化的作用，其实，像巴海这样的官员子弟向流人学习文化只是个别现象，而一般八旗兵是没有这种条件的。清政府设立满学，才为各族人民打开了学习文化的大门。在满文学校中读书的有赫哲族、锡伯族、鄂温克族、达斡尔族、鄂伦春族，还有蒙古巴尔虎、厄鲁特部，八旗汉军、汉族流人子孙以及三藩下户。因为东北边疆各少数民族是以佐领为单位编入八旗的，所以各驻防城的满学均以佐领为单位分配每年入学名额，从而保证了各少数民族学习机会均等。鉴于各少数民族文化落后的实际情况，吉林和黑龙江满学都采取学生“一年毕业”② 的办法，以便尽可能使更多的人得到受教育的机会。我们为计算方便，把吉林各满学每年入学人数定为400 人（有据可查的有461人）；黑龙江各满学人数定为100 人（有据可查的83 人）。从康熙六十年（1721）至道光二十年（1840）的120 年里，吉林和黑龙江各满学毕业生总数合计有6 万人以上，由此可知满学对普及文化的巨大作用。实际上，东北各驻防城旗学成立于康熙三十年（1691）之后，加上盛京地区八旗学校的学生人数，有可能达到10 万人之众。

满族文化的普及，为东北各少数民族培养出众多的知识分子，这些人被充实到官署的各个部门，满足了清政府对管辖东北边疆地区人才的需求。清初，吉林和黑龙江加强设防，驻防将军和副都统等高级官员可以从其他地方调入，而大量下层官员，特别是从事文字工作懂满文的低级官员很难满足实际需要。清初，

① （清）吴桭臣：《宁古塔纪略》，载（清）王锡祺辑：《小方壶斋舆地丛钞》第1 帙，第345 页，光绪二十三年（1897）上海著易堂铅印本。

② 宣统《呼兰府志》卷7，第1 页，1915 年铅印本。

当地“向未设有官学，以致拣选帖写、笔帖式时，或难其人”①，只好选用汉族流人担任一些部门的文职官吏。例如，康熙二十年（1681），宁古塔将军巴海移驻吉林乌喇后，派人邀请流放宁古塔的吴兆骞“为书记兼管笔帖式及驿站事务”②，人才缺乏的情况由此可见。各驻防城满学兴起之后，这种依赖流人的情况得到了彻底的改变，低级文职官员全部由满学毕业生充任。满学毕业生中有不少人担任旗营帖写一职。各驻防城官署需要量较大的笔帖式，“多从官学毕业，资性略慧即超出群类入司行走。额员虽仅十一，额外行走如委笔帖式、委官皆是也”③，笔帖式一职已经出现人满为患的趋势。各驻防城八旗以佐领为基本单位，佐领内有拨什库一职，管理佐领内的文书、饷糈庶务，“例由识字者充补”④，也都由满学毕业生充任。乾隆以后，吉林和黑龙江将军辖区内的高级官员，一般也多由本地人担任。根据本书表2，仅瑷珲城担任将军、副都统、协领等高级官员的，就有29人之多。

其次，满学的兴起和稳步发展，扩大了满语文的使用范围，延续了满语文的使用时间，清前期，东北边疆地区成为通行满语文的文化区域。1599年，努尔哈赤命满族语言学家额尔德尼、噶盖借助蒙文创制了一种新型的文字——满文。皇太极时，又经达海改制，满文日臻完备。满文的出现，应是满文化崛起的一个不可替代的标志。同时，以统一的文字为纽带，极大地增强了满族自身的凝聚力，这是除文字以外任何力量也难以企及的结果。语言文字的重要性，还在于它是民族互为区别和文明程度的重要标识。坚持使用本民族的语言文字，就是坚持本民族的文化传统。

---

① 光绪《大清会典事例》卷394，第34页，台北新文丰出版公司1976年。

② （清）吴桭臣：《宁古塔纪略》，载（清）王锡祺辑：《小方壶斋舆地丛钞》第1帙，第344页，光绪二十三年（1897）上海著易堂铅印本。

③④ （清）徐宗亮：《黑龙江述略》卷3，第5、10页，光绪十七年（1891）刊本。

在这方面，作为第二代创业之君的皇太极一直强调，保持民族语言是关系国家与民族兴亡的一件大事。他常举金世宗坚持使用女真语言、防止被汉化的例子。满族迁入辽沈地区之后，满语满文受到汉语的冲击，皇太极极其敏锐地察觉到这一现象，他以行政手段强化满文的使用。例如，天聪八年（1634）四月，皇太极谕令："朕闻国家承天创业，各有制度，不相沿袭，未有弃其国语，反习他国之语者。事不忘初，是以能垂之久远，永世弗替也。蒙古诸贝子自弃蒙古之语，名号俱学喇嘛，卒致国运衰微。今我国官名俱因汉文，……嗣后我国官名及城邑名俱当易以满语。"① 皇太极下令，将所有官名及境内城邑名，都改为满语名称，原有汉名一律废止。皇太极大力推广满语的使用，强化了满语的社会地位。

但是，顺治元年（1644）百万满族从龙入关之后，满族人说满语、书满文的情况却发生了重大变化。进入关内尤其是进驻北京的满族人，渐染汉习，尽管清政府一再强调满语为国家根本，仍然无法避免满语衰落的危机。到乾隆时，满族入关已达百年之久，八旗子弟"习汉书，入汉俗，渐忘我满洲旧俗"②。连皇族成员见乾隆帝时，简单的几句履历都不能用满语说。③ 然而，关外的情况却与关内截然不同。如前所述，清初在东北三将军辖区内相继建立了八旗官学，官学生以学习满文为主，附之以骑射。官学培养的学生，成为东北各驻防城官吏的主要来源。清政府明文规定，学好满文是升迁的基本条件，能熟练运用满文的八旗官学生被源源不断地补充到八旗驻防的各个机构，不仅满足了各部门对文职官吏的需求，也使满文成为畅通东北地区尤其是吉林和黑龙江两地的唯一的官方文字。

---

① 《清太宗实录》卷18，第12－13页。

② 《清高宗实录》卷181，第12页。

③ （清）昭梿：《啸亭杂录》卷7，《宗室小考》，中华书局1980年版。

从康熙中期始，吉林、黑龙江地区出现了满语文的繁荣。各驻防城八旗官学的建立，不仅使满族长期保留了本民族语言文字，而且也将被编入满洲八旗的赫哲、鄂温克、鄂伦春、锡伯、达斡尔等民族，以及八旗蒙古、八旗汉军统统纳入了满语文的体系。吉林地区“本满洲故里，蒙古、汉军错屯而居，亦皆习为国语（即满语）”①。黑龙江地区“满蒙汉八旗并水师营丁、官屯庄丁，二百年来向读清书（即满文）”②。乾隆九年（1744），清政府工部满主事一职缺出，吏部以宁古塔驿站官萨哈那升补。萨哈那却奏称：“不识汉字，情愿在本处效力。”③ 乾隆二十九年（1764），清政府从盛京所辖各地调遣锡伯族官兵千余人，携带家属西迁至新疆伊犁屯垦戍边，他们的后代即今天伊犁察布查尔锡伯族自治县的锡伯人，至今仍使用满语满文，这是清前期东北区域通行满语文的最好的例证！在通行满语的环境中，被流放到东北的汉族人，为生活所迫，也学会了满语。如流人陈昭令因“精通满汉文理”，被任命为官庄拨什库；④ 陈敬尹、周长卿“贫而通满语则代人贾”，称为“掌柜”，一年可得三四十金。⑤

嘉庆年间，已故大学士鄂尔泰的曾孙西清到黑龙江任职，他对当地盛行满语文的情况印象极深，曾在《黑龙江外记》中有如下记载：

> 土人于国语，满洲生知，先天之学也。汉军等部学知，后天之学也。然以都人视之，土人皆生知也。

---

① （清）萨英额：《吉林外记》卷3，吉林文史出版社1986年版。

② 张伯英总纂：《黑龙江志稿》卷24，第13页，1933年北平铅印本。

③ 《清高宗实录》卷229，第6页。

④ （清）吴桭臣：《宁古塔纪略》，载（清）王锡祺辑：《小方壶斋舆地丛钞》第1帙，光绪二十三年（1897）上海著易堂铅印本。

⑤ （清）杨宾：《柳边纪略》卷3，第11页，载《辽海丛书》（一），辽沈书社1985年版。

官员岁领清文时宪书，由钦天监十月颁发，明年春始至省转送诸城。亦有汉文时宪书，商贩在都购买，至省较早，然土人惟以清文为重。

幕府章奏文檄例用国书，而凡奉到谕旨、部复系汉文，皆译出存案。

余尝见土人家清文一帙，叙奇三上书始末甚悉。且言奇三将上书，请于其母，母曰："救一部出汤火，即死，不辱汝父，吾何恨！"此文疑即奇三作，亦达呼尔巨擘也。

土人无问何部翻译，《通鉴纲目》、《三国志》（案此乃翻清文《三国演义》，国初盛行，非陈承祚书，原注），类能强记，剿为议论，而不知读翻译四书五经。

满洲曲，类古乐府。如云：阿穆巴摩萨齐斐图门阿尼牙德伊集密，译言既伐大木烧亿万春也；阿穆巴博商阿斐阿卜开克什德班集密，译言巨室成荷天恩也。长篇短句，意皆类是，然多拍手以歌。①

西清祖上"从龙入关"，世代居住北京，他从京城来到黑龙江为官，故以京城人的身份和眼光，把当地驻防的八旗官兵及其家属都视为"土人"。黑龙江的八旗官兵有满洲、汉军及达斡尔、索伦、巴尔虎、鄂勒特、鄂伦春、毕喇尔等部族，而从西清的所见所闻可知，无论黑龙江各驻防城八旗官兵的公务活动，还是各族人民的日常生活和文化娱乐，使用的都是满语满文。

在东北三将军辖区内，盛京地区最早设立民治机构，由于满汉杂居，满语文受到冲击较早，大约在乾隆中期，出现了汉语文取代满语文的发展趋势。吉林地区至道光年间，吉林满学生开始

---

① 分别见《黑龙江外记》卷5，第2、5、8页；卷6，第5－6页，光绪二十年（1894）刊本。

学习满、汉文翻译课程。黑龙江地区使用满语文的时间最长，该地区旗营档案“至咸丰末年皆用清文”①，同治以后才兼用满汉两种文字，光绪年间汉语文才取代满语文。如果从1599年努尔哈赤下令创制满文算起，截止到光绪年间，满语满文在东北地区使用了将近三百年之久，对满族及东北各民族的历史和文化都产生了不可磨灭的影响。满文作为清代东北地区的主要官方文字，真实地记录了东北发生的重大历史事件及清政府对东北的管辖、封禁及开发的活动，是我们研究清初历史、满族史及清代东北地方史的珍贵资料。

① 宣统《呼兰府志》卷10，第17页，1915年铅印本。

“地连使犬部，族杂打牲人。胙肉豚留客，生鱼脍宴宾。立竿群敬祖，击鼓跳迎神，老幼携葬草，纵横积柞薪。开荒田畛畛，计晌亩畇畇。乌拉能添履，麃皮且当巾。火犁耕处处，冰橇走辚辚。移垦由清代，文明自女真。”

——民国《依兰县志·艺文门》

第十一章　日常生活

一、衣冠服饰之满俗

乾隆帝在讲到满族服饰时说：“我朝冠服制度，法守攸关，尤与骑射旧俗为便。”① 这短短的一句话，道出了满族人在服饰上的突出特点。满族人世世代代以狩猎采集为业，终年累月纵马扬鞭，驰骋在东北的崇山峻岭之中。为了适应在森林中骑射生活的需要，满族都穿戴紧身窄瘦的缨帽箭衣。这种服饰轻便灵活，便于生产和骑马打仗。这种与骑射相关的服饰，构成了满族服饰文化的基本特色，被清朝历代统治者所提倡。

天命六年（1621）三月，满族从辽东山区进入以辽阳、沈阳为中心的平原地区后，努尔哈赤实施“计丁授田”，使满族人的主要生产活动由采猎转变为农业生产。生产方式的转变影响着生活方式的改变，同时又受到汉族服饰文化的影响，满族人开始模仿明朝服饰，到皇太极时期，甚至有大臣建议改满洲衣冠，效汉

① （清）阿桂等纂修：《满洲源流考》卷16，第317页，辽宁民族出版社1988年版。

人服饰。崇德元年（1636）十一月的一天，皇太极把诸王大臣们召集到翔凤楼，他首先称赞金世宗以祖宗为训，衣服、语言悉遵旧制的做法，然后语重心长地对众人说：

> 朕试设为比喻，如我等于此聚集，宽衣大袖，左佩矢，右挟弓，忽遇硕翁科罗巴图鲁劳萨挺身突入，我等能御之乎？若废骑射，宽衣大袖，待他人割肉而后食，与尚左手之人何以异耶？朕发此言，实为子孙万世之计也。在朕身岂有变更之理。恐日后子孙忘旧制，废骑射，以效汉俗，故常切此虑耳。①

由此可知，皇太极把保留满族的服饰，与维系八旗骑射长技和国家的前途命运联系在一起，严厉驳斥了效仿汉人服饰的建议。崇德三年（1638）七月，皇太极再次颁布法令：有仿效他国（指明朝）衣冠、束发、裹足者均治以重罪。② 清政权入关后，坚决排斥汉人服装，并且以强制的极端政策使汉人改穿满装，目的就是保持本民族特色，防止满人汉化，导致民族消亡。它也反映出一个弱小民族顽强自立的心态。

服饰，是人类的智慧创造，也是人类独有的特殊技巧。服饰的功能有二，一是保护身体，二是美化装饰。每个民族由于所处自然环境不同，社会发展阶段不同，对历史的继承不同等等，受诸多因素的影响，形成了各自不同的服饰风格。就一个民族而言，不同的历史时期，服饰也不尽相同。所以服饰有对自身古老的传承性，即对历史的继承性，又有不同时期的革新与创造。满族服饰从其取材上经历了由衣皮毛到穿布帛的过程。明代女真人，社会生产以采猎经济为主。生产方式决定生活方式，女真人

---

① 《清太宗实录》卷32，第8－9页。

② 《清太宗实录》卷42，第10页。

就地取材，他们用皮毛来装扮自己，因材施艺，用兽皮缝制衣服。尽管当时有了一点手工业，但是“女工所织，只有麻布，织锦刺绣则唐人所为。”① 女真人的衣着是冬穿皮毛，夏穿麻布，间或靠与明朝贸易换取布匹来缝制衣服。努尔哈赤占据辽东地区后，受汉族生产技术影响，辽东地区的满族人开始种棉织布，布帛服饰短缺的状况始有改变。世居吉林、黑龙江地区的满族衣皮毛的状况持续得更久，直到清建立全国政权之后，在顺康时期，随着东北边疆地区汉族流人与流民的逐年增多，留守故里的满族的经济生活才发生了变化，其穿着由皮毛麻布而为布帛绸缎。清人杨宾在其著作中曾举一例，“陈敬尹为余言曰：‘我于顺治十二年流宁古塔，尚无汉人。满洲富者缉麻为寒衣，捣麻为絮，贫者衣狍鹿皮，不知有布帛，有之自予始。……’今居宁古塔者，衣食粗足，则皆服绸缎。天寒披重羊裘，或猞猁狲狼皮打呼（皮外套也），惟贫者乃服布，而敬尹则至今犹布袍，或著一羊皮缎套耳。”②

清代东北满族衣着的取材随着时代和环境的发展变化有了较大的改变，但是其服装式样的变化并不明显。这正是由于清统治者的提倡与强调，也由于民族心理素质的作用，使得东北地区的满族衣冠服饰到鸦片战争以前，甚至到清朝灭亡，没有发生较大变化。在满族服饰特征中，方便骑射特点非常突出。

1. **箭衣**

箭衣是满族男子的典型服装。满族人本居东北，气候苦寒，以采猎为生，为便于骑马射箭，多穿长袍（又叫大衫）。这种袍子圆口无领、捻襟、左衽、四面开衩，带扣绊，窄袖，在窄袖口

---

① ［朝鲜］李民寏：《建州闻见录》，第43页，辽宁大学历史系1978年印本。

② （清）杨宾：《柳边纪略》卷3，第10页，载《辽海丛书》（一），辽沈书社1985年版。

往往加上圆形的袖头，称为箭袖，这种袍子因有箭袖而得名箭衣。箭袖的好处在于骑射时，可将其放下保护手背、手腕以御寒。又因其形似马蹄，故俗称“马蹄袖”。“箭袖”满语称为“哇哈”。清后期，箭袖失去了原有的实际作用，只是在行跪拜礼时，先弹下箭袖，称作“放哇哈”。箭衣因季节不同，有棉、夹、单等多种。一般在箭衣外腰间扎一条布带，便于佩挂小刀、烟荷包等小物件。满族入关后，强迫汉族男子一律穿这种箭衣，史称“江苏男子无不箭衣小袖，深鞋紧袜，非若明崇祯末之宽衣大袖，衣宽四尺，袖宽二尺”。① 男子服装由明代的宽衣大袖而一变为窄衣小袖，在客观上“于作事行路良多利益”，最终被汉族人所接受，成为清代典型服装之一。

2. 旗袍

旗袍是满族女子的标准外衣。满族人被编入八旗而称旗人，因此，满族人穿的长袍便被称为旗袍。后来人们习惯专称满族妇女穿的袍子为旗袍，八旗妇女衣皆连裳，不分上下。② 最初因满族妇女善于骑马，所以旗袍也是前后左右四开衩，宽腰身直筒式。旗袍样式美观，讲究装饰，在领口、袖头、衣襟等处镶有不同颜色的花边，多者达十几道。一般旗袍长不过脚，只有姑娘出嫁时，作为一种礼服，才穿长过脚面的旗袍。乾隆以后，旗袍开始吸收外来影响。由四开衩变为两开衩，腰身渐瘦，肥袖变窄，紧身合体，显示出女性身体线条之美。有清一代，旗袍深受满、蒙、汉等各民族妇女的喜爱，在旗袍衬托下的中国女性越发显得温文尔雅、温厚端庄、仪态万千。时至今日，旗袍作为我国传统女装的代表，备受国内外妇女的青睐。

---

① 徐珂：《清稗类钞》第13册，第6146页，中华书局1984年版。

② 震钧：《天咫偶闻》卷10，第211页，北京古籍出版社1982年版。

3. 马褂

马褂，顾名思义，是满族男子骑马时穿的一种褂子。满族人为了既御寒又方便骑射，在长袍外面套一件短褂，短褂身长至脐，袖长至肘，袖口齐平宽大，四面开衩。最初，马褂是八旗士兵的军服，以后逐渐普及，长袍马褂成为待人接物的一种礼服。马褂有许多种类，有对襟马褂，样式对襟方袖。乾隆时，因满族大臣傅恒出征凯旋时所穿，又名“得胜褂”；琵琶襟马褂，又叫缺襟马褂，因这种马褂右襟短缺而得名；大襟马褂，即衣服右边开衽，因古人将右手称为大手而命名，大襟马褂还用别样料子镶边以为装饰。满族人喜欢青色，所以长袍和马褂多以青色、蓝色为主。

4. 鞋靴

靰鞡是最具有满族特色的鞋，“护腊（靰鞡），革履也。絮毛子草于中，可御寒”①。东北的冬天，千里冰封，万里雪飘，满族人及其先世在冰雪中狩猎，为保护双脚，最初用兽皮裹足，而后逐渐演变为鞋，即靰鞡。靰鞡用野兽皮或家畜皮缝制，帮和底用一块皮子，没有接缝，雪水就不会进到鞋里，其形状前平、后圆、方口。靰鞡内垫靰鞡草，俗话说：东北三宝，人参、貂皮、靰鞡草。靰鞡草细如线，三棱微有刺，经过捶打，柔软如棉絮，垫在靰鞡里，隔凉、防潮又暖和，即使在雪地中站一夜，也不会冻坏脚。所以清代人杨宾说：“参貂，富贵者之宝也；护腊草，贫贱者之宝也。有护腊草，则贫贱者生；无参貂则富贵者死。”②由于靰鞡保暖、轻便、舒适，所以也受到东北汉族人的喜爱。以后又有草靰鞡、毡靰鞡，多为老人、妇女、孩子在家中穿用。

---

①② （清）杨宾：《柳边纪略》卷3，第13页，载《辽海丛书》（一），辽沈书社1985年版。

满族“女履旗鞋男穿靴”，靴子有棉有单，用绸缎、棉布或皮革制成。满洲贵族和文武官员穿靴者多，平民穿者少。朝服为方头靴，一般人穿尖头靴。受汉族人的影响，满族人也逐渐穿布鞋，男女布鞋的样式相似。在辽东地区流传着两句话：“父子不同姓，男女一双鞋。”① 前一句说的是满族人称名不道姓，后一句说的是男女鞋的样式相同。满族布鞋与汉族布鞋不同之处在于：鞋底厚，鞋尖上翘，如船形；在鞋前脸的正中，即两侧鞋帮的缝合处，用一道或二道皮条加固，皮条凸出鞋面，既结实又美观，俗称“单脸鞋”“双脸鞋”，又叫“一道筋”“二道筋”。男鞋多为青色和蓝色，女鞋俗称“旗鞋”，多是绣花鞋。

在旗鞋中，有一种鞋极富特色，名曰“寸子鞋”。它的特别之处在于鞋底，通常所说的“高底”或“寸子底”，鞋底高者超过4寸，矮者也有1寸左右，有上大下小的“花盆底”和上小下大的“马蹄底”两种，类似今天的高跟鞋，不过鞋跟在中间。满族妇女梳着高耸的旗头，身着长旗袍，脚穿寸子鞋，走起路来，袅袅婷婷，婀娜多姿。寸子鞋多为满族贵族妇女所穿，普通人家里不多见。

这里还应该特别提到的是，满族妇女是天足，它完全不同于汉族妇女的“三寸金莲”，直到解放前，在东北民间尚以缠足为“民装”，不缠足为“旗装”，以此来区别妇女是旗人还是民人。裹脚是汉族陋习，满族进入辽东后，皇太极在许多方面接受汉文化，革除本民族陋习，但在缠脚上，却是破除了汉族的陋习。他明文规定：满族女人不许梳头、缠脚，违者治罪。② 以后的历代统治者皆遵祖训，所以满族妇女皆天足。清中叶，对东北封禁令解除后，河南、河北、山东等地的汉人携家带口“闯关东”，进

---

① 佟悦等著：《辽宁满族史话》，第38页，辽宁民族出版社2001年版。

② 《清太宗实录稿本》，第7页，辽宁大学历史系1978年印本。

入东北地区，“天足”与“小脚”们杂居相处。在宁古塔地区流传着一首满族民谣《比小脚》，颇有趣：

我脚大，你脚小，坐在窗前比比脚。
脚大好，脚小好，阿妈（爸爸）割来靰鞡草。
捶它三棒槌，变得像棉袄。
絮进靰鞡里，冷天不冻脚。
小脚登，上山峰，跌了一个倒栽葱。
鼻子尖，摔通红，眼眶子，磕曲青。
扔了裹脚布，换上靰鞡草。
穿上皮靰鞡，小脚变大脚。
可在雪里站，能在冰上跑。
回家对你额娘（妈妈）说，
民装哪有天足好。①

诙谐的民谣唱出了满族女子对自己天足的自豪。满族妇女不效仿汉人缠足，清统治者有选择地吸收汉文化，是件很值得称道的事。

人们除了用服装装扮自己之外，还要用各种饰物来点缀，锦上添花，给人以美的享受。民族生活和文化传统形成了各民族在服饰上的审美标准，满族人的装饰就具有鲜明的民族特色。

5. 头饰

满族男子“皆拔须剪发，顶后存发，如小指许，编而垂之后”，即剃去前额和周围头发，只留颅后发，编成一条辫子垂在脑后，富家子弟多在辫梢系以金银珠宝饰物，这样的发式缘于骑射需要。由于剃发，满族男子外出喜欢戴帽子，主要有暖帽和凉

① 杨锡春：《满族风俗考》，第133页，黑龙江人民出版社1988年版。

帽两种，帽子上“皆加红毛一团饰”，因而，满族人又被人称作“红缨满洲”①。

满族妇女发型与头饰讲究，花样繁多。女孩儿时，前额头发剪成刘海，脑后梳根辫子。成年妇女的发式，在入关之前，“女人之髻，如我国（指朝鲜）之围髻，插以金、银、珠、玉为饰”②。而后，发型与头饰不断变化，年轻妇女多梳“两把头”或“把儿头”，即把头发梳到头顶，平分成两把，结成横长式发髻，可尺许长，脑后余发绾成燕尾式的扁髻。中年及老年妇女，一般将头发梳至头顶，盘成一个大发髻，用头簪固定，称为“盘盘髻儿”，又叫“团头”，它不同于“民人”梳在头后的疙瘩髻。满族妇女重头饰，发髻上插戴簪钗等饰物，质地有金、银、珠、玉、骨等。尤喜戴花，“野花满鬓，老少无分”③，反映了游牧民族崇尚自然，用大自然中的鲜花装扮自己的古老习俗。最富有特色的头饰是扇形冠，俗称“旗头”“宫装”。扇形冠用青色绸、缎、绒制成，扇面缀有鲜花、珠宝等饰物，与旗袍、寸子鞋相互衬托，显得人越发俊俏、典雅。“旗头”梳起来费时费工，所以普通满族人家的妇女只有在结婚和年节等重大场合才梳“旗头”。

6. 配饰

满族妇女继承了女真人耳垂金环的习俗。朝鲜人李民寏在《建州闻见录》中描绘：建州卫女人“耳挂八、九环，鼻左傍亦挂一小环”。不知李民寏是否夸张，但是，在清代，满族妇女确有“一耳戴三钳”的习俗，女孩儿出生后几天即在耳垂上扎三个小孔，以备戴耳环。乾隆四十年（1775），乾隆皇帝在阅选秀女时说：“旗妇一耳戴三钳者，原系满洲旧风，断不可改。昨朕选

---

①② ［朝鲜］李民寏：《建州闻见录》，第43页，辽宁大学历史系1978年印本。

③（清）西清：《黑龙江外记》卷6，第9页，光绪二十年（1894）刊本。

看包衣佐领之秀女，皆带一坠子，并相沿至于一耳一钳，则竟非满洲矣。”① 由此可知，满族妇女的饰物也逐渐受到汉族的影响。

满族男子的饰物很多与狩猎生活有关。满族人出门，“腰带必系小刀、匙子袋、火连袋、手帕等物”②。这些东西都是出外打猎必需品，每次出猎，往往需要数日或数十日方归，当他们在森林中猎到野味时，就用火镰燃起熊熊的篝火，将野味放到火上烤熟，然后大家各用小刀割肉食用。此外还有烟袋、荷包等物。荷包，满语称“法都”，原本是食袋，以备狩猎时充饥，而后演变成佩饰，内装烟草、香料、小食品等。荷包常作为礼品和信物，当小孩满月、生日或青年男女定亲时赠送，所以荷包十分讲究，一般用绫罗绸缎等上好的面料制作，并绣以各种图案。

满族生活在东北广袤的寒冷地带，渔猎于江河山野之间，她直接继承了女真人喜尚皮裘、适于射猎的服饰传统，同时又融会了蒙古和汉等民族的服饰特点，始成具有浓郁的民族风格，新颖多彩的满族服饰。满族在形成过程中，其社会生活既有对先世女真人的继承，也有对其他民族的吸收，还有她的独创。追溯清代东北满族的社会生活，犹如浏览一幅幅质实古朴而又清新流畅、充满情趣、多姿多彩的画卷，精彩纷呈，令人流连忘返。

二、地域特色之饮食

满族的先世长期生活在白山黑水之间，以采集和渔猎经济为主，兼事农耕，所以，其饮食以猪、野猪、狍、鹿等动物肉、野菜、鱼类为主，制作和食用方法十分简单。自明清以来，尤其是

① 光绪《大清会典事例》卷1114，第15页，台北新文丰公司1976年版。

② （清）吴振臣：《宁古塔纪略》，载（清）王锡祺辑：《小方壶斋舆地丛钞》第1帙，第347页，光绪二十三年（1897）上海著易堂铅印本。

清代，东北满族社会转而以农耕经济为主，附之以渔猎、采集，社会经济生活和文化生活发生了重大变化。在沿袭先世饮食习俗的基础上，吸收了汉族及其他民族的一些饮食特点，从而使满族的饮食文化具有鲜明的民族性和地域性。

1. 主食

满族的主食以谷物为主，常食的谷物有粟、黍、稗、稷、高粱、荞麦、玉米、大豆、小豆、绿豆、大麦、小麦等等。特点是面食、黏食多，味喜酸、甜。在面食中最主要的是饽饽。“饽饽”，满语作 efen，是满族对块状面制食品的总称。饽饽的种类繁多，风味独特，各类饽饽是满族民众喜爱的食品，也是祭祀时常用的供品。满族的主食主要有以下几种：

（1）豆面饽饽，又称豆面卷子，满语作 fisihe。杨宾在《柳边纪略》中写作“飞石黑阿峰”，他介绍说：“飞石黑阿峰者，黏谷米糕也，色黄如玉，质腻，参以豆粉，蘸以蜜。”① 具体做法是：把浸泡后的黄米磨成面，和匀，擀成薄片，入锅蒸熟。把黄豆炒熟，磨成粉，再均匀地撒在蒸熟的面片上。卷起面片，切成小块，即可食用，吃时可蘸豆粉。卷面片的过程，如同在面板上滚面片，吃时还要在盛豆粉的盘子里滚一滚，所以，在民间又戏称豆面卷子为“驴打滚儿”。

（2）黏米饽饽，又称“黏豆包”“黏饽饽”。将大黄米或小黄米浸泡后磨面，稍稍发酵，包入小豆馅，团成上尖下圆、平底的包子，上锅蒸熟，即可。吃时，多蘸白糖。一般的满族人家，在腊月里做“黏饽饽”，蒸出几锅，放在室外的缸里冷冻，年前年后的几天，置办年货，走亲访友，接待客人，无暇做饭，拿出黏豆包，随热随吃，简单方便。蒸黏饽饽时，饽饽外面往往包以

---

① （清）杨宾：《柳边纪略》卷 4，第 3 页，载《辽海丛书》（一），辽沈书社 1985 年版。

植物的叶子，用苏子叶者，称为苏叶饽饽；用椴树叶，称为椴叶饽饽；用菠萝叶，称为菠萝叶饽饽。这样做，既不黏锅屉，吃起来又别有滋味，满口鲜叶的清香味道。也有人把黏饽饽擀成饼状，烙熟，称为“黏火勺”。

（3）萨其玛，满语作 sacima，民间又称为“糖缠饽饽”“搓条饽饽”。萨其玛是满族的传统食品，至今仍为大众所喜爱。具体做法是：将白面用鸡蛋、奶油和水调和，搋好之后，搓成长条，入锅炸熟，再用蜂蜜或糖稀把它们粘结在一起，放入扁平槽内压平，待其完全凝固后，即可切块食用。

（4）酸汤子。夏天，满族人喜欢吃“酸汤子”，它的做法和口味都很独特。将玉米浸泡发酵变酸，而后磨成水面，使之沉淀，过滤掉粗渣子。做汤子时，先将锅里的水烧开，然后，左手大拇指戴一汤子套（圆锥形铁皮套），将面从汤子套中挤出，呈条形，甩入沸水中，煮熟后，可清汤，可混汤，可热食，亦可凉食。盛夏，吃一碗“酸汤子”，酸软爽口，很是惬意。还有一种类似的食品，称为“饸饹”，又作“河漏”“河洛”。据《奉天通志》上记载：“夏日或食河洛，小米浸盆盅中，使发酵，然后以清水淘净，磨成面，和以沸水纳入河洛床，漏成长条，以沸汤煮之，和以卤汁，圆滑适口，农人最喜食之。”①

（5）米饭。满族人常吃的米饭主要有高粱米饭、小米饭、稗米饭。高粱是东北普遍种植的农作物，高粱米饭，俗称秫米饭，是满族人家日常的主食。秋冬，人们喜食高粱米干饭和粥，夏天，则喜食高粱米水饭，即在米饭中加入凉水，凉爽可口，增加食欲。小米饭是满族人吃火锅和“白肉血肠”时的最佳主食。小米从色泽上分为黄白两种，其中白小米是吉林特产，在清代曾经作为贡品。小米可做干饭、稀粥或水饭，干饭可焖制也可蒸熟，

---

① 王树楠等纂：《奉天通志》卷 99，第 23 页，东北文史丛书编辑委员会 1983 年版。

其营养价值高，香味纯厚。稗米饭是金代女真人的主食，《三朝北盟会编》卷3记载：女真之地“自过咸州至混同江以北，不种谷麦，所种止稗子，舂米，旋炊粳饭”，当时，女真社会农业经济不发达，农作物种类较少，大面积种植的是稗子。而清代，仅宁古塔地区谷凡十种，“而以稗子为最，非富贵家不可得”①。清代，东北地区农业经济已经很发达，小麦、高粱、玉米都有种植，而稗子的数量渐少。满族人吃稗子饭，是一种传统饮食习惯，而“贵者食之”大概是因为物以稀为贵吧。在饭食中，颇具民族特色的是“小肉饭”。原料是猪肉碎块，小米。将碎猪肉放入锅中，翻炒变色，加入调料，添汤，放入淘洗过的小米，焖熟即可。满族人家在祭天、祭祖时，必做小肉饭，邀请亲戚邻居同吃，甚至过路的陌生人也可同享，这是原始氏族社会习俗的遗风。

2. **菜肴**

满族菜肴兼有东北的地域特色和渔猎民族的民族特色，它以猪肉、酸菜为大宗，不同的烹饪方法，演变出不同的菜肴。

（1）大锅肉。满族的先人世代渔猎于白山黑水之间，其饮食以各类动物肉为主，尤喜食猪肉。先秦文献中的肃慎人是满族最早的先人，近年在黑龙江省宁安县镜泊乡莺歌岭发掘了古肃慎人遗址，出土了一批小陶猪。汉、三国时肃慎人称挹娄，挹娄人“好养猪，食其肉，衣其皮，冬以猪膏涂身，厚数分，以御风寒”②，挹娄人不仅善养猪，并且对猪进行了极为充分的利用。猪伴随着满族的先世走过了几千年的历史，到了今天，养猪食肉仍是满族人生活的一部分。满族人家日常养猪，少则一两头，多则

---

①（清）杨宾：《柳边纪略》卷3，第10页，载《辽海丛书》（一），辽沈书社1985年版。

②（晋）陈寿：《三国志》卷30，《乌丸鲜卑东夷传》。

数头。每逢年节、喜庆日或还愿，必杀猪。满族有吃大锅肉的习俗，所谓大锅肉，即“将猪肉头足肝肠收拾极净，大肠以血灌满，一锅煮熟，请亲友列炕上，炕上不用桌，铺设油单，一人一盘，自用小刀片食，不留余，不送人。”①

（2）白肉血肠。在满族民间，非常受欢迎的一道菜是“白肉血肠”。所谓“白肉”即肥瘦相间、五花三层的猪肉；所谓“血肠”，是将猪血加入凉水、调料搅拌后，灌入洗净的猪肠。把白肉血肠煮熟，切成薄片，然后放入酸菜汤（用煮肉的老汤）中，吃时蘸蒜酱、韭菜花等。白肉血肠的特点是：白肉肥而不腻，血肠柔软香嫩，白肉、血肠红白相间，可谓色香味俱全，吃口菜、喝口汤，满口留香。今天，在东北满族聚居的乡村，仍有杀年猪，请亲友吃白肉血肠的习俗。白肉血肠已经不仅仅是满族的传统菜肴，而是深受东北民众所喜爱的一道大众菜。

（3）火锅。吃火锅也是满族的食俗之一，它原本是满族的先人们狩猎时常用的野炊方式，而后被广泛袭用。火锅“以锡为之，分上下层，高不及尺，中以红铜为火筒，著炭，汤沸时煮一切肉脯鸡鱼，其味无不鲜美”②。这种火锅多为富贵之家所有，每逢年节喜庆，或宴请宾客，拿出来使用。平民百姓之家虽难得火锅，却自有吃火锅的办法，一般人家有套桌，所谓套桌，类似炕桌，在桌面中间有圆形的活板，拿掉活板，把大小合适的铁锅坐在圆洞上，下垫火盆加热；更有简单的方法，干脆将铜或铁盆直接坐在火盆上。器用虽然简陋，但是人们吃火锅的兴致却丝毫不受影响！满族人吃火锅讲究原料的搭配和摆放的位置，故有“前后走，左鱼右虾，四周撒菜花”的说法。③ 也就是说，把飞禽如

---

① （清）吴振臣：《宁古塔纪略》，载（清）王锡祺辑：《小方壶斋舆地丛钞》第1帙，第347页，光绪二十三年（1897）上海著易堂铅印本。

② 王树楠等纂：《奉天通志》卷99，第33页，东北文史丛书编辑委员会1983年版。

③ 尹郁山：《吉林满俗研究》，第24页，吉林文史出版社1991年版。

鸡、雁等肉放在火锅内的前端，走兽如猪、牛、羊、狍子肉放火锅的后端，左侧放鱼，右侧放蟹、虾，再把各种调料放入锅中即可。数九寒冬，室外冰天雪地，室内，在暖烘烘的热炕上，一家人围坐在炕桌旁，桌上的火锅热气腾腾，满屋弥漫着菜、肉的香气。

（4）野味。除了猪肉之外，满族喜食野味。对于渔猎民族来说，山林川泽间的飞禽、走兽、鱼虾都是他们的重要食物。有清一代，东北驻防八旗官兵占有数量充足的旗地，社会经济以农业经济为主，但是渔猎采集经济仍占有一定的比重，同时，清政府为保持八旗兵的战斗力，也组织八旗兵“四季常出猎打围，有朝出暮归者，有三两日而归者，谓之打小围。秋间打野鸡围，仲冬打大围，按八旗排阵而行，成围时无令不得擅射”，“所得者虎、豹、（野）猪、熊、獐、狐、鹿、兔、野鸡、雕羽等物。……每一猎，车载马驮不知其数”①。这些野生动物的肉就成了满族人家餐桌上的美味佳肴。

（5）酸菜。东北盛产大白菜，每年入冬之后，满族人家便开始腌酸菜。具体做法是，将白菜用开水洗烫后，放进缸里，放盐和少量水，上面压块石头。约一个月后，白菜发酵变酸，是为酸菜。酸菜可炒、可炖、可凉拌，亦可作馅，包饺子吃，它是满族人冬日里的主要蔬菜。猪肉炖酸菜、粉条，香而不腻，开胃爽口，已成为今天东北人在冬、春两季最爱吃的一道菜。

3. 烟酒

东北地区寒冷，酒能活血驱寒，所以满族人喜好饮酒。早在入关之前，酒就是满族馈赠的礼品，也是宴会餐桌上的必备品。《旧满洲档》记载：天命九年四月二十二日，这一天，蒙古诸王

① （清）吴振臣：《宁古塔纪略》，载（清）王锡祺辑：《小方壶斋舆地丛钞》第1帙，第348页，光绪二十三年（1897）上海著易堂铅印本。

公贝勒觐见努尔哈赤，所带的礼品除了马、羊、骆驼之外，就是烧酒。同一天，努尔哈赤设宴招待，“杀牛五头，马一匹、羊二十只，备烧酒、黄酒四十一瓶”①。满族饮酒的历史久远，金代的女真人私家酿酒已经很普遍，并且嗜酒成风，醉则缚之，不然杀人，虽父母不能辨，君臣官民常因酒误事，所以，金的统治者多次严令禁酒，金世宗于大定十四年（1174）规定：女真人“虽闲月亦不得痛饮，犯者抵罪”②。

满族酿制的酒主要有黄酒、烧酒两种。黄酒用糜（黄米）酿造，色黄，故名黄酒。因多在秋天酿酒，又名“秋酒”。民间也称作“米儿酒”。其制作方法是：“炊谷为糜，和以麯糵，须臾成酿，朝酿而夕饮，味少甘，多饮不醉”③。清初人吴振臣，其父因科场案被流放至宁古塔，吴振臣出生在宁古塔，他在《宁古塔纪略》中介绍：米儿酒“如吾乡之酒酿，味极甜”。可见黄酒味甜，烈性小。而烧酒则性烈，多以高粱酿制。在宁古塔地区“烧酒曰汤子酒，斤银四分，黄酒斤银三分。然烧酒家为之，不须沽，惟黄酒多沽饮耳”④。烧酒无须买，一般的家庭即可酿造，很显然，清代，在东北地区，尤其是吉林、黑龙江两地，酿酒的技术很普遍，满族饮酒之风也很盛。关于这一点，从其地名中也可得到佐证，满族人称酒作坊为“烧锅”，常见以烧锅命名的村屯，如宁安县三灵乡，就有胡家烧锅、廉家烧锅、贝家烧锅等。满族人喜饮酒，与其寒冷的生活环境、骁勇豪放的民族性格有关。

俗话说，烟酒不分家。满族人不只喜好饮酒，而且，无论男女老少皆有吸烟的习惯。东北三大怪：窗户纸糊在外，养活孩子吊起来，十七八岁的姑娘叼着大烟袋。这第三怪便反映了满族人

---

① 《汉译满洲旧档》，第50－51页，辽宁大学历史系印本。

② 《金史》卷7，《世宗中》。

③ （清）高士奇：《扈从东巡日录·附录》，第4页，载《辽海丛书》（一），辽沈书社1985年版。

④ （清）杨宾：《柳边纪略》卷4，第3页，辽沈书社1985年版。

吸烟的状况。满族生活在山林原野之间，吸烟可以防止蚊虫叮咬，毒蛇伤人，又能提神、解除疲劳，相沿已久，成为一种习俗。清人萨英额称："烟，东三省俱产，唯吉林省者极佳。名色不一，吉林城南一带名为南山烟，味艳而香；江东一带名为东山烟，味艳而醇。城北边台烟为次。宁古塔烟名为台片。"① 南山烟也称"关东烟"，据说，曾作为贡品，受到咸丰皇帝的加封。

吸烟成为满族人日常生活的主要内容之一，家家有烟笸箩，人人有烟袋。年长者，起床后吸烟，晚睡前吸烟，饭前吸烟，饭后吸烟，俗话说：饭后一袋烟，赛过活神仙。做儿媳的，每天起床后，先到公婆屋里，给公婆各装袋烟，然后才能做饭。家里来了客人，不敬茶，先装烟。冬日里，老姐儿几个，围着火盆，盘腿坐在炕上，夹起一块炭火，点燃了烟袋，烟雾缭绕中，东家长，西家短，聊得好不热闹，吸完一袋烟，把烟灰磕在火盆里，烟袋锅敲得火盆丁当响，这响声也为空旷、寂静、无聊的冬日生活增添了几分生气。烟，一般是自家种，秋天收割烟叶、晒干，以备一年之用。烟袋对于吸烟者，是件宝贝，烟袋由烟锅、烟杆、烟嘴组成。烟锅多为铜制，烟嘴多有购买翡翠、玉、玛瑙者。烟杆以长为美，长者达三四尺。《清稗类钞》中描绘吉林满族妇女："顶盘高髻，惟手握三尺烟筒，频频吸之。"② 长烟杆有许多实用功能。对于长期盘坐在炕上的老太太，长烟杆可以用来勾取物件、轰猪打狗、教训孩子等。倘若儿媳伺候不周，或瞧谁不顺眼，照后脑勺就是一烟袋锅子，此时的长杆大烟袋又成了老太太权威的象征。满族男女皆嗜烟，尤以女人为甚。在关内人眼里，"十七八岁的姑娘叼着个大烟袋"实在是怪。

---

① （清）萨英额：《吉林外记》卷7，《物产》，吉林文史出版社1986年版。

② 徐珂：《清稗类钞》，第5册，第2200页，中华书局1984年版。

三、旗屯、满城、庭院

人类由原始群的穴居野处到建造房屋聚落而居，经历了成千上万年的发展过程，这一过程也是人类从适应大自然到改造大自然的伟大创造。这种创造在大同之中又千差万别，不同的民族，不同的地域，不同的历史阶段，不同的社会背景，造就了不同的聚落布局和房屋建筑风格。世代生活在东北的满族，在漫长的历史进程中，也逐渐形成了具有本民族特色的居住风格。

1644 年，百万满族“从龙入关”，偌大个东北地区“黄沙满目，一望荒凉”。康熙朝，清政府为充实东北边疆，一方面从关内征调八旗兵驻防东北，一方面招抚新满洲，把当地各少数民族编入八旗，补充到各驻防地。这些八旗兵和家属或居住在驻防城，形成了满城，或散居城郊，形成旗屯。满城和旗屯的出现，使这片广袤的大地又出现了生机。

1. 旗屯

东北满族居住的村庄一般称为“旗屯”，有同姓村和异姓村两种类型。同姓村是同一家族分户而聚，形成了村落，如辽宁岫岩满族自治县之洪家堡子、佟家岭、黄家沟等。① 由于是聚族而居，所以血亲观念很强，多实行族长制；异姓村是由几个姓氏组成的村屯，如黑龙江省富裕县三家子屯是由计（计布出哈喇）、陶（托胡鲁哈喇）、孟（摩勒吉勒哈喇）三姓八旗兵始建的。② 而吉林龙潭区乌拉街三家子屯，是由“占山户”的“满八旗”赵

---

① 参见张其卓：《满族在岫岩》，第 14 – 15 页，辽宁人民出版社 1984 年版。

② 参见金启孮：《满族的历史与生活》，第 23—24 页，黑龙江人民出版社 1982 年版。

氏与后迁入的“汉八旗”张、王两家联姻发展而成。一个旗屯少则几户，多则几十户人家。

有清一代实行旗民分治政策，满汉不同居，并且规定：驻防旗人“在百里以内自由耕垦，不准为商。凡出百里外者，则治逃逸罪”①。因此，旗屯人员单一，比较稳定，居一屯者，都是驻防八旗兵及其家属，这种状况得以长期存在。有诗云：

短短垣墙小小门，楼台新起自成村。
同居比户皆军属，出入常怀将帅恩。②

至清末，尤其是民国之后，满汉杂居一屯已是一种普遍现象。旗屯的名称五花八门，丰富多彩，概括其命名方式主要有以下三种：

一是以所在旗或牛录命名。此类地名繁多，其中一些沿用至今。如辽宁岫岩满族自治县的红旗营子乡，大营乡的黄旗沟、蓝旗沟，新甸乡的白旗堡、蓝旗口，兴隆乡的红旗堡子等等。③ 本溪满族自治县石桥子的边牛录堡子、法台牛录堡子等；④ 吉林市区的黄旗屯，市郊白山乡的红旗屯，金珠乡的（南）蓝旗屯，永吉县口前镇的蓝旗屯、红旗屯等等；⑤ 黑龙江省五常市红旗乡的前蓝旗村、后蓝旗村，拉林镇西黄旗等等。

二是以姓氏命名。有直接以姓氏命名者，也有姓氏加地理地

① 民国《珲春乡土志》卷3，第91页，辽宁省图书馆藏手抄本。

② 顾晋昌：《鸡塞集》卷1，吉林文史出版社1991年版。

③ 参见张其卓：《满族在岫岩》，第14—15页，辽宁人民出版社1984年版。

④ 杨发清：《关于本溪满族历史及现状的调查报告》，载《满族研究》1988年第3期。

⑤ 尹郁山著：《吉林满俗研究》，第44页，吉林文史出版社1991年版。

貌命名者。如辽宁省北宁市（北镇县）曹屯乡赖公村，该村的金氏、赵氏祖先是努尔哈赤第十三子赖幕布，为纪念先人，将居住地命名为赖公堡，后改为赖家公村。辽宁省凤城市边门镇赫家村，由满族赫舍里氏家族始建而命名。由汉军八旗开发的村屯，如王屯、汪屯、高屯、卢屯等更多；如前所述，岫岩满族自治县之洪家堡子、黄家沟、佟家岭等则是以地貌特点冠以姓氏命名的。

三是以地理地貌特点命名。诸如偏岭、南甸子、头道沟、二道沟，或地貌特点前冠以姓氏的黄家沟、郑家洼子、汪家街等。该类地名中尚存有满语名称，更具有民族特色。吉林的满族村屯有“聂司马”，意为盛产鱼；“义气”，盛产黄花松；“火龙”，山谷；“窝集”，丛林；“沙石浒”，地粘而软；“唐巴”，谷地中断等等。①

2. 满城

清代东北八旗兵以驻防城为中心，最初八旗官兵连同家属都住在城中，所以驻防城又称为满城。清代在东北的驻防体系是“以城为纲，路及边门属之”②。所谓“纲”，即以八旗官兵驻防的城堡作为镇守各地方的中心据点。在吉林、黑龙江两地，因清初未设民治机构，所以满城为驻防专城；而在盛京地区实行旗民二重制，驻防城守官与州县官同驻一城，但各成体系。

各城“设官兵镇守，附近城堡俱城守章京专辖，不隶府县”③。以盛京之广宁城（今辽宁省北宁市广宁镇）为例，广宁古城始建于辽代，元末毁于战乱。明朝在旧址上重修，包砌城

---

① 尹郁山：《吉林满俗研究》，第44页，吉林文史出版社1991年版。

② （清）徐世昌等编纂：《东三省政略》卷8，《旗务》，吉林文史出版社1989年版。

③ （清）伊巴汉等修：《盛京通志》卷8，第15页，康熙二十三年（1684）刊本。

砖，以后多次扩建。清代的广宁城有城门5座，城高11.7米，顶宽5米，城墙周长7公里。古代的广宁有“幽州重镇”之称。康熙十九年（1680）于广宁设城守尉一员①，官阶正三品，下设佐领、防御、骁骑校、笔帖式等官。城守尉与知县同驻广宁城，但分处别居。八旗官兵聚居在城西南部，现在仍有以旗籍命名的胡同，如正蓝旗胡同。城守尉衙门设在今县粮食局职工学校院内。旗民事务由城守尉管理，知县管理民人事务，遇有旗民交涉，“旗衙门”与“县衙门”共同审理。八旗官兵承担守卫地方之责，参加军事训练，服役各种差事，领有分配的旗地。无论官兵或家属未经允许不准离开旗界40里。驻防城实际上是座大军营，在驻防城内，旗人尽量仿照京师八旗方位居住，即左翼自北而东而南为镶黄旗、正白旗、镶白旗、正蓝旗；右翼自北而西而南为正黄旗、正红旗、镶红旗、镶蓝旗。

3. **庭院**

东北满族人家的庭院又称“院子”，四周以墙围成“院套”，院套南面正中是院门，院墙或以石块垒砌，或用草泥垛至1米多高，也有用杂木树干或秸秆等编成“樟子”，因地因时而异。康熙时，浙江人杨宾见到宁古塔满人的院落，“四面立木若城，而以栅为门，或编桦枝，或以横木。庐舍规模无贵贱皆然，惟有力者大而整耳”②。进入院门，迎面是正房，一般为三间或五间，坐北朝南便于采光。东西两侧是仓房、碾房和牛马棚。仓房有两种：一是“下树高栅，曰楼子，以贮衣皮”，即用木柱架起的小

---

① 康熙《广宁县志》卷5，第1页，载《辽海丛书》（四），辽沈书社1985年版。

② （清）杨宾：《柳边纪略》卷1，第13页，载《辽海丛书》（一），辽沈书社1985年版。

屋，可防潮；二是“无栅而隘者，曰哈实，以贮豆黍”①，即建在地面上的小窄房。显贵之家，除正房外，东、西各有厢房，配以石墙、门房，便是四合院。在院子东南角立有“索罗杆”，又称“神杆”，供祭祀之用。祭杆长丈余，木制，多竖立在长方形的石座上。杆顶置锡斗或锡碗。关于立杆祭祀的缘由，在满族民间有很多传说，流传最广的一则故事是“乌鸦救主”，大意是：早年，老罕王（努尔哈赤）被明军追杀，逃到一片荒野中，明军越追越近，忽然飞来一群乌鸦，落在老罕王的身上，老罕王躲过一劫。为感谢乌鸦“救主”之恩，满族家庭院里立索罗杆，上面的锡斗里放粮食和杂肉以饲喂乌鸦。

4. **房屋**

满族的先世们在东北的山林原野之间，经历了极其漫长的“夏则巢居，冬则穴居”的原始生活。公元10世纪以后，由于社会生产力的发展和各部的流动迁徙，女真人的生产和生活方式也随之发生了变化。10世纪末，女真人中的完颜部迁至按出虎河流域（今松花江阿什河阿城一带），《大金国志》记载：女真部“其居多依山谷，联木为栅，或覆以板与桦皮，如墙壁亦以木为之。冬极寒，屋才高数尺，独开东南一扉。扉既掩，复以草绸缪之。穿土为床，煴火其下，而寝食起居其上”。《北盟录》亦载：女真人“依山谷而居，联木为栅，屋高数尺。无瓦，覆以木板，或以桦皮，或以草绸缪之……，环屋为土床，炽火其下，寝食起居其上，谓之炕，以取其暖”②。从文献资料记载看，辽金时期的女真人已经告别穴居时代，开始建筑房屋，进入了室居的文明阶段。这一时期房屋的特点是：房墙以木干联结而成，房顶用草及

---

① （清）方拱乾：《绝域纪略》，载（清）王锡祺辑：《小方壶斋舆地丛钞》第1帙，第342页，光绪二十三年（1897）上海著易堂铅印本。

② 陈见微选编：《东北民俗资料荟萃》，第369页，吉林文史出版社1992年版。

树皮覆盖，为保暖，房屋矮小，只开东南向一道门；室内北、西、南三面设火炕，以备取暖，饮食起居俱在其上。这种建筑风格和居住习俗被其后世满族人所沿袭。

清代，东北地区的满族随着社会物质文明和精神文明的发展，其房屋居室也发生着变化，既有对女真人的继承，也有对其他民族的吸收，形成了既有地域特色又有民族特色的房屋居室风格；又因地域和环境的不同，大同之中亦存差异。

顺治年间，宁古塔满族的房屋，“室象鸟兽而为巢，为营窟，木颇材而无斧凿，即樵以架屋，贯以绳，覆以茅，列木为墙，而墐以土，必向南近阳也。……渐有牖，可以临窗坐矣”①。从辽金到清初，历经5个世纪，宁古塔满族人的房屋建筑变化不大，仍承女真旧俗。这是因为宁古塔地区人员构成单一，多为土著，地处偏僻、闭塞、遥远的东北边疆。

在盛京地区，满族的房屋居室变化较大、发展较快，在继承传统的同时，又有对其他民族主要是汉族的借鉴。满族民房多为泥草房，墙体或用毛石砌成，或用土坯垒砌。以木柱支撑房梁，房顶多为起脊式，呈“∧”形，上苫苫房草。显贵之家的四合院多是砖瓦房。房间一般为三至五间，坐北朝南。房门开在东侧，若三间，在东边的一间开门；若四、五间，在东起第二间开门，这样使得二、三间居室相连，便于取暖。这种格局的房子形同口袋，故民间俗称“口袋房”。房子的南面有窗，窗多为上下两扇，上扇可用棍儿支起，以通风。每扇窗用木条拼成各种图形的窗格，又称窗棂，一扇做工细致，图形漂亮的窗子，就是一件民间工艺品，它反映出房主的审美观和对美的追求！“窗户纸糊在外”，这是东北“三大怪”之一。窗纸用油浸过，可防水防风，又可增加窗子亮度。

---

①（清）方拱乾：《绝域纪略》，载（清）王锡祺辑：《小方壶斋舆地丛钞》第1帙，第342页，光绪二十三年（1897）上海著易堂铅印本。

房屋的西山墙外侧或后侧砌有烟囱。烟囱，满语为“hulan”(呼兰)。烟囱距离山墙二、三尺远，用土坯或砖垒砌，下粗上细，独成一体，高出屋檐数尺，通过孔道与室内的炕洞相通。早期的烟囱“多以完木之自然中虚者为之，久而碎裂，则护以泥，或藤缚之，土人呼为摩呼郎”①。生活在山林中的满族人，就地取材，用被虫子蛀空的大树干做烟囱。满族人建落地烟囱，而不是将其立在房顶，主要是为防火。满族建房之初，以圆木联结为墙，房盖用草苫成，建房材料皆为易燃之物，所以烟囱独立于房墙之外。以后，虽然以砖瓦建房，但烟囱的建法仍承旧习，成为满族式住宅的一大特色。乾隆帝于四十三年（1778）东巡，沿途所见故乡之风土人情，倍感亲切，情趣盎然，专为满族烟囱赋诗一首：

> 豳岐家室屡为迁，时处恒依旧俗然。
> 水火每资叩昏户，爨炊常看引朝烟。
> 疏风避雨安而稳，直外通中朴且坚。
> 玉食寄言惟辟者，莫忘陶复九章绵。②

5. 室内陈设

踏入房门，便是堂屋，又称外屋，实则厨房。靠里屋一侧，南北各一锅灶，灶火通室内炕。水缸、酸菜缸等均放在外屋。进入里屋，与外屋南北锅灶相对应的是南、北、西三面炕，俗称“万字炕”。炕上铺席子，炕的边缘用1尺左右宽光滑的木板镶嵌，称炕沿。南、北炕宽5尺余，南炕住长辈，北炕住晚辈。西炕窄，通常不超过3尺宽，不住人，多放柜子或桌，有的人家在

---

①（清）杨宾：《柳边纪略》卷4，第4页，载《辽海丛书》（一），辽沈书社1985年版。

②（清）阿桂等纂修：《盛京通志》卷15，第20—21页，1917年铅印本。

西墙上供祖宗板子，西为尊。满族人睡眠习惯，头临炕沿，脚抵窗，无论男女皆并头睡，如足向人，视为不敬，东北地区寒冷期长，所以火炕对满族人十分重要，日常的室内活动，诸如吃饭、读书、妇女做针线活、孩子玩嘎拉哈等都在炕上。来了客人也请炕上坐。

“万字炕”的格局决定了室内的陈设。家具皆置于炕上，炕中有炕桌，矮腿、长方形。炕梢有炕柜，又称“炕琴”，炕柜与炕等长，高约3尺，柜表面涂深红色油漆，绘有金黄色图案。内装衣物，柜上叠放被子。西炕为尊，不能坐人，不能堆放杂物，尤其不许放绳子和刀，一般放一长柜，内装粮食或衣物，上面摆放香炉、烛台等供器。

室内的房梁上常吊有悠车，用桦树皮制成，多呈椭圆形。婴儿放在悠车里，所谓“养活孩子吊起来”。母亲边做活边哼着摇篮曲，偶尔腾出手推一下悠车，悠车便在空中悠荡起来。

满族人家室内夜间照明用“霞绷”，俗名糠灯。《柳边纪略》中记载：“糠灯，俗名虾棚。以米糠和水，顺手粘麻秸，晒干，长三尺余，插架上，或木牌。燃之，光与烛等而省费，然中土人多用油灯。”①

康熙二十一年（1682），时任翰林院待讲的高士奇扈从康熙帝东巡，他沿途所见，对“霞绷”印象尤为深刻，“蝦棚，糠灯也，即谷糠油滓和以米汁，附蓬梗上，状如烛而长十倍，燃之青光熠熠，烟结如云，以此代烛。”②

满族式住宅特点颇多，但最主要的有三大特征：口袋房、万字炕、烟筒建在地面上。至今在一些满族乡镇仍可见到这三大特征。

---

① （清）杨宾：《柳边纪略》卷4，第4页，载《辽海丛书》（一），辽沈书社1985年版。

② （清）高士奇：《扈从东巡日录·扈从东巡附录》，第4页，载《辽海丛书》（一），辽沈书社1985年版。

四、爬犁和“威呼”

东北地处边疆，地广人稀，道路不似中原四通八达。在辽阔的原野上，除了分布着为数不多的一些驿路之外，屯与屯之间多是自然踩出的羊肠小道。到了冬天，漫山遍野白雪皑皑，更分不清哪是田地，哪是路。骑马本是满族的长技，骑马不受道路交通的限制，可以在原野和山林间自由驰骋，马便成了满族日常生活中主要的交通工具。除马匹之外，还有马车和牛车，明末，建州人“家家皆用小车，驾之以牛。”① 清初，居住在宁古塔的满族人也乘“农隙俱入山采樵，以牛车载归，足来岁终年之用乃止”②。在东北满族使用的交通工具中，最富有特色的是爬犁与“威呼”。

1. 爬犁

爬犁，满语为fara，汉音译“法喇”，是东北冬季的主要交通工具。对于爬犁的样式，乾隆帝是这样描绘的：“似车无轮，似榻无足，冬日御之。亦有施毡幄及鹿皮围者，以马牛骡挽行冰雪中，稳捷便利。”③ 爬犁的制作方法比较简单，用两根三四米长的硬杂木杆，前端火煨弯成弓形，高高翘起，作为辕木，杆上安一副车架子。更有简单者，将两根木杆修整平滑，在上面钉上横木条即可。爬犁的样式略有不同，但大同小异，有的似车，有的像

---

① ［朝鲜］李民寏：《建州闻见录》，第44页，辽宁大学历史系1978年印本。

② （清）吴振臣：《宁古塔纪略》，载（清）王锡祺辑：《小方壶斋舆地丛钞》第1帙，第347页，光绪二十三年（1897）上海著易堂铅印本。

③ （清）萨英额撰：《吉林外记》卷1，第16页，吉林文史出版社1986年版。

船，爬犁主要靠两根光滑的木杆在冰雪地上滑行。爬犁用马、牛或狗拖拉，在雪原或冰河上疾驰，拉人载物，方便快捷。

清代，东北的少数民族包括满族、赫哲、鄂温克等都以爬犁为交通工具。东北尤其是吉林和黑龙江地区，气候寒冷，“八月中即下大雪，九月中河尽冻，十月地裂盈尺，雪才到地，即成坚冰。虽白日照灼不消……，至三月终冻始解，草木尚未萌芽”①。在这样的气候环境中，智慧的人们，就地取材，因地制宜，发明了爬犁。爬犁在北方各民族的生产和生活中发挥着巨大的作用。

乾隆帝东巡至吉林，对爬犁产生了浓厚兴趣，特赋诗一首：

驾木施箱质莫过，致遥引重利人多。
冰天自喜行行坦，雪岭何愁岳岳峨。
骏马飞腾难试滑，老牛缓步未妨磋。
华轩诚有轮辕饰，人弗庸时奈若何。②

2. 威呼

“威呼”，满语 weihu，汉译为独木船。

东北地区水域丰富，江河交错，湖泊遍布，居于这些江边河畔的满族，很早就以船作为水上交通工具了。《后汉书·东夷传》载：挹娄“便乘船，好寇盗，邻国为患”。在两汉时期，满族的先人已经使用船了。后金时，为征朝鲜，曾在浑河及牛庄造船几十艘，可见满族人已经掌握了较高的造船技术。

作为水上交通工具，满族人使用最多的是威呼。《满洲源流考》中记载：“威呼，刳巨木为舟，平舷圆底，唇锐尾修。大者容五六人，小者二三人。剡木两头为桨，一人持之，左右运棹，

---

① （清）吴桭臣：《宁古塔纪略》，载（清）王锡祺辑：《小方壶斋舆地丛钞》第1帙，第345页，光绪二十三年（1897）上海著易堂铅印本。

② （清）阿桂等纂修：《盛京通志》卷13，《天章四》，第14页，辽海出版社1997年影印版。

捷若飞行。”① 威呼的制作方法是，取多年生大树树干一段，将里面掏空，首尾削尖，使整体狭长成梭子形，以减小水的阻力；取一短木，削两头为桨，行船时，一人左右摇桨。威呼不仅可以行驶于大江大河之上，也可用于山溪之间。一叶小舟，荡漾中流，疾驰如箭。满族人习于此船，行驶水面，如履平地。由于威呼轻便，到山林中采参捕貂者，往往携带之，遇水可乘之，陆行则负之。清代，在宁古塔地区，威呼随处皆有，秋冬之际，江河封冻，威呼又有了另外的用处，作为马槽饲马。

满族还使用一种桦皮船，称“泥马赊枯”，用桦树皮制成，仅容一人，两手持小桨划行，更加轻便快捷。

威呼与桦皮船制作简单，携带方便，是比较原始的水上交通工具。此外，也有大船。爬犁与“威呼”是满族的传统交通工具，兼具民族特色和地域特色。两者可以反映出东北满族所处的地理环境及其社会生活的面貌。

---

① （清）阿桂等纂修，《满洲源流考》，第375页，辽宁民族出版社1988年版。

“遇婚丧喜庆等事，无缄贴，无鼓乐，无男女傧相。订婚时父率子同媒往拜妇之父母，次日女之父亦同媒答拜。行聘名曰下茶，俱用高桌，如吾乡之官桌，上铺红毡，茶果、绸缎、布匹仍用盘放桌上，多至数十桌，贫富不等，羊酒必需。”

——吴桭臣《宁古塔纪略》

第十二章　风俗时尚

一、由火葬到土葬

满族人的丧葬，在入关前仍然沿袭女真旧俗，实行火葬，殉死风习尚存。入关以后，在相当长的一段时间内，普遍实行火葬，而后渐仿汉族改为土葬。然而在葬仪中，仍然保留了相当多的满族习俗。

1. 殉葬之风

根据目前史学界多数学者的意见，满族自从进入辽沈地区后，开始由奴隶制向农奴制转变，直到入关以后，仍然存在着奴隶制的残余。奴隶主活着时驱使奴隶无偿劳动，死后还要在阴间使唤他们，这就是殉葬的由来。努尔哈赤时代奴隶制还很盛行，殉葬之事屡见不鲜，以妻妾殉夫、以奴殉主、以臣殉君，此类记载常见于文献之中。例如，明万历三十一年（1603），努尔哈赤的妻子叶赫纳喇氏死时，“太祖爱不能舍，将四婢殉之”①。这种残酷的人殉现象，除个别人外，殉死者往往是主人生前强迫所致。努尔哈赤生前，因大妃阿巴亥与代善关系暧昧，曾经说过：“俟吾终，必令殉之。”② 天命十一年（1626）八月，努尔哈赤病死后，以皇太极为首的诸王因为大妃阿巴亥心怀嫉妒，为人又有机变，担心其三子阿济格、多尔衮、多铎与之结成强大势力，遂以努尔哈赤预留遗言为名，强迫阿巴亥殉死。大妃阿巴亥尚且如此，一般奴婢的命运是可以想见的。

天聪八年（1634）二月，皇太极下令禁止逼妾殉葬，制定丧祭焚衣及殉葬例：“夫死，许其妻殉，仍行旌表。若相得之妻不殉，而强逼侍妾殉者，其妻论死。其不相得之妻及媵妾，俱不许殉。”③ 这条法令说明两个问题：一是强逼奴婢殉死在当时相当流行，所以才明令禁止；二是清朝统治者仍然鼓励妇为夫殉、臣为君殉。这样一来，就很难根除殉葬的恶习。因而，当皇太极去世时，便有章京敦达里、安达里以身殉死。顺治十八年（1661），顺治帝驾崩时，又有庶妃董鄂氏（一等阿达哈哈番巴度之女）“殉世祖，圣祖追封为皇考贞妃”④。

清初，在东北地区，奴仆殉葬的现象比较严重，宁古塔地方的满族中，“男子死，则必有一妾殉，当殉者，即于生前定之，不容辞，不容僭也。当殉不哭，艳妆而坐于炕上，主妇率其下拜而享之。及时，以弓弦扣环而殒。倘不肯殉，则群起而缢之死

① 《清太祖武皇帝实录》卷2，《清入关前史料选辑》第1辑，第322页，中国人民大学出版社1984年版。

② 《清太祖武皇帝实录》卷4，《清入关前史料选辑》第1辑，第392页，中国人民大学出版社1984年版。

③ 《清太宗实录》卷17，第28页。

④ 《清史稿》卷214，《后妃》。

矣”①。经过清统治者一再明令禁止，殉死风习虽然大有减少，但只要存在奴隶买卖，奴隶殉死的风气就不可避免。例如人们所熟悉的古典小说《红楼梦》，反映的是关内满族贵族的日常生活，荣、宁二府中购买了众多奴仆为其主人服务，贾母死后，就出现了其贴身女仆殉死之事。

2．火葬盛行

明代女真人实行火葬，是人所共知之事。根据历史文献记载，满族进入辽沈地区之后，直至顺、康两朝，不论关内关外，火葬仍占据主导地位。

清朝在关外时期，与朝鲜确立了宗藩关系，双方往来频繁。据当时居住在盛京城内的朝鲜官员记载，满族阵亡的官兵均实行火葬，他们的妻子殉死的现象也较普遍。如崇德三年（1638），克勤郡王岳托在攻明战争中死去，“要土（即岳托，作者注）骸骨入来之后，其妻亦为缢死，烧葬是白置。此是清俗所尚”②。

满族入关以后，仍然保持这一习俗，无论尊卑贵贱，一律火葬，连皇帝及其嫔妃也是如此。顺治十七年（1660）八月，顺治帝的爱妃董鄂氏去世，顺治帝悲痛欲绝，为爱妃大办丧事，“耗费极巨量国帑，两座装饰得辉煌的宫殿，专供自远地僻壤所召来的僧徒作馆舍。按照满洲习俗，皇妃底尸体连同棺椁，并那两座宫殿，连同其中珍贵陈设，俱都被焚烧”③。努尔哈赤、皇太极、顺治三位皇帝都是火葬。顺治九年（1652），清政府对葬礼做出规定：“和硕亲王薨，停丧于家，俟造坟完，方出殡，期年而化；多罗郡王、多罗贝勒停丧五月，出殡，七月而化；固山贝子以

---

① （清）方拱乾：《绝域纪略》，载（清）王锡祺辑：《小方壶斋舆地丛钞》第1帙，第343页，光绪二十三年（1897）上海著易堂铅印本。

② 《沈阳状启》，第141页，辽宁大学历史系1983年印本。

③ ［德国］魏特：《汤若望传》（中译本）上册，第323页，台湾商务印书馆1960年版。

下，公以上，停丧三月，出殡，五月而化。”①

火葬的仪式如何？清官书对此多隐匿不讲，仅朝鲜人和东北地方志书中有些记载：努尔哈赤时期，满族人“死则翌日举之于野而焚之”，“蒙白二、三日除之”②。可见，当时满族人的火葬形式较为简单。而后，随着时间的推移而渐为复杂化。顺治年间，东北满族人死后，“以敝船为椁，三日而火”③。康熙年间，流人子弟吴桭臣在《宁古塔纪略》中记载：满族人死后，“七七内必殡，火化而葬。棺盖尖而无底，内垫麻骨、芦柴之类，仍用被褥，以便下火”。到嘉庆时期，黑龙江地区的满族人火葬仪式呈现专业化，出现了火葬师：“人死焚尸而瘗（yì 埋葬）曰熟葬。……熟葬之法：舁（yú，共同抬东西）棺至郊野，置柴上，请师举火。火炽尸起，梃而仆之，须臾肉尽，骨仅存，然后拾贮所谓净匣中，而瘗之土，然师之业苟不精，骨亦易为灰烬，此势家之所以严择师也”④。“师”者，精通火葬之术者也。有专以焚尸为职业者，足以见东北满族盛行火葬。

满族盛行火葬，归其始因有二：

其一，火葬有其历史的渊源。火葬是我国一种古老的葬俗，相沿已久。《墨子·节葬》中说：“秦之西有仪渠之国者，其亲戚死，聚柴薪而焚之。”至于中原地区，早在宋代就有火葬习俗。早期的人类实行火葬，大概与人们对灵魂的认识有关，随着袅袅轻烟，人的灵魂升入了天国。古代北方的诸民族，氐、羌、突厥、匈奴、女真、蒙古等都有火葬之俗。

---

① 《清世祖实录》卷68，第21—22页。

② ［朝鲜］李民寏：《建州闻见录》，第44页，辽宁大学历史系1978年印本。

③ （清）方拱乾：《绝域纪略》，载（清）王锡祺辑：《小方壶斋舆地丛钞》第1帙，第343页，光绪二十三年（1897）上海著易堂铅印本。

④ （清）西清：《黑龙江外记》卷6，第13页，光绪二十年（1894）刊本。

其二，与满族的流动性有很大关系。关外时期的满族及其先世女真人以射猎为业，不同于中原的农业民族，流动性大。清政权入主中原后，战事频繁，八旗兵为建立和巩固全国政权南征北战，战死疆场者，唯有将其火化，才能带回家。东北及各地的驻防八旗皆隶京师八旗都统管辖，驻防士兵定期调动，家属亦随之迁移，正如乾隆皇帝所说："本朝肇迹关东，以师兵为营卫，迁徙无常。遇父母之丧，弃之不忍，携之不能，故用火化。"①

以上记载充分说明，在顺康时期，无论关内关外和各省八旗驻防，无论一般百姓还是满族贵族以至皇帝，都盛行火葬。至乾隆时期，各地驻防趋于稳定。同时不断受到汉族习俗的影响和儒家文化的熏陶，满族统治阶级完全接受了儒家文化，儒家传统思想压倒了喇嘛教，火葬亦转变为土葬。确切地说，从康熙皇帝开始，满族贵族开始土葬，到乾隆年间准许驻防旗人定居原地，完成了从火葬到土葬的转变。这一变化也体现在政府法令中，出现了"一概不许火化，倘有犯者，按律治罪"②的字样。但是在东北地区，尤其是满族聚居的黑龙江地区，嘉道年间仍有火葬的记载。

3. 丧葬中的满族旧俗

由于满汉文化的互相融合，东北地区的满族人由火葬改为土葬，但其丧葬仪式中仍然保留有许多本民族的旧俗，具体表现在以下三点。

其一，树红幡报丧。满族人家有丧事，在院内树起两丈高的木杆儿，杆上系长丈余红布，称做幡。满族旧俗，贵白贱红，以红色为送终之色，因此用红长幡，其质地因死者身份而定，"章

---

①② 《清高宗实录》卷5，第24页。

京则以红缎旌之，拨什库则以红布，再下则红纸”①。清代后期，民间多用红布，有的地区用一幅红布，有的用四幅。幡又称“魂幡”，亡者灵魂之所依也，日出挂起，日落摘下，头三天，每日必三次叩奠之。树红幡有两个作用，一是用作丧事的醒目标志，族人从远处见到后便赶来帮忙料理。另一个作用是出殡时作为前导，代替铭旌。满俗，用红幡布给小孩做兜肚，可避邪，免除灾病。

其二，送褡裢。东北满族这种风俗较重，人死后第三日的傍晚，“其子以纸囊盛纸钱负入土地祠，即神前曳囊三匝，觉重，曰亡者收去，出而焚之，谓之送褡裢”②。民间又称“送三”，这一天，丧家及亲友到郊外或城隍庙中焚烧纸钱或纸扎车马、仆人等物，以供亡者在阴间享用。清在关外时期即有此风俗，但烧的是实物，并且日趋奢华，成蔓延之势。对此，皇太极不得不下令限制，他说：“人始生时，穿的、吃的牲畜，亦与之俱来乎？凡吃穿不过阳间所用之物，死后至阴间所用的，亦阴间之物。烧煅彼能得之耶？若果得之，烧煅之物，阴间用尽后，可常继乎？不过无益之费耳。”③ 为此，皇太极规定了从平民到各级官吏至诸王贝勒祭祀死人所费标准，超过标准者治罪。清代，留居东北故地的满族长期保留着这种旧俗。贫者，烧纸钱或纸扎的物品；富者为亡人焚裘帽，一火尝抵百金。

有诗云：

无旌无主一幡悬，上望齐米拜爨烟。
杀马杀人俱送死，此风闻在汉唐年。④

---

① （清）方拱乾：《绝域纪略》，载（清）王锡祺辑：《小方壶斋舆地丛钞》第1帙，第343页，光绪二十三年（1897）上海著易堂铅印本。

② （清）西清：《黑龙江外记》卷6，第12页，光绪二十年（1894）刊本。

③ 《清太宗实录稿本》，第5—6页，辽宁大学历史系1978年印本。

④ 《鸡林杂咏·风俗》，吉林文史出版社1991年版。

“杀马杀人”指用纸扎的马和仆人。“此风闻在汉唐年”，是说：在《三国志》和《旧唐书》中记载了满族先世人殉和牲祭的习俗。

其三，百日内不除服、不剃发。老人亡后，子孙服孝。各地区孝服略有差别。一般是男人腰系白带子；女人头戴白包头圈，包头圈在脑后打结，垂下两根白飘带。若一位老人去世，腰带与包头飘带一短一长，若二老双亡则带子一样长短。孙子辈在带子头加块红布，称为戴“花孝”。大孝为百日，所以，百日内不除孝服。剃发本是满族习俗，平时男子一般脑前剃一圈，脑后垂一根大辫子。但遇到“父母之丧，一季而除，以不剃头为重”①。不仅子女为父母服丧如此，臣民为君王服丧亦如此。“嘉庆四年，居高宗丧，……官吏军民自大事日起始，百日不剃发。”② 男子百日内不刮胡须、不剃发，蓬头垢面，以示痛失亲人之哀痛。及百日，家人及亲属备祭品，前往坟前祭奠，谓之供百日，事毕，方可除服剃发。

当人走完坎坷的人生之路，生命之火熄灭之后，亲朋好友都要为其举行殓殡祭奠的仪式。“生有所养，死有所葬”，是我国自西周以来就有的社会原则。人们把丧葬看作是极其重大的庄严的事情。贫者甚至不惜倾家荡产也要把丧事办得体面隆重。丧葬的过程中包含着活者对永远离去的亲人的哀悼，对其一生的追述；也有对逝者进入信仰中另一世界的祝福，充满了宗教的或迷信的色彩。在人生的各项仪礼中，丧礼的内容恐怕是最繁琐的。而不同的历史时期，不同的民族、不同的地域，丧葬的形式与内容又不尽相同。

---

① （清）吴桭臣：《宁古塔纪略》，载（清）王锡祺辑：《小方壶斋舆地丛钞》第1帙，第348页，光绪二十三年（1897）上海著易堂铅印本。

② 《清史稿》卷92，《凶礼》。

二、受政治限制的婚姻

婚姻，又称“嫁娶”，女婚为嫁，男姻为娶。它是人类最古老的社会现象之一，男女之间相互联姻，组成家庭，以完成人类自身的再生产。在私有制存在的阶级社会里，人们的政治地位、经济利益往往制约着联姻活动。满族的婚姻除受上述规律制约外，还有许多本民族的特点。

1. 入关前氏族制婚姻残余

根据满族始祖的传说，天女佛古伦沐浴时，“有神鹊衔一朱果，置佛古伦衣上，色甚鲜妍，佛古伦爱之不忍释手，遂衔口中，甫着衣，其果入腹中，即感而成孕”①。佛古伦生布库里雍顺，是为满族始祖。这种知其母、不知其父的族源传说，证明满族的先世曾经历了漫长的氏族社会时期，在母系氏族社会，盛行氏族外婚制，在群婚的状况下，只能以母方来计算世系。

满族在其发展过程中，尚保留部分氏族社会的残余，在婚姻方面尤其明显，没有辈分伦理观念。《三朝北盟会编》卷3载：金代女真人“父死则妻其母，兄死则妻其嫂，叔伯死则侄亦如之”。这种习俗是氏族群婚制的残余，同时也反映出尚处在奴隶制社会的女真人，把娶来的女人看作是家族的私有财产，如同田宅、牲畜一样可以继承。建州女真斡朵里部的祖先是元代万户挥厚、容绍（官名）包哥，二人为同父异母兄弟，挥厚妻也吾巨生了猛哥帖木儿，后又改嫁包哥（小叔子），生子范察。直到明末，

---

① 《清太祖武皇帝实录》卷1，载《清入关前史料选辑》第1辑，第298页，中国人民大学出版社1984年版。

女真人仍是“嫁娶则不择族类，父死而子妻其母”①。

满族进入辽沈地区后，受汉族影响日深。针对满族人缺乏伦理观念，婚姻状况混乱的局面，皇太极下令：“自今以后，凡人不许娶庶母及族中伯母、婶母、嫂子、媳妇。”“若欲改嫁者，本家无人看管，任族中兄弟聘与异姓之人。若不遵法，族中相娶者，与奸淫之事一例问罪。汉人、高丽因晓道理，不娶族中妇女为妻。凡人既生为人，若娶族中妇女，与禽兽何异？”② 这是一次婚姻习俗的大革命，在满族社会中彻底排除了血缘亲属之间的联姻，无疑是一大进步。但是，皇太极所立之法，只是禁止家族内部的婚姻，没有涉及辈分问题。以皇太极为例，其孝端文皇后和孝庄文皇后是亲姑侄，先后嫁给了皇太极。

2. 皇族的“满蒙联姻”

在阶级社会中，婚姻本身不可避免地受到本阶级的阶级利益的支配。正如恩格斯所说：“对于骑士和男爵，以及对于王公本身，结婚是一种政治的行为，是一种借新的借口来扩大自己势力的机会，起决定作用的是家世的利益，而绝不是个人的意愿。”③作为清统治者核心成员的清朝皇室及王公大臣，把“满蒙联姻”作为清朝奉行不替的一项国策，为其笼络和利用蒙古王公贵族的政治联盟服务，以巩固爱新觉罗王朝的一统天下。

据载，满蒙联姻最早始于明万历四十年（1612）正月，努尔哈赤闻蒙古科尔沁贝勒明安之女甚贤，“太祖闻其女颇有丰姿，遣使欲娶之，明安贝勒遂绝先许之婿，送其女来，太祖以礼亲

① ［朝鲜］李民寏：《建州闻见录》，第43页，辽宁大学历史系1978年印本。

② 《清太宗实录稿本》，第6—7页，辽宁大学历史系1978年印本。

③ 《马克思恩格斯选集》第4卷，第74页，人民出版社1972年版。

迎，大宴，成婚”①。天命二年（1617），努尔哈赤以弟舒尔哈齐女，“与蒙古胯儿胯部巴约卫恩格德里台吉为妻”②。是为满蒙两族上层联姻之始。

天聪九年（1635），皇太极打败蒙古察哈尔部林丹汗，得到元朝的传国玉玺，使满蒙联姻出现了高潮。皇太极本人娶了林丹汗妻子窦土门福晋，大贝勒代善娶了林丹汗的妹妹泰松格格，豪格娶察哈尔伯奇福晋，阿巴泰娶察哈尔俄尔哲图福晋，济尔哈朗娶苏泰太后。皇太极还把自己的二女儿许给林丹汗之子额哲，“天聪十年（1636）正月，皇太极在宫中为额哲和女儿举行盛大的婚礼，场面十分豪华，蒙古包就设了九座，几乎所有的官员都到场祝贺。婚后封额哲为察哈尔亲王，位居漠南蒙古16部49旗之首”③。

入关前的满蒙联姻活动，其结果是建立了满族贵族与蒙古王公的政治联盟，为其与明朝作战造成了战略优势，获得了一支强大的联军。入关以后，“北不断亲”，这种联姻活动进一步巩固与加强，取得了积极效果。康熙皇帝曾回顾说：“边外诸处各蒙古等，在明代时屡侵边境，即于伊各蒙古内亦互相战斗，不得宁谧。太宗文皇帝统驭以来，各蒙古皆安静矣。如朕所见，三十年来，各蒙古俱获安全，极其恬息。”④ 清朝统治者实行满蒙联姻的主观目的在于确保其封建统治的长治久安，但客观上确实起到了安定蒙古内都纷争，促进各族人民之间的团结，对祖国边境的巩固与多民族国家形成，起到了不可低估的作用。

有学者统计，自天命初年至乾隆末年，下嫁外蒙古的公主格

①② 《清太祖武皇帝实录》卷2，第327、337页，载《清人关前史料选集》第1辑，第327、337页，中国人民大学出版社1984年版。

③ 详见张杰：《满蒙联姻/清代宫廷婚俗》，第40—42页，辽海出版社1997年版。

④ 《清圣祖实录》卷143，第8页。

格达71人之多。[①] 蒙古王公上自亲王，下至台吉、塔布囊，各个阶层中都有很多人和清朝皇室通婚。同时，朝廷方面不仅皇帝本人，宗室、大臣娶蒙古女子者也很普遍。努尔哈赤长子褚英、三子莽古尔泰、四子皇太极、十子德格类等分别娶过科尔沁、喀尔喀等部蒙古王公的女儿。皇太极时期是蒙古联姻的重要发展阶段，皇太极改国号为大清，册封的五宫后妃全部来自蒙古科尔沁博尔济吉特氏家族，她们是孝端文皇后、孝庄文皇后、敏惠恭和元妃、懿靖大贵妃、库惠淑妃，其中永福宫庄妃（孝庄文皇后）所生的第九子，就是清朝入关的第一位皇帝福临。庄妃辅佐她的儿子福临（顺治帝）和孙子玄烨（康熙帝），为清朝的巩固和强大做出了卓越的贡献。她的三个女儿成年后又嫁到了蒙古草原，成为维系蒙古联盟的重要纽带。据统计，嘉道年间，仅科尔沁、敖汉、巴林几部共有公主子孙台吉三千多人，这是何等巨大的数字啊！

3. 满、汉不通婚

我们首先应当指出，清政府从无禁止满、汉人民通婚的法令，入关之初，甚至还提倡满汉联姻。顺治五年（1648）八月，世祖福临发表上谕："方今天下一家，满汉官民皆朕臣子，欲其各相亲睦，莫若使之缔结婚姻。自后，满、汉官民有欲联姻好者，听之。"[②] 康熙四年（1665），清政府也曾有过"宁古塔流徙民人有嫁女旗下者听"的法令。[③] 然而，"旗民不婚"，却是满族上层婚姻习俗的不成文法，之所以如此，有其深刻的历史原因。

首先，清初存在着尖锐的民族矛盾。天命六年（1621），努

---

① 华立：《清代的满蒙联姻》，载《民族研究》1983年第2期。

② 《清世祖实录》卷40，第11页。

③ 《清朝文献通考》卷203，考6678页，浙江古籍出版社2000年版。

尔哈赤占领辽沈后，大批满族士兵迁到汉族居住区，他们以征服者的身份出现，强占汉人的房屋、田地，强抢粮食和牲畜，并将反抗这种民族压迫的汉人编入拖克索（田庄），隶属八旗大小贵族官员，变成种地的农奴，民族压迫政策激起辽东地区汉族人民对满族人的仇恨。虽然皇太极即位后调整了对汉人的政策，在一定程度上改善了汉人的地位。但是，入关之初，清政府又推行反动的“圈地”“投充”“逃人”“剃发”四项法令，激化了满汉民族矛盾。在这种背景下，两族人民之间不可能通婚。

其次，清朝皇帝选秀女的限制。清政府入关后，即颁发有关选秀女的规定：“顺治年间定，八旗满洲、蒙古、汉军官员，另户、军士、闲散壮丁秀女，每三年一次，由部行文八旗二十四都统、直隶各省八旗驻防及外任旗员，将阅选女子年岁由参领、佐领、骁骑校、领催及族长逐一具结，呈报都统，汇咨户部。户部奏准日期，行文到旗，各具清册，委参领、佐领、骁骑校、领催、族长及本人父母或亲伯叔父母兄弟、兄弟之妻，送至神武门，依次序列，候户部交内监引阅。有记名者再行选阅，不记名者听本家自行聘嫁。”① 清初选秀女是满族全体人民的大事，连另户、闲散兵丁的子女都包括在内，秀女的年龄必须在 15 岁以上。乾隆、嘉庆年间对阅选的范围逐步缩小，只限制在官员家庭的女子当中。遴选秀女，首先要严格审查旗属与年龄，汉族女子不在被选之列（汉军八旗除外）。清朝皇帝选秀女的限制，不能不影响到民间的满汉通婚。

第三，“旗民不交产”的经济利益影响。清政府为了维护满族自身的团结，经济上给满族人许多优惠政策，拨给驻防旗人房屋和土地。后来，由于各种原因使得八旗兵丁生计艰难，纷纷典卖土地房屋。为了维持八旗土地所有制，保护旗人的利益，清政

---

① 光绪《大清会典事例》卷 1114，第 11—12 页，台湾新文丰出版公司 1976 年版。

府规定："旗人产业，不准典卖与民。"① 旗人的产业不准卖给汉人，只能在旗人中间交易，这就是"旗民不交产"的基本内容。在私有制占统治地位的封建社会里，为个人财产的继承和生计，只有满族人之间相互联姻，排除汉人，才能实现"旗民不交产"的法令。清政府的这项政策，在客观上限制了满汉通婚。

最后，法律地位的不同。清政府是以满族贵族占主导地位的满汉地主阶级联合政权，它在法律上规定旗人享有特权，企图以此来维护本族团结，保障民族利益，稳固民族统治。如汉人与满人打架，若汉人骂满人的祖宗，尽管汉人有理，也要受罚。再如，旗人犯罪可以"换刑"，旗人"有犯徙、流等罪，直以枷号代刑"②，一般不"离远"发配。如果满、汉联姻，旗人势必要放弃自己在法律上的特权地位，这是满族人所不情愿的。

除了以上几点之外，不同的民族文化背景也是造成满汉婚姻障碍的因素。据东北的满族老人讲，满人不娶汉家女为妻，是因为汉族女子缠足，不能下地干活，不利于生产劳动。而满族女子的天足又不符合汉族的封建礼教和审美观。

有清一代，并非政府政策规定满汉不准通婚，而是由于政治、经济、文化等多方面的原因，造成满汉民族间的隔阂甚至矛盾，这是满汉不通婚的根本原因之所在。

4. 结婚的仪节

满族结婚的仪节因地、因时、因阶层而异。清代东北地区一般满族人家传统结婚的仪节如下：

（1）问名。即男家通过媒人到女家说媒，向女家介绍男家情况，索取女方年龄、属相等，认为合适则可。

---

① 光绪《大清会典事例》卷159，第15页，台湾新文丰出版公司1976年版。

② 《清史稿》卷143，《刑法二》。

（2）小定。如果男女双方命相相配，男家主妇到女家相看女子相貌，姑娘给装袋烟，俗称“装烟礼”。如果相看满意，便赠如意或钗钏等物品以为定礼，又称为下定。

（3）请期。即男女双方家长共同商定下聘礼的日期。这天，“女家无他辞，男之父乃率子至女之姻戚家叩头。姻戚家亦无他辞，乃率其子侄群至女家叩头”①。清人杨宾所描绘的是康熙初期宁古塔地区的满族婚俗。

（4）纳采。由男方家择吉日下聘礼，赠送女家衣服、绸缎、羊、鹅、猪、酒诸物，也叫过礼。女家设宴招待。

（5）开剪。男方选好结婚日期，通知女家，俗称“送日子”。之后，女方家举行开剪仪式，即将男方和本家亲戚送来的布匹、绸缎等按尺寸和所需裁开，为新娘准备嫁妆。新娘的父母和兄长都要准备陪嫁。

（6）送嫁妆。结婚前一天，新娘离开家，由送亲婆陪同，亲哥哥护送，到已选好的距离男方不远的某家住下，俗称“打下处”。当天，女方亲属将嫁妆送到男家。

（7）迎亲。男家去女家接聘女成婚。吉日，新郎及迎亲队伍将新娘接到家中，花轿抬到大门口，新娘由男家一女子搀扶下轿，入洞房，门口放马鞍和火盆，新娘子从上面迈过。之后，新郎、新娘并肩坐在南炕的帐帏内，称为“坐帐”。天至正午，新郎、新娘开始拜天地，拜毕，酒宴开始，新娘复回洞房“坐福”。

（8）装烟。婚后第二天，新娘子在妯娌的带领下，给本族长辈亲戚装烟倒茶，借机会认识大家，明确辈分。

（9）回门。婚后三天，新娘与新郎回娘家，新郎要给女方的祖宗板行磕头礼。二人在娘家住一至二天。

附带说一下，东北满族人结婚的年龄，因时因地而各不相

---

①（清）杨宾：《柳边纪略》卷4，第2页，载《辽海丛书》（一），辽沈书社1985年版。

同，很难整齐划一。有人说：满洲氏族，罕有指腹为婚者。这句话也可以反证满族曾有指腹为婚的习俗。入关前早婚习俗是普遍存在的，致使清太宗皇太极下令："凡女年十二，方许做亲；未及十二岁做亲者有罪。"① 通过行政命令来干预结婚的年龄，表明了这一习俗的普遍性。满族入主中原以后，受到关内汉族影响，加之阅选秀女制度对年龄的限制，逐渐与汉族的结婚年龄相一致。而东北地区仍袭旧俗，变化不大，康熙年间出关探父的杨宾，在谈到宁古塔的风俗时说："结婚多在十岁内，过期则以为晚。"② 直到清末，东北满族人仍然有早婚的习惯。

三、古朴的道德风范

道德是人类社会所共有的现象，是一种特殊的社会意识形态。它在人们精神生活中起着直接的规范作用。人们的道德观念受社会发展变化的影响，又反作用于社会，不同的道德观念形成不同的社会风尚。各民族由于所处外部环境不同，自身历史进程不同，所形成的道德观念以及相应的社会风尚也不尽相同。满族是一个富有道德感、讲究道德修养和文明礼貌的民族，考察她的道德观念形成过程、道德观的内涵及其外在表象，会给人以诸多有益的启示，具有特殊的意义。

1. 满族伦理道德观的形成

满族民族共同体形成时期，正是她由奴隶制野蛮社会向封建制文明社会急剧过渡的时期，也是她的伦理道德观念形成时期。

---

① 《清太宗实录稿本》，第7页，辽宁大学历史系1978年印本。

② （清）杨宾：《柳边纪略》卷4，第2页，载《辽海丛书》（一），辽沈书社1985年版。

满族是女真族的后裔，元明两朝的女真人散居于白山黑水之间，建州、海西、东海三大部各立山头，不相统属。到16世纪末，当建州部努尔哈赤崛起时，“各部蜂起，皆称王争长，互相战杀，甚至骨肉相残，强凌弱，众暴寡”。① 这时的满族人伦理道德观念不强，表现在血亲意识淡泊，婚嫁无序，重勇武财物而轻信义等等方面。如努尔哈赤以父祖十三副遗甲起兵，征讨杀害父祖之仇人尼堪外兰时，其宗族之人不但不支持，反而屡次进行破坏。其同族宁古塔诸祖子孙至堂子立誓，欲加害努尔哈赤，以归尼堪外兰。之后，又有三祖索长阿第四子龙敦挑唆努尔哈赤的结盟者诺米纳背约毁盟，投奔尼堪外兰。如此之行为，只缘于传言：明朝欲令尼堪外兰为满洲国主。当时，这类骨肉相残、趋利避害、背信弃义之事屡见不鲜。

在满族社会中，尚保留部分氏族社会的残余，在婚姻方面尤为明显：嫁娶则不择族类，父死而子妻其母，人们缺乏伦理观念。如努尔哈赤曾娶乌拉部首领满泰之女阿巴亥（多尔衮之母）为妻，不久，又把女儿嫁给满泰之弟布占泰；努尔哈赤的弟弟舒尔哈齐曾把两个女儿嫁给布占泰，而他又娶了布占泰之妹，完全乱了辈份。父死子妻庶母、娶伯母、婶母、嫂子等现象更为平常。

奴隶制的发展，进一步刺激了骑射尚武的满族人对财富和人口的掠夺欲望。每遇“出兵之时，无不欢跃，其妻子亦皆喜乐，惟以多得财物为愿。如军卒家有奴四、五人，皆争偕赴，专为抢掠财物故也”②。当时满族人把抢夺汉人居住区称为“抢西边”，每要“抢西边”，男女老少无不欣欣然雀跃。武力掠夺成为致富的一种重要手段。

---

① 《清太祖武皇帝实录》卷1，载《清入关前史料选辑》第1辑，第301页，中国人民大学出版社1984年版。

② ［朝鲜］李民寏：《建州闻见录》，第44页，辽宁大学历史系1978年印本。

满族进入辽沈地区后，汉文化的影响迅速增强。皇太极是个民族意识很强，同时又十分向往汉文化的人。他深知汉文化博大精深，蕴藏着巨大的精神力量，因此举行科举考试，激励人们读书，以达到“振兴文治”的目的。他还下令大量翻译儒家经典，传播儒家思想，按儒家伦理道德变易满族的陈规恶习。皇太极顺应历史发展的潮流，他在保持满族独立品格的前提下，吸取汉文化的营养，以儒家思想为指针，对本民族的意识形态进行了一场革命。使满族在入关前的二三十年里，伦理道德思想发生了质的变化，从野蛮蒙昧中走出，迈进了文明的门槛。

清政权入主中原后，历代皇帝无不重视本族人的道德教化。顺治帝将伦理道德归纳成 6 条，是为《钦定六谕》，于顺治九年（1652）颁行八旗、各直省。康熙帝在六谕基础上扩展为十六条。雍正帝即位后，对康熙帝的上谕十六条详加阐述，即成《圣谕广训》，达万言。其主要内容是宣传封建的法制、人伦、礼俗，自纲常礼教、忠孝节义，到耕桑作息、日用饮食，无不具备。清制，每月朔（初一）望（十五），八旗子弟入学者于学校，未入学者集于该旗公署，宣讲《圣谕广训》，进行道德教育。《圣谕广训》成为满族的道德规范和日常行为的准则。由于汉文化的影响和清统治者强力推行道德伦理教育，在入关后的几十年里，满族的伦理道德观日臻发展，达到了成熟和完善。

世居东北边疆的满族，接受了汉族千百年来形成的道德观念，使之与自身的民族传统和民族特质糅合为一体。透过这种道德观的外在表象，人们可以看到满族蓬勃向上、热情豪爽、诚实质朴的精神世界。

2. 崇祀关羽

在中国传统文化中，三国时期蜀汉大将关羽是忠义的化身。有清一代，满族对关羽的崇拜达到了无以复加的地步。

明人罗贯中创作的古典小说《三国演义》一书，在满族的兴起过程中发挥了很大作用。努尔哈赤和皇太极父子，平时都十分喜爱读《三国演义》，史载“皇上（皇太极）深明《三国志传》”①，在历史文献中往往写成《三国志》，实际上并不是“廿四史”中的《三国志》，这是需要加以说明的。天聪七年（1633）六月，明将孔有德、耿仲明率部将航海来归，皇太极要对二人行抱见礼，抱见礼是满族最隆重的礼仪，众贝勒大臣反对，他说：“昔张飞尊上而凌下，关公敬上而爱下。今以恩遇下，岂不善呼！……朕当行抱见礼，以示优隆之意。”② 他还下令让儒臣达海等人翻译《三国演义》。其时，清（金）与明、蒙古、朝鲜四方势力之间，纵横捭阖，明争暗斗，或以计取，或以武攻，与三国倒有几分相似，所以一部《三国演义》深受欢迎。统治者们从中学习政治谋略和军事战术，对于普通八旗民众而言，它既是精彩至极的历史故事，又是极好的军事教科书。

《三国演义》中高大威猛的红脸关公，逐渐成为满族人的崇拜对象。关羽是汉族人，却被满族视为神加以崇拜和祭祀。析其原因有二：

第一，关羽敬上爱下，侠肝义胆，有勇有谋，与热情豪放的满族人在性格上相似，这无疑拉近了他们之间的距离；关羽的武功神威又使剽悍、尚武的满族人折服。于是，他成了满族人心目中的大英雄、行为的楷模。

第二，如前所述，满族在民族共同体形成初期，忠义概念淡泊，见利忘义，背信弃义之事时有发生。努尔哈赤父子行统一大业，与明朝争夺天下，亟待建立族人的忠义观念，培养忠义之士。树立何人为典范？自然，具有“忠义仁勇”品格，并深受满族人崇拜的关羽，便成为清统治者树立标杆的最佳人选。

---

① 《天聪朝臣工奏议》卷上，《胡贡明五进狂瞽奏》，辽宁大学历史系1980年印本。

② 《清太宗实录》卷14，第11页。

清统治者将关羽进一步美化、神化。早在赫图阿拉时即建关帝庙，奉为崇祀之神。进入辽沈后，在盛京城地载门（北门）再建关庙供奉，皇太极钦赐“义高千古”匾额。顺治元年（1644），清军刚刚入关，即“建关帝庙于地安门外、宛平县之东，岁以五月十三日，遣官致祭”①。九年，又将关羽敕封为“忠义神武关圣大帝”。以后历朝无不加封谥号，且不断升级，并恩及关羽的先祖及后裔。有清一代，关羽被清统治者视为护国之神，不仅享用庙宇中的香火，而且在清宫祭祀中也受到高规格的礼遇，享用了近三百年的清朝皇家香火。

在清统治者的推崇下，关羽在满族心目中是万能之神。他既可以保佑将士出征取胜，又可为民众禳灾降福，保佑其安居乐业。在关外，关庙遍天下。乾隆四十五年（1780），朝鲜学者朴趾源出使中国，他途经辽阳、盛京、广宁、山海关至京师，据其沿途所见：“关帝庙遍天下，虽穷乡荒徼，数家村坞，必崇侈栋宇，赛会虔洁，牧竖馌妇，咸奔走恐后。自入栅至皇城二千余里之间，庙堂之新旧，若大若小，所在相望。”② 在地处边疆的吉林和黑龙江的各驻防城，也均建有关帝庙。《吉林外记》载：双城堡的左中右屯各建关帝庙一，其中“右屯未建庙之先，佐领武伦保忽感异梦，晨起出门，遥望正东里许，有大庙宇一座。策马追寻，愈远无迹。回至初见之所，焚香许愿，建庙破土兴工时，得古罄焉”③。此系传说，但反映了人们对关圣帝君的信仰和崇拜。

关羽是忠义勇武的化身，中原王朝的最高统治者们为其政治所需，早已将其神化，不断敕封谥号，建庙塑身。宋朝封为“忠

① 光绪《大清会典事例》卷438，第9页，台北新文丰出版公司1976年版。

② ［朝鲜］朴趾源：《热河日记》，第347页，上海书店出版社1997年版。

③ （清）萨英额：《吉林外记》卷6，《祠祀》，吉林文史出版社1986年版。

惠公”，再封“忠义武安王”；明朝封为“三界伏魔大帝”。清朝对其崇祀更是盛况空前。统治者们如此之举，全在于“忠”“义”二字！满族对关羽崇拜有加，反映出满族的封建忠义道德观已经形成，并逐渐深入人心，以致根深蒂固。

3. 修续谱书

国有史，家有谱。家谱是一个家族的历史，又称谱牒、家乘、宗谱、族谱。国史难以事无巨细，家史则能细致入微，可以补国史之不足。家谱在我国历史文献中占有重要地位，被历史学家和社会学家们所重视。

汉族修谱之风俗历史悠久。东晋时，门阀政治高度发展，谱牒是门阀的标志，是门阀世族用以维护特权地位的重要工具，所以修谱之风盛行。到南朝，以谱牒为研究对象的谱牒学已成为史学的一个分支。

满族修纂谱书起步较晚，在满文创制之前，对于家世，主要靠口碑传承，无文字记载。清初，八旗中的基层组织佐领（牛录）分为勋旧佐领、世管佐领和公中佐领，其中勋旧、世管佐领可世袭，承袭时需出具敕书和家谱作为家世的证明。谱书成为承袭世职的重要凭证，这无疑是满族修续谱书的原因之一。此外，还有另一个原因就是为正人伦、明孝悌。

清朝入关后，满族的封建道德观已形成，人们奉行三纲五常，注重宗法、血亲和人伦。修纂谱书正是这种道德观的一种体现，反过来也是继承和发扬传统道德观的一种极好的方法。正如有的谱序所说：“宗谱之立，所以明世系，别支派，定尊卑，正人伦之大径也。”①

满族民间修谱约兴起于康熙朝。1644 年，百万满族“从龙入

---

① 李林主编：《满族家谱选编·序言》，第 8 页，辽宁民族出版社 1988 年版。

关”，进驻京师和京畿地区，随后，清政府在全国各地设置驻防。伴随着八旗兵及其家属分赴四面八方的脚步，满族原有的穆昆（氏族）组织进一步分化；到康熙中期，战事渐息，日趋太平，人口繁衍，枝繁叶茂。于是，久而久之，宗族间只知同宗，不识别支，尊卑亲疏无序，难以联宗睦族，渐忘祖先之源流。而修纂谱书，则能追本溯源，分清支派，宗族长幼尊卑有序。同时，官方也提倡民间修谱，雍正帝在《圣谕广训》中曾要求“修族谱以联疏远”。乾隆九年（1744），清政府根据原存档和名门望族所存的谱书编撰成《八旗满洲氏族通谱》，对满族修谱之风起到了推波助澜的作用。满族重视修宗谱的程度甚至超过了汉族，几乎是一族一谱。

东北是满族故乡，清代留守和回驻的八旗官兵及其家眷分布各地，生息繁衍，人口众多。他们纂修家谱，并世代相传，在饱尝兵燹之苦和经历文化大革命的十年浩劫之后，仍保存了大量谱书。在 20 世纪 80 年代末，据学者统计，仅今天的辽宁地区就保存满族家谱多达 500 余部，而实际数量当超出此数。

各宗族谱书的内容不尽相同，大致包括以下几个部分：谱序，说明修谱缘由、族源、迁徙、隶旗、先人功德等；世系表，是每部谱书（或谱单）必不可缺少的内容；辈字诗。很多谱书还附有族规、人物传略、祖茔、习俗、敕书、诰命等关于家族历史的重要资料。满族家谱具有极高的学术价值，关于这一点与本章节关系不大，故不做论述，我们只想通过满族修续谱书来透视其伦理道德观及其风尚。

在满族家谱的序言中，阐明修谱的缘由，或曰：“上之可以追述先人，下之可以流传后世”，“若不编成谱书，以流传后世，诚恐相沿已久，尊卑不识其等级，长幼莫辨其次序”；或云：“壁诸树大分枝，落叶总须归根，水流千条其源出于一脉，网有纲，衣有领，提纲挈领，统系不紊，经久不变。我族宗人，虽至亿万，斯年不致交臂弗识，桃杏不分。”或曰：“祖宗之功德完在，子孙之报答何凭？显扬宜讲，蒸尝宜诚，各早笃其追远之孝思，用丕振喜他拉氏之家声。”或曰：“今之人所以薄一本而疏九族者，岂其天性独漓哉？无宗谱以生其孝悌之心耳！”① 说法不一，但目的相同：追溯本源，分清世系和支派，正人伦，明孝悌。

世系是谱书（谱单）中的核心内容，它的作用，正如谱书中说：“尝闻人之有始祖，犹木之有本，水之有源也。人之有同族，如木之有枝，水之有派也。”② 明世系，方可尊卑有等级，长幼有次序；笃宗族，感思一本同根之谊。

我们透过满族修续谱书风气的盛行和谱书内容，可以看到：满族人的宗法血亲观念一经建立，便迅速得到发展，其强度甚至超过汉民族。有钱修谱书，无钱写谱单。满族敬祖、重血亲，所以十分珍视家谱，视家谱为生命，兵荒马乱之中，财产可以抛弃，但家谱不能丢；十年浩劫，在破“四旧”的风潮中，多少人冒着家破人亡的危险，悄悄地把家谱保存下来；十一届三中全会之后，又有多少人踏遍万水千山，只为寻找同宗之人，自费续修谱书！现代人之举正是前人宗法血亲道德观念代代传承的结果。

在很多家谱的谱序中，或专设大事记、人物传，用来记录先人的功勋业绩，或文臣武将、或忠孝节义。祖上的荣耀、先贤们的光辉形象，是后世子孙的巨大精神力量。修谱本着扬善惩恶的原则，树立贤德之榜样，而不贤不孝之人决不能写入谱书，记入世系。谱书中的祖训、家规无不倡导忠良德厚、节俭勤奋、孝悌贤良。大到忠君爱国，小到遵守社会公德，甚至对酒、色等亦有明确严厉的规戒。这些训导、规矩，尽管有些近乎苛刻，但它不同于冷漠生硬的说教，它饱含着前人对后世的期望，充满了亲

---

① 以上引文详见李林主编：《满族家谱选编》之新宾县《索绰罗氏谱书统宗》、凤城县《那氏族谱》《永陵喜塔拉氏谱书》、辽阳县《专图呢吗察氏族谱》，第 41、53—54、83、245 页，辽宁民族出版社 1988 年版。

② 赵立静等主编：《满族家谱选》《伊尔根觉罗氏谱书甲集之序》，第 91 页，中国社会科学出版社 1994 年版。

情，同时又具有莫名的威慑力，使人不可抗拒。一部谱书就是一本“德育”教材，使人读谱书“油然而孝敬生，蔼然而有恭著”①。满族修续谱书是其道德观念之使然，又是其道德观念传承的载体。

4. 豪爽质朴的社会风尚

世居东北的满族热情豪爽，重友情、讲信义，社会风气醇古。清初，在吉林、黑龙江两地，远行之人，不必带粮食，遇到人家，可直接进入，主人尽其所有招待客人。如果是晚上，请客人留宿，客人睡南炕，而自家人睡北炕（满族习俗，南炕为大）。主人煮豆麦、割草，为客人喂马。客人离去，不收一分钱。以后客人再路过，若赠以针线荷包等小物品，主人则又煮乳猪、鹅、鸡以招待。② 宁古塔地区“凡各村庄，满洲人居者多，汉人居者少。凡出门不赍路费，经过之处，随意止宿，人马俱供给”③。

东北的满族人不仅热情好客，而且不计较金钱，诚实质朴，乐于助人，仗义疏财。在宁古塔交易，“银数不计奇零，如至两则不计分厘，至百十则不计钱分。食用之物，索于所有之家，无勿与，直一两以上者偿之，不则称谢而已。若有匿而不与人，或与而不尽，则人皆鄙之矣。”④“物遗则拾之，置于公，俟失者往认焉。”“牛马猪鸡之类无失者，失十余日，或月余，必复得。”

---

① 李林主编：《满族家谱选编》，第420页，辽宁民族出版社1988年版。

② （清）杨宾：《柳边纪略》卷3，第14页，载《辽海丛书》（一），辽沈书社1985年版。

③ （清）吴桭臣：《宁古塔纪略》，载（清）王锡祺辑：《小方壶斋舆地丛钞》第1帙，第346－347页，光绪二十三年（1897）上海著易堂铅印本。

④ （清）杨宾：《柳条纪略》卷4，第1页，载《辽海丛书》（一），辽沈书社1985年版。

“夜户多无关，惟大门设木栅或横木为限，防牛马逸出也。”“路不拾遗，颇有古风。”①

关东广袤、肥沃的黑土地给了满族人敦厚质朴的性格和宽广的胸怀，跃马弯弓驰骋于山林雪原的骑射生活锻造了满族人热情豪放刚毅的品格。以这样的胸怀和品格形成了兼容本民族特质及先进汉文化于一体的伦理道德观念，这种伦理道德观念虽然是以封建的忠孝节义为主体内容，但是，它使满族脱离了原始野蛮状态，而成为中华民族大家庭中富有先进的伦理道德文明的一个民族。

四、“骑射遗风”之存留

老边墙外草萧萧，千里风烟合大辽。
保障人犹看旧制，提封谁复记前朝。
经过妇女多骑马，游戏儿童解射雕。
自笑书生行未惯，黄沙扑面已销魂。②

上面这几句诗，出自清代浙江人杨宾的《老边道中》，“老边”二字，指的是明代所修的辽东边墙，清朝于顺治年间修筑的柳条边，则被称为“新边”。康熙二十八年（1689），杨宾出山海关到东北看望流放宁古塔的父亲。他以一介江南书生的眼光看塞外风情，诗中“老边墙外”四字，讲的是柳条边内盛京地区的情景。“经过妇女多骑马，游戏儿童解射雕”一句诗，非常形象地

① （清）吴振臣：《宁古塔纪略》，载（清）王锡祺辑：《小方壶斋舆地丛钞》第1帙，第346－347页，光绪二十三年（1897）上海著易堂铅印本。

② （清）杨宾：《柳边纪略》卷5，《老边道中》，载《辽海丛书》（一），辽沈书社1985年版。

为人们描绘出当地满族的外部特征，即满族是一个长于骑射的民族。清政权入关之后，留居东北的满族人仍然保持着这一习俗。

1. 骑射源于采猎生产

骑射原是游牧、渔猎民族的古老传统技艺。满族先人居住在东北的白山黑水之间，这里山高林密，野兽众多，而且盛产人参、东珠等名贵物品。人们以各种兽皮和名马、海东青等名禽为币，不仅用以向中原王朝进贡，还用它换取生活之资。射猎成为生产生活所必需。满族的服装窄袖、紧身、束带；发式盘顶、剃发编辫都为适应骑射的需要。从头到脚的饰物，如羽毛、东珠、兽骨、各色石等都是采猎的产物。骑射已成为他们的习俗而世代传承。努尔哈赤所属建州部居住地赫图阿拉一带，自然环境也如此。明人记载说："九边虏俱不毛，惟建夷产珠及参与貂，最下赤松子，界鸭绿江而居。珠，江出也，其鱼最肥。……东多茂松，貂巢其上，张弓焚巢，则貂坠于罗，取山泽鱼盐之产，易我中国之财，故酋日富。"① 满族人用采猎生产中获取的人参、东珠和各种皮毛与明朝交换农具、铁器、布匹与粮食，用来发展农业生产和满足日常生活需要。与采猎生产方式相适应，满族人大量养马，以马代步。据朝鲜人在努尔哈赤的住地所见："六畜惟马最盛，将胡之家，千百成群，卒胡家亦不下十数匹。"②

长期的采猎生产实践，造就了满族长于骑射的本领。入山采参、行围捕兽，骑射不仅为猎取野兽之必须，而且也是保护自身安全之必要，因而满族男女老少，几乎人人善于骑射，"女人之执鞭驰马，不异于男。十余岁儿童，亦能佩弓箭驰逐。少有暇日，则至率妻妾畋猎为事，盖其习俗然也。"③ 为了提高生产效

---

① （明）黄道周：《博物典汇》卷20，崇祯九年（1636）刊本。

②③ ［朝鲜］李民寏：《建州闻见录》，第43－44页，辽宁大学历史系1978年印本。

率，能够一次捕获更多的野兽，满族承袭了女真人集体围猎的方式，“出猎开围之际，各出箭一枝，十人中立一总领，属九人而行，各照方向，不许错乱，此总领呼为牛录（汉语大箭）额真（汉语主也）。”① 每年约有三四次较大规模的围猎，打猎的环境十分恶劣，尤其是冬天，冰天雪地，山路崎岖，少则十几天，多则二三十天，吃炒面、喝雪水。这业已成俗的集体狩猎活动，不仅增加了猎取野兽的数量，更重要的是锻造了刚强、坚毅的民族性格，加强了人们的组织性和纪律性。

明万历十一年（1583），努尔哈赤为报祖、父被杀之仇，起兵攻打图伦城主尼堪外兰，由此拉开了统一满族的序幕。努尔哈赤把满族骑射技艺与围猎组织结合起来，创建了八旗制度，骑射也由生产习俗转变为军事征服手段，每遇战斗“则甲骑成列，冲突击射，隐伏山谷，出人不意，掩袭厮杀，乃其长技”②。骑射在战争中发挥了巨大作用，清太宗皇太极赞扬八旗士兵说：“我国士卒初有几何，因娴于骑射，所以野战则克，攻城则取。天下人称我兵曰：立则不动摇，进则不回顾。威名震慑，莫与争锋。”③

2. 围场行围

清军入关后，清政府为保持八旗兵骑射的技艺，先后设置京畿永定门外的南苑围场、热河木兰围场、盛京围场、吉林围场、黑龙江围场。五大围场中，居东北者有三。其中盛京围场是东北最大围场，存在时间最久。它地处盛京将军辖区内，大致范围相当于今吉林省的海龙、辉南、梅河口、柳河、东丰、辽源和辽宁省的西丰等市县境。围场内划设105围，其中御围占地11围，供皇帝巡幸盛京时使用；王多罗束围占地11围，供盛京内务府捕

① 《满洲实录》卷3，第3—4页。

② ［朝鲜］李民寏：《建州闻见录》，第44页，辽宁大学历史系1978年排印本。

③ 《清太宗实录》卷32，第9页。

牲丁狩猎使用；鲜围占地 14 围，供捕鹿贡用；历年应捕围（又称大围场）占地 63 围，是八旗官兵演武骑射之地；鸾远围占地 6 围，是偏远的狩猎地。吉林将军辖境内的围场是八旗官兵演练场地，分为三个小围场：吉林西围场位于吉林府之西而得名，大致在今伊通、磐石两县境；伯都讷围场，大致在今松原、榆树两地；阿勒楚喀所属蜚克图围场，大致在今黑龙江省宾县、延寿、尚志等县境。吉林西围场与盛京围场相接，乾隆十九年（1754），乾隆帝东谒祖陵时巡幸吉林围场，曾赋诗云：

吉林围接盛京围，天府秋高兽正肥。
本是昔年驰猎处，山情水态记依稀。①

黑龙江将军辖境内的“索约尔济围场，周一千三百里”。大致范围相当于今呼伦贝尔盟西南部，兴安盟和锡林郭勒盟的北部。该围场在乾隆五十五年（1790）分给黑龙江地区的索伦、巴尔虎及蒙古各部王公作为牧场地。②

清廷设置围场的目的有二：一是为八旗官兵提供演练骑射的场所；二是为皇室进“贡鲜”。早在康熙二十一年（1682），康熙帝东巡时就指示宁古塔将军巴海：“围猎以讲武事，必不可废，亦不可无时。”③ 嘉庆帝也一再告诫满族官员说：东北“为王迹肇基之地，必当再三周历勤思开创艰难，而骑射为国家根本重务，秋狝岁举讲武习劳，即藉以倡率戎行不忘旧俗。”④ 因此形成

① （清）阿桂等纂修：《盛京通志》卷 13，第 18－19 页，1917 年铅印本。

② 光绪《大清会典事例》卷 709，第 26 页，台北新文丰公司 1976 年版。

③ 《清圣祖实录》卷 102，第 20 页。

④ 刘锦藻：《清朝续文献通考》卷 181，考 9291 页，浙江古籍出版社 2000 年影印本。

定例，每年仲冬打大围，腊月底打年围，行围时间20余天。秋天野鸡最多，所以秋天打野鸡围。春、夏两季多是散猎，“有朝出暮归者，有三两日而归者，谓之打小围。”①

大围与年围实际是大规模的军事演习，如康熙帝所说：“一年两次行猎，专为讲武，与行兵无异。”②行围时官兵按八旗排阵而行，成围后，无令不得擅射。围场区域辽阔，地形复杂，八旗众将士驰骋于群山峻岭、林海雪原之间，旗帜飘扬，吼声震天，人马自高山飞驰而下，风荡云卷，虎、豹、猪、熊、獐、狐、鹿、野鸡等禽兽往来若飞，时出时没。20余天紧张的围猎，对增强八旗兵的体力、提高骑射技艺和军事素质都是极好的锻炼。这也正是清统治者重视行围的目的。

3. 生活中的骑射习俗

善骑射、尚勇武是满族人的传统。有清一代，东北的满族人，尽管生产和生活方式发生了很大变化，渔猎采集已不再是生活所必须，骑射主要成为军事技能，但是，骑射之遗风仍然保存在满族人民的日常生活当中。婚丧嫁娶、育儿、游戏、竞技无不显示出骑射之遗风。

自康熙三十年（1691）始，清政府在东北三将军辖区内陆续建立了各类八旗学校，教学内容以“国语骑射”为主。除正规学校教育之外，满族儿童自出生之日起，耳濡目染，所接受的便是与骑射相关的教育。满族的育儿习俗：孩子出生，若是男孩，则在门口悬挂裹着红布的弓箭，寓意是希望孩子成长为一名优秀的骑士射手。满月之日，婴儿要下悠车，悠车形如船，用绳系于梁上，距炕面二三尺高。这就是“关东三大怪”之一的“养活孩子

---

① （清）吴桭臣：《宁古塔纪略》，载（清）王锡祺辑：《小方壶斋舆地丛钞》第1帙，第348页，光绪二十三年（1897）上海著易堂铅印本。

② 《清圣祖实录》卷106，第10页。

吊起来”。满族在渔猎时，孩子放在地上不安全，于是挂在树上，久而久之，演变成睡悠车的习俗。为使孩子入睡，妈妈边推悠车边哼唱着摇篮曲：

悠悠咋，妞妞啊，你的银两下来啦。
领了银，上档咋，上了档子吊膀子。
吊起膀子，拉大弓，十六岁你当大兵。
骑大马，背箭弓，去云南，走盛京。
挣回一个大花翎，娶上一个好媳妇，
光宗耀祖全家红亮白。①

不知酣睡中的宝宝是否梦见了自己跃马弯弓、驰骋于野的飒爽英姿？七八岁的孩子便以木弓柳箭练习射技，以此为戏。清初宁古塔的流人所见吉林将军巴海的两个儿子，“昼则读书，晚则骑射。各携自制小箭一二十枝，每人各出二枝，如聚五人，共箭十枝，竖于一簇，远三十步，依次而射，射中得箭，每以此为戏。”② 乾隆四十三年（1778），乾隆帝东巡作“盛京土风杂咏十二首”，其中的“斐阑（满语，汉意为榆柳小弓箭）”诗云：

桑弧蓬矢举惟男，示有事胥自幼谙。
榆柳为弓骍角未，荆蒿作箭雉翎堪。
二三卿士节权略，日夕儿童戏以耽。
即此箕裘应共勗，进之观德更名谈。③

这“榆柳为弓”“荆蒿作箭”是有来历的。清（金）进入辽

① 尹郁山：《吉林满俗研究》，第202页，吉林文史出版社1991年版。

② （清）吴桭臣：《宁古塔纪略》，载（清）王锡祺辑：《小方壶斋舆地丛钞》第1帙，第345页，光绪二十三年（1897）上海著易堂铅印本。

③ （清）阿桂等纂修：《盛京通志》卷15，第21页，1917年铅印本。

沈地区之后，满族社会生活发生深刻变化，农业生产在经济生活中占据主导地位，原来的采猎生产地位日趋下降，加之受汉族生活方式的影响，骑射曾露出松懈之端倪。皇太极多次告诫族人“时时不忘骑射”，崇德六年（1641）二月，他谕令八旗人等“子弟辈壮者当令以角弓羽箭习射，幼者当令以木弓柳箭习射”，对不执弓习射者治罪。① 太宗的圣旨被族人遵奉执行，并已成为一种习俗。满族儿童“至小儿甫三四岁，置马背，略无恐怖；七八岁便喜叠骑骣马；过十岁，类能驰坡阪如平地；稍长，则马上射生，以虚发为耻”②。从孩子们身上足以见满族的骑射之风。

满族人家举行婚礼，新娘的花轿至男方家门口，新郎向花轿虚发三箭（有弓无箭）；拜天地之后，新娘坐帐，帐篷设在院内厢房一侧，门口放置马鞍，新娘跨过马鞍进入帐篷内，独自“坐福”。过元旦时，驻防城城门上“必严列旌旗弓矢，以壮威武”③。年轻人的竞技活动有“跑马射柳”；“跳马”，即参赛者趁一匹无缰、无鞍的快马从身边飞驰而过时，迅速抓住鬃毛，飞身上马，等等。这些生活中的习俗，无不是骑射的遗风，它反映出满族崇勇武重骑射的风尚。

① 《清太宗实录》卷54，第22页。

② （清）西清：《黑龙江外记》卷4，光绪二十年（1894）刊本。

③ （清）吴桭臣：《宁古塔纪略》，载（清）王锡祺辑：《小方壶斋舆地丛钞》第1帙，第347页，光绪二十三年（1897）上海著易堂铅印本。

“满洲有大宴会，主家男女必更迭起舞。大率举一袖于额，反一袖于背，盘旋作势，曰‘莽式’。……每宴客，坐客南炕。主人先送烟，次献乳茶，名曰‘奶子茶’。次注酒于爵，承以盘，客年差长，主长跪以一手进之，客受而饮，不为礼，饮毕乃起。”

——杨宾：《柳边纪略》

第十三章 礼仪节庆

一、敬老重礼的传统

常听老人讲：满族人礼大。讲礼貌、重礼仪，在满族风俗中表现非常突出。满族人不论居家度日，与邻人交往，还是出门做客，友人聚会，都非常讲究礼仪。倘遇婚丧嫁娶，更要格外注意。

尊敬老人。满族人尊敬老人是有传统的，早在后金天命十一年（1626），努尔哈赤曾下达文书说：“晚辈敬谨之礼，对要尊敬的长辈，在途中忽然相遇时，如果骑马，要下马跪下叩头，让路通过。如果在坐着时，跪下（原档残缺），如果在设宴时，跪下叩头。”① 康熙中期，浙江人杨宾至宁古塔省亲，他在《柳边纪略》中记载了宁古塔满族敬老的习俗：“俗尚齿不序贵贱，呼年老者曰：‘马法’。马法者，汉言爷爷也。”若在途中遇见长者，“必鞠躬垂手而问曰：‘赛音’。赛音者，汉言好也。若乘马必下，

① 《重译满文老档》（太祖朝）卷72，辽宁大学历史系1979年印本。

俟老者过，老者命之乘，乃敢避而乘”①。

满族重人伦，不重权力地位，以长者为尊。在途中相见，少者虽然不必再叩头，但必须问好，让长者先行。尊敬老人是满族的传统美德，也是家教的重要内容。孩子打小儿起，耳提面命、耳濡目染。平日居家，晚辈给长辈请安是每日必行之事。长辈谈话，不经允许，晚辈不准插话。吃饭时请长辈上座，长辈先动筷儿，吃完饭，待长辈放下筷子离开，晚辈方能离席。最能体现敬老习俗的当数儿媳。儿媳在公婆面前要表现端庄、恭敬、顺从。早晨起床后，先给公婆请安，给公婆装烟，双手奉送，再送上洗脸水。晚睡前，再给公婆请安，装烟，送洗脚水。一日三餐，儿媳要站在地上侍奉，公婆离席后，才能吃饭。在公婆面前不能大声说话、打骂孩子。若外出，走前、归后都要给公婆装烟、道安。

行礼方式。满族人“规矩大”“礼节多”。无论在家里还是在外面相见，晚辈给长辈、奴才给主子、下级给上级，以致同辈之间都要请安以示问候，并且，不同场合、不同致意对象，有不同的行礼方式。

口头问候。相见时，晚辈对长辈鞠躬问“赛音”。或平辈之间互相问候。

打千儿，为男子请大安礼。先弹箭袖，放下袖头，左膝前屈，右腿后弯，头与上身自然稍向前倾，左手放在膝盖上，右手下垂，同时口称：“请阿妈安！”“请额娘安！”等等。

半蹲礼，也称“蹲安”，是女子的请安礼。行礼时，左手心向上，右手心向下，两手相叠，贴在大腿上，或放在左肋下，右脚稍后撤，双膝前屈，成半蹲状，起身，礼成。满族女子行半蹲礼时上身和头挺直，两眼注视受礼之人，下蹲和起立的动作舒缓

---

① （清）杨宾：《柳边纪略》卷 4，第 1—2 页，载《辽海丛书》（一），辽沈书社 1985 年版。

平稳，一副端庄高雅的模样。

抹鬓礼，女子问安礼。右手五指并拢，手指从眉上滑向鬓角，连抹三下，同时点头，是为拜，即行小礼；若跪而抹鬓，则为行大礼，出嫁的姑娘回娘家，对母亲和祖母多行此礼。

拉手礼。妇女相见，以拉手为亲，互致问候。

顶头礼。老人之间或老夫妻之间久别重逢后，一方用头顶住另一方的胸脯，被顶者抚摸对方的后脑勺或后颈。

抱腰接面礼。该礼节满语称为“tebeliyembi acambi”，汉译为：“满礼，远处来者，彼此相会面，小辈见长辈叩头抱脚，长辈抱（抚）小辈的背，平辈彼此抱肩。”这是满族最隆重的礼节，行此礼表示亲热和尊重。清太宗天聪时期，明朝将领孔有德、耿仲明航海来归，皇太极即与之行抱见大礼。康熙时期，居住在宁古塔地区的满族人，“如久别乍晤，彼此相抱，复执手问安。如幼辈，两手抱其腰，长者用手抚其背而已”；新满洲人在送别时，“男妇相抱亲脸，唧唧有声，以此作别”①。

磕头礼，是请大安的一种行礼方式，多在春节给老人拜年、祭祖、拜神时行此大礼。行礼时，双膝跪地，双手着地，叩头，有一拜一扣、一拜三扣、一拜四扣等。宁古塔地区满洲“新岁卑幼见尊长，必长跪叩首，尊长者坐而受之，不为礼。首必四扣，至三则跪而昂首，若听命者然。尊长者以好语祝之，乃一扣而起，否则不起也，然亦无不祝者。”②

---

① （清）吴桭臣：《宁古塔纪略》，载（清）王锡祺辑：《小方壶斋舆地丛钞》第1帙，第346－347页，光绪二十三年（1897）上海著易堂铅印本。

② （清）杨宾：《柳边纪略》卷4，第1页，载《辽海丛书》（一），辽沈书社1985年版。

二、祥和热烈的节日

清人关后，盛京地区一片荒芜，清政府曾下达招民开垦令，鼓励关内汉人到东北开荒种地。由于大量汉人的涌入，康熙初年，朝廷取消了开垦令，禁止关内汉人出关垦荒。尽管下达了封禁令，但却挡不住汉人出关的脚步，东北的汉人与日俱增。到乾隆初期，仅“流人”就以数十万计。满汉民族长期杂居共处，使满族的节日与汉族“多已相类”①，但是，由于满汉旧俗不同，所以相同的岁时节庆仍可见不同的风情。

过年。大年三十，满族称过年，而不称除夕。这一天，家家贴春联、窗花、挂签和“福”字。满族旧俗尚白贱红，丧事用红色，后受汉族影响，亦用红纸写春联，“岁除，必贴红纸春联。联贵四、六，岁易新句，或与旧稍同，则不乐”②。挂签是具有满族特色的剪纸，纸宽20至30厘米、长40至50厘米，上镂刻传统图案和福、寿、瑞等满文字，下端剪成犬牙穗头。挂签早期是祭祀场所的饰物，贴在神龛、祖宗板等处，颜色与所隶旗分相同。后来，每逢年节也剪刻，贴在门窗和房梁等处，增添了许多喜庆气氛。吃过年饭后，天渐黑，晚辈开始给长辈拜年。新媳妇拜年是族中的一件大事，长辈们早已备好礼品。新媳妇身着旗袍，脚穿寸子鞋，到族中的长者家拜年，按辈分给诸位长者施礼、装烟。长辈们赏以戒指、耳钳、银元等。若是大家族，拜完年的新媳妇累得腰酸脚疼，疲惫不堪，但是收获丰厚，心里乐着呢。正月初一，黑龙江地方有“添财”习俗，满族人担水抱柴到

① 王树楠等纂：《奉天通志》卷98，第17页，东北文史丛书编辑委员会1983年版。

② （清）杨宾：《柳边纪略》卷4，第2页，载《辽海丛书》（一），辽沈书社1985年版。

人家拜年，口中大呼“添财！”①

正月十五扭秧歌，满族人“以童子扮三四妇女，又三四人扮参军，各持尺许两圆木，戛击相对舞，而扮一持伞灯卖膏药者前导，傍以锣鼓和之。舞毕、乃歌，歌毕、更舞”②。扭秧歌往往通宵达旦。

正月十六日，“满洲妇女群步平沙，曰：‘走百病’，或连袂打滚，曰：‘脱晦气’，入夜尤多。”③清人杨宾有诗云：

销金罗帕粉花香，蟒幅齐肩锦绣装。
百病年年行走惯，阿谁打滚到沙场。④

《奉天通志》卷98记载：正月十六日，“妇女于日暮结伴至空地，步行一周，或至邻家而回，名曰走百病”。有些地方，妇女走百病的形式是结伴在冰上打滚，称“轱辘冰”。形式不重要，难得的是操劳了一年的妇女能借此机会使身心得到休息和放松。

二月二日，俗称龙抬头，这一天，满族有“引龙”习俗。晨起后，用草木灰从水缸旁一直撒到井边，灰道弯曲如龙，然后，在院中举行祭祀，求龙王爷保佑风调雨顺。妇女忌针线活，以防伤“龙目”，多吃猪头、春饼。过了二月二，这年就算彻底过完了。

清明节。东北气候寒冷，每年大约在清明前后才脱冬装。所以满族有“清明不脱棉裤，死后变兔子，清明不脱棉袄，死后变家雀（qiǎo）”的俚语。清明时分，春回大地，万物萌新，气温

---

① （清）西清：《黑龙江外记》卷6，第14页，光绪二十年（1894）刊本。

②③ （清）杨宾：《柳边纪略》卷4，第2页，载《辽海丛书》（一），辽沈书社1985年版。

④ （清）杨宾：《柳边纪略》卷5，第13页，载《辽海丛书》（一），辽沈书社1985年版。

回升，人们纷纷走出户外。满族受汉族影响，也把清明作为祭奠亲人的日子，上坟扫墓。与汉族不同的是，汉族在坟上压纸钱，满族则在坟上插“佛托”。“佛托”满语为“fodo”，汉译为“萨满祭祀中祈福用的柳枝”。在萨满教传说中，柳是人类的祖先，人类是柳的子孙，插佛托表示亡者有后世之人。

端阳节。五月初五，“是日，人家檐端皆插蒲艾，门上悬纸葫芦，食角黍，饮雄黄酒，小儿女颈、腕缠五色丝线，又以黄布制小猴，青麻制小帚，佩胸际。午张盛宴，名曰过节”①。关于满族过端阳节的来历，还有段传说：相传很久以前，天帝派使者到人间体察民情，使者扮成卖油翁吆喝道：“一葫芦二斤，两葫芦三斤。”人们争先购买，只有一老汉，非但不买，反而告诉卖油翁算错了账。卖油翁尾随老汉，并告诉他：今夜瘟神将下界降瘟疫，要老汉赶紧回家，在自家房檐上插些艾蒿，门上插根柳枝，柳枝上拴个小布猴和小笤帚，家里人绑上五彩线，并叮嘱老汉不要告诉那些买油的。好心的满族老汉跑遍了全村，告诉了众乡亲。结果，家家插艾蒿，人人绑五彩线，全村人都得救了。传说表明，满族虽然过端阳节，但是，并非纪念屈原，而是为祈福禳灾。端阳节这天，人们还到村外踏露水，传说用这天的露水洗脸、洗眼、洗脚可避免生疾。满族虽然沿袭了汉族的端午节，但是节日的内涵却不同。

三、庆典中的歌舞娱乐

满族是能歌善舞的民族，她的先世金代女真人即以能歌善舞著称。满族在年节喜庆之日莫不宴饮、歌舞。满语称歌为

① 王树楠等纂：《奉天通志》卷98，第11—12页，东北文史丛书编辑委员会1983年版。

“ucun”；称舞蹈为“maksin”，常译为“莽势”“莽式”。清代东北地区满族歌舞分为两大类，即民间歌舞和萨满跳神歌舞。满族民间传统歌舞主要有以下几种。

蟒式舞。清代人杨宾在《柳边纪略》卷3中记载：“满洲有大宴会，主家男女必更迭起舞，大率举一袖于额，反一袖于背，盘旋作势，曰‘莽势’。中一人歌，众皆以‘空齐’二字和之，谓之曰空齐。”吴桭臣在《宁古塔纪略》中也有相似的记载：“满洲人家歌舞名曰莽式，有男莽式、女莽式，两人相对而舞，旁人拍手而歌，每行于新岁或喜庆之时。”由此可见，蟒式舞是“新岁”（即春节）和重大节日的主要舞蹈。

满族举行宴会，有以歌舞助兴的风俗。当酒酣兴浓时，载歌载舞，有独舞、对舞、群舞，还有四男四女穿花走场。有徒手而舞，有持红绸而舞。其舞姿“作麾旄、彂矢、跃马湓阵之容，屈伸、进反、轻跡、俯仰之节”。多为一人领唱，“歌辞异汉，不颁太常，所谓缵业垂统，前王不忘者欤！”众人随之合唱“空齐”。刚劲粗犷的舞姿，慷慨激昂的歌声，让人心情激荡，热血沸腾。这种民间舞蹈入关以后逐步发展成为传统的宫廷舞蹈。

康熙四十九年（1710）正月，皇帝谕礼部：“蟒式舞者，乃满洲筵宴大礼，至隆重欢庆之盛典，向来皆诸王大臣行之。今岁皇太后七旬大庆，朕亦五十有七，欲亲舞称觞。”① 为皇太后七十大寿助兴，57岁的康熙皇帝竟也跳起了蟒式舞。

乾隆八年（1743），将宫廷蟒式舞更名为庆隆舞，规定：“内分大、小马护为扬烈舞，是为武舞，大臣起舞上寿为喜起舞，是为文舞。”其中“扬烈舞，用戴面具三十二人，衣黄画布者半，衣黑羊皮者半。跳跃倒掷，象异兽。骑禺马者八人，介胄弓矢，分两翼上，北面一叩，兴。周旋驰逐，象八旗。一兽受矢，群兽

① （清）蒋良骐：《东华录》卷21，第344页，中华书局1980年版。

慑伏，象武成”[①]。

这种舞蹈起源于关外，据说在达呼尔人所居的黑龙江地区，有一种野兽，不知何名，喜啮马腿。达呼尔人非常畏惧，甚于老虎，不敢安居。清初进兵到此，因著高跷骑假马，杀死这种野兽，达呼尔人因此竭诚归顺，称八旗兵为神兵，于是，有了这种舞蹈。不知名野兽即“马虎子”，也称“马狐子”，时至今日，东北农村的一些满族妇女仍用“马虎子”来吓唬小孩儿。庆隆舞正是满族射猎生活的真实写照，它反映了满族猎手的勇敢和智慧。

秧歌。早在康熙年间，秧歌就已在东北民间流行了，满族男女老少皆喜扭秧歌。尤其在正月十五，“上元夜，好事者辄扮秧歌。以童子扮三四妇女，又三四人扮参军，各持尺许两圆木，戛击相对舞。而扮一持伞灯卖膏药者前导，傍以锣鼓和之。舞毕乃歌，歌毕更舞，达旦乃已”。[②] 满族秧歌和汉族秧歌虽然互有融合，但是，满族秧歌的民族特点仍十分明显。比较典型者如“鞑子秧歌”，其主角称“鞑子官”，身穿黄色战袍或黄马甲，斜挎腰刀，头戴红缨帽。男队员斜披黄、白、红、蓝四色彩带，作为“旗标”；女队员身穿鲜艳的旗袍。秧歌队以走大场为主，其舞姿多是大开、大合、大扭摆，有许多模仿征战、狩猎的动作，如跑马、打弓、鹰步等，反映出满族人热情奔放的性格。日常生活中一些习惯性的礼仪动作如女子的挽发、抹鬓、蹲安等也融入舞蹈动作之中。两支秧歌队相遇，车老板行“碰鞭礼”，领队（一般为鞑子官）间行“打千礼”、卡肩礼（左卡肩，右卡肩），对膝礼（左对膝，右对膝）、抱腰大礼等等，仍具有十分浓郁的民族特点。

笊篱姑姑舞。是流行于满族民间尤其是农家青少年中的一种

---

① 《清史稿》卷101，《乐志八》。

② （清）杨宾：《柳边纪略》卷4，第2页，载《辽海丛书》（一），辽沈书社1985年版。

歌舞形式。相传一位满族少女聪明美丽、勤劳善良，邻村的恶霸地主欲纳为妾，少女不从。元宵节这天，姑娘正手拿笊篱捞元宵，地主逼亲而至，姑娘坚贞不屈，自杀身亡，变成了仙姑。青少年们在每年的正月十五“包笊篱姑姑”，以歌舞的形式表达对少女的怀念和崇敬。先将笊篱洗干净，裱糊一层白纸，画上俏姑娘的脸谱。再推举一位女孩，将其打扮得花枝招展，手持笊篱姑姑。众人则围绕着笊篱姑姑，边舞边歌：

笊篱姑姑本姓白，
戴朵花，背捆柴，
扭扭达达下山来。
你也拍，我也拍，
拍着手儿跳起来。①

笊篱姑姑虽已成仙，但是，歌中的仙姑形象仍是一位勤劳质朴的满族少女，她戴着花，背着柴，扭扭达达，俏皮可爱，俨然邻家小妹，是一位可亲可爱的满族人民自己的神祇。人们也通过这种方式向笊篱姑姑问卜。

满族民间歌舞因家族、地区的不同，在表演形式上存有差异，但是在思想内容上却有着一致性，即真实、形象地表现了满族各个历史时期的社会生产、生活方式和习俗，反映了满族的民族性格和民族精神。不忘祖先创业之艰难，不忘民族之根本，惩恶扬善成为满族民间歌舞的一条主线。

萨满祭祀歌舞。满族信奉萨满教，歌舞是萨满祭祀的主要形式。举行祭祀时，萨满（领神人）、栽力（祝神人）头戴神帽，身穿艳服、彩裙，“以铃系臀后，摇之作声，而手击鼓。鼓以单牛皮冒铁圈，有环数枚在柄，且击且摇，其声索索然，而口致颂

① 李德：《再论满族歌舞》，载《满族研究》1988 年第 4 期。

祷之词，词不可辨。祷毕，跳跃旋转，有老虎、回回诸名色。”①萨满跳神是一场有声有色的歌舞表演，观者除了敬畏、神秘的感觉外，更多感受到的是萨满丰富多彩、刚劲优美的舞姿和神鼓、腰铃、祷词的交汇之声，它们让人心弦震颤，痴痴然入迷。

神鼓是萨满跳神的主要道具，有抬鼓和手鼓（抓鼓）两种。抬鼓多置于两膝之间，用手掌或手指敲击；手鼓又分为男手鼓和女手鼓，演奏时，萨满左手执鼓，右手握鞭，以鞭击鼓。鼓点时而急骤，时而舒缓，鼓声时而激昂，时而低沉，伴着鼓声，踩着鼓点，萨满时而奔腾跳跃，时而弓步抖肩。萨满跳神的动作和面目表情千姿百态，或赞颂神祖、祈盼神祖赐福降吉祥，或展现精于骑射、耍枪飞叉“巴图鲁”等战神的形象，或反映神灵上刀山、下火海的壮举，或表现虎、豹、熊、狼、鹰等动物神玩耍嬉戏的场面。萨满在劲舞的同时，还要口诵祷词、高唱神歌。

神歌有两种表演形式：一是栽力（家萨满）代表人唱给神的歌，众人一旁伴唱；二是大萨满代表神同栽力相互答对所唱的歌。前者主要用于家祭和祭天典礼中；后者集中体现在放大神时，萨满和栽力在请神、领神、送神等过程中相互对唱。在人、神同唱的歌声中，人们表达了对祖先的追念和崇敬、对诸神的信仰和祈盼！诵祷词、唱神歌必须用满语，这是恪守不变的萨满教规则。尽管在清末，东北的满族也逐渐弃满语而用汉语，但是，萨满祭祀跳神时仍使用满语唱神词。萨满跳神是人与神之间进行沟通的一种方式，这种沟通过程，又是一场以萨满为主角的精彩的歌舞表演。②

八角鼓。因说唱者手持八角鼓为伴奏乐器，故而也将这种曲艺形式称为八角鼓。八角鼓鼓身呈八角形，以八块硬木镶成，每

① （清）杨宾：《柳边纪略》卷4，第3页，载《辽海丛书》（一），辽沈书社1985年版。

② 参见石光伟、刘厚生：《满族萨满跳神研究》，第30、32页，吉林文史出版社1992年版。

块硬木长6厘米，宽4厘米，七边各开一梅花孔，孔中嵌有铜钹。无孔的一面垂着旒苏穗儿，一面蒙蟒皮。表演时，以左手持鼓抖动，右手或弹或敲打鼓面，发出有节奏的鼓声和铜铃声。

八角鼓原为满族在关外时期的一种说唱艺术。人们于行围射猎之暇，以八角鼓自歌自娱。八角鼓的八角，代表满洲八旗。乾隆时期，在西征攻打大小金川之际，八角鼓在八旗军中盛行，八旗兵通过这种说唱形式表达厌战思乡之情。而后传入宫中，乾隆帝命太监演唱，致使八角鼓曲艺盛极一时。在吸收汉文化之后，无论在演唱内容及表演形式，都趋于完善。最初的演唱形式是单人坐唱，唱者手持八角鼓伴奏，后来又增加了三弦伴奏，变为二人表演。以后不断发展变化，出现了“拆唱”和“群唱”。所谓“拆唱”即三四人分角色演唱；“群唱”即多人齐唱，中夹独唱。

八角鼓曲艺的作者多是满族下层文人，所以这些作品真实地反映出下层旗人的生活。如曲目《鸟枪诉功》中的一段唱词：

当差最要强，
交人不窝囊。
家道应时有个助帮，
提本领样样都在人人以上。
公费吃一两，法伊单【faidan 执事、仪仗】又入上。
章京【jang gin 佐领】合专呢达【juwanida 护军校】过一个穿住合，
得音达【dainida 队长】绞格子，
终日吃喝逛，
听戏在前门上。
耍钱在弓房，
拉叉打十胡支（掷）赶活羊。
也是我充高眼这才上了当。
终日吃喝逛，

耍钱受了伤。
先典房子后当衣裳；
下屯去做了季还上输赢账。
苦处实难当，
银钱都花光。
身上无衣要不得强。
当差使竟是托看密【tookambi 迟到】时常全全落汤。
亲戚在那乡朋友无助帮。
当今的主子又不赏。
这才是卖无的卖来当无的当。
打在我朱外【juwe 无赖之徒】子行，
成了个擂小将。
如今晚的年成世态炎凉，
可怜我未出过兵，
倒坐了一身的账。①

这段鼓词反映了乾隆以后，战事已息，八旗兵无仗可打，游手好闲，旗人生计陷入困难之中。这种艺术内容贴近百姓生活，形式似说似唱，能充分表达人们的思想感情，亦喜亦忧，亦悲亦怨，最能打动人心。所以深受民间欢迎。每当喜庆宴会或逢节日，满族人即以此节目自娱。清代俗曲总集《霓裳续谱》《白雪遗音》《百万字全》，均收有八角鼓曲本。现代流行于山东的“聊城八角鼓”、吉林省的“新城八角鼓”，都与满族八角鼓有渊源关系。

子弟书又称“八旗子弟书”，因八旗子弟创作和演唱而得名。原是清代军中流行的俗曲，乾隆初年传入北京，八旗子弟以此为

---

① 傅惜华编：《北京传统曲艺总录》。转引赵展著：《满族文化与宗教研究》，第 211—212 页，辽宁民族出版社 1993 年版。

基础，参照鼓词等形式，发展而成。子弟书没有说白，唱词为七言体，讲究对仗排比，语言通俗，曲调简单，用三弦伴奏。子弟书很快在京师地区流行起来，“其词雅驯，其声和缓，有东城调、西城调之分。西调尤缓而低，一韵萦纡良久”①。乾嘉时期，随着京旗闲散移驻还乡，子弟书也同时传入东北，经过改造，已不用乐器伴奏，成为关东特有的一种艺术形式，称为“清音子弟书”。

在东北满族地区子弟书的内容主要有两大类：一是取材于历史、小说、戏曲、神话故事等；二是取材于作者当时的社会生活。子弟书的作者多为破落的八旗子弟以及失意文人，其身世已多不可考，最著名的有罗松窗、韩小窗、鹤侣、喜晓峰等。罗松窗是西韵调的代表作家，韩小窗是东韵调的代表作家。

子弟书的流传方式是八旗子弟于茶馆聚会时进行演唱、品评。盛京城八旗子弟会集之地主要是在城内小南门茶肆之中。由于子弟书作者生活潦倒，写出作品也无力刊刻，仅有些唱段为当时沈阳文山房印刷出版（书商从获利中支付作者些许，作为报酬）。其他作品多是台上人演唱，台下听者记录，凭手抄流传。还有相当多的作品既未刊刻，也未记录下来，当时便失传了。子弟书在东北流传一个多世纪，鸦片战争前后是其盛行之时。这期间作品不下千部之多，以刻本和手抄本流传至今的，仍不下数百部。子弟书东韵代表作家韩小窗，是现今可知的子弟书创作中作品最多、最具影响的一位作家。他的作品现在可以确知的达30篇。其作品以慷慨激昂著称，在北京、沈阳广为流传。代表作有《长坂坡》《宁武关》《千钟禄》《樊金定骂贼》等，慷慨悲壮，动人心弦。此外，他也写了不少节奏舒缓、感情缠绵、描写细腻的作品，如《露泪缘》《黛玉悲秋》等，都悲恻感人。

① 震钧：《天咫偶闻》卷7，第175页，北京古籍出版社1982年版。

四、游戏与竞技

1. “嘎拉哈”游戏

玩嘎拉哈是满族妇女儿童日常最普遍的游戏。“嘎拉哈”满语为“gacuha”，汉译为“膑骨”，俗称“膝盖骨”“背式骨”。最常见的是猪嘎拉哈，此外还有羊、鹿、獐、狍等嘎拉哈。其中，羊嘎拉哈因小巧、质地坚硬光滑备受人们的喜爱。因为一只猪或羊只有一对嘎拉哈，所以几十个嘎拉哈是多年积攒下来的，有的甚至是祖上传下来的。

玩嘎拉哈是满族一种古老的游戏。满族及其先世以射猎为业，尤其养猪历史悠久，早在肃慎、挹娄时期即食猪肉、衣猪皮，以猪油涂身御寒，自然猪骨头也成了人们的玩具。如在猪下颏骨系上绳子，小孩在地上拉着玩，称为卡巴车；猪肩胛骨似扇形，系上大钱，摇晃时哗哗作响，称为哈拉巴板；动物的后腿骨称为嘎拉哈。清入关前有人用嘎拉哈赌博，称为“博戏”。玩者多为男性，随手抛掷，以倒、仰、横、侧分胜负，以猪、羊赌输赢。崇德六年（1641），清太宗皇太极谕令：八旗子弟壮者以角弓羽箭习射，年幼者以木弓柳箭习射，对于“好为博戏、闲游市肆者”，要捉拿治罪。① 可见当时玩嘎拉哈不仅仅是一种游戏，而且已成为一些人的嗜好，并以此进行赌博。而后，玩嘎拉哈逐渐演变成妇女儿童的游艺活动，尤得女孩子们的喜爱。

嘎拉哈又称“子儿”，有不同的四个面，即坑儿（凹面）、背儿（凸面）、轮儿（耳朵形）、珍儿（轮儿的对面）。其玩法颇多，各地不一。常见的玩法有抓嘎拉哈、打嘎拉哈两种。

---

① 《清太宗实录》卷54，第22页。

女孩子喜欢玩抓嘎拉哈，或称抓子儿。少则二人，多则四五人，围坐在炕上。将四枚子儿泼在炕上，抛起布口袋（或铜钱或子儿），随即快速抓起同类子儿放在一边，同时接住落下的口袋。或者抛起口袋的同时，将几个子儿翻成相同的面儿，再抓取。若抓取时有掉子儿或没接住口袋，或碰到其他子儿，则为犯规，换下家玩。也有玩“抓大堆儿”的，将数十枚或上百枚子儿泼在炕上，子儿呈现出坑儿、背儿、轮儿、珍儿不同面儿，场面壮观。玩者在抛口袋的同时，抓出几个同类面儿的子儿。犯规后，轮到下家玩，直到抓完全部子儿为止。抓子儿的玩法花样繁多，妙趣横生，要求玩者手疾眼快，动作灵活。平日里，三三两两的女孩子坐在炕上抓子儿，若是年节或农闲，姑娘媳妇们也加入进来，玩者与观者围坐炕上，欢声笑语与子儿的撞击声汇成一片。

男孩子喜欢打嘎拉哈，游戏在室外进行。清人杨宾在《柳边纪略》卷4中载：“童子相戏，多剔獐、狍、麋、鹿腿前骨，以锡灌其窍，名噶什哈。或三或五堆地上，击之中者尽取所堆，不中者与堆者一枚。多者千，少者十百，各盛于囊。岁时间暇，虽壮者亦为之。”打嘎拉哈延续了清人关前“博戏”的玩法，但不再赌牛、羊，而是以赢得嘎拉哈的多少论输赢。玩者拥有嘎拉哈，多者千，少者十百，这个数字足以说明玩嘎拉哈游戏的盛行。

除抓、打嘎拉哈之外，还有泼、弹等众多玩法，玩者在玩儿的过程中不断创新，变换花样。清代，玩嘎拉哈是东北满族的大众化游戏，这种游戏逐渐受到汉等其他民族的喜爱，至清末，原本具有民族特色的游戏已演变成具有地方特色的游戏。

2. 老鹞子抓小鸡

鹞子，雀鹰的通称，猛禽的一种，比鹰小，捕食小鸟，饲养的雌鸟可以帮助打猎。游戏时，众人选出一人扮老鹞子，一人扮老母鸡，余者做小鸡，在老母鸡身后排成一队，后者拉着前者的衣服。游戏开始，老鹞子做出磨刀状，与老母鸡一问一答：

老母鸡问：
大哥、大哥你做啥呀？
答：磨刀啊。
问：磨刀做啥呀？
答：磨刀杀猪啊。
问：杀猪给我留条腿呀！
答：留啦。
问：在哪呢？
答：在锅台后呢。
问：锅台后没有啊？
答：叫猫叼去啦。
问：猫呢？
答：猫上树了。
问：树呢？
答；树让火烧了。
问：火呢？
答：火让水浇了。
问：水呢？
答：水让老牛喝了。
问：牛呢？
答：牛上天了。
问：天呢？
答：天塌地陷了。①

① 沈阳市民委民族志编纂办公室编：《沈阳满族志》，第431—432页，辽宁民族出版社1991年版。

老鹞子说完，直奔队尾的小鸡扑过去，老母鸡张开双臂阻挡。老鹞子虎视眈眈地左晃、右闪，寻找着机会；老母鸡毫不相让，竭尽全力护卫着小鸡；小鸡们藏在妈妈身后拼命躲闪，笑声、尖叫声响成一片！老鹞子每抓住一只小鸡，便做出吃鸡的样子，然后再抓，直到抓完为止。

3. **跑马城**

这是儿童闯关守城的游戏，并附有问答歌谣。参加游戏的人数不限，分成甲、乙两方，两方队员排列成相距十几米的对峙横列，同队成员手拉着手。做好准备工作之后，开始了相互问答：

甲方：吉吉灵，跑马城。
乙方：马城开，打发格格送信来。
甲方：要哪个？
乙方：要红玲。
甲方：红玲不在家。
乙方：要×××。①

甲方的×××听到点名后，运足了力气，向对方阵营冲过去。乙方队员拉紧手，抵挡来势凶猛的撞击。若冲过封锁，带回乙方的一名队员归甲方；若冲不过，则成为乙方的队员。孩子们聪明、狡猾，往往采取声东击西的战术，冲撞薄弱环节。如此继续，直至一方剩下一人为止。跑马城是孩子们模仿战争攻城的游戏，游戏锻炼了孩子们的机智和勇敢，也反映出满族崇尚勇武的民族心理。

---

① 沈阳市民委民族志编纂办公室编：《沈阳满族志》，第431页，辽宁民族出版社1991年版。

4. 跑马射柳

骑射是满族的传统技艺，不仅用于狩猎和军事，也是传统的竞技项目。射猎飞禽走兽的是好射手，而能射中风中飘摆的柳枝则是神射手，人们以射柳为比赛射艺的一种手段。努尔哈赤就曾与人以射柳较射。万历十六年（1588）四月，努尔哈赤迎娶哈达部万汗孙女阿敏，在洞的地方与东果部善射者纽妄肩较量射技。纽妄肩“下马挽弓，射五矢，止中三矢，上下不一”。努尔哈赤连发五矢皆中，且“五矢攒于一处，相去不过五寸”①。清代，东北的满族人将跑马射柳演变成一种竞赛项目。参赛者手执弓箭，骑马在距离靶子（柳树）“二十间”的马道上奔驰（每间为20米），到达指定地点的瞬间，取箭射柳。凡一箭射断寸长嫩梢者，属上乘功夫，获得众人的赞赏。②

跑马射柳是满族的传统竞技活动，关于其来源，在满族民间流传着这样一个故事：女真完颜部阿骨打受父命，到鸭子河一带联络女真部落起兵反辽。一日，他在途中见一女真部落在举行祭天仪式后，正射箭比武。人们以老树为靶子，胜负输赢难分上下，争论不休。阿骨打为其出主意，以射柳枝决胜负。众人皆射，不中。阿骨打飞身上马，骏马奔驰，在距柳树百步时，三箭连发，不偏不差，正好射断三枝做好标记的柳枝。众人皆服。阿骨打所到之处，教人们练习跑马射柳，提高骑射技艺，为反辽做准备。阿骨打灭辽朝而建金国，做皇帝后，还下圣旨，命女真人在举行祭天仪式后，进行射柳比赛，作为全民的习武活动。③《金史·礼志》载：重五（阴历五月初五日）拜天礼后，在球场插柳

---

① 《清太祖武皇帝实录》卷1，载《清人关前史料选辑》第1辑，第312页，中国人民大学出版社1984年版。

② 见尹郁山：《吉林满俗研究》，第212页，吉林文史出版社1991年版。

③ 《满族民间故事选》之《射柳》，春风文艺出版社1985年版。

两行，参加射柳枝的以尊卑为顺序，各自在要射的柳枝上做记号，记号大约离地几寸高，同时把柳枝瞄准处削去皮露出白色。由一人骑马在前引导，随后参赛者骑马射箭，射中了，并能用手在空中接住断枝，是上等射手；射断但不能接住者为中等。若没射中标记处，或射中但没断，或没射中，都算失败不列等。每名参赛者出场必击鼓助威。

5. **“踢行头”**

踢行头在清代是满族一种盛行的竞技项目。它的源流很久，相传满族先人肃慎就有这种活动。肃慎处于原始社会，以渔猎为生，每当猎得熊、虎、野猪等猛兽，则视为山神所赐，遂将头供奉于树桩上，众人围着树桩歌舞，饮酒祝贺，继而烤食兽肉，将兽皮剥下来缝成球状物，相互追逐踢蹴戏耍。两个部落遇到一起，则竞演技艺，从山下踢到坡上，从坡上踢到河滩，相互追逐，直到把球踢到对方部落的栅栏内，则为胜利。

行头是用熊皮或猪皮缝成月亮圆状的球，内装棉软之物，或将猪膀胱灌鼓做囊，洗净，经过晾晒把它揉软，使之不脆不裂。然后在里面充气，气足后将口用细绳扎紧，便成气球。玩时，用脚踢，用手传，也可用头顶。大小如同今日之足球。踢时，以高远为佳，并多在冬季旷野河面上踢，每年春节必行。满族青年身穿箭衣，脚穿靰鞡（把靰鞡浇水冻硬），在江河冰面空旷之处，画三道横线为界，设三名裁判，各手执一木杆（后演变成秫秸），立于线上，比赛的双方，任何一方将行头踢入线内，裁判手中的木杆即落下，则为对方胜利。开赛时，两方列队于线上，一方开球，另一方则横立于线上阻挡，其情景如同今日足球罚球时所列的人墙。开球后，队员则向对方球阵激冲过去，勇猛异常，对方则竭力阻挡，双方来往冲撞，颇为激烈勇猛，表现了北方民族剽悍、机智、灵巧的风格。场地旁，双方各备有猪、牛、羊等肉食，以及黏糕、豆包等物，并升起篝火（炭火），待竞技结束，负者将酒肉食物送给胜者，双方在篝火上烤肉，以肉下酒，嬉笑歌舞，甚为热烈。①

清朝统治的260余年中，踢行头一直很为盛行，直到辛亥革命以后仍保持不衰。每当春节，沈城的青少年三五成群，携带行头，选择空旷之处，列阵竞赛竞技，行头起处如流星闪烁，腾空而过，踢来蹴去好不红火，竞技场面令人羡慕。清末沈阳诗人缪润绂先生在《沈阳百咏》中作了形象的描绘，诗中写道：

蹴鞠装成月样圆，青鞋忙煞午风前，
足飞手舞东风喜，赢得当场羡少年。②

---

① 此据今沈阳市东陵乡83岁满族老人徐仲武讲述。

② （清）缪润绂：《沈阳百咏》，第3页，光绪四年（1878）刻本。

“我满洲禀性笃敬，立念肫诚，恭祀天、佛与神，厥礼均重。惟姓氏各殊，礼皆随俗。凡祭神祭天背灯诸祭虽微有不同，而大端不甚相远。”

——《钦定满洲祭神祭天典礼·上谕》

第十四章 萨满祭神

一、万物有灵的多神教

满族著名作家老舍夫人胡絜青女士说：“满族人在入关前就有了自己的语言和文字，有自己的宗教和风俗习惯。”① 她所谓满族有“自己的宗教”就是指萨满教。萨满教是一种古老的多神崇拜的原始宗教，它曾经广布于地球北半部辽阔的寒土之上。中国的北方是萨满教的故乡之一，古代北方的诸多民族，如匈奴、鲜卑、契丹、女真、蒙古等都曾信奉过萨满教。各民族之间既有各自的传承，又有相互间的影响。满族信奉萨满教正是因袭于其先世而又不断发展变化的。

宗教属于人的灵性世界和精神生活。它的历史几乎和人类自身的历史一样古老，它与人类的生存和人类精神文化的发展息息相关。在人类历史的最早期，人刚从动物界脱离出来，思维能力低下，无意识思考和探索人与自然之间的关系以及自然现象之间的关系，所以亦无宗教观念。随着人类的不断进化，大约在旧石器时代晚期，我国的原始人类产生了灵魂不死的观念，原始宗教

① 《满族民间故事选·序》，春风文艺出版社 1983 年版。

开始萌芽。人类早期的原始宗教盛行自然崇拜，那时，人们认为万物有灵，无物不神。我国古籍《山海经》描绘了古代居民的宗教信仰，在书中，海、湖、山、泽、鸟、兽皆被赋予灵魂，自然灾害和人类社会的动乱皆为万物之灵安排的结果。在自然崇拜的同时又有图腾崇拜和祖先崇拜。各氏族、部落都有自己的图腾，其图腾或是现实自然物，或是人们凭想象创造出来的信仰对象。氏族或部落首领生前享有很高的威望，死后被子孙后代所怀念与崇拜，并相信其灵魂不灭，于是有了祖先神和祖先崇拜。原始宗教是以灵魂不死，万物有灵为基础而形成的多神崇拜，其产生的根源在于，原始社会生产力低下，人们以采集、捕鱼和狩猎为生，最大限度地依赖自然界生存；同时人类认识问题的能力有限，不能正确认识和解释自然现象，更无力改造自然，战胜自然灾害，于是，对自然产生了恐惧心理，并将其神化，似乎只有这样才能解释自然界万物的千变万化和神奇力量的根源所在。人类在对大自然既依赖又恐惧的双重心理作用下，原始宗教观念产生了。

萨满教诞生的确切年代难以考证，不过，学者们普遍认为萨满教出现在母系氏族社会，主要证据是大量女萨满的存在。萨满教的特点是认为“万物有灵”，表现为多神崇拜。满族先世肃慎、挹娄、勿吉、靺鞨、女真一直笃信萨满教。

早在三千年前，肃慎人“死者其日即葬之于野，交木作小椁，杀猪积其上，以为死者之粮。”又“其国东北有山出石，其利入铁，将取之，必先祈神”①。可见，肃慎人就已经有了“灵魂不死”“万物有灵”的观念。北魏时，勿吉人“国南有徒太山（长白山），魏言‘大白’，有虎豹罴狼害人，人不得山上溲汙，行迳山者，皆以物盛”②。唐代的黑水靺鞨“居肃慎地，亦曰挹

① （唐）房玄龄等:《晋书》卷97，《东夷·肃慎氏》。

② （北齐）魏收:《魏书》卷100，《勿吉传》。

娄。元魏时曰勿吉”，是满族的直系祖先。黑水靺鞨人“死者埋之，无棺椁，杀所乘马以祭”①。金代女真人“其疾病则无医药，尚巫祝；病则巫者杀猪狗以禳之。或车载病人之深山大谷以避之。………死者埋之，而无棺椁。贵者，生焚所宠奴婢，所乘鞍马，以殉之。所有饮食之物尽焚之，谓之烧饭”②。明代女真人，“祭天则前后斋戒，杀牛以祭。又于月望祭七星。然此非常行之事，若有疾病祈祷则有之耳。亲死则殡于家，亦杀牛以祭，三日后择向阳处葬之。且杀其所乘之马，去其肉而葬其皮”③。

从以上史料来看，从肃慎到明代女真，几千年的历史，其宗教信仰是一脉相承的。相信人死灵魂不灭，所以杀牲以祭；认为物皆有灵，所以祭天、祭星、祭山；有病无医药，只信巫者祷祝，乞求神灵保佑。这些都是万物有灵观念在人们现实生活中的具体反映。

努尔哈赤在起兵反明之前，和明朝始终保持着朝贡和贸易关系，深受汉文化影响。万历四十三年（1615），努尔哈赤“始建佛寺及玉皇诸庙于城东之阜。凡七大庙，三年乃成”④。建庙供奉儒、佛、道教诸神，这无疑会对满族世代信仰的萨满教产生冲击。皇太极鉴于萨满教的跳神祭祀活动往往宰杀大牲畜，对农业生产和军需供应不利，便于崇德元年（1636）规定：“凡人祭神、还愿、娶亲、死人、上坟，杀死货卖宰杀牛、马、骡、驴，永革不许。”如违令，被人举报，则“赔牲畜与举首者”。鉴于萨满用巫术治病，常致人死命，所以同时下令：“永不许与人家跳神拿

① （宋）欧阳修等：《新唐书》卷219，《北狄传·黑水靺鞨》。

② （宋）徐梦莘：《三朝北盟会编》卷3，第18页，文渊阁本四库全书，台湾商务印书馆1986年版。

③ 吴晗辑：《朝鲜李朝实录中的中国史料》第2册，第692-693页，中华书局1980年版。

④ 《清太祖高皇帝实录》卷4，第13页。

邪、妄言祸福，蛊惑人心。若不遵者，杀之。”① 崇德七年(1642)，多罗安平贝勒杜度生病，其妻招巫人荆古达到家里祈祷，“荆古达剪纸作九人，同太监捧至北斗下，半焚半瘗之”。结果杜度还是死了。事后，杜度的三个儿子被“革去公爵，黜宗室籍”，“巫人荆古达照议正法”②。

皇太极是位具有远见卓识的政治家，他顺应历史发展潮流，对满族社会的文化和习俗做了较全面的改革，其中包括对落后于时代的萨满教进行限制和打击。但是，几千年沿袭下来的宗教信仰已经渗透于满族社会的方方面面，所以，无论是儒、佛、道教的冲击，或是皇太极的限制措施，都不能彻底改变人们根深蒂固的宗教观念。有清一代，在满族民间，尤其是在东北边疆地区，萨满教有着广泛而坚实的社会基础，萨满祭祀成为人们日常生活中必不可缺少的一项重要活动内容。

万物有灵的观念，使满族人崇拜和祭祀的对象极为广泛，各姓氏和各家族之间也不尽相同。尤为突出的是祖先崇拜，时至今日，在东北乡村的满族人家仍可见到西墙上供奉的祖宗板子。满族所供奉的祖先，有本氏族或部落的酋长，也有为本族英勇献身创立大业的功勋人物，他们生前功绩显赫，死后被后人奉为神明加以崇拜和追念。后世子孙们试图通过祭祀，求得祖先的保佑，使自己的子孙繁衍兴旺，连绵不绝。

为了保证狩猎和农耕的顺利进行，满族人祭祀天地、山川、马神、苗神。气候的变化，对于狩猎和农耕都极为重要，所以，祭天是祭祀的重要内容；与采集和狩猎生活密切相关的是祭祀长白山神。绵亘无垠的长白山孕育了无数珍禽异兽，提供了良好的猎场，且又盛产人参，对满族经济及生活关系极大。康熙十六年(1677)，清朝曾经专门派官员册封长白山神，官方所为与“三仙

① 《清太宗实录稿本》，第13页，辽宁大学历史系1978年印本。

② 《清太宗实录》卷63，第24－26页。

女”神话传说有关，其目的在于宣传君权神授，借以维护清朝的统治。当地满族人每逢进山狩猎都要祭山神，求山神保佑不被野兽伤害；马是满族人的主要交通工具，马的驯服使步射成为骑射，大大提高了捕获野兽的效率和数量，清宫每年春秋立杆祭神后，祭马神二日。祭马神的仪式很郑重：“巫以系马吉帛进，巫者祝如仪，主人跪领吉帛付司牧者。”① 满族进入辽沈地区之后，农业生产逐渐成为主要经济部门，田苗生长期间，遇虫灾或旱灾，前往田间悬挂纸条如旂，以细木夹蒸糕与饭捧至田间以祭，称为祭田苗神。

根据《钦定满洲祭神祭天典礼》中的记载，满族所祭之神，还有释迦牟尼佛、观世音菩萨、关圣帝君、穆里罕、画像神、蒙古神等，祭祀活动还有痘祭、糕祭、秋收祭场院、夜晚祭七星等。满族的萨满祭祀反映了各民族之间的文化交流。在所祭祀的诸神当中，有些并不是满族所特有的，如释迦牟尼佛、观世音菩萨是佛教供奉的神，显然是受蒙古人信奉的喇嘛教影响所致。关圣帝君则是三国时期的关羽关云长，本是汉族地主阶级树立的忠君楷模。这些被蒙古族和汉族供奉的神，却受到满族的信奉和祭祀，反映了满、蒙古、汉各族之间宗教文化的相互交流和相互渗透。

无论从口碑资料中所反映的满族民间萨满所供奉的神祇，还是从《钦定满洲祭神祭天典礼》中所规定的宫廷奉祀的神祇来看，外来神祇仅数位，大量是满族本民族的神祇，民族个性表现得十分突出。不难看出，“万物有灵”多神崇拜是满族萨满教信仰的核心，它始终没有完成向一神教的过渡。

考察满族萨满祭祀，其所信奉之神有如下几个特点：

一是满族有全民族的守护神，但更多的是各姓氏之神，神祇

① （清）昭梿：《啸亭杂录》卷9，《满洲跳神仪》，中华书局1980年版。

数量之多是任何其他民族所无法比拟的，这些神是本民族的神。

二是满族萨满教的神祇，随着满族社会的变迁，不断扩大自己的队伍。在这个神的王国里，我们既可以看到满族先世原始初民时期所信奉的神祇，又可见到满族进入阶级社会后，由于经济基础和社会结构的变化，所产生的一系列新的神灵。

三是16世纪满族共同体形成之后，随着明清战争的胜利，满族很快从一个弱小的被压迫的民族，一跃成为统治全国的民族。满族大量吸收汉族先进的物质文明和精神文明，对处在长期封闭和原始状态下的满族萨满教是一次巨大的冲击。萨满教接受了人为宗教的影响，特别是佛教和道教的影响，在它的神坛中增加了许多客神，并进入宫廷萨满教的祭祀中，使原始的萨满教向近代宗教有所靠近。

二、萨满的来源与传承

萨满教是以萨满活动为中心的宗教信仰行为。关于萨满一词的来源和词义，学界多有争论，多数学者认为，萨满一词源于通古斯语，其意为激动、不安和疯狂之人；也有学者认为萨满一词源于女真语，其词义为“智者”。①

宋人徐梦莘在《三朝北盟汇编》卷3中记载：“兀室（乌舍）奸猾（通变）而有才，自制女真法律、文字，成其一国。国人号为珊蛮。珊蛮者，女真语巫妪也。以其变通如神，粘罕以下皆莫能及。”兀室即完颜希尹，金朝著名将领和学者，曾创制女真文字，史称“女真大字”。粘罕即完颜宗翰，金朝大将，英勇善战，曾经俘获宋徽宗、宋钦宗二帝。这段史料告诉我们：第一，完颜

① 赵志忠著：《萨满的世界一〈尼山萨满〉论》，第71页，辽宁民族出版社2001年版。

希尹即萨满，他能文能武，有才干，是位智者。第二，萨满一词在女真语中意为“女巫”，即女萨满。

萨满教诞生于母系氏族社会，所以最初的萨满是女萨满，进入父系氏族社会之后，出现了男萨满。“珊蛮者，女真语巫妪也”，只能理解为“珊蛮”（萨满）一词原意为“女巫”，这说明“珊蛮”在女真语中是个古老的词语。女真语属于阿尔泰语系满—通古斯语族，那么认为萨满一词源于通古斯语也是成立的。笔者认为，将前二种观点合而为一，才能比较全面地反映出萨满的真实情况。远古人类把自然力的作用人格化，认为日、月、山、川和各种动植物皆有神灵，人亦有灵魂，人死而灵魂不灭。在畏惧和崇拜万物之神的同时，人们又希望得到神灵的保佑和帮助，这就需要和神灵沟通，于是有了祭神的行为和人神交流的使者—萨满。萨满是沟通人神的中介，这是一项神圣的职务，只有具备丰富知识和高超技能的人，才能得到人们的信任，才有资格担此重任；萨满沟通人神的方式是跳神，跳神时萨满脱魂显灵，模仿各类神的形貌和动作，时而亢奋、狰狞，时而沉静、腼腆，处于一种非正常状态。所以，应该说智慧是萨满必须具备的素质，而“激动、不安和疯狂”，则是萨满执行职责时的外在表现形式。

萨满，满语为“saman”，释为“巫者”。在古代文献中又写作萨麻、察玛、叉马、萨玛、撒麻等。萨满是一族一姓的领神人或祝神人，仅属于赋予他生命的那个血缘群体。

早期的萨满大都由女人担任，而且这种现象对后来的萨满教有一定影响。清代的《钦定满洲祭神祭天典礼》中明确规定：“自大内以下，闲散宗室觉罗，以至伊尔根觉罗、锡林觉罗姓之满洲人等，俱用女司祝以祭。”① 除此之外，对于紫禁城内居住的皇子，已分府的皇子及王、贝勒、贝子、公等人的祭祀也明文规

① 《钦定满洲祭神祭天典礼》卷1，第5页，载《辽海丛书》（五），辽沈书社1985年版。

定由女萨满担任。可见，女萨满主祭在萨满教祭祀中不但有悠久的历史，而且后来的萨满教也有所继承。早期萨满教以女萨满为主的事实说明，萨满教的产生至少可以追溯到母系氏族社会，它反映了当时妇女在社会各方面的崇高地位。

满族的萨满可分为两类，一为野萨满，又称“大神”，是领神人，一族一姓在一定时期只能产生一位；二是家萨满，又称“栽力”，俗称“二神”，是祝神人，一族一姓在一个时期内可有多位家萨满。这两种萨满都只能在本氏族内产生，为血缘群体效力。

萨满的传承必须在各自的血缘群体内进行。野萨满的产生是神授，即“抓萨满”，而非族人择定。所谓神是本氏族死去的萨满灵魂回转，附到该族某人身上。被附体之人不受年龄限制，但必须有异常表现，如突然昏迷、狂癫，或突然善于弄刀舞枪，有了超人的技艺。这些异常表现被看作是神抓萨满的征兆，经过族人和萨满的讯问和验证，最后认定是上代某某萨满抓其为领神弟子，在阖族举行隆重的放神仪式后，才被公认为合格的萨满。野萨满被看作是能够通过某种方式和神沟通的人，借助神灵的帮助可以到不同层面的精灵世界中旅行。萨满在与神灵沟通时，头戴神帽，身穿神服，腰系铃，手执鼓，边歌边舞，做出各种癫狂状，俗称“跳神”。野萨满除在祭祀中主祭外，其活动还包括医病、驱灾祈福和预测占卜。满族人有病，“亦请萨玛跳神，而请札林一人为之相，札林，唱神歌者也。祭以羊鲤用腥，萨玛降神亦击鼓，神来则萨玛无本色，如：老虎神来狰狞，妈妈神来噢咻，姑娘神来腼腆，各因所凭而肖之。然后，札林跽陈祈神救命意，萨玛则啜羊血嚼鲤，执刀枪义梃，即病者腹上指画而默诵之，病亦小愈，然不能必其不死”①。

野神萨满继承者的出现并非轻而易举。没有大萨满，族内则

---

①（清）西清：《黑龙江外记》卷 6，第 15 页，光绪二十年（1894）刊本。

不能举行阖族烧香跳神祭仪，满族称之为“扣香”。在“扣香”期间宁肯停止烧香跳神，也不允许从外姓请萨满主持祭祀活动，这一点是非常严格的。

家萨满是满族萨满中的主要类型，他们是侍神者，主要负责族中的祭祀活动，在大神祭祀中作野神萨满的助手。清初家萨满多由满族妇女充当，“以当家妇为主，衣服外系裙，裙腰上周围系长铁铃百数，手执纸鼓敲之，其声镗镗然，口诵满语，腰摇铃响，以鼓接应”①。后来受到汉族封建文化的影响，满族各姓在祭神中既用女司祝，也开始用男司祝者。

家萨满是通过族内人推举协商，并经本人及家人同意而定的。被推举者多是族内较有威信、办事公道、忠实宽厚、有能力、有些文化知识的人。被推举后要经过严格的萨满培训班学习，谓之学“乌云”。关于“乌云”，一说为满语数字“九”，写作“uyun”，培训班以九天为一期，一期称为一个“乌云”。另一说认为“乌云”应是萨满教幻术的专门用语，学乌云即学转“迷留”，学萨满跳神技艺。萨满培训主要学习祭祀礼序，如本族的祭祀规则、注意事项、禁忌礼法、祭器的摆设、场面的布置等。同时还要学习野萨满领神的要点，学习萨满歌和祭祀用语、萨满跳神乐器的使用方法、萨满舞蹈姿势、仪式步伐等，以便在祭祀中与野萨满相配合。各姓对家萨满的培训要求很高，民间认为，在萨满降神时，侍神人的本领如何，影响着仪式是否能顺利进行，也影响着野萨满表演是否成功，甚至还能影响神灵对族人的态度。

---

① （清）吴振臣：《宁古塔纪略》，载（清）王锡祺辑：《小方壶斋舆地丛钞》第1帙，第348页，光绪二十三年（1897）上海著易堂铅印本。

三、立杆祭祖之考定

在沈阳故宫清宁宫的庭院中，立着一根3米多高的杆子，满族人叫做索罗杆子（神杆），十分引人注目。清代北京的堂子、坤宁宫的庭院都竖有神杆，而且凡是满族人家，庭院中肯定有一根索罗杆子，这是满族信奉萨满教的标志，也是满族人家有别于其他民族的标志。关于满族神杆的起源与神杆所祭之主神，乾隆年间编写的《满洲源流考》和《钦定满洲祭神祭天典礼》两书，皆语焉不详。而细检史册，其说有五：

第一，祭长矛："神竿式如长矛，又有刻木为马，联贯而悬于祭所者，应是陈其宗器以示武功。"①

第二，祭参棰："满洲初以采参为业，杆，采参之器也。"②

第三，祭社稷："堂子在东长安门外翰林院之东，即古之国社也。所以祀土谷，而诸神附焉。中植神杆，以为社主。诸王亦皆有陪祀之位。"③

第四，祭天穹："主屋院中左方，立一神杆，杆长丈许。杆上有锡斗，形如浅碗。祭之次日献牲，祭于杆前，谓之祭天。"④

第五，祭鬼神："凡大小人家，庭前立木一根，以此为神。逢喜庆、疾病，则还愿，择大猪，不与人争价，宰割列于其下，请善诵者名'叉马'，向之念诵。家主跪拜毕，用零星肠肉，悬

① （清）福格：《听雨丛谈》卷1，《神板神杆》，中华书局1984年版。
② 宣统《呼兰府志》卷10，第13页，1915年铅印本。
③ 震钧：《天咫偶闻》卷2，第21页，北京古籍出版社1982年版。
④ （清）姚元之《竹叶亭杂记》卷3，第61页，中华书局1982年版。

于木竿头。”①

以上五说，既无历史史实根据，也不符合满族习俗，故皆不能成立。立杆所祭之神，首先要从满族形成的历史去考察。《清太祖武皇帝实录》卷1中记载着满族的起源：“满族原起于长白山之东北布库里山下一泊，名布儿湖里。初，天降三仙女浴于泊，长名恩古伦，次名正古伦，三名佛古伦。浴毕上岸，有神鹊衔一朱果置佛古伦衣上，色甚鲜艳，佛古伦爱之不忍释手，遂衔口中，甫着衣，其果入腹中，即感而成孕。告二姊曰：‘吾觉腹重，不能同升，奈何？’二姊曰：‘吾等曾服丹药，谅无死理，此乃天意，俟尔身轻上升未晚。’遂别去。佛古伦后生一男，生而能言，倏而长成。”这个男孩儿就是满族始祖布库里英雄（又作布库里雍顺）。“历数世后，其子孙暴虐，部属遂叛，于六月间，将鳌朵里攻破，尽杀其阖族子孙。内有一幼儿名范嗏，脱身走至旷野，后兵追之，会有一神鹊栖儿头上，追兵谓人首无鹊栖之理，疑为枯木桩，遂回。于是，范嗏得出，遂隐其身以终焉。满洲后世子孙俱以鹊为祖，故不加害。”

这就是在满族中广为流传的“神鹊救祖”的故事。随着时间的推移，这个故事又演变成“乌鸦救罕王”：

> 罕王的战马已死，只好徒步奔逃，眼看追兵已近。正在危难之时，忽然发现路旁有一棵空心树。罕王急中生智，钻到树洞里。恰巧飞来许多乌鸦，群集其上。追兵到此，见群鸦落在树上，就继续向前赶去。罕王安全脱险。打这儿以后，满族就将乌鹊看作是吉祥物，称为神鸟。努尔哈赤为了报答乌鸦的救命之恩，特立下一个

① （清）吴振臣：《宁古塔纪略》，载（清）王锡祺辑：《小方壶斋舆地丛钞》第1帙，第347－348页，光绪二十三年（1897）上海著易堂铅印本。

规矩：不准本族人射猎乌鸦，还特设神杆，放些肉食供它们啄吃。

如果说“朱果发祥”是神话传说，那么“神鹊救祖”可是确凿的史实。董万仑先生著《清肇祖传》，书中考证出所谓幼儿范嗏实际上是努尔哈赤的八世祖、女真斡朵里部首领，他被元朝任命为斡朵里万户府的万户，因部众叛乱，率众逃至徒门江（图们江）下游的训春河口元奚关总管府奚关城。后来几经辗转，在明中叶迁移到辽河支流浑河上游地方。

弄清楚满族立杆起源的可靠办法有二：一是依据清初人的记载；二是清末东北各地对满族的实际调查。

方拱乾《绝域纪略》：“寻常家庭中必有一竿，竿头系布片，曰祖先所凭依，动之如掘其墓，割豕而群乌下啖其余脔，则喜曰祖先豫，不则愀然曰祖先恫矣，祸至矣。”

杨宾《柳边纪略》：“满人有病必跳神，亦有无病而跳神者。富贵家或月一跳，或季一跳，至岁终则无有弗跳者。未跳之先，树丈余细木于墙院南隅，置斗其上谓之曰竿。祭时著肉斗中，必有乌来啄食之，谓之神享。”

吴振臣《宁古塔纪略》：“凡大小人家，庭前立木一根，以此为神。逢喜庆、疾病，则还愿。择大猪，不与人争价，宰割列于其下。请善诵者名‘叉马’，向之念诵。家主跪拜毕，用零星肠肉，悬于木竿头。”

以上三则，各有其说：一为“祀先”即祭祖；一为“神享”实为乌鸦；一则“以杆为神”。虽然有所不同，但有一致的地方，即立杆跳神与祭天无关。

民国初年，无论辽宁还是东北其他地区都有对神杆起源进行的调查。

《吉林汇征》：“满洲祭杆以肉饲鸦，盖由其先祖名范察者……其杆名拏腊竿，盖其先人入山挖参，用以披草芥而备捍兽者，杆之顶有圆碗式，插之于地，就碗以贮食粮，食余招乌鸦饲之。今旗人祭杆并置猪肠、肝于杆头碗中，犹是当年饲鸦意也。”

《额穆县志》：“次日则祭杆。杆系丈余细木，竖之院之南隅。杆上有锡斗，形同浅碗，曰‘挲腊杆’。挲腊杆者，谓其先祖创业之初入山采野蔬，曾携一杆，名‘挲腊’，上系圆碗式而锐其下端，可以立地贮食物以就啖用。披荆棘，资防卫，亦靡不称乎，所谓一物而兼数用者也。后人之拳拳于此杆向之致祭，乃不忘祖德意。”

《扶余县一般状况》：“第三日拂晓，祭苏腊竿（俗呼祖宗竿，原注）。先于庭中植竿丈余，距尖端尺余处，嵌一碗形锡斗，祭时献豕于前，谓之祭天。男子皆免冠拜，妇人不与。祭毕，割牲剥皮，取其耳、尾、肠、肝少许，置锡斗中，以饲乌。”

《黑龙江志稿》：“院之东隅立杆一，高数丈，名曰索莫吉杆，又曰祖宗杆，上悬锡斗，贫者用木斗。祭祀时，实豕尾、豕胆暨小米于斗。”

《桦川县志》：“其一祀鹊，大门内东偏立七尺七寸或九尺三寸高竿，置斗其上，制如锡，形如浅碗……祭之次日，献牲于前，谓之‘祭天’，以肠肺生置其中以饲鹊。”①

上述五则史料，关于所祭之神的说法有三：其一是祭祖，神杆又名“祖宗杆”；其二是饲乌鹊；其三是祭天，但实际上与饲乌鹊相关。乌鹊得祀，功在救祖，所以还是与祭祖有关。因此，我们可以断定，神杆所祭之主神是纪念从战火中死里逃生的祖先。

木杆被称为祖宗杆，当然与树有直接关系。清末民初，辽河流域满族祭神时，还有祭神树的礼仪：“以雄鸭一，至神树前杀

---

① 以上引文未注处均出自《东北民俗资料荟萃》，《满族·祭礼》，吉林文史出版社 1992 年版。

而烹之，登盘三举，谓‘祭神树’。”① 满族及其祖先长期生活在山林之中，从其居住的木屋、捕鱼乘坐的木舟到吃饭用的木勺，无一不与树木有关，满族人从森林树木中获取生活资料，久而久之便产生了以树为神的观念。

从以树为神到以木杆为“祖宗杆”的过程，是如何实现的，清朝人已经无法搞清，以至众说纷纭。但是，依靠现代民族学理论，我们或许可以从与满族相关的民族学资料中找到答案。清代生活在黑龙江和乌苏里江汇流处直至入海口的赫哲族，与满族关系密切。清初，清政府曾把乌苏里江东部的赫哲族大量编入八旗，称其为“新满洲兵”。留居原地的赫哲人中保持着萨满教信仰：“材木虽多，不肯砍伐，留刻其祖宗之像。截木长尺许，其上刻圆如头颅，画成眉目，略似人形，置于磋落犄角处，多有十余枚者，其家争呼之为祖宗，年久多著灵异。”②

这条资料非常珍贵，原来满族先人最初是用木杆来刻画祖宗像的，久而久之，木杆就成了祖宗的代替物，变成了祖宗杆。今黑龙江省依兰县的满族，其先人本为赫哲族。清朝康熙五十二年（1713）和雍正十年（1732），先后两次将当地及附近赫哲族招募为八旗兵，他们就是这些八旗兵的后代。③

民国《依兰县志》中，有一首诗在讲到当地满族的风俗时写道：

　　胙肉豚留客，生鱼脍宴宾。
　　立竿群敬祖，击鼓跳迎神。④

---

① 王树楠等纂：《奉天通志》卷98，第39页，东北文史丛书编辑委员会1983年版。

② （清）李重生：《赫哲风土记》。转引自（清）长顺修：《吉林通志》卷27。

③ 详见张杰：《清初招抚新满洲述论》，载《清史研究》1994年第1期。

④ 民国《依兰县志》，《艺文门》，1930年铅印本。

此诗的后二句，可视为满族立杆祭祖的不移之论。

四、辽滨塔满族家祭

满族的先世从三千年前的肃慎人到明代女真人一脉相承，笃信萨满教。至清初，清太宗皇太极为笼络利用蒙古王公的军事力量，采取尊崇喇嘛教的政策，致使喇嘛教盛行一时，然而，这不过是“兴黄教安蒙古”而已，它对一般满族人家的影响微不足道。满族入主中原之后，虽然受到汉等民族文化及宗教的影响，但是，有清一代，满族信奉萨满教不变，并且以其多神崇拜的特性，将佛、菩萨、关圣帝君等也纳入了奉祀的神群之中。从宫廷到民间，萨满祭祀成为满族人生活中的一项重要内容。乾隆十二年（1747），满文本《钦定满洲祭神祭天典礼》问世，它对萨满教信仰习俗溯本追源，将其祭祀礼仪规范化，形成一套较为完整的萨满祭祀规则，它是一部满族萨满教经典，也是满族宗教祭祀的法规。满族民间以此为依据，致使各姓的祭祀“大端不甚相远”。

清代居住在东北地区的满族人家，不论富贵仕宦或普通八旗兵丁，家中内室必供奉神牌，即人们常说的祖宗板子。有的人家“悬黄云缎帘幔（或以各色绫条，长盈尺，藏木匣内置神板上）列香盘四或五，如木主座。其左为完立妈妈（或云佛头妈妈）有位无像，惟挂纸袋一，内贮五色线，绠长可六七丈，名曰‘锁’。又南檐下偏西，供长木匣，内藏关帝及观音像，皆绢画者。下有窄炕，不容坐卧，祭者缚牲，特于此处拈绳并设席之地也。植杆于庭院南隅，贯以锡盘，名曰‘索摩杆子’”①。祖宗板和索摩杆

---

① 王树楠等纂：《奉天通志》卷98，第38—39页，东北文史丛书编辑委员会1983年版。

子是满族信仰萨满教的特征，是满族祭神（又称跳神）时不可缺之物。满族家祭各地虽不相同，但大致相近。近年来，姜相顺诸先生出版了《辽滨塔满族家祭》一书，公布了清代道光年间辽滨塔满洲瓜尔佳氏大祭的“祭仪大略”，我们以此实例，对普通满族家祭做一详细说明。

辽滨塔村距辽宁省新民县东北50里，位于辽河右岸。村东、西、南三面环水，村之西 有古庙，旁有古塔高20余丈，宽5丈许，相传为唐代所建，村因塔而得名。自清代起，辽滨塔渐成为满族聚居村落。根据道光二十九年（1849）村中满族镶黄旗瓜尔佳氏“祭仪大略”，祭神的礼仪如下：

1. 前旬日卜

“前旬日”指每月的前10天，卜即占卜。此仪节即于当月前10天经焚香占卜确定大祭吉日。而瓜尔佳氏认为“虽贵早立定期，尤宜临时”，显示了祭祀的灵活性，“惟于三日前焚香以告”，大祭的吉日就确定下来，他们以为这样做的好处是不会因突发事件变更日期而亵渎神灵。

2. 前期三日斋戒

家中主人、主妇率家内男女在大祭前3天进行斋戒。男子居外，女子居内，沐浴更衣，不酗酒，不食肉，不吊丧，不探望病人，不听淫乐。

3. 前一日设位陈器

祭神前日，安设所祭神位，摆好先祖珍藏的祭器。瓜尔佳氏的两个神龛设在室内西墙上，每个神龛用2个扬手，上安1板，各有3个香碟。南边神龛上1大匣内贮有神索绳和斡单布，北边神龛上1小匣内装香灰。外有一支神箭和斡单架子放在龛下扬手上。在祭神前日，将香碟请下，按先南后北顺序，将重新筛净的香灰装入香碟。摆在神龛前。将他哈绸子和新索以及一切祭神应用器物，都准备齐全，收拾干净，摆放神位前。

4．省牲

指检查为祭神准备的牺牲品。瓜尔佳氏家祭用牲为猪，朝祭、夕祭和次日外祭各用猪一头，皆用公猪。事先要进行认真挑选，以肢体完整、通体黑色无杂毛猪为宜。与杀牲有关的器皿，都要洗刷干净。

5 具馔

祭神前日，要预备好酒食。由家中妇女用元斗拣选黄米饱满者，收拾洁净，炒熟碾成细面，待第二天早上蒸糕作饼用。再用黄米一二碗，淘洗干净，先做成饭，再加酒曲，作酒 2 瓶，分别先后次序供在神位前。点香，将西墙南边神龛上第一香碟放在第一瓶酒上，酒瓶外放刀 1 把，柄朝南刃朝西。其余 5 个香碟，仍然放在神龛上。这时主人要向神位跪下叩头，表示准备完成。然后，再准备鱼数尾或者鸡 1 只，待第二天早蒸熟后，供换索用。

6．厥明夙兴

大祭当天黎明早起，主妇率众妇女将黄米蒸成糕，取出揣合成小圆饼 81 枚，剩下面做成圆长饼，捏面剂 2 碗，要记住先后顺序。如果时间是 7 月，就用苏子叶包饼，内裹小豆，其他时间则不用。做好这些物品后，装到一个干净筐子里，摆在北炕西头。除此之外，主人还要让人砍柳树一大枝，栽在房门外东边。事先在栽树地方打桩，用新麻绳绑住柳枝，叫做安神树。然后将神匣内索绳取出，一头拴在屋内南神龛南扬手上，另一头拴在室外神树枝上。再将斡单架子安插妥当，放在南边神龛前，蒙上杏黄斡单，将所做他哈绸子和新索一齐搭在斡单布上。如有神马，则用 2 条他哈绸子搭在神马上北边。神龛前面安设 1 张大桌，作为香案。将神箭打开，家中如有新生男儿，添麻3匹，新生女儿，添麻2匹。将神箭立在桌上南边。这时天将大亮，命人抓猪将四蹄前后交叉绑好，放在房门外神树南边地上，头朝西蹄朝南。

7. 设苹果酒馔

瓜尔佳氏祭神不供苹果，只墓祭时有随时苹果，春夏换索用鱼，秋天用苏子叶包饼、内裹小豆，冬天换索用鸡，也包括陈设苹果之意。大祭时用圆长饼12盘，每盘9枚。1盘供于北神龛上南头；1盘供于灶神龛上；神龛前桌上供9盘，两行横列各4盘。南头单列1盘；桌下1盘。另于神桌南头设1小桌，盛小米饭两碗，供于小桌西边，筷子各1双，放于碗南边桌上。小桌上再供整鸡1盘，鱼两碗带汤，面剂两碗，豆面两碟，9罗饼横供于桌上东边，每罗9枚。

8. 质明奉主就位

当黎明时，奉神主就祭祀之位。按瓜尔佳氏礼节，是将两神龛上香碟再次取下，按次序放在神龛前，只将南龛三香碟上香，第一、第二香碟放在神桌上西边，南北陈列，第三香碟放在桌下外边。先将头瓶酒打开，酌酒4杯，3杯供于桌上饼盘空间，1杯供于桌下香碟旁边。这时急速令人于井中取水1大盏，等待降神。

9. 参神

主人率家中众人在神位前按尊幼秩序站好，全体跪下叩头3次，换酒3次。然后主人命子弟辈，将9罗小饼从上面各取一枚，出屋夹在神树枝上。主人亲自以右手拿箭，箭头朝下，左手捧桌酒，由南而北依次拿出屋外，以箭围神树绕数次，将酒泼于树上3次，如果有神马，将马牵至神前西侧，主人拿起桌下香碟，从马头上至尾后，由里向外绕3圈。同时，由子弟2人将神马上2

条他哈绸子取下，1 编于首，1 编于尾，等香碟绕完 3 回，2 条他哈绸子也都编好。随后将马笼头摘下，把马放出屋外。主人重新换酒，准备降神。

10．**降神**

瓜尔佳氏家祭时，先将猪抬进屋内放于神位前，头朝西蹄朝南，主人率众人跪下。主妇站在室内西北，面朝南，取净水或酒一盅放在碟内，向神位略举后递给主人。主人跪接，也向神位略举后，以右手持盅水向猪左耳灌进，如猪头动，表示神已降临，并领受此牲。众人向神跪下叩头 3 次后，主人将猪拽下，命子弟辈在室内东边宰杀。此时，主人及家中男女老幼依次向神跪下叩头领取新索，主妇在旁代神送给众人。如有老、病或外出未归者，则由他们亲近小辈代领。领索后，主人和亲友宾客共吃神享剩余之饼，让幼年子孙吃 9 罗小饼。吃完，时间已到中午，将换索的祭物和桌撤去。

11．**进馔初献**

瓜尔佳氏在前面参神时换酒 3 次，即为献酒；在降神时跪下叩头 3 次，即为再拜；始终只在心中默祝，没有口诵祝文。此时子弟辈杀猪完毕，将血盆供于神桌南头外边，用开水褪净猪毛，开膛将尿包、胰子、肛门、苦胆等 4 样取下，放在神桌血盆之旁。然后，将猪解成 10 块：头与胸叉、四脚、两肋、腰骨、尾骨，都放在锅里煮。子弟们一边收拾肠肚，一边令人攥血。先将血盆拿开，放在神前地下，人向南单腿跪，用双手将血攥开，以水调匀，接着将血灌入收拾干净的肠肚之中，放在锅内与肉一起煮。

12．**亚献**

瓜尔佳氏在猪肉熟时上香，命人在神桌前摆放大豆。沈阳民委民族志编纂办公室编写的《沈阳满族志》中，将“大豆”写作

“大登”①，此说系出于《辽滨塔满族家祭》，书中称“大豆，当为大登”②，二说皆错！

查《辞海》一书，释“豆”为“古代食器。形似高足盘，或有盖，用以盛食物。”《新华字典》释为“古代盛肉或其他食品的器皿。”实际上是专供祭神的特大盘子。

在大盘前设小桌。再令一人执刀向南单腿跪在小桌北侧，用一大碗装肉，名为“拿件肉”。专门有人按次序摆放：先上头，次前腿、胸叉、两肋、后蹄、尾、心、肝、肺、肠、肚、水油、腰脊。每次奉肉者至神位前，也单腿跪于小桌前，等拿件人每样割取 1 大片，切在碗中，再起来与摆祭人摆于大盘上。拿完件肉，大碗装满，猪肉在大盘上也按猪形摆好。再将水油蒙于猪头，在猪口左边插 1 把小刀，柄朝上刃朝西。主妇将拿件肉碗冲上汤，加筷子 1 双，供于神桌南头。

13. 终献

当贡品摆完，将拿件肉小桌撤去。主人率亲朋众人跪下叩头 3 次，换酒 3 次。

14. 侑食

瓜尔佳氏终献时换酒 3 次，表示主人敬酒；亚献中主妇将拿件肉碗冲汤加筷子供于神前，表示主妇动筷子。这时主人将肉碗端起，用筷子将碗内汤向神拨 3 下，表示劝神进食。之后，主人将猪头所插小刀拔下，向南略转一下，子弟辈即将猪头撤于屋北边地下，另外安放普通桌子将拿件肉逐件解开，放锅内重煮。大盘子立刻撤下。

---

① 见沈阳市民委民族志编纂办公室编：《沈阳满族志》，第 253 页，辽宁民族出版社 1991 年版。

② 姜相顺等：《辽滨塔满族家祭》，第 28 页，辽宁民族出版社 1991 年版。

15．阖门

瓜尔佳氏在侑食前，主人关门后跪下叩头 3 次，才开始侑食，默祝 3 次，等待神享其气，而后开门。

16．启门

瓜尔佳氏启门前与前面关门的礼仪，合为“背灯”，在晚祭中侑食前后进行，朝祭中无此礼。

17．受胙

瓜尔佳氏主人先尝拿件肉，亲自尝神酒、吃换索饭，都有受胙（福肉）的意思，但不跪拜。这时将油单布分铺于炕上，放上咸菜、酸菜、酱碟，等待亲友逐渐来到，有懂得礼仪的亲友来时向神跪拜，而后就席。席上无酒，也无其他菜肴，只是拿整件肉与肠、肚、肺、肝等各样一小部分，令晚辈单腿跪在席前切肉，表示跪进尊长之礼。

18．辞神

在举家连同亲朋共食神赐福肉后，将整个猪骨刮刻干净，供于神前，再上香一次。主人率众跪下叩头完毕，将骨与毛、粪等物扔在门外僻静处，表示将神惠全部收受。全家大小各自跪拜，将所领的他哈绸子和新索全部摘下，拴在神索上。

19．纳主撤馔

至此，辞神的香烧完了，将神桌上所有供品全部撤去，放在神龛前。等晚祭结束后，将 6 香碟一齐上香，放在龛上，将索绳、斡单布、两匣、神箭及斡单架子都撤去，照祭前那样安置妥，再向神位跪拜。

至此，大祭中的朝祭进行完毕。瓜尔佳氏随后就准备进行夕祭，又叫晚祭，或背灯大祭。其仪节为涤器、具馔、厥明夙兴、设茶果酒馔、质明奉主就位、参神、降神、侑食、阖门、启门，多与朝祭相同，故从略。

瓜尔佳氏大祭的第二天为“祭外神”，其仪式是：

1. 厥明夙兴

第二天，天未亮起床，先预备小米饭与盐、酱、咸、酸菜团，以及刀、勺、菜板、锅、盆、碟、碗、匙、筷子等物品。准备完后，拿猪放在院子东侧，在屋内两神龛前横放一桌，用水、米各2碟由南而北间放桌上。再将神杆取来，收拾干净，倒放在桌子南头。如家中未立神杆就临时用秫秸作杆，用麻绳4道绑上1尺多长的草把代替神杆。主人将两神龛香碟上香，亲自跪下叩头，向先人请命。

2. 迎神

主人下令将神杆和桌抬至房门内，东西放下，主人率众向外跪下。读祝人站在神桌西，左手捧起桌上西边米碟，右手将米向外撒3次。用满语朗诵祝文，仍将米碟放桌上，主人率众3叩头。

3. 荐牲

迎神后，将神杆和桌抬到院中东边，仍然东面摆放。众人将应用东西随神桌一起抬出，放在院中西边。在院子靠南支大锅一口，装上水烧。主人率众在猪前神桌北跪下，祝者再次撒米口诵满语祝文，和迎神仪式相同。主人率众人叩头完毕，祝者仍将米碟放回原处，令人在另一长桌上杀猪。之后，祝者急速将神杆取来，以尖蘸血后仍然倒放神桌东头，将血盆也放在桌东，再将神桌上东边米碟拿来，按猪的鼻、唇、舌、两眼、两耳、四蹄、肚脐、尾共计13处各割少许放在碟内，仍将碟放回原处。随后杀猪人取喉骨，割胸叉，剥周身皮，只有头和四蹄不剥。先割下胸叉和喉骨，放在锅内煮。再开膛将尿包、胰子、肛门、苦胆4样取出，放在东边米碟旁。最后将两肋左边头3根、右边头2根割下，腰脊两边、四腿旁、肚子两边各割肉1条，加上胸叉、喉骨共12处，都放在锅内煮。又将猪皮仰铺在桌，把猪放在皮上。等五脏收拾干净，也将各样拌放锅内，剩下放在猪皮上，血也割一块放入锅内煮。

4. 安置神杆

锅内各样祭品煮熟，除胸叉、肋条外，按样捞出，各割少许，放在东边米碟内。剩下的都剁成肉丝，放锅内煮。等胸叉与肋条也熟了，将肉丝捞出分成两碗，碗中各放铜匙一把，再盛小米饭两碗，各放筷1双，自东向西间隔摆放。再将胸叉捞出放在东边肉丝碗上，肋条也捞出放在西边肉丝碗上。这时把桌东侧碟内米和生熟碎肉、尿包等4样都放在神杆锡盘上，喉骨套在杆头，神杆安放在原先的古石上。主人率众跪下，复令祝者撒米，口诵满语祝词如前。众人叩头完毕，将桌上水、米各碟全部盖上，等撂骨后才撤下。神杆立在大门东边，3天不动。

5. 吃小肉饭

神杆立好后，将神桌上东边的饭碗与胸叉肉丝碗全部撤入屋内，西边碗内的饭和肉丝放入院中锅内，同时下小米饭，将事先准备的菜团根据咸淡放入锅中，与饭拌匀，人无论老幼亲疏都可在院内共食神惠，即吃小肉饭。但肋条上的肉，只准家内人吃。

6. 吃大肉饭

吃小肉饭后，令人将猪解开，拿入屋内煮。将皮和蹄、头上毛用火燎焦，收拾干净，也拿进屋内煮。又令人攥血灌肠，也在锅内煮，同煮烂熟，大家一起吃完，即吃大肉饭。然后，跪下叩头撂骨，将院内神桌上碟与一切器物都撤下。主人率众入室内在神龛前上香，跪下叩头复命。

外祭结束。

《吉林通志》与《奉天通志》的作者都记载大祭为三天：第一天类似坤宁宫常祭，第二天祭神杆，第三天换锁。换锁又称完立妈妈，“取袋中锁绠，由堂门引出，系索摩杆上，及献牲已宰割熟荐，与祭神板同”。或者“于祭之翌日，令男女未婚嫁者，咸跪完立妈妈位前，老主妇以柳枝沾净水遍洒之，以彩线各套其颈，谓之挂锁”①。辽滨塔瓜尔佳氏在朝祭时换锁，显然为了省下再次杀牲的负担。

关于“完立妈妈”，传说极多，最普通的一种是：“完立”为“万历”之转音。说努尔哈赤起兵攻打明朝，兵败做了俘虏，关在明朝监狱中。努尔哈赤手下到北京用重礼向宫中太监行贿，太监遂向太后说情，释放了努尔哈赤。太后为万历皇帝母亲，俗称“万历妈妈”，音变成“完立妈妈”。

如果细查《钦定满洲祭神祭天典礼》卷4，其中《求福仪注》与满族民间换锁仪相似。此仪注的神歌歌词为：“佛立佛多鄂谟锡玛玛之神位：某年生小子，某年生小子，今敬祝者，聚九家之彩线，树柳枝以牵绳。举杨神箭，以祈福佑，以致敬诚。悯我某年生小子，悯我某年生小子。”所谓“佛立佛多鄂谟锡玛玛之神”，就是满族神话传说中的“三仙女佛古伦”，被满洲视为保护神，与万历皇帝实在是风马牛不相及！

---

① 王树楠等纂：《奉天通志》卷98，第40页，东北文史丛书编辑委员会1983年版。

引用书籍、论文目录

一、史料

（汉）班固：《汉书》，中华书局 1962 年。

（晋）陈寿：《三国志》，中华书局 1959 年。

（北齐）魏收：《魏书》，中华书局 1974 年。

（唐）房玄龄等：《晋书》，中华书局 1974 年。

（宋）欧阳修 宋祁：《新唐书》，中华书局 1975 年。

（宋）徐梦莘：《三朝北盟会编》，四库全书文渊阁本，台湾商务印书馆 1986 年。

（明）黄道周：《博物典汇》，崇祯九年（1636）刊本。

（明）毕恭修：《辽东志》（收入《辽海丛书》第一册），辽沈书社 1985 年。

（明）李辅修：《全辽志》（收入《辽海丛书》第一册），辽沈书社 1985 年。

（明）瞿九思：《万历武功录》（选录《清入关前史料选辑》第 1 辑），中国人民大学出版社 1984 年。

（明）彭孙贻：《山中闻见录》（收入《清入关前史料选辑》第 3 辑），中国人民大学出版社 1991 年。

（明）伯起宗：《东江始末》，（收入《东南纪事》）上海书店 1982 年印本。

《明清史料》丙编，上海商务印书馆 1936 年。

《清太祖武皇帝实录》（收入《清入关前史料选辑》第 1 辑），中国人民大学出版社 1984 年。

《满洲实录》，台北华文书局 1969 年。

《大清历朝实录》，中华书局 1986 年。

《汉译鞑靼漂流记》（收入《清初史料丛刊》第十二种），辽宁大学历史系1979年。

《重译满文老档》（收入《清初史料丛刊》第一种），辽宁大学历史系1979年。

《汉译满洲旧档》（收入《清初史料丛刊》第二种），辽宁大学历史系1979年。

《清太宗实录稿本》（收入《清初史料丛刊》第三种），辽宁大学历史系1979年。

《天聪朝臣工奏议》（收入《清初史料丛刊》第四种），辽宁大学历史系1979年。

中国第一历史档案馆编《清代中俄关系档案史料选编》，中华书局1981年。

中国第一历史档案馆编《清初内国史院满文档案译编》，光明日报出版社1989年。

中国第一历史档案馆编译《锡伯族档案史料》，辽宁民族出版社1989年。

辽宁省档案馆等译编《三姓副都统衙门满文档案译编》，辽沈书社1984年。

（清）蒋廷锡等奉敕撰：《古今图书集成》，中华书局1934年。

（清）鄂尔泰等修：《八旗通志初集》，东北师范大学出版社1985年。

（清）《钦定满洲祭神祭天典礼》，（收入《辽海丛书》第五册），辽沈书社1985年。

（清）弘昼等编《八旗满洲氏族通谱》，辽海出版社2002年。

（清）阿桂等撰：《满洲源流考》，辽宁民族出版社1988年。

《清圣祖御制文一集》，四库全书文渊阁本，台湾商务印书馆1986年。

《清高宗御制文三集》，四库全书文渊阁本，台湾商务印书馆

1986 年。

（清）乾隆官修：《清朝文献通考》，浙江古籍出版社 2000 年。

（清）蒋良骐：《东华录》，中华书局 1980 年。

嘉庆《大清一统志》，上海商务印书馆 1934 年。

刘锦藻：《清朝续文献通考》，浙江古籍出版社 2000 年。

（清）《钦定八旗通志》，吉林文史出版社 2002 年。

《清史列传》，中华书局 1987 年。

（清）贺长龄、魏源等编：《清经世文编》，中华书局 1992 年。

（清）钱仪吉：《碑传集》，中华书局 1993 年。

（清）李桓辑：《国朝耆献类征初编》，载周骏富辑：《清代传记丛刊》，台北明文书局 1985 年。

光绪《大清会典事例》，台北新文丰出版公司 1976 年。

赵尔巽等撰：《清史稿》，中华书局 1977 年。

席裕福、沈师徐辑：《皇朝政典类纂》，台湾文海出版社 1982 年。

顾廷龙主编：《清代朱卷集成》，台北成文出版有限公司 1992 年。

康熙《铁岭县志》（收入《辽海丛书》第二册），辽沈书社 1985 年。

康熙《锦州府志》（收入《辽海丛书》第二册），辽沈书社 1985 年。

康熙《宁远州志》（收入《辽海丛书》第四册），辽沈书社 1985 年。

康熙《广宁县志》，（收入《辽海丛书》第四册），辽沈书社 1985 年。

咸丰《开原县志》，咸丰七年（1857）刊本。

咸丰《岫岩志略》，（收入《辽海丛书》第二册），辽沈书社

1985年。

宣统《呼兰府志》，民国四年（1915）铅印本。

（清）伊巴汉等修：《盛京通志》，康熙二十三年（1684）刊本。

乾隆元年修：《盛京通志》，咸丰二年（1852）重刊本。

（清）阿桂等纂修：《盛京通志》，1917年铅印本。

（清）崇厚：《盛京典志备考》，光绪二十五年（1899）刊本。

（清）佚名：《盛京通鉴》，（收入内藤虎次郎辑《满蒙丛书》）满蒙丛书刊行会1921年。

（清）长顺修：《吉林通志》，吉林文史出版社1986年。

张伯英总纂：《黑龙江志稿》，1933年北平铅印本。

（清）徐世昌等编纂：《东三省政略》，吉林文史出版社1989年。

（清）周家楣等编纂：《光绪顺天府志》，北京古籍出版社1987年。

徐世昌辑：《晚晴簃诗汇》，1929年退耕堂刊本。

王树楠等纂：《奉天通志》，东北文史丛书编辑委员会1983年。

民国《宁安县志》，1924年铅印本。

民国《开原县志》，1917年铅印本。

民国《依兰县志》，1930年铅印本。

民国《瑷珲县志》，1920年铅印本。

民国《兴京县志》，1925年铅印本。

民国《庄河县志》，1921年铅印本。

民国《扶余县乡土资料》，1937年打字本。

民国《珲春乡土志》，辽宁省图书馆藏手抄本。

辽宁省图书馆地方文献室：《东北乡土志丛编》，辽宁省图书馆1985年。

（清）戴笠、吴殳:《怀陵流寇始终录》，辽沈书社 1983 年点校本。

（清）娄东无名氏:《研堂见闻杂记》（收入《痛史》第五种），上海商务印书馆 1927 年铅印本。

（清）方拱乾:《绝域纪略》（收入《小方壶斋舆地丛钞》第 1 帙），光绪二十三年（1897）上海著易堂铅印本。

（清）高士奇:《扈从东巡日录》（收入《辽海丛书》第一册），辽沈书社 1985 年。

（清）金德纯:《旗军志》（收入《辽海丛书》第四册），辽沈书社 1985 年。

（清）吴兆骞:《秋笳集》（收入《丛书集成初编》第 69 册），上海商务印书馆 1921 年。

（清）王一元:《辽左见闻录》，北京图书馆藏手抄本。

（清）吴桭臣:《宁古塔纪略》（收入《小方壶斋舆地丛钞》第 1 帙），光绪二十三年（1897）上海著易堂铅印本。

（清）张缙彦:《宁古塔山水纪》，黑龙江人民出版社 1984 年。

（清）张缙彦:《域外集》，黑龙江人民出版社 1984 年。

（清）方式济:《龙沙纪略》（收入《小方壶斋舆地丛钞》第 1 帙），光绪二十三年（1897）上海著易堂铅印本。

（清）博明希哲:《凤城琐录》（收入《辽海丛书》第一册），辽沈书社 1985 年。

（清）西清:《黑龙江外记》，杭州古籍书店 1985 年影印本。

（清）萨英额:《吉林外记》，吉林文史出版社 1986 年。

（清）袁昶辑:《吉林地志》，吉林文史出版社 1986 年。

（清）曹廷杰:《西伯利亚东偏纪要》，（收入《辽海丛书》第四册），辽沈书社 1985 年。

《沈阳百咏》，光绪四年（1878）刊本。

（清）徐宗亮:《黑龙江述略》，光绪十七年（1891）刊本。

黄维翰：《黑水先民传》，吉林文史出版社 1986 年。

魏声龢：《鸡林旧闻录》，1913 年铅印本。

魏毓兰：《龙城旧闻》，1919 年铅印本。

（清）昭梿：《啸亭杂录》，中华书局 1980 年。

（清）福格：《听雨丛谈》，中华书局 1984 年。

（清）姚元之：《竹叶亭杂记》，中华书局 1982 年。

（清）魏源：《圣武记》，中华书局 1984 年点校本。

震钧：《天咫偶闻》，北京古籍出版社 1982 年。

徐珂编：《清稗类钞》，中华书局 1984 年。

顾晋昌：《鸡塞集》，吉林文史出版社 1991 年。

鞍山市民族宗教事务委员会编：《千山佛教》，1979 年印本。

姜相顺、佟悦、王俊：《辽滨塔满族家祭》，辽宁民族出版社 1991 年。

陈见微选编：《东北民俗资料荟萃》，吉林文史出版社 1992 年。

辽宁省编辑委员会编：《满族社会历史调查》，辽宁人民出版社 1985 年。

内蒙古自治区编辑组：《鄂温克族社会历史调查》，内蒙古人民出版社 1986 年。

李林主编：《满族家谱选编》，辽宁民族出版社 1988 年。

徐德源：《吉林旧事见闻》，个人保存本。

阎崇年主编：《20 世纪世界满学著作提要》，民族出版社 2003 年。

［朝鲜］《李朝实录》，中国科学院科学出版社 1957 年影印本。

吴晗辑：《朝鲜李朝实录中的中国史料》，中华书局 1980 年。

［朝鲜］李民寏：《建州闻见录》（收入《清初史料丛刊》第九种），辽宁大学历史系 1978 年排印本。

［朝鲜］《沈阳状启》（收入《清初史料丛刊》第十一种），

辽宁大学历史系世1983年排印本。

［朝鲜］朴趾源：《热河日记》中译本，上海书店出版社1997年。

［德国］魏特：《汤若望传》（杨丙辰译），台湾商务印书馆1960年。

［俄国］《历史文献补编》（收入刘民生等编《十七世纪沙俄侵略黑龙江流域史料》），黑龙江教育出版社1992年。

［比利时］南怀仁：《鞑靼旅行记》中译本（收入杜文凯编《清代西人见闻录》，中国人民大学出版社1985年。

［日本］间宫林藏：《东鞑纪行》（中译本），商务印书馆1974年。

［日本］满史会编著：《满洲开发四十年》（东北沦陷十四年史辽宁编写组译），1988年印本。

二、论文

华立：《清代的满蒙联姻》，《民族研究》1983年第2期。

夏家骏：《卜魁考释》，《历史档案》1983年第4期。

张杰：《清代满族语言文字废弃的历史考察》，《辽宁大学学报》1986年第1期。

赵中孚：《东三省的移民问题》（收入王戎笙编《台港清史研究文摘》），辽宁人民出版社1988年。

杨发清：《关于本溪满族历史及现状的调查报告》，《满族研究》1988年第3期。

李德：《再论满族歌舞》，《满族研究》1988年第4期。

王钟翰：《关于满族形成中的几个问题》，《清史新考》，辽宁大学出版社1990年。

曹汛：《剩人和尚与〈盛京通志〉之挖版》，《辽海文物学刊》1990年第1期。

张杰：《清代辽东半岛商港变迁考论》，《东北地方史研究》1992年第2-3期合刊。

张杰:《清代辽东半岛的农业开发》,《社会科学辑刊》1992年第4期。

王明琦:《剩人和尚与沈阳南塔诸寺》,《沈阳文物》1993年第2期。

张杰:《清前期汉民出关开发三辽略论》,《辽宁大学学报》1992年第3期。

张杰:《清前期东北地区的满文学校》,《中国边疆史地研究》1993年第4期。

张杰:《清初招抚新满洲述论》,《清史研究》1994年第1期。

张丹卉:《论满族文化先驱——巴克什》,《史学集刊》2004年第1期。

张丹卉:《论明清之际东北边疆城镇的衰落》,《中国边疆史地研究》2004年第1期。

[美国] 欧立德:《清代满洲人的主体意识与满洲人的中国统治》,《清史研究》2002年第4期。

三、近人著作

戴逸:《一六八九年的中俄尼布楚条约》,人民出版社1977年。

谢国桢:《明末清初的学风》,人民出版社1982年。

杨树森主编《清代柳条边》,辽宁人民出版社1978年。

《辞海》,上海辞书出版社1989年。

鄂世镛等:《清史简编》,辽宁人民出版社1980年。

金启孮:《满族的历史与生活》,黑龙江人民出版社1982年。

戴逸主编《简明清史》,人民出版社1984年。

张其卓:《满族在岫岩》,辽宁人民出版社1984年。

《满族民间故事选》,春风文艺出版社1985年。

张博泉:《东北地方史稿》,吉林大学出版社1985年。

秋浦主编:《萨满教研究》，上海人民出版社 1985 年。

冯永谦、何溥滢:《辽宁古长城》，辽宁人民出版社 1986 年。

李林等:《本溪县满族家谱研究》，辽宁民族出版社 1988 年。

张玉兴:《清代东北流人诗选注》，辽沈书社 1988 年。

杨锡春:《满族风俗考》，黑龙江人民出版社 1988 年。

凌纯声：《松花江下游的赫哲族》，上海文艺出版社 1990 年影印本。

王钟翰:《清史新考》，辽宁大学出版社 1990 年。

李燕光等主编《满族通史》，辽宁民族出版社 1991 年。

李兴盛:《东北流人史》，黑龙江人民出版社 1991 年。

尹郁山:《吉林满俗研究》，吉林文史出版社 1991 年。

铁玉钦等:《清帝东巡》，辽宁大学出版社 1991 年。

沈阳市民委民族志编纂办公室编《沈阳满族志》，辽宁民族出版社 1991 年。

姜相顺等:《辽滨塔满族家祭》，辽宁民族出版社 1991 年。

石光伟、刘厚生：《满族萨满跳神研究》，吉林文史出版社 1992 年。

赵展:《满族文化与宗教研究》，辽宁民族出版社 1993 年。

张杰:《满蒙联姻——清代宫廷婚俗》，辽海出版社 1997 年。

张杰：《冥冥天国苦追求/辽河流域宗教文化》，辽海出版社 2000 年。

张杰、王虹:《和珅传奇》，中国人民大学出版社 2003 年。

佟悦等:《辽宁满族史话》，辽宁民族出版社 2001 年。

刘小萌:《满族从部落到国家的发展》，辽宁民族出版社 2001 年。

赵志忠：《萨满的世界——尼山萨满论》，辽宁民族出版社 2001 年。

后　　记

本书的写作费时多年，首先由我于1997年拟定了全书写作大纲，张丹卉在此基础上写成十余万字初稿，随后进行了具体分工：绪言和第一至第九章由我撰写，第十至十四章由张丹卉撰写，最后由我统纂全书学术观点、体例章节和文字注释。研究生李翾超、赵亮和项勇同学，分别随同我进行了有关东北满族历史遗迹的调查；姜宁和温长松同学为本书的史料核对，做了许多工作。

本书写作过程中，曾经多次前往东北各地搜集满族史料时，得到当地从事民族史和满族研究的师友以及同行专家和满族知名人士的无私帮助。他们是：辽宁省民族研究所张佳生所长、沈阳故宫博物院佟悦主任，抚顺满族联谊会佟明宽先生，本溪满族自治县文管所傅国锋所长、桓仁满族自治县文管所所长王俊辉与兴隆山庄宁会学先生，丹东市《满族文学》编辑部主编路地先生、地方志办公室袁辉先生，凤城市地方志办公室赵万兴先生，宽甸满族自治县解放先生；吉林省民族研究所王普文书记、裴立扬副所长，吉林市文物管理处尹郁山研究员，东北师范大学刘厚生和王景泽教授，延边大学孙春日教授；黑龙江省民族研究所赵仁成所长，《黑龙江民族丛刊》副主编谷文双先生，黑龙江大学满语研究所所长赵阿平女士，齐齐哈尔市老干部杨宪龙先生，五常市满族联谊会郎国兴秘书长，还有许多已经记不得名字的同志。在这里，对他们提供的所有帮助，表示最诚恳的谢意！

本书系辽宁省社会科学“九五”重点规划项目：“清代东北经济与文化发展史研究”的最终成果。辽宁省出版集团与辽宁民族出版社的领导同志，尤其是辽宁民族出版社吴昕阳社长助理，对本书的出版给予了多方面的鼎力支持，使得本书在几年前就得以列入重点出版计划。适逢辽宁大学历史学科列入国家教育部“十五”计划“211 工程”建设项目，而由我担任“东北边疆与民族”研究课题的首席专家，由此获得了辽宁大学在研究和出版方面的资助。

本书的出版，还得到了辽宁大学各级领导的大力支持，程伟校长、臧树良副校长，科研处陆杰荣处长为我提供了到韩国首尔大学进行学术交流一年的机会，使得本书部分章节有机会在韩国高丽大学（首尔）和佛光大学（益山）进行公开讲演，由此吸收了韩国学术界的见解。校“211 工程”办公室唐晓华主任，历史文化学院丁海滨院长、陶淑慧书记、刘辉主任为研究工作提供了许多具体帮助，辽宁大学图书馆董莲枝、张宝珠等同志在阅读图书资料上帮助尤多，杨永鹏摄影师为本书翻拍了珍贵的历史图片。

张　杰

2005 年 12 月 3 日

于沈阳北陵水滴石斋